Curso de Falência e Recuperação de Empresa

OBRAS DO AUTOR

A nova Lei de Greve, Tribuna da Justiça, 1964 (esgotada).

Consolidação das Leis do Trabalho, 3. ed., Sugestões Literárias, 1980 (esgotada).

Curso de falência e recuperação de empresa, 28. ed., Saraiva, 2017.

Curso prático de processo do trabalho, 24. ed., Saraiva, 2015.

Locação comercial (fundo de comércio, estabelecimento comercial, ação renovatória), 10. ed., Saraiva, 1999 (esgotada).

Manual das sociedades comerciais, 21. ed., Saraiva, 2016.

Execução, falência e insolvência, in *Processo do trabalho*; estudos em memória de Coqueijo Costa (coautoria), LTr, 1989.

Teoria e prática dos títulos de crédito, 30. ed., Saraiva, 2014.

Noções atuais de direito do trabalho; estudos em homenagem ao Prof. Elson Gottschalk (coautoria), LTr, 1995.

Os direitos trabalhistas na falência e concordata do empregador, 2. ed., LTr, 1998.

Manual das empresas de segurança privada, Saraiva, 1997 (esgotada).

Processo do trabalho; estudos em homenagem ao Prof. José Augusto Rodrigues Pinto (coautoria), LTr, 1997.

Direito do trabalho (estudos) (coautoria), LTr, 1997.

Execução de bens dos sócios, 11. ed., Saraiva, 2010.

A despersonalização da empresa e seus reflexos nas garantias dos direitos do trabalhador, in *A transição do direito do trabalho no Brasil*; estudos em homenagem a Eduardo Gabriel Saad, LTr, 1999.

CLT comentada, 9. ed., Saraiva, 2015.

Contribuições ao estudo do novo direito civil (coautoria), Editora Millennium, 2004.

Direito de empresa no Código Civil, 2. ed., Saraiva, 2007.

Comentários ao Estatuto da Microempresa e Empresa de Pequeno Porte, Saraiva, 2009.

O procedimento sumaríssimo na Justiça do Trabalho e Comissões de Conciliação Prévia, 2. ed., Saraiva, 2002.

Verbetes da *Enciclopédia Saraiva do Direito*:

Greve (Direito do trabalho), v. 40
Nome coletivo (Sociedade comercial), v. 54
Nome comercial – II, v. 54
Responsabilidade dos sócios, v. 65
Sentença falimentar, v. 68
Sinal de propaganda, v. 69
Sustação e cancelamento de protesto, v. 72
Título à ordem, v. 73
Título ao portador, v. 73
Título de crédito, v. 73

Amador Paes de Almeida

Magistrado e Professor Universitário.

Curso de Falência e Recuperação de Empresa

28ª edição

Colaboração da advogada

Marina Batista S. L. F. Paes de Almeida

2017

saraiva jur

saraiva jur

Av. das Nações Unidas, 7.221, 1º andar, Setor B
Pinheiros – São Paulo – SP – CEP 05425-902

SAC
0800-0117875
De 2ª a 6ª, das 8h às 18h
www.editorasaraiva.com.br/contato

Presidente Eduardo Mufarej
Vice-presidente Claudio Lensing
Diretora editorial Flávia Alves Bravin

Conselho editorial
Presidente Carlos Ragazzo
Consultor acadêmico Murilo Angeli Dias dos Santos

Gerência
Planejamento e novos projetos Renata Pascual Müller
Concursos Roberto Navarro
Legislação e doutrina Thaís de Camargo Rodrigues

Edição Daniel Pavani Naveira

Produção editorial Ana Cristina Garcia (coord.)
Luciana Cordeiro Shirakawa

Clarissa Boraschi Maria (coord.)
Guilherme H. M. Salvador
Kelli Priscila Pinto
Marília Cordeiro
Mônica Landi
Surane Vellenich
Tatiana dos Santos Romão
Tiago Dela Rosa

Diagramação Edson Colobone
Revisão PBA Preparação e Revisão de Textos

Comunicação e MKT Elaine Cristina da Silva
Capa Tiago Dela Rosa
Produção gráfica Marli Rampim
Impressão e acabamento Gráfica Paym

ISBN 978-85-472-1975-8

DADOS INTERNACIONAIS DE CATALOGAÇÃO NA PUBLICAÇÃO (CIP)
ANGÉLICA ILACQUA CRB-8/7057

Almeida, Amador Paes de

Curso de falência e recuperação de empresa / Amador Paes de Almeida ; colaboração de Marina Batista S. Lobato Fernandes Paes de Almeida. – 28. ed. – São Paulo : Saraiva, 2017.

1. Falência 2. Falência - Brasil 3. Recuperação judicial (Direito) - Leis e legislação - Brasil I. Título II. Paes de Almeida, Marina Batista S. Lobato Fernandes.

17-0643 CDU 347.736(81)(094)

Índice para catálogo sistemático:

1. Brasil : Leis : Falência : Direito comercial 347.736(81)(094)

Data de fechamento da edição: 18-4-2017

Dúvidas? Acesse www.editorasaraiva.com.br/direito

CL 600434 CAE 586578

Meus agradecimentos à valiosa colaboração,
dedicação e incansável esforço da advogada e fiel companheira
Marina Batista Silva Lobato Fernandes Paes de Almeida
na atualização e revisão desta obra.

Índice Geral

Capítulo VI
JUÍZO COMPETENTE PARA DECLARAR A FALÊNCIA

Capítulo VII
DO REQUERIMENTO DA FALÊNCIA

Capítulo VIII
RESPOSTA DO DEVEDOR (ALEGAÇÕES DA DEFESA)

Capítulo IX
DO PROCEDIMENTO PRELIMINAR DA FALÊNCIA
(DA DEFESA À SENTENÇA)

Capítulo X
SENTENÇA DENEGATÓRIA DA FALÊNCIA

Capítulo XI
SENTENÇA DECLARATÓRIA DA FALÊNCIA

Capítulo XII
DOS RECURSOS NO PROCESSO FALIMENTAR

Capítulo XIII
JUÍZO UNIVERSAL

Capítulo XIV
DOS EFEITOS DA FALÊNCIA QUANTO AOS DIREITOS DOS CREDORES

Capítulo XVIII
DA REVOGAÇÃO DOS ATOS PRATICADOS PELO DEVEDOR ANTES DA FALÊNCIA – AÇÃO REVOCATÓRIA

Capítulo XIX
ÓRGÃOS DA FALÊNCIA

Capítulo XX
DA ADMINISTRAÇÃO, DA ARRECADAÇÃO E GUARDA DOS BENS, LIVROS E DOCUMENTOS DO FALIDO

Capítulo XXI
DO PEDIDO DE RESTITUIÇÃO E DOS EMBARGOS DE TERCEIRO

Capítulo XXII
DA HABILITAÇÃO DOS CRÉDITOS

Capítulo XXIII
DOS CRÉDITOS NÃO SUJEITOS À HABILITAÇÃO

Capítulo XXIV
DA CLASSIFICAÇÃO DOS CRÉDITOS

Capítulo XXV
DA LIQUIDAÇÃO – ALIENAÇÃO DOS BENS DO FALIDO – REALIZAÇÃO DO ATIVO

Capítulo XXVI
DO PAGAMENTO AOS CREDORES

Capítulo XXVII
ENCERRAMENTO DO PROCESSO DA FALÊNCIA

Capítulo XXVIII
EXTINÇÃO DAS OBRIGAÇÕES

Livro II
RECUPERAÇÃO JUDICIAL DE EMPRESA

Capítulo XXIX
RECUPERAÇÃO JUDICIAL DE EMPRESA

PARTE PRÁTICA

Capítulo XXXII
MODELOS DE PETIÇÕES

Capítulo XXXIII
SÚMULAS DE DIREITO FALIMENTAR

Prefácio

Entre nós a evolução dos estudos sobre o instituto jurídico da falência, apesar dos méritos dos trabalhos existentes, não chegou a atender às reais necessidades de quantos procuram, quer no exercício da advocacia, quer nos cursos das Faculdades de Direito, Economia e Administração de Empresas, diretrizes que permitam uma orientação segura ministrada sem os artificialismos das construções cerebrinas tão frequentes nos livros de ciências jurídicas. A época em que vivemos não permite digressões. A velocidade nas relações econômicas e sociais e a progressão geométrica dos encargos que as diferentes atividades solicitam de cada um exigem informações objetivas, resumidas, voltadas para o essencial e segundo uma linha de preocupação mais operacional. É evidente que os estudos em alta profundidade são indispensáveis para a abertura de novos caminhos a serem trilhados na aplicação prática da vida concreta. Mas são nítidas as diferenças entre os níveis que devem merecer a preocupação do autor de obras jurídicas. O primeiro, restrito a poucos, o do conhecimento metapositivo, isto é, avaliação dos comandos emergentes das normas que compõem o ordenamento jurídico, para a proposição das necessárias correções que a mutabilidade do processo histórico-cultural impõe. O segundo, aberto a quantos precisam de orientação para agir, o do levantamento e enumeração das rotinas que devem ser cumpridas, das formalidades que compõem o quadro programado pelo direito positivo para a atuação. Aqui muito ainda está por ser feito.

A obra do Prof. Amador Paes de Almeida pende mais para a segunda das duas perspectivas acima mencionadas, sendo esta uma das razões do seu valor. Conhecido pela facilidade de comunicação com os seus alunos, como testemunham aqueles que já tiveram a feliz oportunidade de assistir às aulas que profere na Universidade Mackenzie, em cursos regulares do currículo escolar na disciplina de Direito Comercial, bem como nos cursos paralelos, bastante concorridos, que têm atraído estudantes e advogados, o autor firmou-se no magistério e vem escalando, com firmeza, os degraus que já o levaram ao destaque como escritor de livros jurídicos. Não serão necessárias outras considerações, bastando a simples consulta ao plano da obra para que prontamente os seus objetivos se revelem. A distribuição dos temas é organizada segundo uma sequência metodológica para facilitar o leitor. Os resumos e as recapitulações também revelam a mesma preocupação. Os conceitos são enunciados de modo claro e evidenciam a simplicidade daqueles que sabem movimentar-se no terreno em que pisam. Certamente haverá um desenvolvimento nesses estudos, desde já aguardado, para proveito da ciência, e esperamos venha a ser caracterizado pelos mesmos parâmetros aqui observados e pelo mesmo estilo de comunicação.

Prof. Amauri Mascaro Nascimento

Nota do Autor[1]

O *Curso de falência e recuperação de empresa*, fruto de longos anos de magistério superior, atende, ao mesmo tempo, a múltiplos objetivos: atualizar o advogado experiente, pondo-o em dia com as novas soluções elaboradas pela doutrina especializada e com a mais recente jurisprudência dos tribunais; aperfeiçoar, na difícil e controvertida disciplina, o profissional dedicado a outros campos da atividade jurídica, que frequentemente é obrigado, por força de compromissos com a clientela, a aceitar causas falimentares; finalmente, fornecer ao advogado recém-formado, ao estagiário e ao estudante as noções teóricas fundamentais e o treinamento prático indispensável ao exercício da advocacia.

Para isso, envidamos todos os esforços, empregando, na organização desta obra, orientação eminentemente didática, utilizando moderna metodologia, dosada na sequência que melhor se ajusta à compreensão da matéria. Assim sendo, partimos das questões mais simples para as de maior complexidade, fazendo-o com concisão e clareza, em linguagem acessível, porém sem o sacrifício da rigorosa terminologia jurídica.

Essa preocupação didático-pedagógica está presente nesta edição, que cuida da Lei n. 11.101/2005 com suas profundas alterações no Instituto sob comento, alterações essas analisadas circunstanciadamente ao longo desta obra, bem como a inclusão da Lei n. 13.105, de 16 de março de 2015.

---

[1] As remissões às leis civis estão em consonância com o Código Civil de 2002 e com o CPC/2015.

Nota à 28ª Edição

A Lei n. 11.101, de 9 de fevereiro de 2005 (Lei de Falência e Recuperação de Empresa), alterou sensivelmente a legislação falimentar brasileira, sobretudo quando, pondo fim às concordatas preventiva e suspensiva, instituiu a recuperação judicial, adotando, outrossim, a recuperação extrajudicial, buscando a preservação da empresa, vista esta como verdadeira instituição social geradora de riqueza e de emprego.

Esta edição, com a mesma preocupação didática das anteriores, trata da legislação, visando torná-la acessível, sobretudo aos acadêmicos de direito, professores e profissionais em geral, bem como mostrar-lhes as referências ao novo CPC e alterações abordadas pelas Leis n. 13.043, de 2014, e n. 13.256, de 2016.

PARTE TEÓRICA

Livro I

DA FALÊNCIA

Capítulo I
ESBOÇO HISTÓRICO

Sumário: 1. Direito romano. 2. Idade Média. 3. Código Napoleônico. 4. Brasil Colônia, Império e República. Resumo. Recapitulação.

1. DIREITO ROMANO

A falência é um instituto intimamente ligado à evolução do próprio conceito de obrigação.

Nos primórdios, o devedor respondia por suas obrigações com a liberdade e até mesmo com a própria vida.

No direito quiritário (*ius quiritium*, *ius civile*), a fase mais primitiva do direito romano, que antecede à codificação da Lei das XII Tábuas, o *nexum* (liame entre devedor e credor) admitia *a addicere*, adjudicação do devedor insolvente que, por sessenta dias, permanecia em estado de servidão para com o credor. Não solvido o débito nesse espaço de tempo, podia o credor vendê-lo como escravo no estrangeiro (*trans Tiberim*, além do Tibre), ou até mesmo matá-lo, repartindo-lhe o corpo segundo o número de credores, numa trágica execução coletiva.

Tal sistema perdurou até 428 a.C., com a promulgação da *Lex Poetelia Papiria*, que introduziu no direito romano a execução patrimonial, abolindo o desumano critério da responsabilidade pessoal.

Pela *bonorum venditio*, instituída pelo pretor Rutilio Rufo, o desapossamento dos bens do devedor era feito por determinação do pretor, nomeado um curador (*curator bonorum*) para a administração dos bens.

Facultava-se, outrossim, ao devedor a cessão de seus bens ao credor, que podia vendê-los separadamente. Era a *cessio bonorum*, criada pela *Lex Julia Bonorum* (737 a.C.), na qual, para alguns autores, estaria o embrião da falência, como observa Waldemar Ferreira:

> "Não poucos romanistas divisam na *Lex Julia* o assento do moderno Direito Falimentar, por ter editado os dois princípios fundamentais – o direito dos credores de disporem de todos os bens do devedor e o da *par condictio creditorum*.

Desde então, o credor, que tomava a iniciativa da execução, agia em seu nome e por direito próprio, mas também em benefício dos demais credores. Com isso, veio a formar-se o conceito de massa, ou seja, da massa falida.

Completava-se a *bonorum venditio*, com larga série de providências, determinadas pelo pretor, contra os atos fraudulentos de desfalque do seu patrimônio, praticados pelo devedor.

Entre elas, a *actio pauliana*, por via da qual 'quoe in fraudem creditorum alienata sunt revocantur fructus quoque restituuntur'".

2. IDADE MÉDIA

O *concursum creditorum*, consubstanciado na *missio in possessionem* e na *bonorum cessio*, como assinala Alfredo Rocco, sustentava-se, antes de tudo, na iniciativa dos próprios credores, com escassa ingerência do Poder Público.

Na Idade Média, contudo, a tutela estatal assume especial relevo, condicionando a atuação dos credores à disciplina judiciária. O concurso creditório é rigidamente disciplinado, com a obrigatoriedade de os credores habilitarem-se em juízo, por onde se processa a arrecadação dos bens do devedor, atribuindo-se ao juiz a função de zelar "por que se guardasse e vendesse, partilhando-se o produto entre os credores".

É nessa época que o concurso de credores se transforma na falência, quando o comércio, sobretudo o marítimo, atinge extraordinária expansão nas cidades italianas.

Nessa fase, a falência é vista como um delito, cercando-se o falido de infâmia e impondo-se-lhe penas que vão da prisão à mutilação – *Falliti sunt fraudatores* (Os falidos são fraudadores, enganadores, velhacos).

Daí a expressão *falência*, do verbo latino *fallere*, que significa enganar, *falsear*.

A falência, na Idade Média, estendia-se a toda espécie de devedor, comerciante ou não.

3. CÓDIGO NAPOLEÔNICO

O sistema adotado nos estatutos italianos facilmente difundiu-se por outros países, encontrando ampla ressonância nas Ordenações de 1673, na França.

O Código Comercial francês, de 1807, na elaboração do qual Napoleão Bonaparte teve preponderante atuação, conquanto impondo severas restrições ao falido, constitui-se em inegável evolução do instituto, restrito, na legislação francesa, ao devedor comerciante.

Gradativamente se abrandam os rigores da legislação, assumindo a falência um caráter econômico-social, refletindo no seu bojo as profundas alterações por que passaria o direito comercial e que culminaria com a modificação do próprio conceito de empresa, vista hoje como uma instituição social.

Faz-se, então, nítida distinção entre devedores honestos e desonestos, facultando-se aos primeiros os favores da moratória, com o aperfeiçoamento da concordata, cujo embrião encontramos no *pactum est minus solvatur* e no *quinquenales.*

4. BRASIL COLÔNIA, IMPÉRIO E REPÚBLICA

O Brasil, como colônia, sujeitava-se às regras jurídicas emanadas de Portugal, onde vigoravam, por ocasião do descobrimento, as Ordenações Afonsinas, posteriormente revistas por D. Manuel (1514) e publicadas em 1521 com a denominação de Ordenações Manuelinas.

As Ordenações Afonsinas não cuidavam, de forma específica, da quebra do comerciante, o que só ocorreu com a Lei de 8 de março de 1595, promulgada por Filipe II (Filipe III de Espanha), e que viria mais tarde, em 1603, inspirar todo o Título LXVI do Livro V das Ordenações Filipinas.

Disciplinavam, contudo, o concurso de credores, estabelecendo prioridade ao credor que tivesse a iniciativa da execução, prevendo, outrossim, pena de prisão por inexistência de bens:

> "... e nom lhe achando bens que bastem para a dita condenaçam, em tal caso deve o dito devedor seer preso e retendo na cadea atee que pague o em que for condenado".

Adotados os princípios consagrados na Lei de 8 de março de 1595, as Ordenações Filipinas de 1603, que abrangiam Espanha e Portugal, que à época integravam o Reino de Castela e, por via de consequência, o Brasil Colônia, consagravam, pela primeira vez entre nós, a quebra dos comerciantes, fazendo nítida distinção entre mercadores "que se levantavam com fazenda alhea" e os que caíssem "em pobreza sem culpa sua", equiparando os primeiros aos *ladrões públicos*, inabilitando-os para o comércio e impondo-lhes penas que variavam do degredo à pena de morte, não incorrendo em punição os segundos, que podiam compor-se com os credores:

> "E os que caírem em pobreza sem culpa sua, por receberem grandes perdas no mar, ou na terra em seus tratos e comércios lícitos, não constando de algum dolo, ou malícia, não incorrerão em pena alguma crime. E neste caso serão os autos remetidos ao Prior e Cônsules do Consulado, que os procurarão concertar e compor com seus credores, conforme a seu Regimento".

Foi, porém, com o Alvará de 13 de novembro de 1756, promulgado pelo Marquês de Pombal, que tivemos um "originalíssimo e autêntico processo de falência, nítida e acentuadamente mercantil, em juízo comercial, exclusivamente para comerciantes, mercadores ou homens de negócio", como bem observou Waldemar Ferreira.

Impunha-se ao falido apresentar-se à Junta do Comércio, perante a qual "jurava a verdadeira causa da falência". Após efetuar a entrega das chaves "dos armazéns das fazendas", declarava todos os seus bens "móveis e de raiz", fazendo entrega, na oportunidade, do Livro Diário, no qual deveriam estar lançados todos os assentos de todas as mercadorias, com a discriminação das despesas efetuadas.

Ultimado o inventário dos bens do falido, seguir-se-ia a publicação de edital, convocando os credores.

Do produto da arrecadação, 10% eram destinados ao próprio falido para o seu sustento e de sua família, repartindo-se o restante entre os credores.

Fraudulenta que fosse a falência, era decretada a prisão do comerciante, seguindo-se-lhe o processamento penal.

Proclamada a Independência do Brasil, por longos anos vigeram entre nós as leis portuguesas, sobrevindo em 1850 o Código Comercial brasileiro, que, na sua Parte Terceira, cuidava "Das quebras", disciplinando-as nos arts. 797 a 911, cuja parte processual foi regulamentada pelo Decreto n. 738, de 25 de novembro de 1850.

Inadequada às condições do comércio brasileiro, foi a legislação em apreço inteiramente derrogada pelo Decreto n. 917, de 24 de novembro de 1890.

Ao decreto nominado, impotente para coibir abusos e fraudes, seguiu-se a Lei n. 859, de 16 de agosto de 1902, substituída em 1908 pela Lei n. 2.024, que por vinte e um anos vigeu entre nós, "marcando época na legislação mercantil brasileira", como disse Waldemar Ferreira.

Revista pelo Decreto n. 5.746, de 9 de dezembro de 1929, foi a Lei n. 2.024 revogada em 21 de junho de 1945, com a promulgação do Decreto-lei n. 7.661, que com inúmeras alterações permaneceu em vigor, até quando foi promulgada a Lei n. 11.101, de 9 de fevereiro de 2005.

A atual legislação falimentar traz sensíveis inovações, tendo como princípio fundamental a recuperação econômica da empresa, "a fim de permitir a manutenção da fonte produtora, do emprego dos trabalhadores e dos interesses dos credores, promovendo, assim, a preservação da empresa, sua função social e o estímulo à atividade econômica", como enfatiza o art. 47 da Lei n. 11.101, de 9-2-2005.

Na expressão do Senador Ramez Tebet, são estes os princípios fundamentais da legislação falimentar brasileira:

1. **Preservação da empresa**: em razão de sua função social, a empresa deve ser preservada sempre que possível, pois gera riqueza econômica e cria emprego e renda, contribuindo para o crescimento e o desenvolvimento social do País. Além disso, a extinção da empresa provoca a perda do agregado econômico representado pelos chamados intangíveis, como nome, ponto comercial, reputação, marcas, clientela, rede de fornecedores, *know-how*, treinamento, perspectiva de lucro futuro, entre outros.

2. **Separação dos conceitos de empresa e de empresário**: a empresa é o conjunto organizado de capital e trabalho para a produção ou circulação de bens ou serviços. Não se deve confundir a empresa com a pessoa natural ou jurídica que a controla. Assim, é possível preservar uma empresa, ainda que haja a falência, desde que se logre aliená-la a outro empresário ou sociedade que continue sua atividade em bases eficientes.

3. **Recuperação das sociedades e empresários recuperáveis**: sempre que for possível a manutenção da estrutura organizacional ou societária, ainda que com modificações, o Estado deve dar instrumentos e condições para que a empresa se recupere, estimulando, assim, a atividade empresarial.

4. **Retirada do mercado de sociedades ou empresários não recuperáveis**: caso haja problemas crônicos na atividade ou na administração da empresa, de modo a inviabilizar sua recuperação, o Estado deve promover de forma rápida e eficiente sua retirada do mercado, a fim de evitar a potencialização dos problemas e o agravamento da situação dos que negociam com pessoas ou sociedades com dificuldades insanáveis na condução do negócio.

5. **Proteção aos trabalhadores**: os trabalhadores, por terem como único ou principal bem sua força de trabalho, devem ser protegidos, não só

com precedência no recebimento de seus créditos na falência e na recuperação judicial, mas com instrumentos que, por preservarem a empresa, preservem também seus empregos e criem novas oportunidades para a grande massa de desempregados.

6. **Redução do custo do crédito no Brasil**: é necessário conferir segurança jurídica aos detentores de capital, com preservação das garantias e normas precisas sobre a ordem de classificação de créditos na falência, a fim de que se incentive a aplicação de recursos financeiros a custo menor nas atividades produtivas, com o objetivo de estimular o crescimento econômico.
7. **Celeridade e eficiência dos processos judiciais**: é preciso que as normas procedimentais na falência e na recuperação de empresas sejam, na medida do possível, simples, conferindo-se celeridade e eficiência ao processo e reduzindo-se a burocracia que atravancava seu curso.
8. **Segurança jurídica**: deve-se conferir às normas relativas à falência, à recuperação judicial e à recuperação extrajudicial tanta clareza e precisão quanto possível, para evitar que múltiplas possibilidades de interpretação tragam insegurança jurídica aos institutos e, assim, fique prejudicado o planejamento das atividades das empresas e de suas contrapartes.
9. **Participação ativa dos credores:** é desejável que os credores participem ativamente dos processos de falência e de recuperação, a fim de que, diligenciando para a defesa de seus interesses, em especial o recebimento de seu crédito, otimizem os resultados obtidos com o processo, com redução da possibilidade de fraude ou malversação dos recursos da empresa ou da massa falida.
10. **Maximização do valor dos ativos do falido**: a lei deve estabelecer normas e mecanismos que assegurem a obtenção do máximo valor possível pelos ativos do falido, evitando a deterioração provocada pela demora excessiva do processo e priorizando a venda da empresa em bloco, para evitar a perda dos intangíveis. Desse modo, não só se protegem os interesses dos credores de sociedades e empresários insolventes, que têm por isso sua garantia aumentada, mas também diminui-se o risco geral das transações econômicas, o que gera eficiência e aumento da riqueza geral.
11. **Desburocratização da recuperação de microempresas e empresas de pequeno porte**: a recuperação das micro e pequenas empresas não pode ser inviabilizada pela excessiva onerosidade do procedimento. Portanto, a lei deve prever, em paralelo às regras gerais, mecanismos mais simples e menos onerosos para ampliar o acesso dessas empresas à recuperação.

12. **Rigor na punição de crimes relacionados à falência e à recuperação judicial**: é preciso punir com severidade os crimes falimentares, com o objetivo de coibir as falências fraudulentas, em função do prejuízo social e econômico que causam. No que tange à recuperação judicial, a maior liberdade conferida ao devedor para apresentar proposta a seus credores precisa necessariamente ser contrabalançada com punição rigorosa aos atos fraudulentos praticados para induzir os credores ou o juízo a erro"[2].

As ***inovações mais significativas*** na legislação falimentar são as seguintes:

1. Extensão da falência ao empresário civil ou mercantil, com as exceções expressamente definidas;

2. Abrangência das sociedades empresárias, reguladas nos arts. 1.039 a 1.092 do Código Civil;

3. Extinção da concordata preventiva e suspensiva;

4. Criação da *recuperação extrajudicial e judicial de empresa*, inclusive da microempresa e da empresa de pequeno porte, em substituição à concordata preventiva e suspensiva;

5. Alteração da denominação de *síndico* para *administrador judicial*;

6. Criação do *comitê de credores*, com a missão precípua de zelar pelo bom andamento do processo de recuperação judicial e da falência, entre outras funções expressamente declinadas na legislação falimentar;

7. Criação da assembleia geral de credores, à qual, entre outras atribuições, incumbe aprovar ou modificar o plano de recuperação judicial apresentado pelo devedor e, na falência, a constituição do comitê de credores;

8. Ampliação das formas de realização do ativo, com a seguinte ordem de preferência:

I. alienação da empresa, com a venda de seus estabelecimentos em bloco;

II. alienação da empresa, com a venda de suas filiais em unidades produtivas isoladamente;

III. alienação em bloco dos bens que integram cada um dos estabelecimentos do devedor;

IV. alienação de bens individualmente considerados;

---

[2] Parecer da Comissão de Assuntos Econômicos do Senado Federal, sobre o PLC n. 71, de 2003 (Relator Ramez Tebet), convertida na Lei n. 11.773, de 17 de setembro de 2008, que regula a recuperação judicial, a extrajudicial e a falência de empresário e da sociedade empresarial.

9. Inexistência de sucessão tributária, trabalhista ou obrigações decorrentes de acidentes do trabalho, nas arrematações;

10. Possibilidade de adoção de outras modalidades de realização do ativo, inclusive a constituição de sociedade de credores ou dos empregados, com a utilização, por estes últimos, dos seus créditos trabalhistas;

11. Extensão da falência da sociedade aos sócios solidários (de responsabilidade ilimitada);

12. Limitação da preferência do crédito trabalhista a cento e cinquenta salários mínimos por credor;

13. Eliminação da possibilidade de renda ou retirada de bens por credores garantidos com penhor (alienação fiduciária ou arrendamento mercantil), no período de cento e oitenta dias (tempo hábil para a formulação e aprovação do plano de recuperação judicial);

14. Extinção do *inquérito judicial* – "decretada a falência judicial (condição de procedibilidade), intima-se o Ministério Publico, que, verificando a ocorrência de crime, promoverá a ação penal ou solicitará a abertura de inquérito policial";

15. Competência do juiz criminal da jurisdição onde tenha sido decretada a falência, ou concedida a recuperação judicial, ou homologado o plano de recuperação extrajudicial, para conhecer da ação penal.

Resumo

O direito quiritário. O direito quiritário (período mais primitivo do direito romano) admitia a *adjudicação* do devedor insolvente que, por sessenta dias, permanecia em estado de servidão para com o credor. Não solvido o débito, podia vendê-lo como escravo no estrangeiro (*trans Tiberim*), e até mesmo matá-lo.

Lex Poetelia Papiria. A *Lex Poetelia Papiria* introduziu no direito romano a execução patrimonial, abolindo o desumano critério da responsabilidade pessoal pelas dívidas.

Tutela estatal. A tutela estatal assume especial relevo, condicionando a atuação dos credores à disciplina judiciária. O concurso de credores é rigidamente disciplinado, com a obrigatoriedade de os credores habilitarem-se no juízo, por onde se processa a arrecadação dos bens do devedor.

É nessa época que o concurso de credores se transforma na falência, vista, então, como um delito, cercando-se o falido de infâmia – *Fallit sunt fraudatores* (Os falidos são fraudadores, enganadores, velhacos).

Código Comercial francês. O Código Comercial francês, de 1807, abranda os rigores da falência, restringindo-a ao devedor comerciante, fazendo nítida distinção entre os devedores honestos e os desonestos, facultando aos primeiros os favores da moratória, com o aperfeiçoamento da concordata.

Brasil Colônia. Brasil Colônia: sujeito às regras jurídicas de Portugal – Ordenações Afonsinas, Manuelinas e Filipinas. Alvará de 13 de novembro de 1756 (promulgado pelo Marquês de Pombal).

Brasil independente. Brasil independente: Código Comercial de 1850 – Parte Terceira: "Das quebras". Lei n. 2.024, de 17 de dezembro de 1908. Decreto-lei n. 7.661, de 21 de junho de 1945. A atual Lei de Falências – a Lei n. 11.101, de 9 de fevereiro de 2005, objeto desta obra.

Recapitulação

1. Como se processava, nos primórdios, a execução contra o devedor insolvente?

R. Na fase mais primitiva do direito romano (*ius quiritium*), o devedor respondia pessoalmente (responsabilidade pessoal) por suas dívidas.

2. Na eventualidade de não poder saldar seus débitos, a que penas estava sujeito o devedor?

R. Permanecia, por sessenta dias, em estado de servidão para com o credor (*a addicere*). Não solvido o débito nesse espaço de tempo, o devedor podia ser vendido como escravo (*trans Tiberim*); podia o credor matá-lo, repartindo-lhe o corpo segundo o número de credores.

3. Este sistema perdurou até que época?

R. Até 428 a.C.

4. Que regime jurídico substituiu a execução pessoal?

R. Com a *Lex Poetelia Papiria* (428 a.C.), o direito romano aboliu o sistema da execução pessoal, substituindo-o pela execução patrimonial, passando o devedor a responder com seus bens (**arts. 771 e s. do CPC/2015**).

5. Quando surge, efetivamente, o instituto da falência?

R. No direito romano encontramos o que poderíamos chamar de embrião da falência (*venditio bonorum*). Contudo, só na Idade Média, quando se observou notável incremento do comércio terrestre e marítimo, foi que se disciplinou convenientemente o *concursus creditorum*, surgindo a falência.

> A atual legislação falimentar, por intermédio da recuperação extrajudicial e judicial, visa, antes de tudo, à preservação da empresa, atentando para a manutenção da atividade produtora e a manutenção de empregos.

EXECUÇÃO PESSOAL	ESTADO DE SERVIDÃO VENDA COMO ESCRAVO MORTE
EXECUÇÃO PATRIMONIAL	O devedor responde por suas dívidas apenas com os seus bens, pondo-se fim à execução pessoal.
PRESERVAÇÃO DA EMPRESA	A empresa é verdadeira instituição social para a qual se conjugam os mais diversos interesses: o lucro do empresário; o salário dos empregados; os tributos do Estado etc.

Capítulo II

NOÇÕES GERAIS SOBRE O INSTITUTO DA FALÊNCIA

Sumário: 1. Origem da palavra *falência*. 2. Conceito de falência. 3. Natureza jurídica da falência. Resumo. Recapitulação.

1. ORIGEM DA PALAVRA "FALÊNCIA"

A falência na Idade Média era considerada um delito, sujeitando o falido às punições que iam da prisão à mutilação – *Falliti sunt fraudatores* –, como já se observou. Os falidos são fraudadores, enganadores, velhacos.

A expressão *falência*, do verbo latino *fallere*, tinha, pois, um sentido pejorativo, para significar falsear, faltar, ou, como diz Ercole Vidari (*Diritto commerciale*, Milano, 1886, v. 8, p. 117), "inganare, mancare alla promessa, alla parola, alla fede, cadere", ou seja, enganar, faltar com a palavra, com a confiança, cair, tombar, incorrer em culpa, cometer uma falha.

Utilizava-se igualmente a expressão *bancarrotta*, *banco rotto*, a que os franceses chamavam *banque en route* (banco quebrado), para definir a falência criminosa, punível, denominação que provém do antigo costume de os credores quebrarem o banco em que o falido exibia suas mercadorias.

Distinguia-se entre a *bancarrotta semplice*, isto é, a menos grave, decorrente da negligência ou imprudência do comerciante, e a *bancarrotta fraudolenta*, ou seja, aquela decorrente de dolo ou má-fé, como assinala Umberto Navarrini (*Trattato elementare di diritto commerciale*, Milano, 1911, v. 2, p. 224).

Os portugueses empregavam a palavra *quebra* para definir a falência, daí surgindo a expressão *quebrado*, que significa pobre, arruinado, sem dinheiro, *pronto* (Caldas Aulete, *Dicionário contemporâneo da língua portuguesa*, v. 4, p. 4181).

Modernamente, em que pese ressentir-se a falência de aspecto negativo (o falido é sempre visto com reservas), vai o instituto passando por grandes transformações, assumindo pouco a pouco um sentido marcadamente econômico-social, em que sobressai o interesse público que objetiva, antes de tudo, a sobrevivência da empresa, vista hoje como uma instituição social.

A falência, na legislação atual, é reservada a casos extremos, dando-se preferência a recuperação extrajudicial ou judicial da empresa, como forma de sua preservação, com a manutenção de empregos e o sustento de dezenas, se não milhares de trabalhadores e de suas respectivas famílias.

2. CONCEITO DE FALÊNCIA

A falência pode ser vista sob dois ângulos absolutamente distintos:

a) econômico;

b) jurídico.

Sob o primeiro prisma, traduz um estado patrimonial, patenteando, como assinala Walter T. Álvares (*Direito falimentar*, v. 1, p. 30), "um fenômeno econômico, um fato patológico da economia creditícia", expressão anteriormente empregada por Alfredo Rocco (Studi sulla teoria generale del fallimento, *Rivista del Diritto Commerciale*, v. 1).

Dentro desse raciocínio, falência, como observa J. C. Sampaio de Lacerda (*Manual de direito falimentar*, p. 11), "é a condição daquele que, havendo recebido uma prestação a crédito, não tenha à disposição, para a execução da contraprestação, um valor suficiente, realizável no momento da contraprestação".

Essa visão econômica da falência, de um modo geral, persegue os autores italianos, como facilmente se depreende da conceituação de Umberto Navarrini (*Trattato*, cit., v. 2):

> "Il fallimento è lo stato (patrimoniale) del comerciante che è impotente a far fronte ai suoi impegni; impotenza che potrà essere data o da oggettivo sopravvanzo del passivo sull'attivo, o da irrealizzabilità di questo, sopravvanzo o irrealizzabilità non più corretti o sostenuti da quell'elemento importante che è il credito".

Do ponto de vista jurídico, *falência é um processo de execução coletiva contra o devedor insolvente.*

Processo de execução coletiva por congregar todos os credores, por força da *vis attractiva* do juízo falimentar. Verdadeiro litisconsórcio ativo necessário, ou seja, elo que reúne diversos litigantes em um só processo, ligados por comunhão de interesses. Dá-se o litisconsórcio quando, numa mesma ação, há pluralidade de autores ou de réus. Na primeira hipótese, temos o litisconsórcio ativo (pluralidade de autores). Na segunda, litisconsórcio passivo (pluralidade de réus).

3. NATUREZA JURÍDICA DA FALÊNCIA

A falência é um instituto complexo para o qual convergem regras de diferentes ramos do direito. Nela encontramos preceitos de direito comercial, civil, administrativo, processual e até mesmo penal, nos crimes falimentares.

Essa diversidade de elementos tem estabelecido controvérsia doutrinária acerca da sua natureza jurídica, situando-a alguns como um instituto de direito objetivo (assim considerado o conjunto de regras jurídicas que regem as relações entre os homens), outros no âmbito do direito processual, considerando-a, respeitável parcela, um procedimento administrativo.

Provincialli, conquanto acentue normas de direito objetivo na falência, proclama a prevalência do direito processual, ponto de vista igualmente abraçado por Augustín Vicente y Gella (*Curso de derecho mercantil*, v. 2, p. 333).

Gustavo Bonelli (*Del fallimento*, v. 8), ao revés, situa-a como um procedimento eminentemente administrativo, exatamente pela natureza da atividade do juízo falimentar, "più amministrativo quale judicare".

No direito brasileiro, a falência foi sempre situada na esfera do direito mercantil. Contudo, como já acentuamos, a diversidade de regras de que se vale imprime-lhe natureza *sui generis*, não se podendo estabelecer a prevalência de normas processuais sobre normas objetivas, tampouco destas sobre as administrativas.

Conquanto um processo de execução, e sob esse prisma eminentemente processual, a falência revela a existência de inúmeros preceitos de direito objetivo, tais como os direitos e deveres do falido, os direitos dos credores, as obrigações do síndico, não se olvidando de que, efetivamente, tal como observa Gustavo Bonelli, nela exista um inequívoco procedimento administrativo.

E são exatamente esses elementos que, imprimindo-lhe natureza jurídica *sui generis*, lhe conferem inequívoca autonomia.

Com efeito, conquanto para ela concorram diferentes regras de diversos ramos do direito, com nenhum deles se confunde nem por eles é absorvida, possuindo, outrossim, princípios e diretrizes que lhes são próprios, formando um sistema que inquestionavelmente a distingue de outras disciplinas, razão por que denominada direito falimentar.

> A falência é um processo de execução coletiva contra o devedor empresário ou sociedade empresária insolventes ou mesmo contra a empresa individual de responsabilidade limitada do devedor (art. 980-A do CC).

Resumo

Falência. A expressão *falência*, do verbo latino *fallere*, tinha sentido pejorativo, para significar falsear, faltar. Na expressão de Ercole Vidari, "ingannare, mancare alla promessa, alla parola, alla fede, cadere", ou seja, enganar, faltar com a palavra, com a confiança, cair, tombar, incorrer em culpa, cometer uma falha.

Outras expressões eram também utilizadas, como sinônimas de falência – *bancarrotta*, *banco rotto*, que os franceses denominavam *banque en route* (banco quebrado), denominações que provêm do antigo costume de os credores quebrarem o banco em que o falido exibia suas mercadorias.

Os portugueses utilizavam-se da palavra *quebra*, daí surgindo a expressão *quebrado*, isto é, pobre, arruinado, sem dinheiro, *pronto*.

Conceito de falência: *a*) econômico; *b*) jurídico.

Sob o primeiro prisma, traduz um estado patrimonial, patenteando, como assinala Walter T. Álvares, "um fato patológico da economia creditícia", expressão anteriormente empregada por Alfredo Rocco.

Do ponto de vista jurídico, *falência é um processo de execução coletiva contra o devedor insolvente.*

No direito brasileiro, a falência foi sempre situada na esfera do direito mercantil. Contudo, a diversidade de regras de que se vale imprime-lhe natureza *sui generis*, não se podendo estabelecer a prevalência das normas processuais sobre as normas objetivas, tampouco destas sobre as administrativas.

Conquanto um processo de execução, e sob esse prisma eminentemente processual, a falência revela a existência de inúmeros preceitos de direito objetivo.

Recapitulação

1. A falência hodierna se constitui em crime, sujeitando o falido à infâmia?

R. Hodiernamente, a falência, conquanto possa causar sérios abalos no conceito do comerciante, não é encarada senão como "mero acidente do comércio", como já assinalava Carvalho de Mendonça.

2. Como conceituar a falência?

R. A falência é um processo de execução coletiva – verdadeiro litisconsórcio ativo necessário – contra o devedor insolvente.

3. Qual a verdadeira natureza jurídica da falência?

R. No direito brasileiro, a falência foi sempre considerada como um instituto eminentemente mercantil. Autores há, contudo, como Provincialli, que proclamam a prevalência do direito processual, não faltando aqueles que a situam como um procedimento administrativo, como sucede com Gustavo Bonelli.

4. Qual o objetivo fundamental da falência?

R. A falência é um instituto jurídico que objetiva garantir os credores do devedor *insolvente*, assim considerado aquele cujo passivo é superior ao patrimônio, ou, por outras palavras, cujos bens são insuficientes para saldar seus débitos.

5. A insolvência seria, assim, a causa determinante da falência?

R. Conquanto inúmeros autores considerem a **impontualidade** a causa determinante da falência, na verdade o que caracteriza o chamado *estado de falência* é a **insolvência**. A impontualidade é apenas a exteriorização desse estado. Já afirmava Waldemar Ferreira que a falência é uma situação jurídica que decorre da insolvência do comerciante, revelada essa ou pela impontualidade no pagamento de obrigação líquida, ou por outros atos inequívocos que denunciem manifesto desequilíbrio econômico, patenteando situação financeira ruinosa.

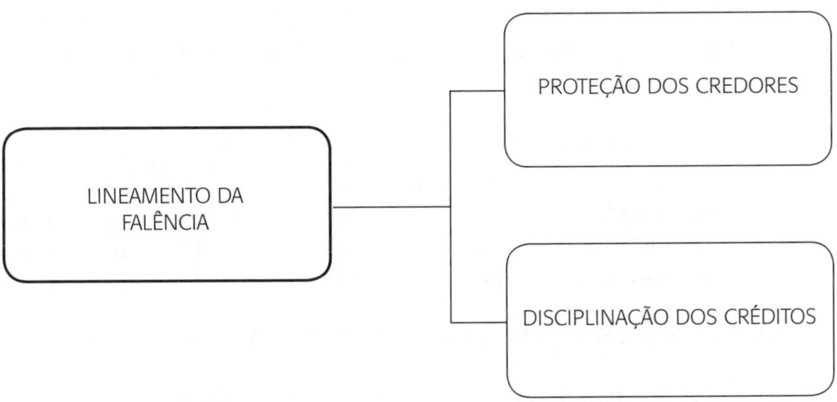

Capítulo III

ELEMENTOS ESSENCIAIS PARA A EXISTÊNCIA DO ESTADO DE FALÊNCIA

Sumário: 1. Causas determinantes da falência. 2. Insolvência. 3. Impontualidade. 4. Protesto. 5. Protesto facultativo. 6. Protesto obrigatório. 7. Protesto de títulos de credores distintos. 8. Não pagamento de obrigação líquida. 9. Duplicata sem aceite acompanhada da nota de entrega da mercadoria. 10. Outros indícios de insolvabilidade que ensejam a falência: a) liquidação ruinosa; b) negócio simulado; c) transferência de estabelecimento sem reserva de bens suficientes para solver seu passivo; d) transferência simulada do estabelecimento principal; e) garantia a credor por dívida anterior sem reserva de bens; f) abandono do estabelecimento; g) descumprimento de obrigações assumidas no plano de recuperação judicial. Recapitulação.

1. CAUSAS DETERMINANTES DA FALÊNCIA

A falência, como observa Waldemar Ferreira, é uma situação jurídica que decorre da insolvência do empresário, revelada essa ou pela impontualidade no pagamento de obrigação líquida, ou por atos inequívocos que denunciem manifesto desequilíbrio econômico, patenteando situação financeira ruinosa.

A leitura do inciso I do art. 94 da Lei de Falências pode induzir-nos a engano, levando-nos a crer que o que caracteriza a falência é a mera impontualidade:

> "Será decretada a falência do devedor que:
>
> I – sem relevante razão de direito, não paga, no vencimento, obrigação líquida materializada em título ou títulos executivos protestados cuja soma ultrapasse o equivalente a 40 (quarenta) salários mínimos na data do pedido de falência".

Na verdade, porém, como preleciona Carvalho de Mendonça:

> "A impontualidade é considerada a manifestação típica, direta, o sinal ostensivo, qualificado, da impossibilidade de pagar e, consequentemente, do estado de falência".

Assim, a impontualidade seria a manifestação por excelência da insolvabilidade e não causa determinante, por si só, da quebra.

> "O que interessa principalmente – diz J. C. Sampaio de Lacerda – é a situação do patrimônio do devedor. Receia-se que o patrimônio em um dado dia seja impotente para solver seus encargos. Aliás, é conveniente recordar-se que insolvência é o estado do patrimônio de alguém pelo qual se revela incapaz de fazer frente aos débitos que o oneram. Ora, é só pelo receio que isso se verifique ou pelo fato de já se ter verificado tal que se organiza a falência. Sendo assim, tudo quanto faz a lei para caracterizar o estado de falência baseia-se nesse princípio. Foi esse, pelo menos, o intuito do legislador. Se a falência é organizada porque num dado momento o patrimônio de alguém é insuficiente para solver seus débitos, tudo quanto se faz na lei para caracterizar o estado de falência, faz-se, evidentemente, partindo dessa ideia."

O que caracteriza a falência é, em última análise, a insolvência, revelada essa pela impontualidade ou por outros atos que a denunciem, como preleciona Miranda Valverde:

> "Juridicamente, a falência se caracteriza por atos ou fatos que denotam, comumente, um desequilíbrio no patrimônio do devedor".

É bem verdade que a atual legislação enseja a *recuperação judicial* requerida no prazo de contestação – "dentro do prazo de contestação, o devedor poderá pleitear sua recuperação judicial".

Note-se, porém, que a recuperação judicial é ação destinada a sanear devedor em estado de crise econômico-financeira, dentre as quais a insolvência.

Revelando-se esta irreparável, não restará senão a decretação da falência que, em última instância, decorrerá sempre da insolvência.

2. INSOLVÊNCIA

É a condição de quem não pode saldar suas dívidas. Diz-se do devedor que possui um passivo sensivelmente maior que o ativo. Por outras palavras, significa que a pessoa (física ou jurídica) deve em proporção maior do que pode pagar, isto é, tem compromissos superiores aos seus rendimentos ou ao seu patrimônio.

J. C. Sampaio de Lacerda assim define a insolvência:

> "... o estado do patrimônio de alguém pelo qual se revela incapaz de fazer frente aos débitos que o oneram".

Assim, diante da impontualidade no pagamento de obrigação líquida, ou na existência de outros atos reveladores de situação financeira ruinosa, requer-se a falência no pressuposto de que o patrimônio do devedor é insuficiente para pagar seus débitos, caracterizando-se a insolvência.

3. IMPONTUALIDADE

Como já observamos, o que caracteriza a falência é a insolvência, revelada esta ou pela impontualidade, ou por outros atos ou fatos dela indicativos.

Determinadas legislações, como a francesa, por exemplo, fixam-se no critério da cessação de pagamentos para a caracterização da falência do devedor, pouco importando esteja ele *in solvere* – o devedor que não paga deve ser declarado falido.

A legislação brasileira, como já se acentuou, firmou-se no critério da *insolvência*, exteriorizada pela impontualidade, definida no *Dicionário enciclopédico comercial* (2. ed., v. 3, p. 659) como

> "... o não cumprimento de uma obrigação. Obrigação cumprida irregularmente. Falta de pagamento de uma dívida na data do seu vencimento ou no prazo ajustado. Falta de cumprimento de uma promessa ou compromisso".

Fosse a impontualidade, pura e simples, a causa determinante da falência, não haveria lugar para o *depósito elisivo*, que, a nosso ver, não é mero pagamento, mas depósito que faz elidir a falência, exatamente porque afasta a presunção de insolvência.

Note-se a incompatibilidade da impontualidade com o depósito elisivo, a ser efetuado no prazo da defesa, quando a impontualidade já está sobejamente caracterizada.

Na verdade, o depósito elide a falência justamente porque afasta a presunção de insolvência. Quem salda seus débitos não pode ser considerado insolvente.

Nesse sentido, *v.* acórdão do Tribunal de Justiça de São Paulo, da lavra do Des. Freitas Camargo, que, com acuidade, põe em relevo a natureza jurídica do depósito elisivo, mantendo-se atualíssimo:

> "O depósito previsto no art. 11, § 2º, da Lei de Falências *não é em pagamento*. É mero depósito elisivo, *tendo por finalidade comprovar a solvabilidade do devedor*. Visa permitir que sua defesa seja apreciada sem o risco de que, em sendo eventualmente repelida, lhe seja decretada a falência" (TJSP, AP 11.702-1, Rel. Des. Freitas Camargo, *RT*, 555/81).

4. PROTESTO

A palavra *protesto*, do latim *protestor* (declarar, protestar, afirmar), juridicamente tem duas acepções distintas:

a) protesto judicial;

b) protesto extrajudicial.

O primeiro, o *protesto judicial*, objetiva prover a conservação e ressalva de direitos, como expressamente declara o **art. 726 do CPC/2015**, cuja redação é:

> "Quem tiver interesse em manifestar formalmente sua vontade a outrem sobre assunto juridicamente relevante poderá notificar pessoas participantes da mesma relação jurídica para dar-lhes ciência de seu propósito.
>
> § 1º Se a pretensão for a de dar conhecimento geral ao público, mediante edital, o juiz só a deferirá se a tiver por fundada e necessária ao resguardo de direito.
>
> § 2º Aplica-se o disposto nesta Seção, no que couber, ao protesto judicial".

O segundo, ou seja, o ***protesto extrajudicial***, que deve merecer nossa especial atenção, constitui-se no *meio legal que objetiva comprovar a falta ou recusa de aceite ou falta de pagamento de uma obrigação constante de título de crédito.*

O ***protesto extrajudicial***, também chamado de *protesto cambial*, visa:

a) comprovar a apresentação do título para aceite ou pagamento;

b) positivar recusa do aceite ou falta de pagamento;

c) constituir o devedor em mora;

d) estabelecer a fluência dos juros;

e) assegurar o direito de regresso contra os coobrigados – sacador, endossantes e respectivos avalistas;

f) fixar a data da apresentação para aceite de título com vencimento *a tempo certo da vista*;

g) ao chamado *aceite por intervenção* previsto no art. 55 da Lei Uniforme, assegurando o direito de regresso;

h) à ocorrência de saque de letra de câmbio com pluralidade de exemplares, tal como prevê o art. 64 da Lei Uniforme, objetivando constatar a impossibilidade do aceite ou pagamento;

i) *requerer a falência do devedor*, positivando a sua impontualidade.

Há **três** espécies de ***protesto cambial***, a saber:

a) o protesto por falta de aceite;

b) o protesto por falta de pagamento;

c) o protesto por falta de data de aceite na letra de câmbio com vencimento *a tempo certo da vista*, ou que deva ser apresentada para aceite dentro de um prazo determinado por estipulação especial (art. 25 da Lei Uniforme).

O aceite é o reconhecimento do débito, obrigando o aceitante (sacado) cambialmente. Conquanto imprescindível para que o título se revista de eficácia executiva (**art. 783 do CPC/2015**), não é indispensável à letra de câmbio, que poderá existir com ou sem ele. É, portanto, facultativo.

Como ensina Theóphilo de Azeredo Santos, "não há aceite compulsório. Ele é, por natureza, facultativo. O sacado não pode, em hipótese alguma, ser compelido, contra sua vontade, a aceitar o título, ainda que na hipótese líquida e certa de encontrar-se na posição de devedor".

Muito embora o aceite não seja compulsório, a apresentação do título com vencimento *a tempo certo da vista* ao sacado, para o respectivo aceite, é *obrigatória*.

Apresentado o título ao sacado, a falta ou recusa do aceite enseja ao credor protestá-lo, na forma do que dispõe o art. 44 da Lei Uniforme:

> "A recusa do aceite ou de pagamento deve ser comprovada por um ato formal (protesto por falta de aceite ou falta de pagamento)".

O protesto por falta ou recusa do aceite antecipa o vencimento do título, dispensando, por via de consequência, o protesto por falta de pagamento.

Temos aí o protesto por falta ou recusa de aceite.

Na ocorrência de aceite, quando o sacado se obriga cambialmente, ou em se tratando de letra com vencimento *à vista* (título a ser pago contra-apresentação ao devedor), em que inexiste obrigação de apresentação prévia, o pagamento pode não ser efetuado, facultando ao credor, nos termos do dispositivo legal transcrito (art. 44 da Lei Uniforme), o protesto por falta de pagamento.

Outrossim, pode a letra de câmbio ter o seu vencimento fixado para um determinado prazo a ser contado da data do aceite – é o vencimento *a tempo certo da vista* ou *a certo termo da vista*, que é a mesma coisa.

A letra com esse tipo de vencimento deve, necessariamente, ser apresentada ao sacado para que ele nela aponha o seu aceite, pois, como já se observou, só a partir da data do aceite começa a correr o prazo para vencimento.

Na hipótese de o aceite ser firmado sem data (o que a doutrina e a jurisprudência admitem), facultado é ao credor protestar o título para suprir a omissão, protesto esse necessário para a conservação de direitos contra os coobrigados – sacador, endossantes e respectivos avalistas.

Na ausência de protesto, entende-se que o aceite sem data foi aposto no último dia do prazo para a apresentação ao sacado, já que o título nessas condições tem um prazo para ser apresentado ao devedor.

Temos aí o protesto por falta de data de aceite[3].

5. PROTESTO FACULTATIVO

O protesto cambial, relativamente aos obrigados principais – sacado e respectivos avalistas –, em se tratando de título aceito, é facultativo, sendo desnecessário para a propositura do processo de execução (antiga ação executiva):

> "O título cambial não precisa ser protestado para ser proposta a ação executiva".

O princípio é diverso quando se trata de ação contra os coobrigados – sacador, endossantes e seus avalistas – em que o protesto é obrigatório.

Em razão disso, pois, podemos afirmar a existência de dois protestos distintos:

a) protesto facultativo;

b) protesto obrigatório.

O protesto é ***facultativo*** nas seguintes hipóteses:

a) quando o título tiver sido aceito regularmente, inexistindo endossantes e respectivos avalistas;

b) na hipótese de declaração, pelo sacador, de não ser a letra aceitável, observadas as restrições contidas no art. 22 da Lei Uniforme;

c) na existência de cláusula *sem despesas* ou *sem protesto*, observadas as exigências do art. 46 da Lei Uniforme.

6. PROTESTO OBRIGATÓRIO

Os autores de um modo geral insurgem-se contra a expressão *protesto obrigatório*, afirmando textualmente Rubens Requião:

---

3 O protesto extrajudicial, também denominado protesto cambial, é atualmente disciplinado pela Lei n. 9.492, de 10 de setembro de 1997.

> "Essa expressão – protesto obrigatório – é condenada, de vez que se contesta a existência de protesto obrigatório no direito brasileiro. O que existe, isso sim, é o *protesto necessário*, e esse de natureza cambiária, para a prova da apresentação do título, com a finalidade assecuratória do direito de regresso".

Efetivamente, não há protesto obrigatório, pois, a rigor, ninguém é obrigado a protestar um título. Todavia, o que pretendeu o legislador foi acentuar que, em determinadas circunstâncias e para determinados fins, o protesto é fundamental, indispensável, necessário.

Por isso que, para fins didáticos, usaremos, indiferentemente, as expressões *protesto obrigatório* e *protesto necessário.*

O protesto obrigatório é aquele imprescindível para certos fins, a saber:

1º) para positivar a recusa do aceite, ocasionando o vencimento do título por antecipação;

2º) para assegurar ao portador o direito de regresso contra os coobrigados – sacador, endossantes e respectivos avalistas;

3º) para fixação da data da apresentação, para aceite, de título com vencimento *a tempo certo da vista*;

4º) no chamado *aceite por intervenção*, previsto no art. 55 da Lei Uniforme, em que o sacador, endossante ou avalista, no sentido de se resguardar contra eventual recusa do sacado em aceitar o título, indicam um terceiro para fazê-lo, garantindo-se, assim, contra ação regressiva por antecipação. Na eventualidade de o terceiro indicado recusar-se a aceitar o título, o portador deverá protestá-lo, sem o que não poderá exercer ação regressiva contra quem fez a indicação. O protesto se faz necessário ainda que o terceiro aceite por indicação, mas não efetue na época aprazada o pagamento do título;

5º) na ocorrência de *pluralidade de exemplares* – emissão de letra com vários exemplares, como prevê o art. 64 da Lei Uniforme. Uma via é enviada ao aceite. As demais, necessariamente, indicam o nome da pessoa em cujas mãos se encontra a primeira via, destinada ao aceite. A pessoa que tem em seu poder a primeira via deve, após o aceite, enviá-la ao portador legítimo do outro exemplar. Na sua recusa em fazê-lo, o portador só pode exercer o seu direito de ação, depois de ter feito constatar, por um protesto, que:

a) a via enviada ao aceite não lhe foi restituída;

b) que não foi possível conseguir o aceite ou o pagamento de outra via.

Como verificamos, a falência decorre da insolvência do devedor, estado econômico-financeiro que se revela, ou pela impontualidade ou por qualquer dos atos enumerados no art. 94 da Lei Falimentar.

A impontualidade, por sua vez, exterioriza-se não pela mera cessação do pagamento, mas pelo protesto.

O protesto é, pois, imprescindível para a caracterização da impontualidade, tornando-se obrigatório ou necessário para a *propositura da ação falimentar*[4].

É o chamado *protesto especial*, que se distingue do protesto comum, pois, ao contrário deste (que deve ser tirado no lugar indicado para aceite ou pagamento), deve ser providenciado perante o cartório da sede do devedor, foro competente para a decretação da falência.

O Superior Tribunal de Justiça (STJ), por intermédio da Súmula 361, fixou orientação no sentido de que:

> "A notificação do protesto, para requerimento de falência de empresa devedora, exige a identificação da pessoa que a recebeu".

Os títulos sujeitos a protesto para fins falimentares são os ***títulos executivos extrajudiciais***, de que são exemplos a letra de câmbio, a nota promissória, o cheque e a duplicata, entre outros (**art. 784 do CPC/2015**).

A legislação falimentar não acolhe o *Protesto de Sentença*, como ocorria sob a égide do Decreto-lei n. 7.661/45, na hipótese de o devedor, citado em regular execução, não pagar, não depositar a quantia reclamada ou não nomear bens a penhora.

Aliás, de todo conveniente lembrar que, ainda sob a legislação anterior, o STJ havia concluído pela desnecessidade de protesto de sentença, na hipótese mencionada. Ainda é o entendimento do STJ:

> "STJ – Agravo Regimental no Recurso Especial. AgRg no REsp 1071822 SP 2008/0135389-0 (STJ) Ementa: Agravo Regimental. Falência. Protesto Especial. Desnecessidade. 'É prescindível o protesto especial para a formação do pedido de falência'" (REsp 1.052.495/RS, Rel. Min. Massami Uyeda, *DJe*, 18-11-2009. Agravo Regimental improvido. Data de publicação: 8-4-2011).

O art. 94, § 3º, da legislação segue esta regra, ao dispor que:

> "Na hipótese do inciso II, o pedido de falência será instruído com certidão expedida pelo juízo em que se processa a execução".

---

[4] Nos termos do parágrafo único do art. 23 da Lei n. 9.492, de 10 de setembro de 1997 (que disciplina o protesto de títulos e outros documentos de dívidas), "somente poderão ser protestados, para fins falimentares, os títulos ou documentos de dívida de responsabilidade de pessoas sujeitas às consequências da legislação falimentar".

A certidão em apreço fundamenta o pedido de falência, sem necessidade de protesto, obviamente endereçado ao juízo competente, abrindo mão o credor da execução originária.

O protesto para fim falimentar é, portanto, obrigatório para os títulos de crédito extrajudiciais, como deixa claro o art. 94, § 3º, da atual legislação:

> "Na hipótese do inciso I do *caput* deste artigo, o pedido de falência será instruído com os títulos executivos na forma do parágrafo único do art. 9º desta Lei, acompanhados, em qualquer caso, dos respectivos *instrumentos de protesto para fim falimentar* nos termos da legislação específica" (grifos nossos).

Ressalte-se que o Código de Processo Civil de 2015, no seu art. 517, acolhe o protesto de sentença transitada em julgado: "a decisão judicial transitada em julgado poderá ser levada a protesto, nos termos da lei, depois de transcorrido o prazo para pagamento voluntário previsto no artigo 523"; esse artigo dispõe sobre o prazo para o executado pagar o débito, para o que terá o prazo de 15 dias.

7. PROTESTO DE TÍTULOS DE CREDORES DISTINTOS

Como forma de positivar a insolvência do devedor, a Lei n. 11.101, de 9 de fevereiro de 2005, impõe ao requerente da falência, com base na impontualidade, fundamentar o pedido com título executivo próprio, inclusive da titularidade de terceiros devidamente protestado.

É o que dispõe o § 1º do art. 94:

> "Credores podem reunir-se em litisconsórcio a fim de perfazer o limite mínimo para o pedido de falência com base no inciso I do *caput* deste artigo".

Observe-se que o pedido de falência com base no inciso I do art. 94 é aquele fundado na impontualidade, exigindo-se para fundamentar o pedido de quebra um mínimo de "*quarenta salários mínimos na data do pedido de falência*".

Na eventualidade do crédito de determinado credor ser inferior ao limite mencionado, poderá este unir-se ao outro credor, completando, assim, o valor mínimo de quarenta salários mínimos, formando litisconsórcio ativo, e conjuntamente requerer a falência do devedor comum.

8. NÃO PAGAMENTO DE OBRIGAÇÃO LÍQUIDA

"Quando a sentença condenar ao pagamento de quantia ilíquida, procede-se à sua liquidação, a requerimento do credor ou do devedor" (**art. 509 do CPC/2015**).

Líquida é a sentença com valor definido.

Líquido, do latim *liquet*, significa o que é manifesto, claro, certo, evidente – *Liquidum est constans et manifestum et certum.*

> "É líquida uma obrigação – diz Carvalho de Mendonça – quando não se pode duvidar – *an, quid, quale, quantum debeatur.*"

Nesse sentido, pode-se dizer que a dívida líquida compreende a dívida certa:

a) ***An debeatur*** – isto é, a existência certa da dívida é a primeira condição para a sua liquidez. Dúvidas sobre a sinceridade do documento, falta de título escrito, obscuridades que se não podem aclarar sem o recurso de provas estranhas, questões de erro, dolo, simulação e outras análogas, eis incertezas que tornam ilíquida a dívida.

Pelo simples fato de ser contestada não se torna ilíquida a obrigação; se assim fosse, impossível seria declarar a falência contra a vontade do devedor. A contestação, para ser atendível, deve fundar-se em justa razão de direito.

b) ***Quid, quale debeatur*** – não é líquido o crédito quando não se sabe precisamente qual a coisa devida. Assim, são ilíquidas as dívidas por perdas e danos enquanto não taxadas; as alternativas enquanto o devedor não faz a escolha, ou não tenha sido constituído em mora; as prestações não determinadas; e as de fazer porque se reputam resolúveis em obrigações de perdas e danos.

c) ***Quantum debeatur*** – é essencial que seja determinada a quantidade da dívida, para a exata responsabilidade do devedor. A amortização de parte da dívida não a torna ilíquida.

> "Considera-se líquida a obrigação certa quanto à sua existência, e determinada, quanto ao seu objeto. Nela se acham especificadas, de modo expresso, qualidade, quantidade e natureza do objeto devido. Obrigação que não pode ser expressa por algarismo, ou uma cifra, que necessita, em suma, de prévia apuração, não é líquida", ensina, com manifesta clareza, Washington de Barros Monteiro.
>
> "No pedido de falência, desde que o requerido demonstre circunstâncias e fatos que levem, realmente, a sérias dúvidas quanto à realidade do crédito em que ele se apoia, não pode a quebra ser decretada.
>
> Em processo de falência é inadmissível perquirir-se se o crédito sobre o qual o pedido se apoia significa exata expressão da verdade ou se resulta, ou não, de ato simulado, porque tão somente o crédito líquido e certo enseja o pedido de quebra" (*RT*, 406/161).

> "Não é de ser decretada a falência de emitente de nota promissória, quando circunstâncias provadas pelo emitente tiram a liquidez do título, obtido ilicitamente" (*RT*, 425/111).

Em suma, pois, líquida é a obrigação certa quanto à sua *quantidade*, *qualidade* e *objeto*.

Não basta, porém, que a obrigação seja líquida, pois, como declara o art. 94, I, da Lei Falimentar, deverá também *ensejar ação executiva*.

Ação executiva é, na definição de Pedro Orlando (in *Novíssimo dicionário jurídico brasileiro*), "toda aquela que começa pela execução e penhora como se a respectiva sentença já houvesse passado em julgado".

Há duas espécies de títulos executivos:

a) título executivo judicial;

b) título executivo extrajudicial.

O **art. 515 do CPC/2015** enumera os **títulos executivos judiciais**, dentre os quais cumpre destacar a *sentença*. O **art. 784** do mesmo estatuto processual declina os títulos executivos **extrajudiciais**, dentre os quais despontam os *títulos de crédito*, a letra de câmbio, a nota promissória, a duplicata, a debênture e o cheque.

Tanto o título judicial (sentença) quanto o título extrajudicial (letra de câmbio, nota promissória, cheque, duplicata etc.) ensejarão execução e, por via de consequência, a ação falimentar.

Na execução de sentença, por tratar-se de execução imediata (título executivo judicial), será o réu **citado** para **pagar** a dívida em **3 dias** (que satisfaça o valor da condenação), sob pena de penhora, busca e apreensão (bem móvel), imissão de posse (imóvel), podendo ainda se submeter aos meios de coerção e sub-rogação. Na execução fundada em título extrajudicial, de acordo com o **art. 829** do mesmo diploma, será o réu citado para pagar em 3 dias e, sem prejuízo da penhora, opor embargos em 15 dias (**art. 915 do CPC/2015**). Não sendo paga a dívida, poderá o credor, então *exequente*, extrair certidão do respectivo juízo, dando conta da inexistência de garantia da execução – o que evidencia a insolvência do devedor, ensejando o pedido de falência:

> "Será decretada a falência do devedor que: executado por qualquer quantia líquida, não paga, não deposita e não nomeia à penhora bens suficientes dentro do prazo legal" (art. 94, II, da Lei n. 11.101/2005).

Opinando pelo pedido de quebra deverá o credor requerer, ao juiz, o encerramento do processo executório, formando pedido de falência no juízo competente, pedido esse acompanhado de certidão do prazo da execução, atestando a ausência de garantia desta.

Observe-se que a sentença em que se funda o pedido de falência, em se tratando de execução frustrada, tanto pode ser proferida pelo juízo cível como pelo juízo trabalhista, bastando que a execução não seja garantida com depósito, ou com a nomeação de bens à penhora.

Com a clareza que o tornou autor consagrado, em lição que subsiste, lembra Rubens Requião que, "não havendo sido garantida a execução, com o depósito da importância da dívida ou a nomeação de bens à penhora, afora o pagamento, o credor deverá pedir ao juiz o encerramento do processo executório e, em face dos autos, requerer, no juízo competente, a falência do devedor executado".

9. DUPLICATA SEM ACEITE ACOMPANHADA DA NOTA DE ENTREGA DA MERCADORIA

A Lei n. 5.474, de 18 de julho de 1968 (Lei das Duplicatas), no seu Capítulo V, arts. 15 e 17, *prescrevia* um rito executivo especial para a cobrança da duplicata, estatuindo:

> "Será processada pela forma executiva a ação do credor por duplicata ou triplicata, aceita pelo devedor, protestada ou não, *e por duplicata ou triplicata não aceita e protestada, desde que esteja acompanhada de qualquer documento comprobatório da remessa ou da entrega da mercadoria*".

Em conformidade, pois, com o dispositivo legal transcrito, revestia-se a duplicata mercantil sem aceite, desde que acompanhada de nota de entrega da mercadoria, de eficácia executiva.

Utilizamos o pretérito *prescrevia* porque o Código de Processo Civil vigente, unificando todo o processo de execução, nos **arts. 771 a 925 do CPC/2015**, suprimiu o rito executivo previsto na Lei das Duplicatas.

A promulgação do novo CPC manteve a mesma redação do CPC/1973. A execução para a cobrança de crédito funda-se exclusivamente em título *líquido*, *certo* e *exigível*, consoante o que consta do atual **art. 783 do CPC/2015**:

> "Art. 783. A execução para a cobrança de crédito fundar-se-á sempre em título de obrigação certa, líquida e exigível".

Líquida é a obrigação sobre a qual não possa haver dúvida quanto à respectiva espécie, quantidade e qualidade.

A ***certeza*** decorre da inexistência de controvérsia, e, finalmente, a ***exigibilidade***, da inexistência de termo (prazo) ou condição (cláusula que subordina o efeito do ato jurídico a evento futuro e incerto).

Ora, condicionando a eficácia executiva de um título à existência de liquidez, certeza e exigibilidade, segundo vasta corrente jurisprudencial e doutrinária, excluída estava da relação dos títulos executivos extrajudiciais a duplicata sem aceite, ainda que acompanhada da nota de entrega da mercadoria, não ensejando, por isso, ação falimentar:

> "Duplicata não aceita não é título líquido, sendo inábil para o requerimento de falência" (STF, *RT*, 573/644).

Conquanto a tese não fosse unanimemente aceita e o próprio Supremo Tribunal Federal, posteriormente, alterasse seu ponto de vista – Recurso Extraordinário n. 80.407 –, a discrepância de entendimento de juristas e tribunais refletiu-se sobretudo no comércio e na indústria, provocando insegurança e descontentamento, forçando a promulgação da Lei n. 6.458, de 1º de novembro de 1977, assegurando à duplicata não aceita, mas acompanhada da nota de entrega da mercadoria, eficácia executiva, proclamando, outrossim, a sua liquidez para legitimar pedido de falência:

> "LEI N. 6.458, DE 1º DE NOVEMBRO DE 1977
>
> *Adapta ao Código de Processo Civil a Lei n. 5.474, de 18 de julho de 1968, e dá outras providências.*
>
> O Presidente da República:
>
> Faço saber que o Congresso Nacional decreta e eu sanciono a seguinte Lei:
>
> Art. 1º O § 2º do art. 7º, o Capítulo V (arts. 15 a 18) e o § 4º do art. 22 da Lei n. 5.474, de 18 de julho de 1968, passam a vigorar com a seguinte redação:
>
> 'Art. 7º ...
>
> CAPÍTULO V
>
> DO PROCESSO PARA COBRANÇA DA DUPLICATA
>
> Art. 15. A cobrança judicial de duplicata ou triplicata será efetuada de conformidade com o processo aplicável aos **títulos executi-**

vos extrajudiciais, de que cogita o Livro II do Código de Processo Civil/73, quando se tratar (cuja previsão consta do **art. 784 do CPC/2015**) (grifos nossos):

I – de duplicata ou triplicata aceita, protestada ou não;

II – de duplicata ou triplicata não aceita, contanto que, cumulativamente:

a) haja sido protestada;

b) esteja acompanhada de documento hábil comprobatório da entrega e recebimento da mercadoria; e

c) o sacado não tenha, comprovadamente, recusado o aceite, no prazo, nas condições e pelos motivos previstos nos arts. 7º e 8º desta Lei.

...'

Art. 3º Fica acrescentado ao art. 1º do Decreto-lei n. 7.661, de 21 de junho de 1945, Lei de Falências, o seguinte parágrafo:

'Art. 1º ...

§ 3º Para os efeitos desta Lei, considera-se obrigação líquida, legitimando o pedido de falência, a constante dos títulos executivos extrajudiciais mencionados no art. 15 da Lei n. 5.474, de 18 de julho de 1968'"[5].

Assim, toda a polêmica travada em torno do assunto perde a consistência, não tendo senão curiosidade de natureza doutrinária, cercando-se a duplicata sem aceite, desde que acompanhada de nota de entrega da mercadoria, da necessária liquidez, certeza e exigibilidade, de molde a ensejar o processo de execução, legitimando pedido de falência.

Ressalte-se que a atual legislação falimentar não altera essa regra. A duplicata sem aceite, devidamente acompanhada da nota de entrega da mercadoria, é obrigação líquida materializada em título executivo e, uma vez protestada, é título hábil ao requerimento de falência.

10. OUTROS INDÍCIOS DE INSOLVABILIDADE QUE ENSEJAM A FALÊNCIA

Além da impontualidade, outros atos ou fatos indicativos da insolva-

---

5 A revogação do Decreto-lei n. 7.661/45 pela Lei n. 11.101/2005 não altera a regra – a duplicata sem aceite, mas acompanhada da nota de entrega da mercadoria, é título executivo extrajudicial, ensejando, outrossim, o pedido de falência, observado, porém, o limite mínimo de quarenta salários mínimos na data do pedido (art. 94, I, da Lei n. 11.101/2005).

bilidade podem ensejar a falência, pouco importando que o devedor não tenha deixado de pagar determinada obrigação.

A falta de pagamento, a impontualidade, é, a rigor, a manifestação mais eloquente da insolvência, mas não é a única, como obtempera Carvalho de Mendonça:

> "... outros atos ou fatos resultantes da conduta pessoal do devedor no exercício da sua indústria ou comércio também a demonstram".

A Lei de Falências, no seu art. 94, enumera tais atos e fatos que, independentemente de impontualidade, caracterizam a insolvência do devedor ensejando pedido de falência, quando ele:

a) procede à liquidação precipitada, ou lança mão de meios ruinosos ou fraudulentos para realizar pagamentos;

b) realiza ou, por atos inequívocos, tenta realizar, com o fito de retardar pagamentos ou fraudar credores, negócio simulado ou alienação de parte ou da totalidade do seu ativo a terceiro, credor ou não;

c) transfere estabelecimento a terceiro, credor ou não, sem o consentimento de todos os credores e sem ficar com bens suficientes para solver seu passivo;

d) simula a transferência de seu principal estabelecimento com o objetivo de burlar a legislação ou a fiscalização ou para prejudicar credor;

e) dá ou reforça garantia a credor por dívida contraída anteriormente sem ficar com bens livres e desembaraçados suficientes para saldar seu passivo;

f) ausenta-se sem deixar representante habilitado com recursos suficientes para pagar os credores, abandona o estabelecimento ou tenta ocultar-se de seu domicílio, do local de sua sede ou de seu principal estabelecimento;

g) deixa de cumprir, no prazo estabelecido, obrigação assumida no plano de recuperação judicial.

Vejamos as hipóteses mencionadas:

a) Procede à liquidação precipitada de seus ativos ou lança mão de meio ruinoso ou fraudulento para realizar pagamentos.

A liquidação mencionada evidentemente não se confunde com as periódicas liquidações levadas a efeito pelos empresários, normalmente objetivando livrar-se de mercadorias antigas, fora de estação etc.

O que a lei considera manifestação típica de insolvência, caracterizadora do estado de falência, é a liquidação precipitada, a preços vis, com sensíveis prejuízos, patenteando-se o ânimo de fraudar credores.

> "Haverá que distinguir as liquidações costumeiras da liquidação precipitada a que alude o texto legal. Que se vendam, por tal forma, artigos e mercadorias caídas da moda, fora das estações do ano, envelhecidas nas prateleiras – os alcaides, compreende-se. Não porém que o devedor, da noite para o dia, esvazie o seu estabelecimento, despojando-se de seções inteiras, a preços ínfimos, arruinando-se visivelmente", diz Waldemar Ferreira.

Enseja igualmente a propositura de ação falimentar o empresário que lança mão de meios ruinosos ou fraudulentos para realizar pagamentos.

Com inequívoca propriedade, escreve Miranda Valverde:

> "Os meios ruinosos consistem, geralmente, na realização de negócios arriscados ou de puro azar, no abuso de responsabilidades de mero favor, nos empréstimos a juros excessivos, na alienação de máquinas ou instrumentos indispensáveis ao exercício do comércio. Os meios fraudulentos revelam-se nos artifícios ou expedientes empregados pelo devedor para conseguir dinheiro ou mercadoria, na apropriação indébita de valores confiados à sua guarda".

b) Realiza ou, por atos inequívocos, tenta realizar, com o objetivo de retardar pagamentos ou fraudar credores, negócio simulado ou alienação de parte ou da totalidade do seu ativo a terceiro, credor ou não.

A Lei Falimentar considera em *estado de insolvência* o devedor que:

1º) realiza ou tenta realizar negócio simulado;

2º) aliena, no todo ou em parte, o seu ativo a terceiro, credor ou não.

De conformidade com o art. 167, § 1º, do Código Civil:

> "Haverá simulação nos negócios jurídicos quando:
>
> I – aparentarem conferir ou transmitir direitos a pessoas diversas daquelas às quais realmente se conferem, ou transmitem;
>
> II – contiverem declaração, confissão, condição ou cláusula não verdadeira;
>
> III – os instrumentos particulares forem antedatados, ou pós-datados".

Simulação é a declaração enganosa da vontade, objetivando efeito diverso daquele ostensivamente indicado, com propósito predeterminado de violar direitos de terceiros ou disposição de lei.

Para Carvalho Santos, "negócio simulado é aquele que não traduz a realidade, já porque não existe realmente, já porque é diverso do indicado na sua feitura".

A venda de todo o ativo, ou de parte dele, só se constituirá em motivo determinante de falência se traduzir intuito de ocultar ou desviar bens, de retardar pagamentos ou fraudar credores. "Se não visam esse alvo, certamente não são atos fraudulentos e não caracterizam o estado de falência", como observa Carvalho de Mendonça.

c) Transfere o estabelecimento a terceiro, credor ou não, sem o consentimento de todos os credores e sem ficar com bens suficientes para solver seu passivo.

A proibição de alienação do estabelecimento objetiva, como facilmente se percebe, proteger os credores. Se estes concordam com a transferência, não há falar em estado de falência, o mesmo ocorrendo se o empresário conservar bens suficientes para solver seu passivo:

> "Para que a venda do estabelecimento constitua impedimento à sentença de abertura de falência, mister se faz seja provado: a) que a alienação foi notificada aos credores do falido; b) que a venda contou com o consentimento de todos os credores, expressamente ou de modo tácito, pelo decurso de trinta dias após a notificação, sem qualquer oposição dos mesmos credores; c) que vendendo, muito embora sem o consentimento dos credores, ficou o devedor com bens suficientes para solver o seu passivo" (*RT*, 129/294).

Não equivale à transferência a simples cessão de quotas, já que nessa hipótese os sucessores permanecem responsáveis pelos débitos.

d) Simula a transferência de seu principal estabelecimento com o objetivo de burlar a legislação ou a fiscalização ou para prejudicar credor.

De todo conveniente ressaltarmos a distinção entre empresa e estabelecimento. A primeira é a unidade econômica organizada para a produção ou circulação de bens ou serviços – "entidade autônoma, de fins econômicos", como acentua Rui de Azevedo Sodré.

O estabelecimento, ao revés, é o instrumento de que se vale o empresário, singular ou coletivo, para a convenção da finalidade produtiva.

Constitui-se de bens materiais e imateriais, também denominados corpóreos e incorpóreos, podendo ser conceituado como o *complexo de bens materiais e imateriais reunidos e organizados para o exercício da atividade empresária.*

O art. 1.142 do Código Civil conceitua-o da seguinte forma:

> "Considera-se estabelecimento todo complexo de bens organizado, para exercício da empresa, por empresário, ou por sociedade empresária".

A empresa não se confunde com o estabelecimento. A empresa é um complexo de valores materiais, imateriais e humanos, constituindo a denominada *atividade econômica organizada*. O estabelecimento, por seu turno, é o instrumento de que se vale o empresário, individual ou coletivo (sociedade), para a concretização da atividade produtiva.

A empresa pode possuir, e não raras vezes possui, vários estabelecimentos (filiais ou sucursais), daí surgindo a necessidade de se distinguir de forma apropriada o *estabelecimento principal*.

Este, o estabelecimento principal, é o lugar de onde emanam as diretrizes do empresário, onde este tem a sede dos seus negócios, ou onde, como diz Carvalho de Mendonça:

> "centraliza a sua atividade e influência econômica; onde todas as suas operações recebem o impulso diretor; onde, enfim, se acham reunidos normal e permanentemente todos os elementos constitutivos do seu crédito. É, em resumo, o lugar da sede de sua vida ativa, o lugar onde reside o governo dos negócios".

Note-se que a noção de estabelecimento principal não está necessariamente associada ao estabelecimento de maior vulto, de maior dimensão, pois, não raras vezes, é exatamente o contrário.

Como já advertia Waldemar Ferreira, ainda que o principal centro de atividade econômica de uma empresa esteja num determinado lugar, e que nesse lugar ela pratique os negócios mais vultosos, tenha bens de maior valor, maior número de empregados e de clientes, o seu principal estabelecimento estará

> "na sede de sua atividade, ou melhor, de onde governa e dirige seus negócios".

É o que, por outras palavras, diz Rubens Requião:

> "O principal estabelecimento, em resumo, não pressupõe o estabelecimento mais avantajado ou onde estão localizadas as principais instalações. Pode uma grande manufatura da empresa estar situada em uma cidade e, no entanto, o principal estabelecimento consistir num escritório de dimensões modestas, em cidade diferente, onde esteja instalado e atue o empresário na administração dos negócios".

Normalmente a noção de estabelecimento principal coincide com a de sede, como ensina Miranda Valverde:

> "A sede administrativa é, com efeito, o ponto central dos negócios, de onde partem todas as ordens que imprimem e regularizam o movimento econômico dos estabelecimentos produtores. As relações externas com fornecedores, clientes, bancos, etc.".

Contudo, nem sempre coincidirá a noção de estabelecimento principal com a de sede estatutária, como ressalta velho julgado do TJSP, com manifesta propriedade:

> "Se dos estatutos de uma sociedade anônima consta que a sua sede é em determinada comarca, mas se é noutra que ela tem os seus estabelecimentos, aí residindo seus diretores, e aí também exercendo toda a sua atividade econômica, guardando nesse lugar os seus livros comerciais, é incontestável ser esta a situação do seu principal estabelecimento, devendo ser o juiz daí e não o da sede nominal o competente para processar a falência" (*RT*, 215/455).

Assim, fácil é verificar o que se deve entender por estabelecimento principal, também denominado *matriz*, chamando os estabelecimentos secundários de sucursais, filiais e agências, expressões ora vistas como sinônimas, ora consideradas como coisas distintas.

A legislação falimentar atual entende ser competente para declarar a falência, homologar a recuperação extrajudicial, ou deferir a recuperação judicial *o juízo do local do estabelecimento principal*, ou da filial de empresa que tenha sede fora do Brasil.

Não define, porém, o que se deva entender por estabelecimento principal.

Conquanto cuide o Código Civil do estabelecimento (Título III – Direito de Empresa – arts. 1.142 a 1.149), nenhuma referência há ao estabelecimento principal, o que robustece a certeza de que a expressão *principal estabelecimento* está relacionada com o local de onde emanam os negócios, comumente denominado *matriz*.

A transferência do principal estabelecimento, de forma simulada, normalmente é ardil para burlar credores, criando, por exemplo, obstáculos a eventual pedido de quebra, com a deslocação de competência em razão do lugar, dificultando e encarecendo as providências dos interessados.

Busca, outrossim, burlar a legislação fiscal ou trabalhista, criando obstáculos à fiscalização.

e) Dá ou reforça garantia a credor por dívida contraída anteriormente sem ficar com bens livres e desembaraçados suficientes para saldar seu passivo.

A garantia a que se refere a legislação é a real, a créditos que anteriormente não se cercaram de tal reforço.

Assegurando tal garantia a um credor, que dela não gozara, está o empresário favorecendo-o em detrimento dos demais.

Note-se que a hipótese não envolve penhor ou hipoteca regularmente constituída. Imaginemos um credor quirografário (portador de um título de crédito), cujo crédito venha a ser reforçado com uma garantia real, em prejuízo dos demais credores.

f) Ausenta-se sem deixar representante habilitado com recursos suficientes para pagar os credores, abandona o estabelecimento ou tenta ocultar-se de seu domicílio, do local de sua sede ou de seu principal estabelecimento.

O dispositivo nominado cuida da hipótese de abandono do estabelecimento, deixando-o sem administrador munido dos meios necessários para pagar os credores. Trata-se, pois, de ausência dolosa, deliberada, e que, embora possa patentear propósito de prejudicar credores, normalmente decorre de pânico em virtude de situação financeira ruinosa.

Preleciona Carvalho de Mendonça:

> "A ocultação ou ausência devem ser propositais. Se o afastamento é devido a motivos que não se prendam à situação econômica do devedor, não é o caso previsto na lei. A intenção de subtrair-se fraudulentamente à ação ou exigência legítima dos credores é essencial para caracterizar a falência".

Positivada em juízo a ocorrência de qualquer das hipóteses mencionadas, ainda que o credor não tenha o seu crédito vencido, pode requerer a falência do devedor, inexistindo prévia necessidade de justificação, bastando que na inicial o credor articule os fatos que, se não positivados, implicarão indenização ao devedor, na ocorrência de dolo, ou mesmo culpa.

g) Deixa de cumprir, no prazo estabelecido, obrigação assumida no plano de recuperação judicial.

O deferimento do pedido de recuperação judicial, que na nova sistemática substitui a concordata preventiva, obriga o devedor ao cumprimento fiel das obrigações assumidas. O descumprimento de qualquer delas implicará a convolação da recuperação em falência – é a chamada *falência incidental*:

> "... no caso de descumprimento de qualquer obrigação prevista no plano de recuperação judicial, qualquer credor poderá requerer a

execução específica ou a falência com base no art. 94 desta Lei" (art. 62 da Lei de Falências).

> A falência é uma situação jurídica que decorre da insolvência do empresário, revelada esta pela impontualidade no pagamento de obrigação líquida, ou por atos inequívocos que demonstrem manifesto desequilíbrio econômico, patenteando situação financeira ruinosa.

Recapitulação

1. A falência se estende a toda espécie de devedor?

R. A esse respeito existem dois sistemas: *a*) *restritivo*; *b*) *ampliativo*.

O primeiro só admite a falência contra o devedor comerciante. O segundo, ao revés, abrange o devedor comerciante e o devedor civil.

O Brasil, com a atual legislação falimentar, afasta-se do sistema restritivo passando a admitir a falência do devedor empresário mercantil ou civil, com as exclusões expressamente definidas.

2. Toda e qualquer dívida enseja requerimento de falência?

R. Não. Somente a dívida líquida, assim considerada aquela certa quanto à sua *qualidade*, *quantidade* e *objeto*, e constante de título que legitime ação executiva (processo de execução por título judicial e extrajudicial), enseja requerimento de quebra.

3. A duplicata sem aceite enseja pedido de falência?

R. Qualquer dúvida a respeito se constitui, atualmente, em mera discussão acadêmica, já que a Lei n. 6.458, de 1º de novembro de 1977, pondo fim à controvérsia a respeito, dando nova redação ao art. 15 da Lei das Duplicatas (Lei n. 5.474, de 18-7-1968), assegura eficácia executiva à duplicata não aceita – desde, porém, que acompanhada de *documento comprobatório da entrega da mercadoria.*

4. Para se requerer a falência do devedor comerciante, deve o título ser protestado?

R. O protesto é indispensável para a caracterização da impontualidade, tornando-se necessário para a propositura da ação falimentar com base no art. 94, I, da atual legislação.

5. Na hipótese de o executado, no curso de processo de execução, não pagar, não depositar ou não nomear bens a penhora, em que documento se baseia o credor para requerer a falência do devedor?

R. O pedido de falência, perante o juízo competente, implica renúncia à execução, devendo vir acompanhado de certidão expedida pelo juízo em que se processa a execução.

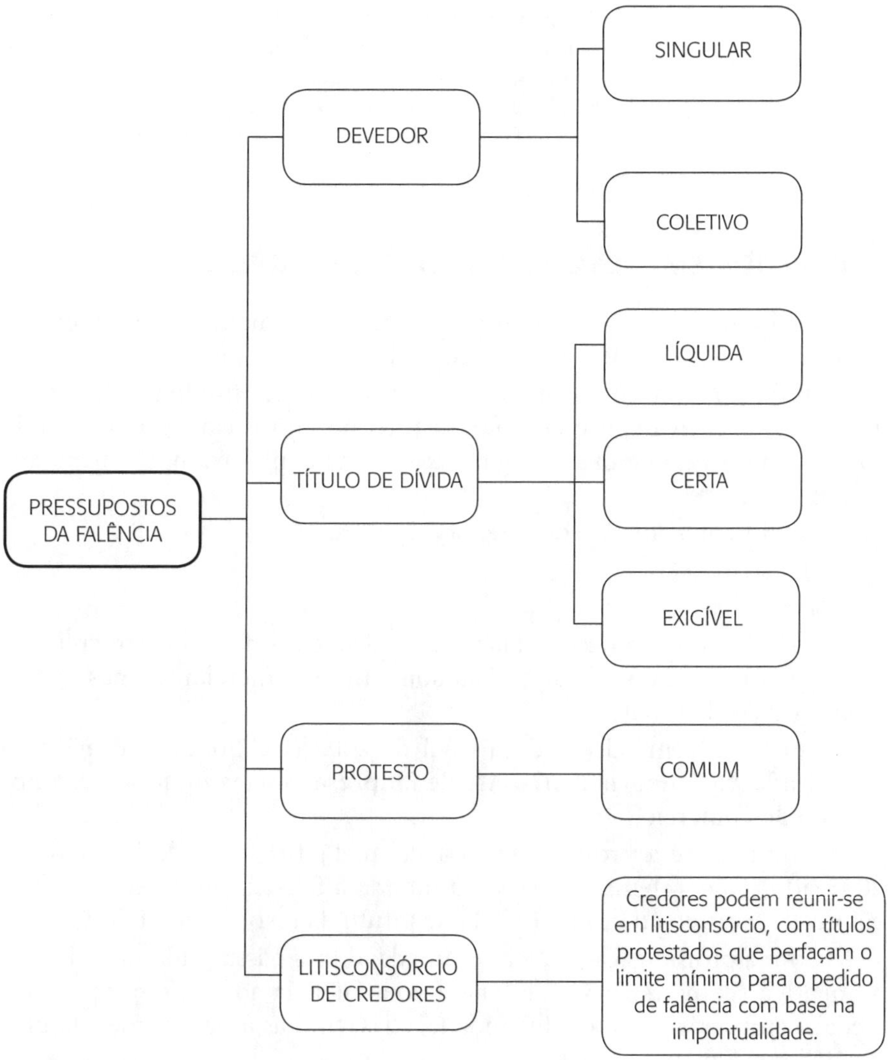

Capítulo IV

DA LEGITIMIDADE PASSIVA NA AÇÃO FALIMENTAR

Sumário: 1. Devedor empresário e sociedade empresária. 2. Falência dos sócios solidários. 3. Falência do sócio retirante. 4. A falência e o sócio de responsabilidade limitada. 5. Falência do espólio. 6. Falência do menor empresário. 7. Falência da sociedade irregular ou de fato (sociedade em comum). Resumo. Recapitulação.

1. DEVEDOR EMPRESÁRIO E SOCIEDADE EMPRESÁRIA

O direito romano estendia a falência não somente ao devedor comerciante, mas, igualmente, ao devedor civil.

Os países de cultura romanística, todavia, de um modo geral, restringiram-na exclusivamente ao comerciante, ao contrário do que ocorria com os países germanos ou anglo-saxões, que a aplicavam, também, aos não comerciantes.

Atualmente, dois são os sistemas vigentes:

a) restritivo;

b) ampliativo.

Na primeira hipótese, a falência só alcança o devedor comerciante. Na segunda, ao revés, abrange não somente o comerciante, mas, igualmente, o devedor civil.

Com o advento do Código Civil de 2002 (CC/2002), **o Brasil tornou-se adepto da teoria do Direito de Empresa**, uma vez que adotávamos a teoria do comércio.

O Brasil, até a promulgação da Lei n. 11.101, de 9 de fevereiro de 2005, adotava o sistema restritivo, limitando a falência ao devedor comerciante, reservando ao devedor civil o instituto da insolvência civil.

Com a promulgação da lei nominada, o País passa a adotar o sistema ampliativo (com restrições), estendendo a falência ao empresário e à sociedade empresária, em conformidade, aliás, com as atuais nomenclaturas do Código Civil, ora em vigor.

Estão sujeitos à falência no atual instituto:

a) o empresário;

b) a sociedade empresária.

A Lei Falimentar não define o que se deva entender por empresário. No sentido que lhe dá o Código Civil atual tem conceito amplo, não representando apenas o antigo comerciante, abrangendo, igualmente, todo aquele que exerça profissionalmente atividade econômica organizada para a produção ou circulação de bens, mercadorias ou de serviços:

> "Art. 966. Considera-se empresário quem exerce profissionalmente atividade econômica organizada para a produção ou a circulação de bens ou de serviços".

Dois são os elementos caracterizadores da figura do empresário:

a) profissionalidade;

b) atividade econômica organizada.

A **profissionalidade** se traduz no exercício de uma atividade permanente (não ocasional ou habitual).

A **atividade econômica organizada** compreende todo o complexo empresarial, posto em relevo por Alberto Asquini; a saber: elemento *subjetivo* (o empresário), *objetivo* (o estabelecimento), *corporativo* (os empregados) e o *funcional* (a atividade).

Há, no entanto, quem entenda que haja outros elementos, como:

a) habitualidade;

b) pessoalidade;

c) monopólio das informações e circulação de produtos, bens ou serviços (Pedro Paulo Roberto Bastos).

O clássico Carvalho de Mendonça definia a empresa como:

> "a organização técnico-econômica que se propõe a produzir mediante a combinação dos elementos natureza, trabalho e capital, bens ou serviços destinados à troca (venda), com a esperança de realizar lucros, correndo os riscos por conta do empresário, isto é, daquele que reúne, coordena e dirige esses elementos sob sua responsabilidade".

Assim, exercendo em caráter permanente (**profissionalidade**) uma atividade econômica **organizada** com os fatores acima relacionados, temos a figura do empresário, sujeito de direito, o titular da empresa.

O empresário, a que se refere o art. 966 do Código Civil, é aquele que, individualmente, dirige a empresa. No âmbito do direito empresarial, equivale ao comerciante individual, pessoa física que exerce atividade empresária sob firma individual. Pode representar, igualmente, o prestador de serviços organizado de forma empresarial.

Observa-se a definição dada pelo dispositivo legal transcrito – "... atividade econômica organizada para a produção ou a circulação de bens ou de serviços".

De todo conveniente pôr em relevo que o atual Código Civil não faz distinção entre empresário comercial ou civil, adotando a expressão empresário no sentido amplo, ou seja, é assim considerado aquele que, em caráter individual, exerça profissionalmente atividade econômica organizada para a produção ou circulação de bens ou de serviços.

Como observa Ricardo Fiuza:

> "O conceito de empresário não se restringe mais apenas às pessoas que exerçam atividades comerciais ou mercantis. O atual Código Civil eliminou e unificou a divisão anterior existente entre empresário civil e empresário comercial. A partir de agora, o conceito de empresa abrange outras atividades econômicas produtivas que até então se encontravam reguladas pelo Código Civil de 1916, e assim submetidas, dominantemente, ao Direito Civil. O empresário é considerado como a pessoa que desempenha, em caráter profissional, qualquer atividade econômica produtiva no campo do direito privado, substituindo e tomando o lugar da antiga figura do comerciante".

"O conceito de empresário é de extensão mais ampla do que o conceito anterior de comerciante individual, embora este tenha sido substituído terminologicamente por aquele. No conceito de empresário, inseriram-se os elementos que, anteriormente, compunham o conceito de comerciante, acrescentando-se, porém, a forma de serviços, sob a ótica de atividade econômica por meio da qual se dá a circulação de riqueza", afirma Aclibes Burgarelli.

Estão sujeitos, pois, à falência, podendo valer-se, igualmente, da recuperação judicial (sucedânea da concordata), o empresário civil ou comercial.

Estão expressamente excluídos da falência: sociedades cooperativas, empresa pública, sociedade de economia mista, bem como instituições financeiras públicas ou privadas, cooperativas de crédito, consórcios, entidades de previdência complementar, sociedades operadoras de plano de saúde, seguradoras e capitalização.

Os **profissionais liberais**, advogados, médicos, engenheiros, economistas, contadores, engenheiros, economistas, contadores, entre outros, não estão sujeitos à falência e, tampouco, podem valer-se da recuperação judicial, de vez que não são considerados empresários – art. 966, parágrafo único, do Código Civil – "salvo se o exercício da profissão constituir elemento de empresa".

Em conformidade com o art. 967 do Código Civil, o arquivamento no Registro próprio é fundamental para a configuração do empresário:

> "É obrigatória a inscrição do empresário no Registro Público de Empresas Mercantis da respectiva sede, antes do início da sua atividade".

O registro em apreço está a cargo da Junta Comercial da sede da empresa.

A atual legislação falimentar não faz qualquer referência ao registro mencionado, e tampouco impõe ao credor, requerente da falência, a prova de ser o devedor empresário. Ao revés, cabe a este, em sua defesa, demonstrar o contrário.

Sociedade empresária é aquela estruturada empresarialmente, reunindo todos os fatores produtivos – empresários (capital), força laboral (empregados), estabelecimento e atividade voltada para a produção e circulação de bens ou de serviços.

A empresa pode ter um só titular, pessoa física, que é denominado *empresário individual*. Pode, igualmente, possuir como titular uma sociedade, pessoa jurídica, que é a *sociedade empresária*, que não se confunde com as pessoas físicas dos respectivos sócios – e que é a titular da empresa coletiva.

Nos termos do art. 983 do Código Civil, são sociedades empresárias aquelas reguladas nos arts. 1.039 a 1.092, ou seja: *em nome coletivo, comandita simples, limitada, comandita por ações* e *anônima*. A sociedade de capital e indústria foi extinta.

A sociedade simples, originariamente inserida no rol passivo da falência e, portanto, sujeita a quebra, não consta da redação final dada ao art. 1º da Lei n. 11.101, vazado nos seguintes termos:

> "Esta Lei disciplina a recuperação judicial, a recuperação extrajudicial e a falência do empresário e da sociedade empresária, doravante referidos simplesmente como devedor".

E, conquanto não constando expressamente dos excluídos do instituto, é de se concluir que a sociedade em apreço não está sujeita a falência, salvo melhor entendimento jurisprudencial.

A **sociedade simples** é uma inovação introduzida no direito brasileiro pelo Código Civil, segundo o art. 982, que entretanto não a define:

> "Salvo as exceções expressas, considera-se empresária a sociedade que tem por objeto o exercício da atividade própria de empresário sujeito a registro (art. 967); e, *simples, as demais*".

Sociedades simples são aquelas que não se estruturam de forma empresarial, reunindo os fatores de produção – capital, trabalho, matéria-prima; são, ao revés das sociedades empresárias (antigas sociedades comerciais), as sucedâneas da sociedade civil de finalidade lucrativa.

Na objetiva lição de Luiz Antonio Soares Hents:

> "A sociedade simples é um sucedâneo da sociedade civil de fins lucrativos, prestando-se ademais, por suas características singulares, à organização das sociedades de profissionais liberais, que, por razões lógicas, não subtraem a plena responsabilidade pessoal dos profissionais que atuam por seu intermédio".

Na magistral observação de Rubens Requião:

> "A atividade escolhida para a sociedade simples, o seu objeto, firmará a sua natureza. O art. 982 do Código Civil, procurando traçar os limites entre a sociedade simples e a sociedade empresária, estabelece que esta será a que tiver por objeto o exercício da atividade própria do empresário sujeito a registro.
>
> Esta é a pessoa que exerce profissionalmente atividade econômica organizada para a produção ou circulação de bens e serviços.
>
> Serão simples as demais sociedades, que tenham por objeto atividades próprias: a profissão intelectual, como às dedicadas às ciências, literatura ou artes, salvo se o exercício da profissão constituir elemento da empresa".

Estão, portanto, sujeitos à falência, podendo valer-se da recuperação extrajudicial e judicial, a *sociedade empresária* e o *empresário*.

2. FALÊNCIA DOS SÓCIOS SOLIDÁRIOS

Conquanto não se confundam a sociedade com os sócios, a atual legislação falimentar, ao contrário do que sucedia sob a égide do Decreto-lei n. 7.661/45, institui a falência dos sócios solidários, segundo o disposto no art. 81.

> "A decisão que decreta a falência da sociedade com sócios ilimitadamente responsáveis também acarreta a falência destes, que ficam sujeitos aos mesmos efeitos jurídicos produzidos em relação à sociedade falida e, por isso, deverão ser citados para apresentar contestação, se assim o desejarem."

São solidários os sócios de responsabilidade ilimitada: todos os que integram a *sociedade em nome coletivo* (art. 1.039 do CC); o sócio comanditado, na sociedade em comandita simples (art. 1045 do CC), o acionista-diretor, na sociedade em comandita por ações (art. 1.091 do CC).

Na sociedade em conta de participação, em razão da sua própria característica, a atividade empresarial é exercida unicamente pelo sócio ostensivo, em seu nome e, assim, a falência, se houver, recairá exclusivamente sobre ele.

Note-se que não se trata, no caso, de responsabilidade subsidiária, em que os bens particulares dos sócios só podem ser executados por dívidas da sociedade depois de executados os bens sociais (arts. 1.024 do CC e **795, § 1º, do CPC/2015**). Ao revés, sujeitos a falência, uma vez decretada a quebra, terão seus bens particulares arrecadados pela massa falida, já que sujeitos aos mesmos efeitos.

3. FALÊNCIA DO SÓCIO RETIRANTE

Os *sócios solidários retirantes* ou *excluídos* da sociedade falida, há menos de *dois anos*, estão sujeitos a falência, nos termos do dispositivo legal nominado:

> "O disposto no *caput* deste artigo aplica-se ao sócio que tenha se retirado voluntariamente ou que tenha sido excluído da sociedade, há menos de dois anos, quanto às dívidas existentes na data do arquivamento da alteração do contrato, no caso de não terem sido solvidas até a data da decretação da falência" (art. 81, § 1º).

Nessa hipótese, a responsabilidade do sócio retirante vai até o limite das dívidas existentes até a data do arquivamento da alteração contratual perante a Junta Comercial.

4. A FALÊNCIA E O SÓCIO DE RESPONSABILIDADE LIMITADA

O sócio de responsabilidade limitada, o administrador, o acionista controlador, em princípio, não são alcançados pela falência da sociedade de que façam parte.

Contudo, eventual responsabilidade por atos ilícitos (gestão fraudulenta, negócios simulados, desvio de bens) será apurada na ação denominada *ação de responsabilização*, perante o próprio juízo da falência.

Na hipótese de indícios veementes de dano, o juiz pode, de ofício, ou a requerimento de interessados, ordenar a indisponibilidade de bens.

A ação em apreço prescreve em *dois anos*, contados do trânsito em julgado da sentença declaratória da falência.

A responsabilização dos administradores, acionistas controladores, sócios comanditários ou ocultos está ligada à mesma série de fatores, a saber: só haverá responsabilidade de diretores e administradores, nas sociedades anônima e limitada, se qualquer deles agir com excesso de mandato ou praticar atos com violação à lei ou ao contrato.

Haverá responsabilidade solidária, igualmente, do acionista controlador, nas seguintes hipóteses:

I – ter conduzido a atividade econômica da sociedade falida no interesse próprio ou de grupo de que faça parte;

II – contrariamente ao interesse da sociedade falida, ter mantido a direção unificada desta, objetivando interesses próprios ou do grupo respectivo;

III – ter provocado a confusão do patrimônio particular com o da sociedade falida, tornando incindível a reunião dos seus ativos e passivos ou da maior parte deles.

Acionista controlador, como se sabe, é aquele que, sendo titular da maioria dos votos nas deliberações da assembleia geral (podendo, por isso mesmo, eleger a maioria dos administradores da companhia), utiliza-se de tal direito para dirigir as atividades sociais, orientando o funcionamento dos órgãos da sociedade, tal, aliás, como dispõe o art. 116 da Lei n. 6.404/76 (Lei das Sociedades Anônimas).

A responsabilização do acionista controlador está, portanto, condicionada à sua atuação, desviando-se do objeto e função sociais da sociedade, concorrendo, por isso mesmo, para as causas determinantes da falência.

O ***sócio comanditário***, na sociedade em comandita simples, tem responsabilidade limitada ao valor da sua quota-parte (art. 1.045 do CC – Direito de Empresa). Só será responsabilizado se, contrariamente ao que dispõe o art. 1.047 do diploma legal acima transcrito, praticar atos de gestão. Na eventualidade de não ter integralizado sua quota, estará obrigado a fazê-lo.

A mesma observação há de ser feita com relação ao *sócio oculto*, na sociedade em conta de participação, que, na forma do art. 991 do Código Civil, não tem, em princípio, nenhuma responsabilidade com terceiros.

5. FALÊNCIA DO ESPÓLIO

Espólio, como se sabe, são os bens deixados pelo morto, via de regra, designado pela expressão latina *de cujus*, abreviatura de *de cujus sucessione agitur*, isto é, de cuja sucessão se trata, servindo, portanto, para indicar o falecido.

Na ocorrência de morte de uma pessoa, seus herdeiros sucedem-na nos direitos e obrigações, respondendo o espólio (os bens do *de cujus*) pelas dívidas que este porventura tenha deixado, como dispõe o **art. 796 do CPC/2015**:

> "O espólio responde pelas dívidas do falecido; mas, feita a partilha, cada herdeiro responde por elas na proporção da parte que na herança lhe coube".

Na hipótese de o *de cujus* ter sido empresário, verificando-se o estado de insolvência, não só o credor pode requerer a falência do espólio, mas também o cônjuge sobrevivente, os herdeiros e o inventariante.

Não se trata, note-se bem, de falência do morto, mas do espólio, como deixa claro o art. 97 da Legislação Falimentar:

> "Podem requerer a falência do devedor:
>
> I – ...
>
> II – o cônjuge sobrevivente, qualquer herdeiro do devedor ou o inventariante".

A falência do espólio suspende o processo de inventário, cumprindo ao administrador judicial realizar os atos pendentes em relação aos direitos e obrigações da massa falida.

6. FALÊNCIA DO MENOR EMPRESÁRIO

Em conformidade com o art. 3º do Código Civil, os menores são divididos em duas categorias:

a) menores de 16 anos;

b) menores de 18 anos e maiores de 16 anos (Lei n. 13.146, de 6-7-2015).

Os primeiros são considerados *absolutamente incapazes*; os segundos são *relativamente incapazes*.

Os absolutamente incapazes não podem, por si sós, exercer os atos da vida civil. Isto não quer dizer, porém, que os menores de 16 anos estejam privados dos seus direitos. Ao contrário, pois independentemente da idade, da nacionalidade, do estado civil, da cor, ou dos bens materiais, todo homem é capaz de direitos e obrigações na ordem social, como, aliás, enfatiza o art. 1º do Código Civil. Têm, portanto, *capacidade de direito*.

Contudo, não podem exercitar pessoalmente esse direito, dependendo, para isso, dos seus pais, tutores ou curadores.

Os relativamente incapazes (dos 16 aos 18 anos), ao revés, podem, por si sós, praticar determinados atos, como ser mandatário (art. 666 do CC), fazer testamento (art. 1.860, parágrafo único, do CC), ser testemunha (**art. 447, § 1º, III, do CPC/2015**). Os demais atos prescindem da assistência dos pais ou tutores.

Estes últimos, os relativamente incapazes, podem emancipar-se, libertando-se das restrições que lhes são impostas, cessando para eles a incapacidade, na ocorrência dos fatos enumerados no art. 5º do Código Civil:

I – pela concessão dos pais, ou de um deles na falta do outro, mediante instrumento público, independentemente de homologação judicial, ou por sentença do juiz, ouvido o tutor, se o menor tiver 16 anos completos;

II – pelo casamento;

III – pelo exercício de emprego público efetivo;

IV – pela colação de grau em curso de ensino superior;

V – pelo estabelecimento civil ou comercial, ou pela existência de relação de emprego, desde que, em função deles, o menor com 16 anos completos tenha economia própria.

Na hipótese de o menor emancipar-se por haver-se estabelecido com economia própria, poderá ter sua falência declarada na ocorrência de insolvência.

7. FALÊNCIA DA SOCIEDADE IRREGULAR OU DE FATO (SOCIEDADE EM COMUM)

A sociedade empresária, para a sua constituição, depende de uma série de requisitos, a saber:

a) existência de, no mínimo, duas pessoas;

b) objeto lícito;

c) contrato social;

d) capital social.

Outrossim, para que esta se torne uma sociedade personificada, regular e de direito, imprescindível é que se arquive o contrato social no Registro Público de Empresas Mercantis, a cargo da Junta Comercial.

Não observadas as regras mencionadas, a sociedade não se personifica, como deixa claro o art. 45 do Código Civil:

> "Começa a existência legal das pessoas jurídicas de direito privado com a inscrição do ato constitutivo no respectivo registro..."

Enquanto, pois, não ultimado o arquivamento do contrato social no registro competente, a sociedade não adquire personalidade jurídica – é a sociedade não personificada.

Também denominada *sociedade irregular ou de fato*, é chamada, no Código Civil, de *sociedade em comum*, com disciplina jurídica própria.

Sujeita a regras específicas, a ela são aplicáveis as disposições previstas para as sociedades simples com ela compatíveis – art. 986 do Código Civil.

Conquanto não possua personalidade jurídica, a sociedade em comum dispõe de um *patrimônio especial*, destinado a responder por suas obrigações. Assim, todos os bens destinados a operações de titularidade dos sócios respondem por dívidas e obrigações desta (a sociedade).

É o que se deduz da leitura dos arts. 988 e 989 do Código Civil:

> "Os bens e dívidas sociais constituem um patrimônio especial, do qual os sócios são titulares em comum.
>
> Os bens sociais respondem pelos atos de gestão praticados por qualquer dos sócios, salvo pacto expresso limitativo de poderes, que somente terá eficácia contra o terceiro que o conheça ou deva conhecer..."

A sociedade em comum, sociedade não personificada, não é senão a sociedade de fato, agora com outra denominação, como, aliás, concluiu o *Centro de Estudos Judiciários do Conselho da Justiça Federal*, conforme *Enunciado n. 58*:

> "A sociedade em comum compreende as figuras doutrinárias da sociedade de fato e da irregular".

Nessa espécie societária, todos os sócios são solidários e ilimitadamente responsáveis pelas obrigações sociais, a teor do que dispõe o art. 990 do Código Civil.

A sociedade em comum está, portanto, sujeita a falência, que acarretará, igualmente, a falência de seus sócios, nos termos do art. 81 da legislação especial.

Resumo

Legitimidade passiva na falência. A falência incide sobre o empresário (civil ou comercial) e sobre a sociedade empresária, de que são espécies as sociedades em Nome Coletivo, em Comandita Simples, Limitada, Comandita por Ações e Sociedade Anônima – referidos na Lei Falimentar simplesmente como *devedor*.

Falência dos sócios solidários. A falência da sociedade acarreta, igualmente, a falência dos sócios solidários, que deverão ser citados para apresentar contestação, se assim desejarem.

Falência do sócio retirante. O sócio solidário (de responsabilidade ilimitada), que se tenha retirado da sociedade há menos de dois anos, fica, também, sujeito aos efeitos da falência desta – quanto às dívidas existentes na data do arquivamento da alteração do contrato, no caso de não terem sido solvidas até a data da decretação da falência.

Ação de responsabilização de sócio de responsabilidade limitada, administrador e acionista controlador. A falência da sociedade não acarreta a falência dos sócios de responsabilidade limitada, administradores e acionista controlador.

A eventual responsabilidade deles, por atos de violação à lei ou ao contrato, será apurada por intermédio da ação denominada *ação de responsabilização*, perante o juízo falimentar.

Falência do espólio. Tanto os credores quanto os herdeiros podem requerer a falência do *espólio*, desde que o *de cujus* tenha sido empresário.

Falência do menor empresário. Na hipótese de o menor (maior de 16 anos e menor de 18 anos) emancipar-se, estará sujeito à falência, se empresário.

Falência de sociedade em comum (irregular ou de fato). A sociedade em comum, sucedânea da sociedade irregular ou de fato (sociedade não personificada), está sujeita à falência, que acarretará, igualmente, a falência de seus respectivos sócios.

Recapitulação

1. Pode ser requerida a falência de uma empresa sediada no estrangeiro?

R. A Lei de Falências, no seu art. 3º, considera *estabelecimento autônomo* a filial de empresa situada fora do Brasil, e sobre ela recairá o pedido de quebra que, naturalmente, não atingirá os bens situados no exterior.

2. A falência, na atual sistemática, abrange também o empresário civil ou só o empresário mercantil?

R. O conceito de empresário, no Código Civil (art. 966), é amplo, abrangendo não somente o antigo comerciante, mas, igualmente, o empresário civil, ambos denominados *empresários*, sujeitos, portanto, à falência.

3. A falência da sociedade personificada acarreta, também, a falência dos respectivos sócios?

R. Conquanto a sociedade regular e de direito (pessoa jurídica) não se confunda com a figura dos sócios, a sua falência acarreta, igualmente, a falência dos *sócios solidários*, ou seja, dos sócios de responsabilidade ilimitada, a saber: todos os sócios, na sociedade em nome coletivo; o sócio comanditado na sociedade em comandita simples, o acionista diretor, na sociedade em comandita por ações.

4. A falência da sociedade acarreta a falência dos sócios de responsabilidade limitada?

R. A falência da sociedade não acarreta a falência dos sócios de responsabilidade limitada, administradores e acionista controlador. Eventual responsabilidade destes por violação à lei ou ao contrato será apurada na ação denominada *ação de responsabilização*, perante o juízo da falência.

5. A sociedade em comum (irregular ou de fato) está sujeita à falência?

R. A sociedade em comum (arts. 986 a 990 do Código Civil), sucedânea da sociedade irregular ou de fato, está sujeita à falência, que alcançará os respectivos sócios, solidários e ilimitadamente responsáveis pelas obrigações sociais.

> Estão sujeitos à falência o empresário, assim considerado aquele que, em caráter individual, exerça profissionalmente atividade econômica organizada para a produção ou circulação de bens ou serviços, e a sociedade empresária, ou seja, aquela estruturada empresarialmente, reunindo todos os fatores da produção: capital, trabalho, maquinário etc. – são as sociedades declinadas nos arts. 1.039 a 1.092 do Código Civil.

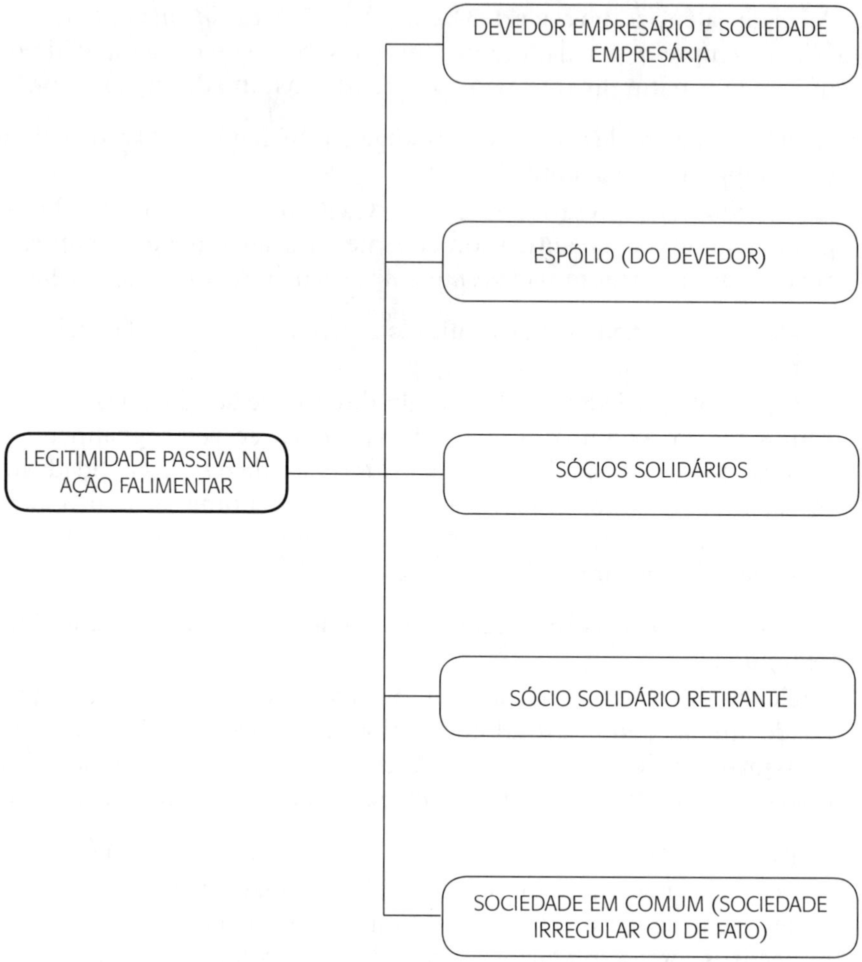
LEGITIMIDADE PASSIVA NA AÇÃO FALIMENTAR
DEVEDOR EMPRESÁRIO E SOCIEDADE EMPRESÁRIA
ESPÓLIO (DO DEVEDOR)
SÓCIOS SOLIDÁRIOS
SÓCIO SOLIDÁRIO RETIRANTE
SOCIEDADE EM COMUM (SOCIEDADE IRREGULAR OU DE FATO)

Capítulo V

DA LEGITIMIDADE ATIVA NA AÇÃO FALIMENTAR

Sumário: 1. Inexistência de falência *ex officio*. 2. Falência requerida pelo credor. 3. Falência requerida pelo próprio devedor (autofalência). 4. Falência requerida pelo cônjuge sobrevivente, herdeiros e inventariante (falência do espólio). 5. Falência requerida pelo sócio ou acionista. Resumo. Recapitulação.

1. INEXISTÊNCIA DE FALÊNCIA "EX OFFICIO"

A legislação falimentar brasileira não consagra a falência de ofício, isto é, a possibilidade de declaração de falência pelo juiz, independentemente de provocação dos interessados.

A decretação da falência depende sempre de provocação. Equivocam-se os que argumentam em sentido contrário, com a denominada *falência incidental* – o dever que se impõe ao juiz de declarar a falência se rejeitado o plano de recuperação judicial, ou descumprido este, depende sempre de provocação, no caso, do próprio devedor que requer a recuperação judicial.

Não existe, pois, no direito brasileiro, a falência de ofício, impondo-se, por via de consequência, indagar: quem pode requerer a falência?

Em conformidade com a atual Lei Falimentar, possuem *legitimidade ativa* para requerer a falência as seguintes pessoas:

a) o credor, por obrigação tornada líquida constante de título executivo judicial ou extrajudicial;

b) o próprio devedor, na chamada autofalência;

c) o cônjuge sobrevivente, os herdeiros e o inventariante, na falência do espólio;

d) o sócio ou acionista da sociedade devedora.

2. FALÊNCIA REQUERIDA PELO CREDOR

Credor, na conceituação simples e objetiva de Pedro Orlando, "é todo aquele que tem o direito de exigir de outrem o cumprimento de uma obrigação de dar, fazer ou não fazer alguma coisa".

Este é, por excelência, o titular da relação jurídica falimentar.

Contudo, como já acentuamos, para que o credor possa requerer a falência, é fundamental que:

a) o devedor seja empresário ou sociedade empresária;

b) o seu crédito se revista de liquidez, ensejando, outrossim, ação executiva (anterior processo de execução, hoje fase executiva).

A lei não distingue entre dívida civil, comercial, trabalhista ou fiscal, importando, isso sim, que seja líquida, dando ensejo, repita-se, à fase executiva.

Há, como sabemos, títulos executivos extrajudiciais e judiciais (**arts. 784 e 515 do CPC/2015**). Tais títulos de dívida são os que fundamentam o requerimento de falência.

Não fazendo a lei qualquer restrição quanto à natureza da dívida (se civil ou comercial), não a faz também com relação ao credor, que pode ou não ser empresário. Nesta última hipótese, porém, deverá provar essa qualidade, anexando à inicial certidão da Junta Comercial, nos termos do art. 97, § 1º, da Lei Falimentar.

Na eventualidade de o credor residir no exterior, cumpre-lhe prestar caução às custas e ao pagamento de indenização, na hipótese de a ação ser julgada improcedente, configurada a culpa ou dolo do requerente – art. 97, § 2º.

Note-se que, em se tratando de título executivo extrajudicial, o protesto deste é obrigatório, como já se acentuou.

Na hipótese de execução de sentença, em que o devedor não paga, não deposita e não nomeia bens à penhora dentro do prazo legal, imprescindível é a renúncia à execução singular, devendo o interessado propor, perante o juízo competente (local do principal estabelecimento do devedor), a ação falimentar, acompanhada, necessariamente, de certidão expedida pelo juízo em que se processa a execução, de que não foi efetuado depósito e, tampouco, nomeados bens à penhora.

3. FALÊNCIA REQUERIDA PELO PRÓPRIO DEVEDOR (AUTOFALÊNCIA)

O devedor (empresário ou sociedade empresária) que não reúna condições para requerer sua recuperação judicial deve requerer sua própria falência – é a denominada *autofalência*.

O devedor, nesta hipótese, não aguarda a ação dos seus credores, requerendo, ele mesmo, sua falência.

Observe-se que o pedido de autofalência independe de títulos vencidos e protestados – verificada a condição de insolvente e, em consequência, a total impossibilidade de preencher os requisitos fundamentais para a obtenção da recuperação judicial (sucedânea da concordata preventiva), pode o devedor antecipar-se aos credores requerendo, como já se observou, sua própria falência.

O requerimento de autofalência conterá, necessariamente:

1) demonstrações contábeis referentes aos três últimos exercícios sociais;

2) demonstração contábil especialmente levantada para instruir o pedido, composta, obrigatoriamente, de:

a) balanço patrimonial;

b) demonstração de resultados acumulados;

c) demonstração do resultado desde o último exercício social;

d) relatório do fluxo de caixa.

3) relações nominais dos credores, indicando endereço, importância, natureza e classificação dos respectivos créditos;

4) relação dos bens e direitos que compõem o ativo, com a respectiva estimativa de valor e documentos comprobatórios de propriedade;

5) prova da condição de empresário, contrato social ou estatuto, se se tratar de sociedade regular ou de direito; em se tratando de sociedade comum (irregular ou de fato), os nomes dos respectivos sócios, com endereço e a relação de seus bens pessoais;

6) livros obrigatórios e documentos contábeis exigidos por lei;

7) relação dos administradores, em se tratando de sociedade, nos últimos cinco anos, com seus respectivos endereços, e participação societária.

As demonstrações contábeis, por sua complexidade, devem ser ultimadas por profissional legalmente habilitado, ou seja, por um contador.

Decretada a falência, observar-se-á o rito do procedimento falimentar.

4. FALÊNCIA REQUERIDA PELO CÔNJUGE SOBREVIVENTE, HERDEIROS E INVENTARIANTE (FALÊNCIA DO ESPÓLIO)

No Capítulo IV, n. 5, deste *Curso*, tivemos oportunidade de assinalar, quando cuidamos da *falência do espólio*, que, na ocorrência de morte do devedor, o cônjuge sobrevivente, os herdeiros e o inventariante (desde que não dativo) podem, constatada a insolvência do *de cujus*, requerer a falência do espólio.

Ressaltamos, na oportunidade, que não se trata de falência do morto, mas do espólio, isto é, dos bens deixados pelo finado, como acentua o art. 97, II, da Lei de Falências: "Podem requerer a falência do devedor: o cônjuge sobrevivente, qualquer herdeiro do devedor ou o inventariante".

Em que pesem opiniões contrárias, entendemos desnecessária a unanimidade dos herdeiros para a formulação do pedido de falência do espólio, podendo qualquer herdeiro, isoladamente, fazê-lo, facultado aos demais contestar a pretensão.

O termo *herdeiros* empregado pelo legislador não significa a exigência de unanimidade, mas tão somente a legitimação ativa de qualquer deles.

Esse, aliás, o entendimento de Miranda Valverde e Waldemar Ferreira, acrescentando este último:

> "... tanto poderá requerer a falência o herdeiro que se achar na posse e administração dos bens do espólio, entre os quais o estabelecimento comercial do *de cujus*, na falta do cônjuge sobrevivente, ou quando este não puder ser nomeado, *quanto qualquer outro herdeiro*".

É de se observar que a legislação falimentar, agora sob a égide da Lei n. 11.101, de 9-2-2005, não exige a unanimidade dos herdeiros, tendo legitimidade (para requerer a falência do espólio) o cônjuge sobrevivente, *qualquer herdeiro* do devedor ou o inventariante.

O prazo para requerer a falência do espólio é de *um ano* da *morte do devedor*.

5. FALÊNCIA REQUERIDA PELO SÓCIO OU ACIONISTA

A lei, procurando resguardar os interesses dos sócios e acionistas minoritários principalmente, confere-lhes legitimidade ativa para requerer a falência da sociedade de que façam parte.

Essa faculdade tem em vista pôr cobro a manobras de sócios-administradores inescrupulosos, ou a inércia da assembleia geral, em se tratando de sociedades por ações.

Com efeito, em determinadas circunstâncias, em uma sociedade que caminha mal, há divergências entre os sócios quanto à solicitação da autofalência. Na ocorrência desse fato, e no sentido de evitar que a situação se deteriore, com manifesto prejuízo e até mesmo o envolvimento pessoal dos sócios, pode, qualquer deles, requerer a falência da sociedade.

Nas sociedades por ações cabe à assembleia geral deliberar sobre pedido de falência. Na omissão desta, qualquer acionista pode fazê-lo.

Tanto numa hipótese como na outra os demais sócios ou acionistas podem opor-se ao pedido, contestando-o em juízo.

Não se olvide de que o agente fiduciário, que representa a comunhão dos debenturistas, em conformidade com o que dispõe o art. 68, § 3º, *c*, da Lei n. 6.404, de 15 de dezembro de 1976 (Lei das Sociedades Anônimas), pode requerer a falência da companhia emissora, no inadimplemento desta, desde que inexista garantia real.

A emissão de debênture, como se sabe, pode vir acompanhada de garantia real ou flutuante. Na primeira hipótese, os bens dados em garantia ficam vinculados ao cumprimento das obrigações. A garantia flutuante assegura privilégio geral sobre o ativo da companhia.

Resumo

Legitimidade ativa na falência. A legislação falimentar brasileira não consagra a falência de ofício, isto é, a possibilidade da declaração da quebra pelo juiz, independentemente de provocação dos interessados, exigindo, por via de consequência, a iniciativa dos credores.

Credor por título executivo. Pode requerer a falência o credor de obrigação líquida, representada por título executivo, vencido, não pago no vencimento, e devidamente protestado.

Autofalência. O devedor que, sem relevante razão de direito, não pagar no vencimento obrigação líquida, deve requerer ao juiz a declaração de falência, expondo as causas e o estado de seus negócios – uma vez insolvente.

O cônjuge sobrevivente, os herdeiros e o inventariante. Na ocorrência de morte do devedor, o cônjuge sobrevivente, os herdeiros e o inventariante podem, constatada a insolvência do espólio, requerer a falência deste.

O sócio ou acionista. Em uma sociedade que caminha mal, com divergência entre os sócios quanto à solicitação da autofalência, objetivando evitar que a situação se deteriore, pode, qualquer dos sócios ou acionistas, requerer a falência da sociedade, facultado aos demais oporem-se ao pedido, contestando-o, como de direito.

Podem requerer a falência do devedor:

a) o credor, por obrigação líquida constante de título executivo judicial ou extrajudicial;

b) o próprio devedor (autofalência); o sócio ou acionista da sociedade devedora;

c) o cônjuge sobrevivente e herdeiros (falência do espólio).

Recapitulação

1. A falência do devedor pode ser decretada de ofício, pelo juiz, independentemente de provocação?

R. Não. A legislação brasileira não admite a falência de ofício, havendo necessidade de provocação daqueles munidos da chamada *legitimatio ad causam* ativa.

2. A declaração da falência pelo juiz, nos autos de recuperação judicial, não se constitui em uma quebra de ofício?

R. Não, pois o dever de o juiz decretar a quebra em pedido de recuperação judicial não formulada na forma da lei depende sempre de provocação – no caso, o requerente da recuperação.

3. Em processo de execução, transitada em julgado a sentença exequenda, não tendo o executado depositado o valor da condenação ou efetuado o depósito, ou ainda nomeado bens à penhora, pode o exequente requerer a sua falência?

R. A resposta é afirmativa, a teor do que dispõe o art. 94, II, da atual Legislação Falimentar.

4. Nessa hipótese, a falência é requerida no próprio juízo da execução?

R. Não. Para se obter a declaração da falência, na hipótese acima mencionada, é imprescindível a renúncia à execução singular, devendo o credor, munido de certidão do juízo da execução (que atesta a ausência de pagamento, depósito ou nomeação de bens a penhora), ingressar no juízo competente (vara civil do local do estabelecimento principal) com pedido de falência.

5. O requerente da falência deve ser, necessariamente, empresário?

R. A lei não faz qualquer restrição quanto à natureza da dívida (se civil, comercial ou individual), não a faz também com relação ao credor, que pode ou não ser empresário.

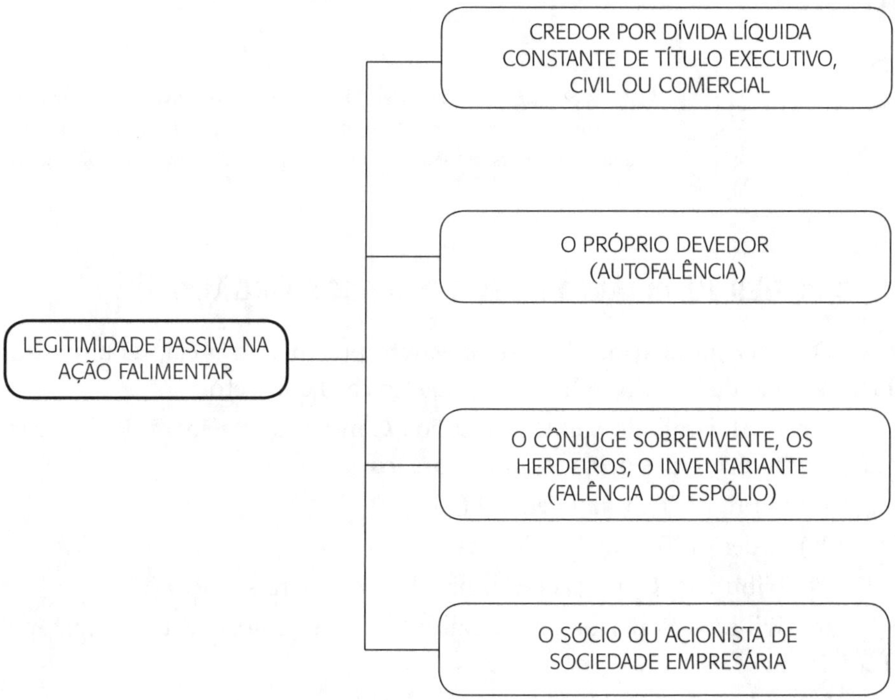

Capítulo VI

JUÍZO COMPETENTE PARA DECLARAR A FALÊNCIA

Sumário: 1. O Poder Judiciário e seus diversos órgãos. 2. Competência em razão da matéria. 3. Competência em razão do lugar. 4. Empresário sediado no estrangeiro. Resumo. Recapitulação.

1. O PODER JUDICIÁRIO E SEUS DIVERSOS ÓRGÃOS

O Poder Judiciário, como se sabe, tem por missão precípua a função jurisdicional do Estado, aplicando as leis ao caso concreto.

Em conformidade com o art. 92 da Constituição Federal (CF), suas funções são exercidas pelos seguintes órgãos:

1º) Supremo Tribunal Federal (STF);

2º) Superior Tribunal de Justiça (STJ);

3º) Tribunais Regionais Federais e Juízes Federais (TRF);

4º) Tribunal Superior do Trabalho (TST), incluído pela EC n. 92, de 12-7-2016;

5º) Tribunais e Juízes do Trabalho (TJT);

6º) Tribunais e Juízes Eleitorais (TJE);

7º) Tribunais e Juízes Militares (TJM);

8º) Tribunais e Juízes dos Estados (TJE) e do Distrito Federal e Territórios (TJDFT);

9º) Conselho Nacional de Justiça (CNJ), instituído pela EC n. 45/2004.

A cada um desses órgãos é atribuída uma competência, a saber:

O STF é o órgão máximo do Poder Judiciário, a mais alta corte do País. Última instância, cujas decisões põem fim a todas as demandas, cumprindo-lhe zelar pela supremacia da Constituição Federal.

Sua competência está disciplinada no art. 102 da Carta Magna.

Ao STJ, o segundo órgão em importância do Poder Judiciário,

compete processar e julgar, originariamente, os governadores, desembargadores, membros dos Tribunais de Contas, Regionais Federais, Eleitorais, do Trabalho e do Ministério Público da União (MPU), competindo-lhe, ainda, os *habeas corpus*, *habeas data*, mandado de segurança e injunção, conflitos de competência e atribuições, nas hipóteses descritas nas alíneas *a* a *h* do inciso I do art. 105 da CF. Em grau de recurso ordinário e especial, nos casos enumerados nas alíneas *a* a *c* dos incisos II e III do mesmo artigo.

Aos juízes federais compete processar e julgar as causas em que a União, entidade autárquica ou empresa pública federal forem interessadas na condição de autoras, rés, assistentes ou oponentes, *exceto as de falência*, as de acidente de trabalho e as sujeitas à Justiça Eleitoral, Justiça do Trabalho e Justiça Militar (CF, arts. 109, I, 114, 118 e 124).

À Justiça do Trabalho cumpre processar e julgar as ações oriundas da relação de trabalho, abrangidos os entes de direito público externo e da administração pública direta e indireta dos Municípios, do Distrito Federal, dos Estados e da União (CF, art. 114, VI).

Compete à Justiça Eleitoral, como o próprio nome indica, o processo e julgamento das questões eleitorais, tais como registros de candidatos, divisão eleitoral do País, inelegibilidades etc. (CF, art. 118).

À Justiça Militar compete processar e julgar os crimes militares definidos em lei (CF, art. 124).

Todas as demais questões são de competência dos tribunais e juízes estaduais (e dos tribunais e juízes do Distrito Federal e Território, na medida das suas respectivas jurisdições) – os juízes de direito, distribuídos segundo a organização judiciária local, nas Varas Cíveis e Comerciais, Varas Criminais, Varas dos Feitos da Fazenda Municipal e Estadual, Varas da Família e Sucessões etc.

O Conselho Nacional de Justiça (CNJ) é órgão de controle financeiro e administrativo do Poder Judiciário, sem ingerência nas suas funções judicantes. Com mandato de dois anos e direito a uma recondução, são os seus membros nomeados pelo Presidente da República. Suas funções são declinadas no art. 103-B da Constituição Federal.

2. COMPETÊNCIA EM RAZÃO DA MATÉRIA

Havendo diversos órgãos do Poder Judiciário, e a cada um deles sendo atribuída determinada competência, impõe-se a tarefa de, preliminarmente, verificar qual a justiça competente em razão da matéria, para processar e julgar as ações falimentares.

Da discriminação de atribuições acima exposta, constatamos que, em que pese o eventual interesse da União (normalmente existente em virtude de débitos previdenciários), a falência é expressamente excluída da competência material da Justiça Federal, como deixa claro o art. 109, I, da CF:

> "Aos juízes federais compete processar e julgar:
>
> I – as causas em que a União, entidade autárquica ou empresa pública federal forem interessadas na condição de autoras, rés, assistentes ou oponentes, *exceto as de falência*..."

Não se insere na competência material da Justiça Federal, porque dela claramente excluída, e não podendo ser inserida na competência das Justiças Eleitoral, do Trabalho e Militar, a falência só pode ser atribuída à Justiça Ordinária dos Estados, do Distrito Federal e Territórios, perante os juízes de direito.

3. COMPETÊNCIA EM RAZÃO DO LUGAR

Constatado que a falência e igualmente a recuperação judicial devem ser interpostas perante a justiça comum, na figura do juiz de direito da Vara Cível, resta saber em que lugar deve ser proposta a ação, isto é, qual o *foro* competente.

A Lei Falimentar elege o chamado *domicílio do empresário*, assim considerado o lugar em que se situa a sede das atividades:

> "É competente para homologar o plano de recuperação extrajudicial, deferir a recuperação judicial ou decretar a falência o juízo do local do principal estabelecimento do devedor ou da filial de empresa que tenha sede fora do Brasil" (art. 3º).

A expressão *principal estabelecimento* não está relacionada com a sua proporção, não havendo qualquer referência com as instalações, significando, isso sim, o local de onde o devedor comanda, dirige, administra seus negócios, ou seja, a sede da administração.

Note-se que, mesmo os que entendem deva prevalecer *o critério quantitativo do ponto de vista econômico*, não deixam de consagrar *o local de comando empresarial*, onde é, efetivamente, exercida a plenitude das operações.

> "O critério para se determinar o principal estabelecimento integrante de uma empresa com vários estabelecimentos (sejam sucursais,

> filiais, agências, depósitos, escritórios etc.) não leva em conta a dimensão dos mesmos. Conceitua-se tendo em vista o local onde se fixa a chefia da empresa, de onde emanam as ordens e instruções, em que se procedem as operações comerciais e financeiras de maior vulto e em massa, onde se encontra a contabilidade geral", escreve Rubens Requião.

Ressalte-se que a sede estatutária nem sempre coincide com o local da administração, prevalecendo nesta hipótese o chamado domicílio real, onde o devedor, repita-se, tem a sede efetiva dos seus negócios, ali realizando as operações empresariais.

É o que está em conformidade com remansosa jurisprudência dos nossos tribunais:

> "Competência – Falência. Foro do estabelecimento principal do devedor. A competência para o processo e julgamento do pedido de falência é do juízo onde o devedor tem o seu principal estabelecimento, e este é o local onde a atividade se mantém centralizada, não sendo, de outra parte, aquele a que os estatutos conferem o título principal, mas o que forma o corpo vivo, o centro vital das principais atividades do devedor" (STJ, CComp 21.896-MG, Rel. Min. Sálvio de Figueiredo).

4. EMPRESÁRIO SEDIADO NO ESTRANGEIRO

Em se tratando de empresário sediado no estrangeiro, com filial no Brasil, esta é considerada *estabelecimento autônomo* pela Lei Falimentar, e competente para declarar a falência é o juiz de direito em cuja jurisdição estiver localizada:

> "É competente para homologar o plano de recuperação extrajudicial, deferir a recuperação judicial ou decretar a falência o juízo do local do principal estabelecimento do devedor ou da filial de empresa que tenha sede fora do Brasil" (art. 3º).

Nessa hipótese, pois, requer-se a falência da filial, ressaltando-se que a quebra só produzirá efeitos sobre os bens situados no Brasil, não atingindo, obviamente, os bens situados no estrangeiro.

Tratando-se de sociedade estrangeira com pluralidade de filiais, competente será o juiz do local onde se situar a administração delas, isso se centralizada. Na hipótese de todas gozarem de plena autonomia com relação umas às outras, aplicar-se-á a regra contida no art. 75, § 2º, do Código Civil de 2002:

> "Se a administração, ou diretoria, tiver a sede no estrangeiro, haver-se-á por domicílio da pessoa jurídica, no tocante às obrigações contraídas por cada uma das suas agências, o lugar do estabelecimento, sito no Brasil, a que ela corresponder".

Resumo

Juízo competente para declarar a falência. Havendo diversos órgãos do Poder Judiciário (art. 92 da CF), e a cada um desses sendo atribuída determinada competência, impõe-se a tarefa de, preliminarmente, verificar qual a Justiça competente para processar e julgar as ações falimentares.

Competência em razão da matéria ("ratione materiae"). Excluída expressamente da competência material da Justiça Federal (art. 109, I, da CF), a falência é de competência da Justiça Ordinária dos Estados, Distrito Federal e Território, processando-se perante os juízes de direito.

Competência em razão do lugar ("ratione loci"). A Lei Falimentar elege o chamado domicílio do devedor, assim considerado o lugar em que se situa a sede dos seus negócios:

> "É competente para homologar o plano de recuperação extrajudicial, deferir a recuperação judicial ou decretar a falência o juízo do local do principal estabelecimento do devedor ou da filial de empresa que tenha sede fora do Brasil" (art. 3º).

A expressão *estabelecimento principal* não está relacionada com a sua proporção, não havendo qualquer referência com as instalações, significando, isso sim, o local de onde o devedor comanda, dirige, administra seus negócios, ou seja, a sede da administração.

Empresário sediado no estrangeiro. É competente para declarar a falência o juiz em cuja jurisdição o devedor tem o seu principal estabelecimento (sede dos negócios), *ou casa filial de outra situada fora do Brasil.*

Recapitulação

1. Perante que órgão do Poder Judiciário deve ser interposta a ação falimentar?

R. Os requerimentos de falência devem ser formulados na chamada justiça ordinária dos Estados, do Distrito Federal e dos Territórios, perante os juízes de direito das Varas Cíveis. Esta a Justiça competente em razão da matéria – *ratione materiae.*

2. Em que lugar deve ser proposta a ação falimentar?

R. Em conformidade com o art. 3º da Lei de Falências, a ação falimentar deve ser proposta no lugar em que o devedor tem o seu *principal estabelecimento.*

3. Por principal estabelecimento se há de entender o mais importante do ponto de vista econômico-financeiro?

R. A expressão *principal estabelecimento* não está relacionada com a sua proporção, não havendo qualquer referência com as instalações materiais, ou mesmo com o movimento, significando, isso sim, o local de onde o devedor dirige e administra os seus negócios, ou seja, a sede da administração.

4. Neste caso, como estaria a falência de sociedades sediadas no estrangeiro?

R. Nos termos do art. 3º da Lei de Falências, é competente para declarar a quebra o juiz em cuja jurisdição estiver a filial. Esta é, para todos os efeitos legais, considerada *estabelecimento autônomo.*

5. E em se tratando de empresa sediada no estrangeiro, com pluralidade de filiais com plena autonomia com relação umas às outras?

R. Nessa hipótese, aplicar-se-á a regra contida no art. 75, § 2º, do Código Civil e/ou **art. 21, I, do CPC/2015**:

> "Se a administração, ou diretoria, tiver a sede no estrangeiro, haver-se-á por domicílio da pessoa jurídica, no tocante às obrigações contraídas por cada uma das suas agências, o lugar do estabelecimento, sito no Brasil, a que ela corresponder".

É competente para homologar plano de recuperação extrajudicial ou decretar a falência o juízo do local do principal estabelecimento, não havendo qualquer referência com as instalações ou o movimento financeiro, significando, isso sim, o local de onde o devedor comanda, dirige e administra seus negócios, ou seja, a sede da administração.

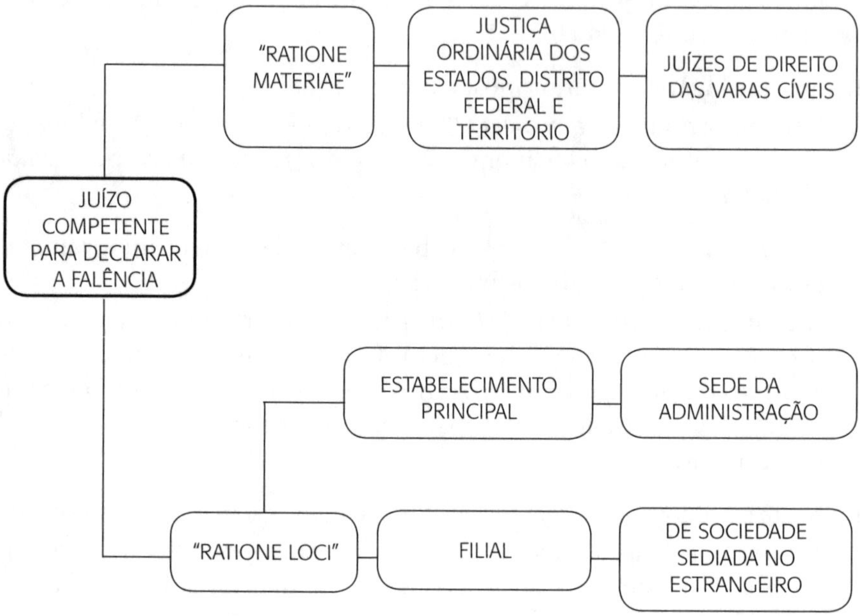
JUÍZO COMPETENTE PARA DECLARAR A FALÊNCIA
"RATIONE MATERIAE"
JUSTIÇA ORDINÁRIA DOS ESTADOS, DISTRITO FEDERAL E TERRITÓRIO
JUÍZES DE DIREITO DAS VARAS CÍVEIS
"RATIONE LOCI"
ESTABELECIMENTO PRINCIPAL
SEDE DA ADMINISTRAÇÃO
FILIAL
DE SOCIEDADE SEDIADA NO ESTRANGEIRO

Capítulo VII

DO REQUERIMENTO DA FALÊNCIA

Sumário: 1. Da petição inicial. 2. Do patrocínio profissional de advogado. 3. Do pedido de falência com base na impontualidade. 4. Do pedido de falência com base nos motivos discriminados no art. 94, II e III, da Lei Falimentar. Resumo. Recapitulação.

1. DA PETIÇÃO INICIAL

Petição, etimologicamente, significa ato de pedir, rogo, súplica, pedido por escrito, requerimento.

Juridicamente, constitui-se no instrumento de provocação da prestação jurisdicional do Estado, devendo, por isso mesmo, cercar-se de objetividade e clareza, sob pena de ser considerada inepta. Nela devem ser evitadas discussões doutrinárias e citações, limitando-se o requerente a fundamentar legalmente a sua pretensão (*v.* modelos na Parte Prática).

> "A petição inicial não é o momento próprio para sustentações doutrinárias, nem discussão do fato que serve de fundamento à demanda. Nela devem os fatos apenas ser expostos e precisadas as teses jurídicas consequentes. A discussão dos fatos e a sustentação das teses serão transferidas para o debate oral, no momento adequado para tanto, ou para a sustentação dos recursos que venham a ser interpostos", ensina Calmon de Passos.

A sua importância impõe ao advogado a observância dos requisitos previstos no **art. 319 do CPC/2015**, devendo dela constar:

1º) o juízo a que é dirigida;

2º) os nomes, os prenomes, o estado civil, a existência de união estável, a profissão, o número de inscrição no CPF ou CNPJ, o endereço eletrônico, o domicílio e a residência do autor e do réu;

3º) o fato e os fundamentos jurídicos do pedido;

4º) o pedido com suas especificações;

5º) o valor da causa;

6º) as provas com que o autor pretende demonstrar a verdade dos fatos alegados;

7º) a opção do autor pela realização ou não de audiência de conciliação ou de mediação.

O CPC/2015 (**§§ 1º/3º do art. 319**) aborda, ainda:

> "§ 1º Caso não disponha das informações previstas no inciso II, poderá o autor, na petição inicial, requerer ao juiz diligências necessárias a sua obtenção.
>
> § 2º A petição inicial não será indeferida se, a despeito da falta de informações a que se refere o inciso II, for possível a citação do réu.
>
> § 3º A petição inicial não será indeferida pelo não atendimento ao disposto no inciso II deste artigo se a obtenção de tais informações tornar impossível ou excessivamente oneroso à justiça".

A petição deve vir acompanhada dos documentos indispensáveis à propositura da ação falimentar, a saber:

a) procuração para o foro em geral (**art. 106 do CPC/2015**), outorgada a advogado devidamente inscrito no quadro da Ordem dos Advogados do Brasil[6];

b) o título de crédito em que se funda o pedido, seja letra de câmbio, nota promissória, duplicata, cheque etc.;

c) o instrumento de protesto do título mencionado, já que o protesto de título, como se viu, é indispensável para a propositura da ação falimentar;

d) prova de que o requerente é empresário (se o for), juntando, para isso, certidão do Registro de Empresas (Junta Comercial).

2. DO PATROCÍNIO PROFISSIONAL DE ADVOGADO

A complexidade das leis e a natureza técnica do direito impõem a presença do advogado em juízo, evitando-se, assim, que as partes, sem o preparo necessário, postulem em causa própria.

Daí a exigência contida nos **arts. 103 da CF e 103, *caput* e parágrafo único, do CPC/2015**, só se admitindo a atuação pessoal das próprias partes em se tratando de advogado agindo em causa própria, ou na eventualidade, hoje remota, de não haver advogado no lugar, ou recusa ou impedimento dos que houver.

---

6 A expressão latina *ad judicia* foi substituída por *procuração para o foro em geral*, e que, nos termos dos arts. 103, *caput*, e 105 do CPC/2015, habilita o advogado a praticar todos os atos do processo, salvo os de "receber citação inicial, confessar, reconhecer a procedência do pedido, transigir, desistir, renunciar ao direito em que se funda a ação, receber, dar quitação e firmar compromisso", que exigem cláusula expressa.

Em razão disso, a petição inicial, requerendo a falência do devedor, há de estar necessariamente assinada por advogado devidamente inscrito na OAB, podendo o *estagiário* exercer atos da atividade privativa de advocacia.

O estagiário, acadêmico cursando os últimos anos de direito, inscrito como tal na OAB, conquanto possa exercer a advocacia extrajudicial, desde que recebendo autorização ou substabelecimento do advogado (art. 29, § 2º, do Regimento Geral do EAOAB), sofre uma série de restrições no âmbito judicial. Em princípio, se regularmente inscrito na Ordem, pode exercer as atividades privativas de advocacia previstas no art. 1º da Lei n. 8.906, de 4 de julho de 1994 (EAOAB), *em conjunto com advogado e sob responsabilidade deste*, de acordo com o art. 3º, § 2º, daquele diploma. Isoladamente, o estagiário pode praticar, sob responsabilidade do advogado, apenas os seguintes atos: levar os autos em carga, extrair certidões ou autos de processos pendentes ou extintos e assinar petições de juntada, consoante a letra do art. 29, § 1º, do aludido Regimento Geral.

3. DO PEDIDO DE FALÊNCIA COM BASE NA IMPONTUALIDADE

A falência, com base na impontualidade, pode ser requerida, como já observamos:

a) pelo credor;

b) pelo próprio devedor (autofalência);

c) pelo cônjuge sobrevivente, herdeiros ou inventariante (falência do espólio).

Na hipótese de a falência ser requerida pelo *credor*, há que se distinguir entre as diversas espécies de créditos, a saber:

1ª) credores por título executivo extrajudicial;

2ª) credores por título executivo judicial.

Entre os primeiros incluem-se os credores por títulos de crédito (letra de câmbio, nota promissória, duplicata, cheque etc.).

Os credores por título executivo judicial, como já verificamos, são aqueles munidos de sentenças transitadas em julgado.

Requerida a falência pelo credor, a petição inicial deve observar, como já acentuamos, os requisitos do **art. 319 do CPC/2015**, vindo, repita-se, acompanhada dos seguintes documentos:

1º) procuração *para o foro em geral*, outorgada a advogado legalmente inscrito na OAB;

2º) o título de crédito que fundamenta o pedido (cambial);

3º) instrumento de protesto do título que fundamenta o pedido de quebra;

4º) na eventualidade de o requerente (o credor) ser empresário, documento que o positive.

Requerida pelo próprio devedor (*autofalência*), além dos requisitos do **art. 319 do CPC/2015**, a petição inicial deverá estar por ele assinada, acompanhando-a os seguintes documentos:

I – demonstrações contábeis referentes aos três últimos exercícios sociais;

II – demonstração contábil especialmente levantada para instruir o pedido, composta obrigatoriamente de:

a) balanço patrimonial;

b) demonstração de resultados acumulados;

c) demonstração do resultado desde o último exercício social;

d) relatório do fluxo de caixa;

III – relação nominal dos credores indicando endereço, importância, natureza e classificação dos respectivos créditos;

IV – relação dos bens e direitos que compõem o ativo, com a respectiva estimativa de valor e documentos comprobatórios de propriedade;

V – contrato social ou estatuto, se se tratar de sociedade.

Na falência do espólio, os requerentes (cônjuge sobrevivente, herdeiros ou inventariante) deverão juntar, além dos documentos que positivem o estado de falência (título de crédito vencido e não pago, ou balanço que ateste a insolvência), certidão que demonstre legitimidade ativa, a saber: certidão de casamento para o cônjuge sobrevivente, certidão de nascimento para os herdeiros, certidão do Juízo da Família e Sucessões, patenteando a condição de inventariante, além, obviamente, da certidão de óbito do empresário.

4. DO PEDIDO DE FALÊNCIA COM BASE NOS MOTIVOS DISCRIMINADOS NO ART. 94, II e III, DA LEI FALIMENTAR

Como já tivemos ensejo de acentuar, a causa determinante da falência é a *insolvência*, que se exterioriza, antes de tudo, pela *impontualidade*.

Todavia, além da impontualidade, a insolvência se manifesta também por outras formas – são aquelas enumeradas no art. 94, II e III, da Lei de Falências.

Mas, se a impontualidade pode facilmente ser comprovada mediante a simples exibição de título de dívida líquida, acompanhada do respectivo instrumento de protesto, os outros fatos e atos que igualmente induzem à existência do estado de falência exigem maior esforço para a sua comprovação, fazendo incidir sobre o requerente o ônus da prova.

Nessas condições, há que se verificar as diversas hipóteses previstas no art. 94 da Lei nominada:

> "II – executado por qualquer quantia líquida, não paga, não deposita e não nomeia à penhora bens suficientes dentro do prazo legal".

Como já observamos, julgada procedente uma ação, tem início a fase executória, sendo o réu citado para pagar, depositar o valor correspondente à condenação, ou nomear bens à penhora. Se não o faz, estará ensejando ao credor requerer a sua falência.

Para que a falência seja proposta, todavia, deve o credor, antes de tudo, renunciar à execução singular, propondo em separado e, mediante distribuição regular, a ação falimentar, acompanhada de certidão do juízo de execução, atestando que o prazo para pagar ou nomear bens à penhora decorreu em branco.

> "*a*) procede à liquidação precipitada de seus ativos ou lança mão de meio ruinoso ou fraudulento para realizar pagamentos."

A liquidação precipitada a que se refere o dispositivo, como já observamos, não se confunde com as costumeiras liquidações levadas a efeito pelos empresários para renovar estoques, pôr fim a mercadorias superadas pelas estações etc.

Precipitada é a liquidação ruinosa, a preços vis, abaixo dos custos, em visível prejuízo para os credores.

Por outro lado, pode o empresário lançar mão de meios ruinosos para a realização de pagamentos, sendo o mais comum a emissão das chamadas *duplicatas frias*, assim consideradas aquelas que não correspondam à efetiva transação mercantil.

A prova, neste caso, poderá consistir em notas fiscais, nas próprias duplicatas, alicerçadas, por certo, com outros elementos, como testemunhas, perícias etc.

> "*b*) realiza ou, por atos inequívocos, tenta realizar, com o objetivo de retardar pagamentos ou fraudar credores, negócio simulado ou alienação de parte ou da totalidade do seu ativo a terceiro, credor ou não."

Positivar a existência de negócio simulado (transações falsas, aparentes) não é tarefa fácil, senão quando tais transações deixam vestígios, como ocorre com as *duplicatas frias*, em que os próprios títulos, acrescidos de outras provas (testemunhas, perícias), patenteiam o ilícito.

A alienação de parte ou da totalidade do ativo requer, para a sua comprovação, prova inequívoca da sua existência, não se caracterizando o estado de falência se o empresário possui outros bens que garantam suficientemente seus credores.

> "*c*) transfere estabelecimento a terceiro, credor ou não, sem o consentimento de todos os credores e sem ficar com bens suficientes para solver seu passivo."

A prova, nesse caso, há de ser a comprovação, por qualquer dos meios admitidos em juízo e os que moralmente sejam legítimos (**art. 369 do CPC/2015**), da existência da alienação, ficando devidamente demonstrada a ausência de consentimento expresso ou tácito dos credores, só se configurando a hipótese se o devedor não permanecer com bens suficientes para pagar seus débitos.

Na verdade, ninguém teria a leviandade de requerer a falência de uma empresa de grande porte tão somente por ter esta vendido um dos seus inúmeros estabelecimentos.

> "*d*) simula a transferência de seu principal estabelecimento com o objetivo de burlar a legislação ou a fiscalização ou para prejudicar credor."

Como já assinalamos, a transferência simulada do principal estabelecimento é, normalmente, ardil para burlar credores, criando, por exemplo, obstáculos a eventual pedido de quebra ou, ainda, forma de dificultar a fiscalização tributária ou trabalhista.

> "*e*) dá ou reforça garantia a credor por dívida contraída anteriormente sem ficar com bens livres e desembaraçados suficientes para saldar seu passivo."

Nesta hipótese, constituir-se-á prova suficiente para requerer a falência a respectiva certidão da hipoteca, penhor etc., condicionada a decretação da quebra à prova inequívoca de ausência de outros bens, livres e desembaraçados, equivalentes ao passivo do devedor.

> "*f*) ausenta-se sem deixar representante habilitado e com recursos suficientes para pagar os credores, abandona estabelecimento ou

> tenta ocultar-se de seu domicílio, do local de sua sede ou de seu principal estabelecimento."

A ausência do empresário, deixando acéfalo o estabelecimento, sem a designação de representante para administrá-lo adequadamente, ocultando-se de seus credores, ou a sua fuga pura e simples externam, sem sombra de dúvida, manifesta insolvência, ensejando, como já acentuamos, a decretação da quebra.

A prova, para a comprovação de tais fatos, abrangerá igualmente todos os meios lícitos ao alcance do credor, tais como documentos, testemunhas, inclusive a perícia, não se olvidando da constatação judicial, em conformidade com o que dispõe o **art. 481 do CPC/2015.**

> "g) deixa de cumprir, no prazo estabelecido, obrigação assumida no plano de recuperação judicial."

O plano de recuperação judicial estabelece inúmeras obrigações ao empresário. Não cumpridas, autoriza ao juiz convolar a recuperação em falência – é a chamada *falência incidental.*

Resumo

Petição. Petição, juridicamente, constitui-se no instrumento de provocação da prestação jurisdicional do Estado, devendo, por isso mesmo, cercar-se de objetividade e clareza, sob pena de ser considerada inepta (**art. 319 do CPC/2015**), nela devendo evitar-se discussões doutrinárias e citações, limitando-se o requerente a fundamentar legalmente a sua pretensão (J. J. Calmon de Passos).

Do patrocínio profissional de advogado. A petição inicial, requerendo a falência do devedor comerciante e/ou empresário, há de estar, necessariamente, assinada por advogado devidamente inscrito na OAB (**art. 103 do CPC/2015**).

Do pedido de falência com base na impontualidade. A petição deve vir acompanhada dos seguintes documentos:

1º) procuração *para o foro em geral* (**art. 105 do CPC/2015**). Os poderes para transferir, desistir, renunciar ao direito em que se funda a ação, receber e dar quitação e firmar compromisso exigem cláusula expressa;

2º) o título de crédito em que fundamenta o pedido (nota promissória, letra de câmbio etc.), devidamente protestado;

3º) na eventualidade de o requerente ser empresário, certidão do Registro de Empresas, a cargo da Junta Comercial.

Autofalência. Requerida pelo próprio devedor (autofalência), a petição deve vir acompanhada dos seguintes documentos:

1º) demonstrações contábeis dos três últimos exercícios, compostas obrigatoriamente de:

a) balanço patrimonial;

b) demonstração de resultados acumulados;

c) demonstração do resultado desde o último exercício social;

d) relatório de fluxo de caixa;

2º) relação nominal dos credores, com a indicação de endereços, importância, natureza e classificação dos créditos;

3º) relação dos bens e direitos que compõem o ativo, com os valores respectivos e documentos comprobatórios de propriedade;

4º) prova de condição de empresário (certidão do Registro de Empresas, a cargo da Junta Comercial), ou contrato social ou estatuto, se se tratar de sociedade empresária (com relação dos bens particulares dos respectivos sócios);

5º) livros obrigatórios;

6º) relação dos administradores, com respectivos endereços e participação societária.

Falência do espólio. Na falência do espólio, os requerentes (cônjuge sobrevivente, herdeiros ou inventariante) devem juntar, além dos documentos que positivem o estado de falência (título de crédito vencido e não pago, ou balanço que ateste a insolvência), certidão que demonstre legitimidade ativa, a saber: certidão de casamento para o cônjuge sobrevivente; certidão de nascimento para os herdeiros; certidão do Juízo da Família e Sucessões, patenteando a condição de inventariante.

Da falência com base nos atos e fatos discriminados no art. 94 da Lei Falimentar. A causa determinante da falência é a *insolvência*, que se exterioriza, antes de tudo, pela impontualidade.

Todavia, além da impontualidade, a insolvência se manifesta também por outros atos e fatos – são aqueles enumerados no art. 94 e incisos da Lei de Falências.

A arguição de tais atos e fatos deve ser comprovada por meio de prova robusta e inquestionável, incidindo o *onus probandi* sobre o requerente.

> A causa determinante da falência é a insolvência, que se exterioriza, antes de tudo, pela impontualidade.
>
> Todavia, além da impontualidade, a insolvência se manifesta, também, por outras formas – são aquelas enumeradas no art. 94, II e III, da Lei de Falências.

Recapitulação

1. O requerimento de falência está sujeito a determinados requisitos?

R. O requerimento de falência é uma *petição* e, como tal, está sujeito à observância dos requisitos do **art. 319 do CPC/2015**.

2. Quais os documentos que devem acompanhar o requerimento de falência?

R. A petição inicial deve vir acompanhada dos documentos indispensáveis à propositura da ação falimentar, a saber:

a) procuração para fins judiciais, outorgada a advogado legalmente inscrito na OAB;

b) o título de crédito em que se funda o pedido, seja letra de câmbio, nota promissória, duplicata, cheque etc.;

c) o instrumento de protesto do título de crédito, já que o protesto é necessário para a propositura da ação falimentar;

d) prova de que o requerente é empresário (se o for), juntando, para isso, certidão da Junta Comercial, ou qualquer outro documento que positive esse estado.

3. A ação falimentar exige o patrocínio profissional de advogado?

R. Em conformidade com o **art. 103 do CPC/2015**, a parte será representada, em juízo, por advogado legalmente habilitado.

4. Que documento habilita o credor a requerer a falência com base no art. 94, II, da Lei de Falências (executado por qualquer quantia líquida, não paga, não deposita e não nomeia bens suficientes à penhora dentro do prazo legal)?

R. Certidão do juízo da execução de que correu em branco o prazo para pagar, depositar ou nomear bens à penhora.

5. Só o inventariante pode requerer a falência do espólio?

R. Não. A Lei Falimentar é taxativa: "o cônjuge sobrevivente, qualquer herdeiro do devedor ou o inventariante".

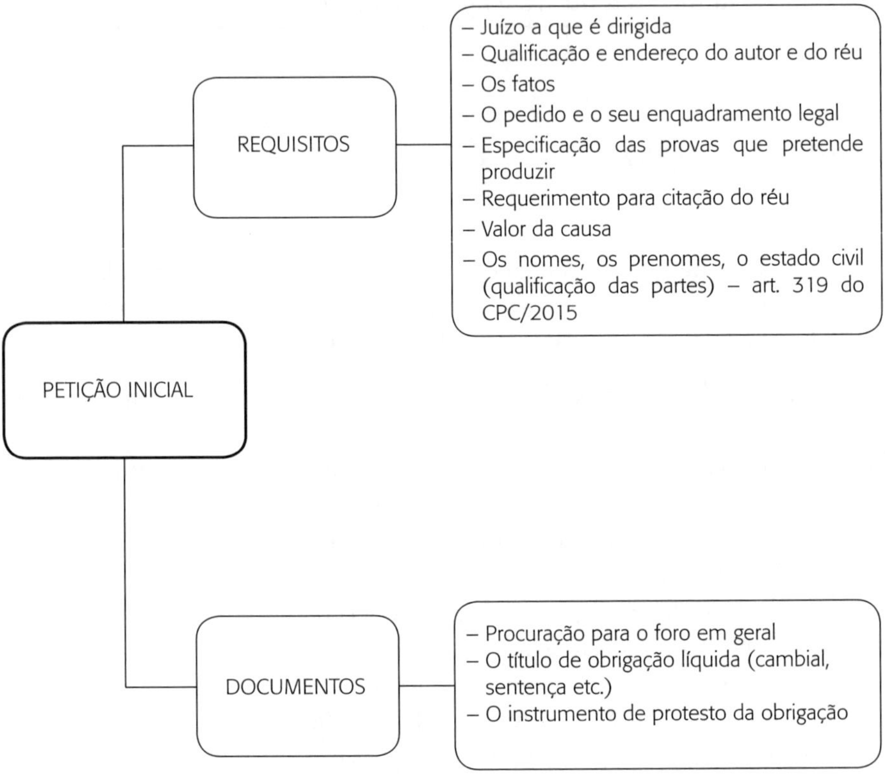

Capítulo VIII

RESPOSTA DO DEVEDOR (ALEGAÇÕES DA DEFESA)

Sumário: 1. Prazo para o devedor manifestar-se. 2. Depósito elisivo: depósito sem contestação; depósito com contestação; contestação sem depósito: efeitos. 3. Defesa de natureza processual. 4. Matéria relevante. Resumo. Recapitulação.

1. PRAZO PARA O DEVEDOR MANIFESTAR-SE

A falência, como já foi dito, pode ser requerida com base na *impontualidade* ou com base em outros fatos e atos que denunciem a insolvência do devedor (art. 94 da Lei Falimentar).

Em ambas as hipóteses, regularmente citado, o devedor terá **dez dias** para manifestar-se, apresentando defesa, consoante a previsão do art. 98 da Lei n. 11.101/2005:

> "Citado, o devedor poderá apresentar contestação no prazo de **dez dias**" (grifos nossos).

O prazo da Lei Falimentar subsiste, não lhe sendo aplicável o prazo do art. 335 do CPC/2015.

2. DEPÓSITO ELISIVO: DEPÓSITO SEM CONTESTAÇÃO; DEPÓSITO COM CONTESTAÇÃO; CONTESTAÇÃO SEM DEPÓSITO: EFEITOS

Citado o devedor, pode este, no prazo de ***dez dias***, efetuar, em juízo, o depósito da quantia correspondente ao crédito reclamado – é o chamado *depósito elisivo da falência.*

Elisivo, do verbo elidir, significa eliminar, suprimir.

Com efeito, efetuado o depósito, o processo sofre radical alteração, ficando inteiramente afastada a possibilidade da quebra, ainda que a ação venha a ser julgada procedente:

> "Art. 98. Citado, o devedor poderá apresentar contestação no prazo de dez dias.

> Parágrafo único. Nos pedidos baseados nos incisos I e II do *caput* do art. 94 desta Lei, o devedor poderá, no prazo da contestação, depositar o valor correspondente ao total do crédito, acrescido de correção monetária, juros e honorários advocatícios, hipótese em que a falência não será decretada e, caso julgado procedente o pedido de falência, o juiz ordenará o levantamento do valor pelo autor".

É que a concretização do depósito, entre positivar a inexistência de insolvência, afastando a possibilidade de declaração da falência, desloca o objeto da ação para a legitimidade do crédito, devendo o juiz, nesta hipótese, julgar tão somente a relação creditícia:

> "Depositada a importância, embora elidido o pedido de falência, a discussão se desloca para a legitimidade do crédito reclamado, devendo o juiz decidir de tal legitimidade e determinar, a final, a quem cabe levantar o depósito" (*RT*, 381/181).

O depósito levado a efeito pelo devedor sem qualquer impugnação tem o significado de verdadeira confissão da legitimidade do crédito reclamado, não restando ao juiz senão ordenar, em favor do credor, o levantamento da quantia depositada, julgando extinta a ação.

Na eventualidade de o devedor depositar e, concomitantemente, apresentar defesa, o processo terá seguimento normal até sentença, quando o juiz decidirá, não mais para declarar a falência, mas para decidir sobre a relação de crédito, ou acolhendo as alegações do devedor e, por via de consequência, julgando improcedente a ação, ou, ao revés, acolhendo a legitimidade do crédito e liberando, em favor do credor, o valor do depósito.

Por outro lado, pode não haver depósito e existir contestação – isto é, o devedor citado não efetua o depósito do seu débito, limitando-se a apresentar defesa.

No processo falimentar, de todo conveniente ressaltar, a defesa desacompanhada de depósito é verdadeira temeridade, pois, uma vez julgada procedente a ação, a falência há de ser, fatalmente, decretada.

A leitura atenta do art. 98, parágrafo único, da Lei Falimentar deixa claro que o depósito elisivo deve abranger o principal, juros, correção monetária e honorários advocatícios, em conformidade, aliás, com a Súmula 29 do Superior Tribunal de Justiça (STJ):

> "No pagamento em juízo para elidir a falência, são devidos correção monetária, juros e honorários de advogado".

3. DEFESA DE NATUREZA PROCESSUAL

Ao formular sua defesa, pode o devedor, antes de abordar o *mérito*, arguir, *em preliminar*, matéria de conteúdo exclusivamente processual, assim consideradas as hipóteses previstas no **art. 337 do CPC/2015**, a saber:

1ª) inexistência ou nulidade de citação;

2ª) incompetência absoluta e relativa;

3ª) incorreção do valor da causa;

4ª) inépcia da petição inicial;

5ª) perempção;

6ª) litispendência;

7ª) coisa julgada;

8ª) conexão;

9ª) incapacidade da parte, defeito de representação ou falta de autorização;

10ª) convenção de arbitragem;

11ª) ausência de legitimidade ou interesse processual;

12ª) falta de caução ou de outra prestação, que a lei exige como preliminar;

13ª) indevida concessão do benefício de gratuidade de justiça.

Vejamos as diversas hipóteses nominadas.

Citação é o chamamento de alguém a juízo para defender-se de ação contra si proposta, ou ver-se-lhe instaurada a execução.

Conquanto possa ser suprida pelo comparecimento da parte, a citação é indispensável para a validade do processo, como, aliás, enfatiza o **art. 239 do CPC/2015**.

A ***incompetência absoluta*** ocorre quando o juízo não tem competência em razão da matéria, ou em razão da função, para conhecer, processar e julgar a ação ajuizada.

A ***incompetência relativa*** é aquela fundada no critério territorial ou no valor da causa. É de se observar que sob a égide do CPC/1973 a *incompetência* relativa era arguível por exceção. O CPC/2015 alterou a regra, admitindo sua arguição em preliminar da contestação, sob pena de preclusão, uma vez que deve ser alegada tempestivamente, do contrário o juízo será considerado prevento (**art. 340, § 2º, do CPC/2015** e Súmula 33, STJ).

Incorreção do valor da causa é aquela estabelecida em contrariedade com o "conteúdo patrimonial em discussão". Cabe ao réu impugná-la na contestação, conforme os arts. 291 e 319 do CPC/2015, podendo ser corrigido pelo juiz de ofício (art. 292, § 3º).

Como se verificou no Capítulo VI, n. 2, a competência em razão da matéria, em se tratando de falência, é da justiça comum dos Estados, do Distrito Federal e dos Territórios, perante o juiz de direito.

Em razão da função, a competência é do juiz de direito da Vara Cível.

Incorreção do valor da causa: a toda causa deve ser atribuído um valor. O valor da causa está relacionado com o procedimento – comum ou especial. O CPC/2015 pôs fim aos procedimentos sumaríssimo e sumário. O procedimento comum, denominado ordinário no CPC/1973, é a regra. O procedimento especial é reservado para determinadas ações previstas expressamente no Título III (arts. 539/770 do CPC/2015).

Na ação falimentar fundada na impontualidade, o valor da causa há de ser fixado no valor do título executivo, que deve ser equivalente a 40 (quarenta) salários mínimos na data do pedido (art. 94, I, da Lei n. 11.101/2005).

O valor mencionado poderá ser contrariado em preliminar de contestação, convindo assinalar que ao juiz é dado corrigir de ofício o valor da causa, quando não existir correspondência com o conteúdo patrimonial em discussão.

Ocorre a ***inépcia da petição inicial*** quando da narração do fato não se puder constatar qual a causa da lide, ou quando inexistir direito aplicável para o fato narrado, ou, também, quando o pedido for juridicamente impossível, ou, ainda, havendo cumulação de pedidos, forem eles incompatíveis entre si (**arts. 330 e 331, § 1º, do CPC/2015**). A *inépcia da petição inicial* pode ser proclamada no processo falimentar e, se não decretada desde logo, pelo juiz, pode ser arguida em preliminar da defesa.

Perempção significa extinção. Ocorre quando, por *três vezes*, o autor da ação der motivo à extinção do processo, por abandono da causa por mais de *trinta dias*, quando então não mais poderá acionar o réu com base no mesmo objeto.

No processo falimentar não nos afigura possível a ocorrência da perempção, já que a declaração da falência transfere ao administrador a responsabilidade pela gestão dos bens e, por via de consequência, a tarefa de arrecadá-los, com a função precípua de liquidar o passivo. A sua inércia implicará a sua destituição e designação de novo administrador judicial.

Litispendência é a existência simultânea de duas ações perante juízes diversos, envolvendo o mesmo objeto e as mesmas partes, podendo ocorrer no processo falimentar (*RT*, 297/346).

Ocorre a ***coisa julgada*** quando se repete uma ação já sentenciada e da qual já não caiba qualquer recurso.

A *coisa julgada* é frequente nos diversos procedimentos que a ação falimentar abriga, como, por exemplo, na chamada *ação revocatória* (*RT*, 323/165).

Conexão quer dizer nexo, relação, dependência. Dá-se a conexão quando, embora diversas as causas, existe entre elas um nexo, um ponto de ligação, exigindo, por via de consequência, um só julgamento, evitando-se decisões contraditórias.

Ocorreria na ação falimentar se se pretendesse ignorar a *vis attractiva* do juízo universal.

A ***incapacidade da parte*, o *defeito de representação* ou *falta de autorização*** estão intimamente relacionados com a chamada *legitimatio ad processum*. O incapaz (o louco, o menor de dezesseis anos) deve estar legitimamente representado em juízo, o mesmo ocorrendo com a pessoa jurídica, que se faz presente na pessoa de seu representante legal (**arts. 74 a 76 do CPC/2015**).

Qualquer irregularidade na representação da parte pode ser arguida como preliminar.

Convenção de arbitragem, também chamada de *juízo arbitral*, é o compromisso escrito, pelo qual as partes se obrigam a louvar-se em árbitros que lhes resolvam as pendências judiciais ou extrajudiciais de qualquer valor, concernentes a direitos patrimoniais, sobre os quais a lei admita transação (Lei n. 9.307/96).

O compromisso arbitral se nos afigura absolutamente estranho ao processo falimentar, que tem como pressuposto fundamental a dívida líquida, certa e exigível.

Ausência de legitimidade ou de interesse processual. O art. 17 do CPC/2015 dispõe que para postular em juízo é necessário possuir interesse e legitimidade, requisitos que compõem as condições da ação.

O interesse de agir revela a necessidade da utilização do meio jurisdicional para a tutela de um direito.

A legitimidade se traduz na titularidade do direito ajuizdo. A ausência de tais requisitos poderá implicar a extinção do processo, sem análise do mérito, salvo a hipótese prevista nos arts. 338/339 do CPC/2015, ou seja, correção do polo passivo.

Dá-se a ***carência da ação*** quando ausentes o interesse e a legitimidade para propô-la (**art. 17 do CPC/2015**).

Carente da ação falimentar seria aquele que pretendesse a quebra do devedor sem estar munido de dívida líquida, ou ainda aquele que postulasse a falência de uma sociedade de economia mista, quando se configuraria a impossibilidade jurídica do pedido, já que essa espécie de sociedade não se sujeita à quebra (art. 242 da Lei n. 6.404/76; art. 2º da Lei de Falências).

Falta de caução ou de outra prestação que a lei exige como preliminar. Caução é um dos depósitos a que, em determinadas circunstâncias, está obrigado quem pretenda propor ação, como é o caso de autor que resida no exterior ou pretenda ausentar-se do País (**art. 83 do CPC/2015**).

Indevida concessão do benefício de gratuidade de justiça para aqueles que não provarem que recebem mensalmente salário igual ou inferior a dois mínimos mensais, estar desempregado ou não poder pagar as custas judiciais sob pena de prejuízo à manutenção própria e da família; esses são os requisitos a serem cumpridos para a parte se beneficiar de gratuidade de justiça, sob a égide do CPC/2015, arts. 98/102; Súmula 481 do STJ e Lei n. 5.584/70, arts. 14/19.

4. MATÉRIA RELEVANTE

Na defesa de mérito poderá o devedor arguir matéria relevante que, se provada, evitará a declaração da falência. Relevante, como se sabe, quer dizer importante, que sobressai, com relevo.

São considerados relevantes os fatos previstos no art. 96 da Lei Falimentar, a saber:

I – falsidade do título;

II – prescrição;

III – nulidade da obrigação ou do título;

IV – pagamento da dívida;

V – qualquer outro fato que extinga ou suspenda a obrigação ou não legitime a cobrança do título;

VI – vício em protesto ou em seu instrumento;

VII – apresentação de pedido de Recuperação Judicial no prazo da contestação;

VIII – cessação das atividades empresariais mais de dois anos antes do pedido de falência, comprovada por documento hábil do Registro Público de Empresas.

Examinemos tais fatos.

1º) **Falsidade do título da obrigação**. Falsificar significa alterar ou arremedar, isto é, simular, com o fim de fraudar.

A falsificação pode ser *material* ou *intelectual*. A primeira consiste na criação de um documento particular falso, na sua integridade, ou na alteração de documento particular já existente.

Ilícito penal punido com pena de reclusão de um a cinco anos, e que vem capitulado no art. 298 do Código Penal.

A segunda, ou seja, a falsificação intelectual, também chamada de *falsidade ideológica*, consiste, ou na *omissão* de declaração que deva constar do documento, ou na inserção de declaração falsa, com o fim de prejudicar direito, criar obrigação ou alterar a verdade sobre um fato juridicamente relevante.

Prevista no art. 299 do Código Penal, impõe ao autor pena de reclusão de um a três anos, em se tratando de documento particular.

Ambas, tanto a falsidade material quanto a falsidade intelectual, podem ocorrer nas obrigações empresariais, seja pela criação de um título de crédito habilmente arquitetado, seja pela alteração ou omissão de dizeres em título já existente e verdadeiro.

Na ocorrência desses fatos, cabe ao devedor impugnar a validade do título de dívida, cumprindo-lhe o ônus da prova.

O Código de Processo Civil cuida dos documentos com borrões, entrelinhas, emendas ou falsificações, nos **arts. 426 a 433 do CPC/2015.**

2º) **Prescrição**. Prescrição, etimologicamente, significa preceito, determinação, ordem – prescrição médica. Juridicamente, porém, tanto pode significar a perda de uma ação quanto o modo de adquirir um direito, e isso porque há duas espécies de prescrição:

a) prescrição extintiva;

b) prescrição aquisitiva.

Na primeira predomina a força extintiva, em razão de que ocorre a perda da ação atribuída a um direito. Na segunda, ao revés, prevalece a força que cria, de que é exemplo a usucapião.

A prescrição a que se refere a Lei Falimentar é a *extintiva*, que diz respeito à ação e não ao direito.

Ocorre, por exemplo, quando a ação falimentar é fundada em título de crédito prescrito – uma nota promissória vencida há mais de três anos. Os títulos de crédito prescritos não são hábeis para requerimento de falência e, positivada a prescrição, a quebra não pode ser declarada.

3º) **Nulidade da obrigação ou do título respectivo.** O preceito legal estabelece duas hipóteses de nulidade:

a) da obrigação;

b) do título respectivo.

A obrigação é nula quando praticada por pessoa absolutamente incapaz; quando ilícito ou impossível o seu objeto; quando o ato jurídico não revestir a forma prescrita em lei; quando preterida alguma solenidade que a lei considere essencial para a sua validade; quando a lei taxativamente o declarar nulo ou lhe negar efeito (art. 166 do CC).

Ressentindo-se a obrigação de um desses vícios, tornando-a nula de pleno direito, não ensejará, por via de consequência, pedido de falência.

Em determinadas circunstâncias, entretanto, a obrigação pode ser lícita, mas o título que a representa será nulo se a ele faltar um dos requisitos legais.

É o que ocorreria, à guisa de exemplo, com uma letra de câmbio a que faltasse a expressão "letra de câmbio", requisito extrínseco previsto no art. 1º do Decreto n. 2.044, de 1908.

Por faltar-lhe um dos requisitos fundamentais, o título não ensejará falência, tornando impraticável a quebra.

4º) **Pagamento da dívida**. O pagamento, como se sabe, extingue a obrigação.

Em se tratando de título de crédito ou de condenação judicial, a prova do pagamento consiste na posse do próprio título ou no recibo de depósito em juízo.

Todavia, é possível que o devedor resgate sua dívida por outros meios, tais como a consignação em pagamento, a sub-rogação legal ou convencional, a novação etc.

Ressalte-se, ainda, que ao devedor é lícito arguir em sua defesa a compensação, uma vez que seja, a um só tempo, devedor e credor.

A compensação, como é sabido, extingue inteiramente as dívidas recíprocas.

Positivados tais fatos, desde que eles tenham ocorrido antes do requerimento da falência, ainda que depois do protesto, a quebra não será declarada.

5º) **Qualquer outro fato que extinga ou suspenda a obrigação ou não legitime a cobrança do título**. Como assinala Carvalho Santos, "o devedor não tem apenas o dever de pagar a dívida ou cumprir a obrigação – tem, também, o direito de fazê-lo".

Assim sendo, na eventualidade de o credor opor-se injustamente ao recebimento, ao devedor é facultado exonerar-se da obrigação, promovendo, em tempo hábil, o depósito judicial do seu débito.

O depósito judicial se faz por meio da ação de consignação em pagamento, cujo procedimento vem disciplinado nos **arts. 539 e s. do CPC/2015**.

CAUSAS EXCLUDENTES DO PROCESSO FALIMENTAR
a) causas extintivas das obrigações; *b*) causas que suspendem as obrigações; *c*) causas que excluem o devedor do processo da falência. – **extinguem as obrigações:** o pagamento em consignação (art. 334 do CC); pagamento com sub-rogação (art. 346 do CC); imputação do pagamento (art. 352 do CC); dação em pagamento (art. 356 do CC); novação (art. 360 do CC); compensação (art. 368 do CC); confusão (art. 381 do CC); remissão da dívida (art. 385 do CC); – **suspendem as obrigações:** o acordo extrajudicial entre devedor e credor; a moratória, pela qual o credor concede um prazo de tolerância para o resgate do débito etc.; – **exclui o devedor do processo falimentar:** a iliquidez do débito.

6º) **Vício em protesto ou em seu instrumento**. Em conformidade com o que dispõe o art. 22 da Lei n. 9.492/97, o protesto, como "ato formal e solene pelo qual se prova a inadimplência e o descumprimento de obrigação originada em títulos e outros documentos de dívida" (art. 1º), está sujeito aos seguintes requisitos:

I – data e número de protocolização;

II – nome do apresentante e endereço;

III – reprodução ou transcrição do documento ou das indicações feitas pelo apresentante e declarações nele inseridas;

IV – certidão das intimações feitas e das respostas eventualmente oferecidas;

V – indicação dos intervenientes voluntários e das firmas por eles honradas;

VI – a eficiência do portador ao aceite por honra;

VII – nome, número do documento de identificação do devedor e seu endereço;

VIII – data e assinatura do tabelião de protesto, de seus substitutos ou de escrevente autorizado.

Na eventualidade de o tabelião de protesto conservar em seus arquivos gravação eletrônica de imagem, cópia reprográfica ou micrográfica do título ou documento de dívida, dispensa-se, no registro e no instrumento, a sua transcrição literal, bem como das demais declarações nele inseridas.

O protesto para fins falimentares continua obrigatório (art. 94, I, da Lei de Falências), impondo ao credor e ao tabelião de protestos a rigorosa observância de tais requisitos. A violação a qualquer deles ensejará a existência do vício em protesto.

7º) **Apresentação de pedido de recuperação judicial no prazo da contestação**. Citado, tem o devedor o prazo de *dez dias* para apresentar contestação, podendo, em igual prazo, formular pedido de recuperação judicial, obviamente, observados os requisitos previstos no art. 48 e incisos.

O pedido de recuperação susta o pedido de falência, até o seu regular processamento. Só a rejeição do plano de recuperação pela assembleia geral de credores ensejará a decretação da quebra.

8º) **Cessação das atividades empresariais mais de dois anos antes do pedido de falência, comprovada por documento hábil no Registro Público de Empresas**. A falência só recai sobre o empresário, assim considerado aquele que exerce atividade econômica organizada para a produção ou a circulação de bens ou de serviços (art. 966 do CC) ou sobre a Sociedade Empresária. Cessada a atividade empresarial mais de dois anos antes do pedido, não estará o devedor sujeito à falência.

A prova da cessação da atividade empresarial é feita com certidão fornecida pelo Registro Público das Empresas Mercantis, a cargo da Junta Comercial.

A defesa fundada nos incisos I a VI do art. 96 (falsidade do título, prescrição, nulidade de obrigação ou de título, pagamento, fato que extinga ou suspenda a obrigação, vício em protesto ou seu instrumento) não impede a decretação da falência se, ao final, restarem obrigações não atingidas pela defesa em montante que supere o limite previsto no art. 94, I, da Lei Falimentar, ou seja, superior a quarenta salários mínimos.

Prazo para o devedor manifestar-se (resposta do réu). A falência pode ser requerida com base na impontualidade e em outros atos e fatos que denunciem a insolvência do devedor.

Em ambas as hipóteses, terá o devedor dez dias para defender-se (art. 98 da Lei Falimentar).

Depósito elisivo. Citado, pode o devedor, no prazo de dez dias, depositar o valor do seu débito – é o chamado *depósito elisivo.*

Efetuado o depósito, fica inteiramente afastada a possibilidade de decretação da falência, devendo o juiz, nesta hipótese, limitar-se a julgar a relação creditícia.

Defesa de natureza processual. Ao formular sua defesa, pode o devedor, antes de abordar o mérito, arguir em *preliminar* matéria de conteúdo exclusivamente processual (**arts. 336 e 337 do CPC/2015**), a saber:

1º) inexistência ou nulidade da citação;

2º) incompetência absoluta;

3º) incorreção do valor da causa;

4º) inépcia da inicial;

5º) perempção;

6º) litispendência;

7º) coisa julgada;

8º) conexão;

9º) incapacidade da parte, defeito de representação ou falta de autorização;

10º) convenção de arbitragem;

11º) ausência de legitimidade ou de interesse processual;

12º) falta de caução ou de outra prestação, que a lei exige como preliminar;

13º) indevida concessão do benefício de gratuidade de justiça.

Matéria relevante. Na defesa de mérito, poderá o devedor arguir matéria relevante que, se provada, evitará a decretação da falência.

São considerados relevantes os fatos previstos no art. 96 da Lei Falimentar:

a) falsidade do título da obrigação;

b) prescrição;

c) nulidade da obrigação ou do título respectivo;

d) pagamento da dívida;

e) fato que extinga ou suspenda obrigação ou não legitime a cobrança de título;

f) vício em protesto ou em seu instrumento;

g) apresentação de pedido de recuperação judicial no prazo de contestação;

h) cessação das atividades empresariais mais de dois anos antes do pedido de falência.

Recapitulação

1. Qual o prazo para o devedor apresentar sua defesa?

R. Citado, tem o devedor dez dias para defender-se (art. 98 da Lei de Falências).

2. A defesa do devedor deve, necessariamente, ser acompanhada do depósito da importância correspondente a seu débito?

R. Não. O devedor pode apresentar defesa desacompanhada de depósito, o que, todavia, deve ser considerado temerário, uma vez que, na eventualidade de não positivar o alegado em defesa, a falência será inevitavelmente declarada.

3. Significa isso que a efetivação do depósito evita a declaração da quebra?

R. Perfeitamente. Por isso *depósito elisivo*, isto é, que elimina, que suprime.

4. Quais as soluções para o devedor, em pedidos de falência?

R. A rigor, há três caminhos ao requerido, no processo falimentar:

a) depositar, sem apresentar defesa;

b) depositar e contestar, concomitantemente;

c) contestar sem efetuar depósito.

5. Nesse caso, quais as consequências, nas diversas hipóteses nominadas?

R. Na primeira hipótese (letra *a*), o depósito sem defesa é considerado verdadeira confissão da legitimidade do crédito postulado na inicial, quando então ao juiz só restará determinar o levantamento da quantia depositada, em favor do requerente (o autor), julgando extinta a ação.

Na segunda hipótese (letra *b*), muito embora o depósito elida a falência, a contestação obriga o prosseguimento da ação, que se desloca, porém, para a discussão quanto à legitimidade do crédito. Procedente a ação, o juiz determinará, em favor do requerente (o autor), o levantamento da quantia depositada. Improcedente, o levantamento será feito pelo próprio devedor.

Na terceira e última hipótese (letra *c*), a contestação sem depósito implica a decretação da falência, na eventualidade de a ação ser julgada procedente.

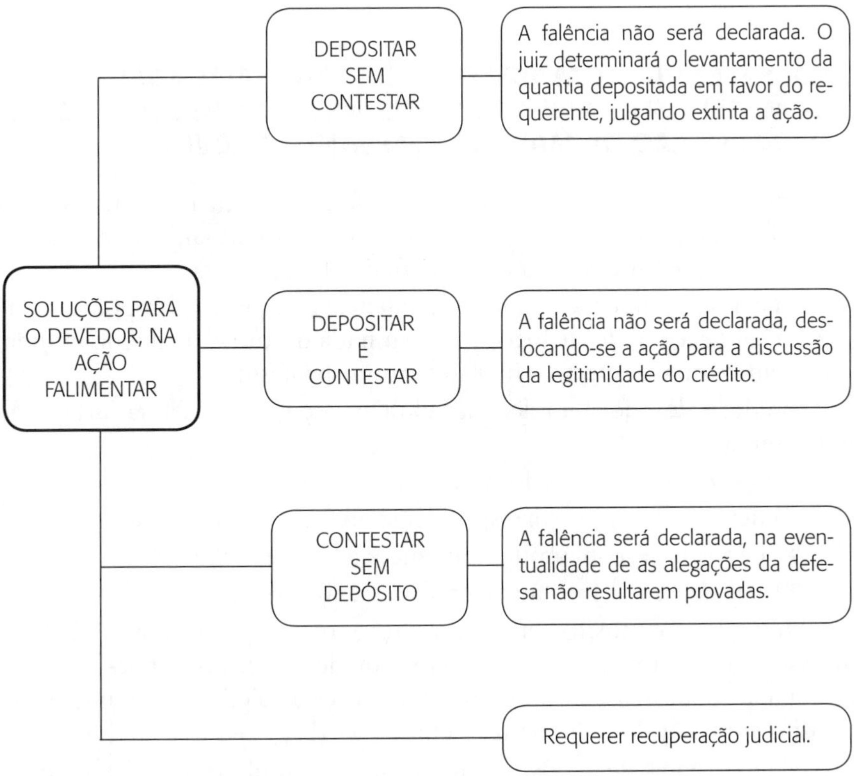

Capítulo IX

DO PROCEDIMENTO PRELIMINAR DA FALÊNCIA (DA DEFESA À SENTENÇA)

Sumário: 1. Da falência com base na impontualidade: defesa com depósito elisivo; defesa sem depósito elisivo; da alegação de matéria relevante; provas. Resumo. Recapitulação.

1. DA FALÊNCIA COM BASE NA IMPONTUALIDADE: DEFESA COM DEPÓSITO ELISIVO; DEFESA SEM DEPÓSITO ELISIVO; DA ALEGAÇÃO DE MATÉRIA RELEVANTE; PROVAS

Como tivemos ensejo de observar, a falência decorre da insolvência do devedor, exteriorizando-se esse estado pela impontualidade e por outros atos e fatos enumerados no art. 94 da Lei Falimentar.

Na primeira hipótese, ou seja, da falência com base na impontualidade, a inicial deve vir, desde logo, acompanhada do título de dívida líquida, juntamente com o respectivo instrumento de protesto.

Citado, o devedor terá dez dias para apresentar sua defesa (art. 98 da Lei Falimentar).

Uma vez citado, o devedor pode:

1º) depositar o valor correspondente ao seu débito, *sem contestar*;

2º) depositar e, concomitantemente, *apresentar defesa*;

3º) *não depositar*, limitando-se a apresentar defesa.

Efetuado o depósito sem contestação, o que equivale a verdadeira confissão da legitimidade do crédito reclamado, o juiz limitar-se-á a julgar extinta a ação, determinando o levantamento do valor correspondente ao depósito em favor do requerente, o autor.

Na ocorrência de depósito e apresentação simultânea de defesa, muito embora, por força do depósito, fique afastada a possibilidade de quebra (*v*. Capítulo VIII, n. 2), facultado será ao devedor fazer provas do que tiver alegado em contestação, seguindo-se instrução sumária, finda a qual o juiz proferirá sentença, julgando a legitimidade ou não do crédito.

Não positivadas as alegações da defesa, o juiz determinará, em favor do requerente, o levantamento da quantia depositada.

Patenteada a veracidade das alegações de defesa, a ação será julgada improcedente, facultado ao devedor o levantamento da importância em depósito.

A apresentação de defesa, sem o depósito elisivo, como já se acentuou, é verdadeira temeridade, por isso que, insubsistentes as alegações da defesa, a falência será fatalmente declarada.

Contudo, ainda que a defesa venha desacompanhada de depósito, se nela houve protesto por provas, seguir-se-á a instrução sumária a que já nos referimos, a nosso ver não merecendo qualquer amparo o ponto de vista daqueles para quem "a produção de provas só é possível se o pedido foi elidido com o depósito da quantia reclamada".

Na verdade, nenhuma exigência legal existe, condicionando as provas ao depósito elisivo. Note-se que o art. 98 estabelece que, deferindo a petição, o juiz mandará citar o devedor para, dentro de dez dias, apresentar contestação.

Nenhuma restrição ou limitação é feita quanto à matéria arguível, pelo que se há de concluir pela possibilidade de feitura de provas legais e das moralmente legítimas (**art. 369 do CPC/2015**).

Não se argumente com o rito sumário da instrução falimentar. Na ocorrência de fatos controvertidos, necessárias serão as provas, sem o que ao juiz não será dado firmar convicção indispensável ao julgamento.

Não se conclua, por outro lado, com a redação dada ao parágrafo único do art. 98 da Lei Falimentar:

> "Nos pedidos baseados nos incisos I e II do *caput* do art. 94 desta Lei, o devedor poderá, no prazo da contestação, depositar o valor correspondente ao total do crédito, acrescido de correção monetária, juros e honorários advocatícios, hipótese em que a falência não será decretada e, caso julgado procedente o pedido de falência, o juiz ordenará o levantamento do valor pelo autor".

Tal disposição objetiva, como facilmente se constata, facultar ao devedor a discussão da legitimidade do crédito reclamado, sem os riscos da falência, o que não ocorre na inexistência de depósito, em que o devedor corre o risco da quebra, na eventualidade de não ver acolhida sua defesa.

Não se deve perder de vista, por outro lado, a natureza institucional da empresa, tornando a falência uma solução indesejável, sobretudo para o Poder Público, o que, por si só, justificaria a concessão, ao devedor, de ampla liberdade para produzir as provas que entender necessárias para elidir a quebra.

Ressalte-se que ao magistrado é facultado distinguir entre as questões de direito e as questões de fato. As primeiras, por certo, dispensam provas, o que, entretanto, não ocorre com as segundas.

Além disso, sem que se possa falar em cerceamento de direitos, ao juiz caberá verificar da necessidade das provas pretendidas pelas partes, podendo dispensar aquelas manifestamente protelatórias.

Assim sendo, em que pese a índole do processo falimentar, é de se admitir a feitura de provas pelo devedor, independentemente de depósito.

Resumo

Do procedimento preliminar da falência. Ao devedor é facultado fazer provas do que tiver alegado em contestação, seguindo-se instrução sumária, finda a qual o juiz proferirá sentença, decretando ou não a falência, ou decidindo sobre a legitimidade do crédito, na eventualidade de *depósito elisivo.*

Feitura de provas. Em conformidade com o disposto no art. 98 da Lei Falimentar – "citado, o devedor poderá apresentar contestação no prazo de dez dias". Não seria admissível contestação sem a faculdade de produzir provas. Contestar "[Do lat. *contestare*, por *contestari*] significa provar com o testemunho de outrem, asseverar ou confirmar alegando razões, negar a exatidão de; contrariar, contradizer"[7]. No caso de falsidade do título que fundamenta o pedido de falência, por exemplo, a prova é indispensável. Observe-se que ao devedor é dado alegar, em sua defesa, "qualquer outro fato que extinga ou suspenda a obrigação, ou não legitime a cobrança do título", impondo-se, em consequência, a feitura de provas.

Recapitulação

1. O protesto por provas, pelo devedor, está condicionado à existência de depósito elisivo?

---

[7] *Dicionário Aurélio da Língua Portuguesa*, 5. ed., Ed. Positivo, 2010.

R. Nenhuma exigência legal existe, condicionando a feitura de provas ao depósito elisivo.

A disposição contida no art. 98, parágrafo único, da Lei de Falências objetiva, como facilmente se constata, facultar ao devedor a discussão da legitimidade do crédito reclamado, sem os riscos da falência, o que fatalmente ocorreria na inexistência de depósito, em que o devedor corre o risco de ver sua falência decretada, na eventualidade de não ver acolhida sua defesa.

2. O depósito elisivo é admitido em qualquer hipótese?

R. Não. A atual legislação falimentar prevê o depósito elisivo tão somente nas hipóteses previstas nos incisos I e II do art. 94 (impontualidade no pagamento de obrigação líquida, materializada em título executivo, e não pagamento, depósito ou nomeação de bens à penhora, em execução).

3. Os demais atos ensejadores da falência, enumerados nas alíneas do art. 94, admitem depósito elisivo?

R. A resposta é negativa. Ao contrário do que ocorria sob a égide do Decreto-lei n. 7.661/45, a atual legislação não admite o depósito elisivo nas hipóteses previstas no inciso III do art. 94.

4. Qual a explicação plausível para a adoção de tal regra?

R. As hipóteses previstas nas alíneas do art. 94 (liquidação precipitada, negócio simulado, transferência de estabelecimento principal, outorga de garantia real a credor por dívida contraída anteriormente, abandono de estabelecimento), se positivadas (o ônus da prova é do requerente), põem em relevo meios ruinosos e fraudulentos, capitulados como crime falimentar (arts. 168 e 172 da Legislação Falimentar).

5. Nas hipóteses mencionadas, estará o devedor sem defesa?

R. Obviamente não. Os atos e fatos descritos nas alíneas *a*, *b*, *c*, *d*, *e* e *f* do inciso III do art. 94 fazem incidir o ônus da prova sobre o requerente da falência, lembrando que, julgado improcedente o pedido, na eventualidade de dolo deste, cabe indenização ao devedor, apurando-se as perdas e danos em liquidação de sentença.

O depósito elisivo somente é admitido na hipótese de a falência ser requerida com base nos incisos I e II do art. 94 da Lei Falimentar:

a) Sem relevante razão de direito, o devedor não pagar, no vencimento, obrigação líquida materializada em título executivo judicial ou extrajudicial.

b) Executado, por qualquer dívida líquida, o devedor não pagar, não depositar ou não nomear bens à penhora no prazo hábil.

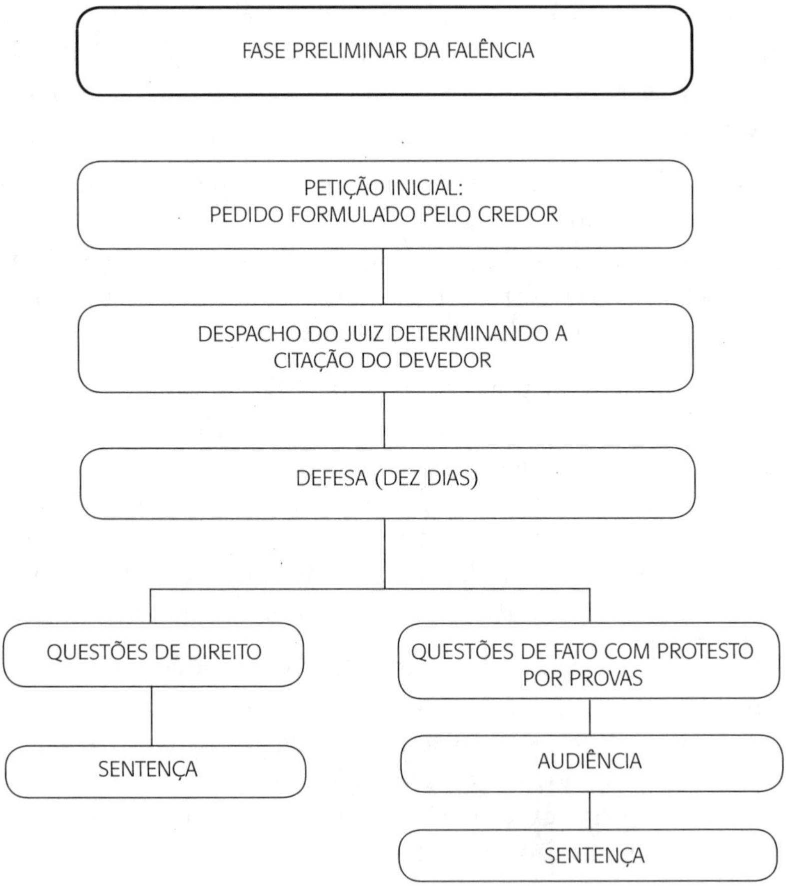

Capítulo X

SENTENÇA DENEGATÓRIA DA FALÊNCIA

Sumário: 1. Sentença denegatória. 2. Indenização por perdas e danos. 3. Custas processuais e honorários advocatícios. 4. Recurso. Resumo. Recapitulação.

1. SENTENÇA DENEGATÓRIA

Encerrada a fase preliminar da falência, levada a efeito a instrução a que fizemos referência no capítulo anterior, deve o juiz proferir decisão.

A sentença, ou terá acolhido o pedido e, por via de consequência, declarado a falência, ou, ao revés, não acolhendo a inicial, denegará o pedido de quebra.

A sentença poderá ser, pois:

a) declaratória da falência;

b) denegatória da falência.

Examinaremos, preliminarmente, a sentença denegatória da falência. (Já a declaratória de falência será objeto do próximo capítulo.)

Ao longo desta obra, tivemos o ensejo de observar que o que caracteriza a falência é a insolvência, exteriorizada pela impontualidade, ou por qualquer dos atos e fatos enumerados no art. 94 da Lei Falimentar.

Não positivada a insolvência, ou porque o devedor já resgatara o seu débito, ou porque patenteou, em juízo, na fase preliminar, a existência de relevante razão de direito para não saldar a dívida, a falência não será declarada.

2. INDENIZAÇÃO POR PERDAS E DANOS

A falência não é, como acentua a melhor doutrina e remansosa jurisprudência, meio regular de cobrança, mas um processo de execução coletiva contra devedor empresário insolvente.

A propositura da ação falimentar provoca, nos meios empresariais e bancários, verdadeiro rebuliço, com graves consequências para o devedor, ressaltando-se, pela sua importância, a imediata restrição ao crédito, com o corte, pelos estabelecimentos bancários, de financiamentos, descontos de duplicatas etc.

Daí dizer Rubens Requião que:

> "O pedido de falência de um empresário constitui ato de suma gravidade, pelas enormes consequências patrimoniais, morais e sociais que dele decorrem.
>
> O credor que se dispuser a requerê-la deve agir com alto senso de responsabilidade, usando de um direito que se lhe apresenta de forma inquestionável.
>
> Deve, pois, usá-lo de forma legítima e adequada, sem abuso de direito".

Em razão desses fatos, na eventualidade de ficar demonstrado ter o requerente agido com culpa, dolo ou abuso, responderá com indenização por perdas e danos, tal como estabelece o art. 101 da Lei Falimentar:

> "Quem por *dolo* requerer a falência de outrem será condenado, na sentença que julgar improcedente o pedido, a indenizar o devedor, apurando-se as perdas e danos em liquidação de sentença".

Dolo, como se sabe, é a intenção manifesta de ofender direito de outrem, ou, como o conceitua Nélson Hungria, "a vontade conscientemente dirigida, exercida no sentido do resultado antijurídico".

O dolo é direto ou indireto. Direto quando o resultado é previsto e desejado; indireto quando o resultado, embora não desejado, é previsto, mas não evitado.

Na ocorrência de dolo o juiz, na própria sentença denegatória, condenará o requerente nas perdas e danos.

Não se trata, bem se vê, de dano moral, mas de dano material, a ficar necessariamente comprovado:

> "Tudo quanto perdeu tem que ser restituído; e não mais nem menos do que isso.
>
> Não se lhe apresenta ensejo de enriquecer, mas apenas de restaurar o seu patrimônio no tanto quanto se desfalcou por abuso, por culpa ou dolo do requerente da falência denegada.
>
> Os danos indenizáveis são os efetivamente causados, assim pelo pedido da falência denegada quanto pelo da decretada e, em segunda instância, reformada – os emergentes e os cessantes, a apurarem-se na fase executória da sentença", escreve Waldemar Ferreira.

A pessoa jurídica pode sofrer dano material e moral decorrente de prejuízo praticado por ato ilícito, cujo requerimento deve ser feito pela parte interessada e o ressarcimento será determinado pelo juízo do feito (Súmulas 37, 43 e 227 do STJ).

3. CUSTAS PROCESSUAIS E HONORÁRIOS ADVOCATÍCIOS

Custas processuais são as despesas decorrentes da prática de atos e diligências judiciais, abrangendo viagens, diárias de testemunhas, honorários de perito etc.

Tais despesas, consoante prescreve o **art. 82, § 1º, do CPC/2015**, devem ser adiantadas pelo autor.

Ao vencido na demanda cumprirá o pagamento de tais despesas, inclusive aquelas que o vencedor tenha efetuado.

No processo falimentar, na eventualidade de a ação ser julgada improcedente, a sentença denegatória, obviamente, condenará o requerente no pagamento das custas processuais e demais emolumentos.

Relativamente aos honorários de advogado muita dúvida lavra na doutrina e na jurisprudência, concluindo vasta corrente pela sua inadmissibilidade no processo falimentar.

Contudo, é de se observar que na sentença denegatória inexiste falência, inexistindo, igualmente, massa falida, que só subsistirá na eventualidade de a falência ser declarada.

Assim, denegada a falência, deve o juiz condenar o requerente no pagamento dos honorários do advogado do requerido, mormente quando fique demonstrado o dolo. Há que distinguir entre a sentença denegatória e a sentença declaratória da falência.

Outrossim, ainda que denegada a falência, por haver o credor providenciado o depósito elisivo, sem contestação, devidos honorários advocatícios, no caso, de responsabilidade do requerido (parágrafo único do art. 98), em conformidade, aliás, com a Súmula 29 do STJ – "No pagamento em juízo para elidir a falência, são devidos correção monetária, juros e honorários advocatícios".

4. RECURSO

O art. 100 da Lei Falimentar declara que da sentença denegatória cabe *apelação*:

"... *da* **sentença** *que julga a* **improcedência** *do pedido cabe* **apelação**" (grifos do autor).

O recurso de **apelação** deve ser interposto no prazo de **quinze dias**, tal como preceituam os **arts. 994, I, e 1.003, § 5º, do CPC/2015**. O prazo começa a correr da data da intimação da sentença denegatória.

De todo conveniente lembrar que o procedimento, nos recursos estabelecidos na legislação falimentar, é o do Processo Civil, convindo ressaltar que o **art. 180, § 1º, do CPC/2015** é de absoluta clareza – "aplicam-se subsidiariamente as disposições do Código do Processo Civil, no que não forem incompatíveis com esta Lei".

E o **art. 226 do CPC/2015** enfatiza:

> "Aplica-se a Lei n. 5.869, de 11 de janeiro de 1973 – Código de Processo Civil, no que couber, aos procedimentos previstos nesta Lei".

Resumo

Sentença denegatória. A sentença ou terá acolhido o pedido e, por via de consequência, declarado a falência, ou, ao revés, não acolhendo a inicial, denegará o pedido de quebra.

A sentença poderá ser, pois: a) declaratória da falência; b) denegatória da falência.

Não positivada a insolvência, ou porque o devedor já resgatara seu débito, ou porque patenteou, em juízo, na fase preliminar, a existência de relevante razão de direito, a falência não será declarada.

Indenização por perdas e danos. A propositura da ação falimentar provoca, nos meios empresariais e bancários, verdadeiro rebuliço, com graves consequências para o devedor, ressaltando-se, pela sua importância, a imediata restrição ao crédito, com o corte, pelos estabelecimentos bancários, de financiamentos, descontos de duplicatas etc.

Em razão desses fatos, na eventualidade de ficar demonstrado ter o requerente agido com *dolo*, responderá com indenização por perdas e danos.

Custas processuais e honorários advocatícios. No processo falimentar, na eventualidade de a ação ser julgada improcedente, a sentença denegatória, obviamente, condenará o requerente no pagamento das custas processuais e demais emolumentos.

No que concerne aos honorários advocatícios, a inadmissibilidade destes só ocorre nos feitos que se integram no procedimento falimentar propriamente dito, não abrangendo as causas que não resultem em falência, ou que devam prosseguir autonomamente (*RT*, 466/177).

Assim sendo, denegada a falência, deve o juiz condenar o requerente no pagamento dos honorários do advogado do requerido, mormente se constatado dolo.

Recurso. Cabe apelação da sentença que não declarar a falência – "Da decisão que decreta a falência cabe agravo, e da sentença que julga a improcedência do pedido cabe apelação" (art. 100).

Recapitulação

1. A denegação da falência tem reflexo nas medidas acautelatórias eventualmente determinadas pelo juiz?

R. Com certeza. Todas as medidas cautelares determinadas pelo juiz da falência são revogadas com a denegação do pedido.

2. A sentença que julga a legitimidade do crédito, em processo falimentar em que o devedor efetua o depósito elisivo, pode ser classificada como sentença denegatória?

R. Não. Por sentença denegatória se há de entender aquela que, apreciando a prova dos autos, rejeita o pedido de quebra, denegando a falência. Na ocorrência do depósito elisivo não há falar em sentença denegatória da falência, já que, como o próprio nome deixa entrever, o depósito elisivo elide, elimina, suprime a falência, deslocando o objeto da ação para a discussão da legitimidade do crédito, como, aliás, já proclamava Miranda Valverde.

3. Quais as consequências patrimoniais para o autor de ação falimentar denegada?

R. A sentença denegatória da falência implica uma série de consequências para o autor, a saber: *indenização por perdas e danos*, *custas processuais* e *honorários advocatícios*.

4. A indenização por perdas e danos deve ser postulada em ação própria?

R. Na eventualidade de ficar demonstrado ter o requerente agido com dolo (intenção manifesta de ofender direito de outrem), o juiz, na própria sentença denegatória da falência, condenará o requerente em perdas e danos.

5. Na ocorrência de culpa ou abuso de direito, estará o requerente igualmente sujeito a indenização por perdas e danos?

R. Na ocorrência de culpa (omissão voluntária que produz resultado não desejado, mas previsível), ou ainda na ocorrência de abuso de direito (utilização ilegítima e inadequada de um direito), estará o requerente sujeito a indenização por perdas e danos. Nesta última hipótese, porém, terá o próprio devedor que postulá-la em ação própria (art. 186 do Código Civil).

> A falência não é, como acentua a melhor doutrina e remansosa jurisprudência, meio regular de cobrança, mas um processo de execução coletiva contra devedor empresário insolvente.
>
> Assim, quem por dolo requerer a falência de outrem será condenado, na sentença denegatória, a indenizar o devedor.

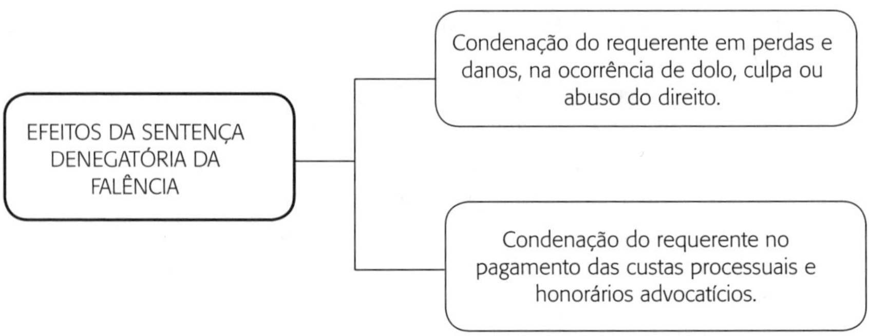

Capítulo XI

SENTENÇA DECLARATÓRIA DA FALÊNCIA

Sumário: 1. Característica. 2. Natureza jurídica. 3. Elementos básicos. 4. Termo legal. Resumo. Recapitulação.

1. CARACTERÍSTICA

Em conformidade com **art. 203, *caput* e § 1º, do CPC/2015**, o pronunciamento do juiz consiste em:

"... sentenças, decisões interlocutórias e despachos".

O **art. 485 do CPC/2015** cuida das hipóteses em que o juiz extingue o processo sem resolução do mérito, quando:

"I – indeferir a petição inicial;

II – o processo ficar parado durante mais de 1 (um) ano por negligência das partes;

III – por não promover os atos e diligências que lhe incumbir, o autor abandonar a causa por mais de 30 (trinta) dias;

IV – verificar a ausência de pressupostos de constituição e de desenvolvimento válido e regular do processo;

V – reconhecer a existência de perempção, litispendência ou de coisa julgada;

VI – verificar a ausência de legitimidade ou de interesse processual;

VII – acolher a existência de convenção de arbitragem ou quando o juízo arbitral reconhecer sua competência;

VIII – homologar a desistência da ação;

IX – em caso de morte, a ação for considerada intransmissível por disposição legal; e

X – nos demais casos prescritos neste Código".

O **art. 487 do CPC/2015** declara que o juiz resolverá o mérito da questão quando:

"I – acolher ou rejeitar o pedido formulado na ação ou na reconvenção;

II – decidir, de ofício ou a requerimento, sobre a ocorrência de decadência ou a prescrição;

III – homologar;

a) o reconhecimento da procedência do pedido formulado na ação ou na reconvenção;

b) a transação;

c) a renúncia à pretensão formulada na ação ou na reconvenção.

Parágrafo único. Ressalvada a hipótese do § 1º do art. 332, a prescrição e a decadência não serão reconhecidas sem que antes seja dada às partes oportunidade de manifestar-se".

Observe-se que a redação do **art. 203 do CPC/2015** objetivou deixar claro que, ao revés da antiga redação – "sentença é o ato pelo qual o juiz põe termo ao processo, decidindo ou não o mérito da causa" –, a sentença não põe fim ao processo, constituindo-se, sim, em uma das suas fases, seja de conhecimento do direito, seja executiva.

Com a atual redação do art. 203 do CPC/2015 fica claro que o processo tem duas etapas fundamentais que se completam: o reconhecimento do direito e a concretização desse direito, esta, com a entrega da prestação jurisdicional.

A execução por título judicial (sentença) deixa de ser um processo autônomo para constituir-se em complemento, uma fase do processo de conhecimento.

Era inadequada a redação do art. 267 do CPC/1973, que falava em *extinção*, pois, ainda que o juiz concluísse por uma das hipóteses previstas no artigo em comento, o processo não seria necessariamente extinto, uma vez que havia a possibilidade de interposição de recurso, logo, só haveria a extinção após o trânsito em julgado da última decisão, que poderia ocorrer somente no STF, após apreciação ou não do recurso extraordinário.

2. NATUREZA JURÍDICA

Como preleciona Gabriel de Rezende Filho, "no exercício da função jurisdicional, pratica o juiz vários atos destinados a regular a marcha das causas, a formar o fundo do processo, ou, finalmente, a decidir as questões incidentes e a questão principal".

Tais atos consistem em *sentenças, decisões interlocutórias e despachos,* como preceitua o **art. 203 do CPC/2015**.

Sentença é o ato do juiz que resolve ou não o mérito da demanda que foi apresentada pela parte, implicando situações previstas nos arts. 485 e 487 do CPC/2015.

O **art. 485 do CPC/2015** estabelece as formas de extinção do processo, sem exame do mérito. Já o **art. 487 do CPC/2015** declina as hipóteses em que haverá resolução de mérito.

Decisões interlocutórias são os pronunciamentos judiciais de natureza decisória que não põem fim à fase de conhecimento nem extinguem a fase de execução, no curso do processo, resolvendo questões incidentes, assim consideradas aquelas que sobrevêm no decurso da lide (**§ 2º do art. 203 do CPC/2015**).

Despacho é todo pronunciamento do juiz praticado no processo, de ofício ou a requerimento de qualquer das partes, dispondo sobre o andamento da ação (**§ 3º do art. 203 do CPC/2015**). A sentença, quanto ao tipo de ação, classifica-se em *declaratória*, *condenatória* e *constitutiva*, entretanto, Pontes de Miranda afirma haver sentença mandamental e executiva.

Sentença declaratória é aquela que se limita a declarar a existência ou inexistência de um direito, "compreendendo todos os casos em que à sentença do juiz não se pode seguir execução", como observa Giuseppe Chiovenda.

Por outras palavras, a sentença declaratória proclama a existência ou inexistência de um direito, não ensejando execução. Exemplo de sentença declaratória – a que reconhece falso um documento, a que reconhece o vínculo empregatício etc.

Sentença condenatória, como o próprio nome deixa entrever, é aquela que, decidindo sobre o direito, concomitantemente, possibilita ao vencedor a execução do julgado. Exemplo de sentença condenatória – a que, reconhecendo a existência de um débito, condena o réu a pagar ao autor determinada soma em dinheiro.

Sentença constitutiva é aquela que cria, modifica ou extingue um estado ou uma relação jurídica. Exemplo de sentença constitutiva – a que declara o divórcio.

A sentença falimentar, como, aliás, todas as sentenças, é, antes de tudo, declaratória, por isso que, reconhecendo uma situação de fato, declara a falência, dando início à execução coletiva.

Como já proclamou o STF no Recurso Extraordinário n. 49.400:

> "Todas as sentenças são igualmente declaratórias, embora se limitem a declarar as relações jurídicas entre as partes".
>
> Para Eliézer Rosa:
>
> "Toda sentença é, por função, uma atividade declarativa, ou para apenas declarar; ou declarar condenando ou absolvendo; ou finalmente para declarar e constituir. A função declarativa é inseparável da sentença, qualquer que seja o objeto dela".

Conquanto a sentença declaratória, por isso que reconhece o estado de quebra preexistente, possui, inquestionavelmente, natureza constitutiva, na medida em que, como acentua Miranda Valverde, instaura um novo estado jurídico – o de falência.

Há juristas, todavia (como Walter T. Álvares), que negam a natureza constitutiva da sentença falimentar, por entenderem que o devedor não é falido por força da sentença que o declara como tal, mas por fatos pretéritos, que a sentença somente reconhece e declara:

> "Por conseguinte, o devedor é falido não por motivo da sentença, que, então, não é constitutiva, mas pelo fato de não ter pago, o que a sentença, sendo declaratória, somente reconhece e declara".

A sentença, efetivamente, antes de tudo, reconhece o direito preexistente – essa, aliás, a sua principal função, aplicando a lei ao caso concreto. Todavia, o que a sentença constitutiva traz no seu bojo é a criação, modificação ou extinção de um estado ou relação jurídica.

Enquanto a sentença declaratória reconhece a existência ou inexistência de fatos preexistentes, a constitutiva cria uma situação inteiramente nova.

Em verdade, conquanto os fatos determinantes da falência já existam anteriormente à quebra, o devedor só é considerado falido com a prolação da sentença falimentar.

Por outras palavras, ninguém é considerado falido, malgrado impontual e até insolvente, sem sentença que o declare como tal.

> "A sentença, com efeito – escreve Rubens Requião –, é mais do que uma simples declaração de um estado de direito: ela cria a massa falida objetiva e a massa falida subjetiva, esta constituída pelos credores e aquela formada pelo patrimônio do falido, dando-lhe nítido *status* jurídico."

3. ELEMENTOS BÁSICOS

A sentença, inclusive a falimentar, possui requisitos que lhe são essenciais (**art. 489 do CPC/2015**), tais como:

a) o relatório;

b) os fundamentos da decisão;

c) o dispositivo ou a conclusão.

No **relatório** o juiz deve mencionar os nomes das partes, a identificação do caso, com a suma do pedido e da contestação (resposta do réu) e o registro das principais ocorrências havidas no andamento do processo.

O relatório é indispensável à sentença, e sua omissão torna nula a decisão, não fosse ele um dos seus requisitos obrigatórios.

No **fundamento** *da decisão* o juiz coloca em relevo os elementos que firmaram a sua convicção, ressaltando as questões de fato e de direito, não sem assinalar a lei aplicável à espécie.

E, finalmente, a **conclusão** – o dispositivo da sentença em que o juiz coloca os termos da decisão, julgando procedentes ou improcedentes os pedidos, acolhendo ou rejeitando, no todo ou em parte, os pleitos da inicial, com as cominações de direito.

Além dos requisitos mencionados, a sentença deve ser *clara* e *precisa*, não dando lugar a interpretações dúbias, sob pena de dar ensejo aos embargos declaratórios, tampouco decidindo além ou fora dos limites da lide, *ultra* ou *extra petita*.

A estes requisitos não pode furtar-se a sentença falimentar, que, entretanto, possui outros elementos, assim considerados aqueles discriminados no art. 99 da Lei Falimentar, a saber:

I – a síntese do pedido, a identificação do falido e os nomes dos seus administradores;

II – fixação do termo legal da falência (*v.* n. 4 deste capítulo);

III – ordenação ao falido que apresente, no prazo máximo de **cinco dias**, relação nominal dos credores com endereço, os valores devidos, natureza e classificação dos respectivos créditos;

IV – explicitação do prazo para as habilitações de crédito (a verificação dos créditos é realizada pelo administrador judicial, com base nos livros contábeis e demais documentos do falido; os credores têm, então, o prazo de **quinze dias**, da publicação do edital a que se refere o art. 52, § 1º, para apresentar divergências ou reclamar da não inclusão de seus créditos);

V – ordenação da suspensão de todas as ações ou execuções contra o falido (*v.* Capítulo XIV, n. 4);

VI – proibição de prática de qualquer ato de disposição ou oneração de bens do falido (salvo prévia autorização judicial);

VII – determinação ao Registro de Empresas (a cargo da Junta Comercial) para que anote a falência ao registro do devedor;

VIII – nomeação do administrador judicial (o antigo síndico);

IX – expedição de ofícios às repartições públicas para que informem sobre bens e direitos do falido;

X – intimação do Ministério Público para que este tome conhecimento da falência.

A estes elementos outros podem ser acrescentados, a saber:

a) continuação provisória das atividades do falido, a cargo do administrador judicial;

b) lacração do estabelecimento;

c) convocação da assembleia geral dos credores para a Constituição do Comitê de Credores;

d) prisão preventiva do falido e dos administradores, na ocorrência de atos capitulados como crime falimentar.

A sentença declaratória da falência será publicada em edital na íntegra.

4. TERMO LEGAL

Dos elementos básicos da sentença declaratória da falência o *termo legal* merece especial atenção, como observa Carvalho de Mendonça:

> "A fixação desse termo é tão importante como a própria declaração da falência. Trata-se de reconhecer a ocasião exata em que as dificuldades ou o procedimento incorreto do devedor começaram a perturbar os seus negócios e a depositar neles o gérmen da falência, influindo diretamente nas relações dos credores entre si e também entre terceiros".

O termo legal, também denominado *período suspeito*, objetiva fixar um espaço de tempo em que os atos praticados pelo falido sejam ineficazes por prejudiciais aos credores.

A falência, como já observamos, é a consequência jurídica de um estado econômico do devedor, que se manifesta gradativamente. É o que Waldemar Ferreira chama de período preliminar à quebra, que, na expressão de E. Bedran, corresponde ao prazo em que se fixa como sendo o da possível *gestação* do estado de falência.

Em conformidade com o art. 99, II, da Lei de Falências, o juiz fixará o termo legal da falência, designando no período em que se tenha caracterizado esse estado.

O termo legal (e não a sentença declaratória da falência) poderá retroagir no máximo **noventa dias**, contados do pedido de falência, do pedido de recuperação judicial ou do primeiro protesto por falta de pagamento, excluindo-se os protestos que tenham sido cancelados:

> "Art. 99. A sentença que decretar a falência (...):
>
> ... II – fixará o termo legal da falência, sem poder retrotraí-lo por mais de noventa dias contados do pedido de falência, do pedido de recuperação judicial ou do primeiro protesto por falta de pagamento, excluindo-se, para esta finalidade, os protestos que tenham sido cancelados".

O termo legal está intimamente ligado à chamada *ação revocatória,* de que cuidamos no Capítulo XVIII.

Resumo

Característica da sentença declaratória da falência.

A sentença falimentar apresenta uma peculiaridade que a distingue das demais sentenças, pois, reconhecendo uma situação de fato, declara a falência, dando início, só então, à execução coletiva.

Somente após a sentença declaratória da falência é que tem início, efetivamente, a execução, existindo antes, tão somente, uma instrução pré-falimentar.

Natureza jurídica da sentença declaratória da falência. A sentença falimentar, por um lado, como, aliás, todas as sentenças, é, antes de tudo, **declaratória**, por isso que, reconhecendo uma situação de fato, declara a falência, dando início à execução coletiva.

Por outro lado, conquanto declaratória, por isso que reconhece o estado de quebra preexistente, possui, inquestionavelmente, natureza **constitutiva**, na medida em que, como ensina Miranda Valverde, instaura um novo estado jurídico – o de falência.

Elementos constitutivos da sentença falimentar. A sentença falimentar possui requisitos que lhe são essenciais, no que não se distingue das demais sentenças, possuindo:

a) o relatório;

b) os fundamentos da decisão;

c) o dispositivo ou a conclusão.

Elementos exclusivos da sentença falimentar. Além dos elementos comuns a todas as sentenças, a sentença declaratória da falência possui determinados elementos que lhe são exclusivos, a saber:

I – identificação do falido;

II – fixação do termo legal;

III – prazo para o falido apresentar a relação dos credores com as respectivas importâncias e a respectiva natureza dos créditos;

IV – prazo para as habilitações de crédito;

V – suspensão de todas as ações e execuções contra o falido;

VI – proibição de disposição ou oneração de bens do falido, salvo autorização judicial;

VII – determinação para anotação da falência no Registro de Empresas (no Registro do falido);

VIII – nomeação do administrador judicial;

IX – expedição de ofícios às repartições públicas para que informem sobre bens e direitos do falido;

X – ciência ao Ministério Público da decretação da falência.

Eventualmente:

a) continuação provisória das atividades do devedor, a cargo do administrador judicial;

b) lacração do estabelecimento do falido;

c) convocação de assembleia geral dos credores para a constituição do comitê de credores;

d) prisão preventiva do falido e de seus administradores, na ocorrência de atos capitulados como crime falimentar.

Termo legal. O *termo legal*, também denominado *período suspeito*, objetiva fixar um espaço de tempo em que os atos praticados pelo falido sejam considerados ineficazes por prejudiciais aos credores.

Poderá retroagir *noventa dias*, contados do pedido de falência, do pedido de recuperação judicial ou do primeiro protesto (excluídos os protestos cancelados).

> "O termo legal da falência fixado na sentença pelo juiz compreende um espaço de tempo imediatamente anterior à declaração da falência, no qual os atos do devedor são considerados suspeitos de fraude e, por isso, suscetíveis de investigação, podendo ser declarados ineficazes em relação à massa" – Rubens Requião.

Recapitulação

1. A sentença declaratória da falência deve observar os requisitos previstos no **art. 489 do CPC/2015**?

R. Além dos requisitos expressamente previstos na Lei de Falências (art. 99), deve a sentença falimentar, necessariamente, cercar-se dos requisitos previstos no **art. 489 do CPC/2015**, especialmente no que diz respeito à fundamentação – sob pena de nulidade (*RT*, 452/92).

2. Dentre os requisitos previstos na Lei de Falências inclui-se a exigência contida no art. 99, II, que determina ao juiz de direito a fixação do termo legal. Que objetiva tal determinação?

R. Na expressão de Paulo de Lacerda, "a principal importância da indicação do termo legal da declaração da falência está na fixação exata do momento em que se pronuncia, em virtude da sentença, a indisponibilidade que fere o falido relativamente ao seu patrimônio".

3. Que se deve entender por termo legal?

R. O termo legal, a que se refere Carvalho de Mendonça como *período suspeito*, objetiva fixar um espaço de tempo em que os atos praticados pelo falido sejam considerados ineficazes porque prejudiciais aos interesses dos credores.

4. Qual o prazo máximo do termo legal?

R. Na sentença que declarar a falência o juiz fixará o termo legal, podendo estabelecer limite inferior ou igual a noventa dias. Não poderia, todavia, retrotraí-lo por mais de noventa dias, que é, assim, o limite máximo (art. 99, II, da Lei Falimentar).

5. A publicidade da sentença declaratória da falência é imprescindível?

R. A publicidade da sentença falimentar é um dos seus requisitos fundamentais, dada a repercussão e consequências da quebra nos meios empresariais e bancários (art. 99, parágrafo único).

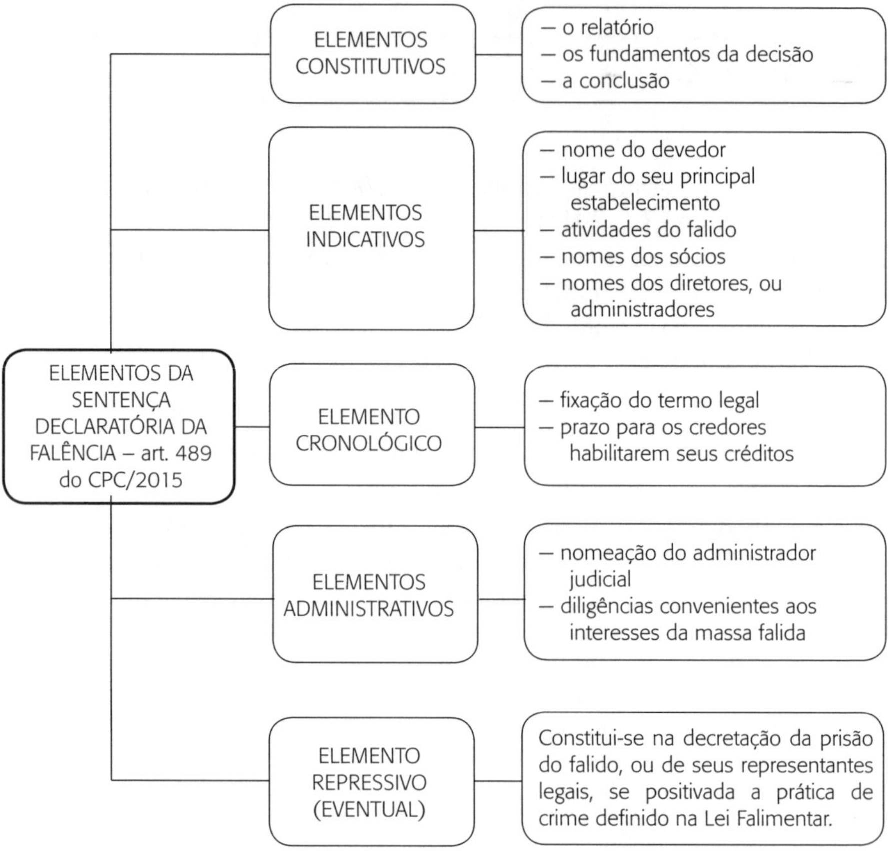
ELEMENTOS DA SENTENÇA DECLARATÓRIA DA FALÊNCIA – art. 489 do CPC/2015
ELEMENTOS CONSTITUTIVOS
– o relatório
– os fundamentos da decisão
– a conclusão
ELEMENTOS INDICATIVOS
– nome do devedor
– lugar do seu principal estabelecimento
– atividades do falido
– nomes dos sócios
– nomes dos diretores, ou administradores
ELEMENTO CRONOLÓGICO
– fixação do termo legal
– prazo para os credores habilitarem seus créditos
ELEMENTOS ADMINISTRATIVOS
– nomeação do administrador judicial
– diligências convenientes aos interesses da massa falida
ELEMENTO REPRESSIVO (EVENTUAL)
Constitui-se na decretação da prisão do falido, ou de seus representantes legais, se positivada a prática de crime definido na Lei Falimentar.

Capítulo XII

DOS RECURSOS NO PROCESSO FALIMENTAR

Sumário: 1. Conceito. 2. Pressupostos do recurso. 3. Espécies de recursos. 4. Dos recursos no processo falimentar: a apelação; o agravo. 5. Prazos dos recursos falimentares. Resumo. Recapitulação.

1. CONCEITO

Recurso é o meio de que se vale a parte, objetivando a reforma de uma sentença que lhe tenha sido, no todo ou em parte, desfavorável, constituindo-se, como afirma João Monteiro, em uma "provocação a novo exame dos autos para emenda ou modificação da primeira sentença" (*Teoria do processo civil e comercial*, p. 54).

O termo "recurso" pois, indica o pedido de reforma de uma decisão prolatada, isto é, proferida, pronunciada pelo magistrado.

Como ensina Moacyr Amaral Santos:

> "Em princípio, todos os atos do juiz podem ser impugnados, até mesmo simples despachos de expediente.
>
> Quando o ato impugnado é uma decisão final (sentença, acórdão), ou decisão interlocutória, à impugnação se dá o nome de recurso".

O recurso é a consagração do chamado princípio do **duplo grau de jurisdição**, mediante o qual "o conhecimento e decisão das causas cabe a dois órgãos jurisdicionais, sucessivamente, o segundo de grau hierárquico superior ao primeiro".

2. PRESSUPOSTOS DO RECURSO

A admissibilidade do recurso, como obtempera Moacyr Amaral Santos, está subordinada aos seguintes requisitos:

a) recorribilidade do ato decisório;

b) tempestividade do recurso.

Em que pese a adoção, pelo direito brasileiro, do duplo grau de jurisdição, nem todos os atos praticados pelo juiz são recorríveis, declarando expressamente o **art. 1.001 do CPC/2015** que dos despachos não cabe recurso.

É fundamental a tempestividade, pois o recurso só pode ser interposto nos prazos fixados em lei, considerado *deserto* o recurso apresentado fora do prazo recursal.

Aos pressupostos enumerados acrescente-se a adequada escolha do recurso, já que para as diversas espécies de decisão do juiz a lei prevê recursos específicos.

3. ESPÉCIES DE RECURSOS

São previstos na legislação processual civil os seguintes recursos, no **art. 994 do CPC/2015**:

1º) apelação;

2º) agravo de instrumento;

3º) agravo interno;

4º) embargos de declaração;

5º) recurso ordinário;

6º) recurso especial;

7º) recurso extraordinário;

8º) agravo em recurso especial ou recurso extraordinário;

9º) embargos de divergência.

Apelação é o recurso interposto de sentença de primeiro grau, objetivando a reforma parcial ou total do julgado.

Salvo exceções expressamente consignadas em lei (**arts. 1.012 e 1.013 do CPC/2015**), o recurso de apelação tem efeito *devolutivo* e *suspensivo*. Devolutivo porque devolve ao juízo *ad quem – instância superior* – o conhecimento da matéria impugnada. Suspensivo porque suspende os efeitos da sentença.

A atual processualística abriga outras modalidades distintas de agravo, quais sejam:

a) agravo de instrumento;

b) agravo interno;

c) agravo em recurso especial ou extraordinário.

O *agravo retido* deixa de existir no atual CPC.

O legislador passa a utilizar dos *agravos de instrumento*, *interno* e agravo em *recurso especial* ou *extraordinário*, consoante o que se pode observar das previsões dos **arts. 994, II, III, VIII; 1.015 a 1.020; 1.021 e 1.042**, todos do **CPC/2015**.

O ***agravo de instrumento*** é cabível contra as decisões interlocutórias, em conformidade com o que dispõe o art. 1.015, que versarem sobre:

> "I – tutelas provisórias;
>
> II – mérito do processo;
>
> III – rejeição da alegação de convenção de arbitragem;
>
> IV – incidente de desconsideração da personalidade jurídica;
>
> V – rejeição do pedido de gratuidade da justiça ou acolhimento do pedido de sua revogação;
>
> VI – exibição ou posse de documento ou coisa;
>
> VII – exclusão de litisconsorte;
>
> VIII – rejeição do pedido de limitação do litisconsórcio;
>
> IX – admissão ou inadmissão de intervenção de terceiro;
>
> X – concessão, modificação ou revogação do efeito suspensivo aos embargos à execução;
>
> XI – redistribuição do ônus da prova nos termos do art. 373, § 1º;
>
> XII – (Vetado);
>
> XIII – outros casos expressamente referidos em lei.
>
> Parágrafo único. Também caberá agravo de instrumento contra decisões proferidas na fase de liquidação de sentença ou de cumprimento de sentença, no processo de execução e no processo de inventário".

Cabe ***agravo de instrumento*** das decisões interlocutórias proferidas na fase de liquidação ou cumprimento de sentença no processo ou fase de execução e no processo de inventário (**art. 1.015 e parágrafo único do CPC**).

O ***agravo de instrumento*** deve ser interposto a contar da intimação da decisão aos advogados, à sociedade de advogados, à Advocacia Pública ou ao Ministério Público, no prazo de **15 dias**, como os demais recursos, exceto os embargos de declaração, cujo prazo é de **5 dias** (**arts. 1.003, § 5º, e 1.023 do CPC/2015**). O recurso em apreço será dirigido diretamente ao tribunal competente, por meio de petição com os seguintes requisitos:

I – os nomes das partes;

II – a exposição do fato e do direito;

III – as razões do pedido de reforma ou de invalidação da decisão e o próprio pedido;

IV – os nomes e o endereço completo dos advogados constantes do processo.

A petição de agravo de instrumento será instruída:

I – obrigatoriamente, com cópia da petição inicial, da contestação, da petição que ensejou a decisão agravada, da própria decisão agravada, da certidão da respectiva intimação ou outro documento oficial que comprove a tempestividade e das procurações outorgadas aos advogados do agravante e do agravado;

II – com a declaração de inexistência de qualquer dos documentos referidos no inciso I, sob pena de sua responsabilidade pessoal;

III – facultativamente, com outras peças que o agravante reputar úteis.

§ 1º Acompanhará a petição o comprovante do pagamento das respectivas custas e do porte de retorno, quando devidos, conforme tabela publicada pelos tribunais.

§ 2º No prazo do recurso, o agravo será interposto por:

I – protocolo realizado diretamente no tribunal competente para julgá-lo;

II – protocolo realizado na própria comarca, seção ou subseção judiciárias;

III – postagem, sob registro, com aviso de recebimento;

IV – transmissão de dados tipo fac-símile, nos termos da lei;

V – outra forma prevista em lei.

§ 3º Na falta da cópia de qualquer peça ou no caso de algum outro vício que comprometa a admissibilidade do agravo de instrumento deve o relator aplicar o disposto no art. 932, parágrafo único.

§ 4º Se o recurso for interposto por sistema de transmissão de dados tipo fac-símile ou similar, as peças devem ser juntadas no momento de protocolo da petição original.

§ 5º Sendo eletrônicos os autos do processo, dispensam-se as peças referidas nos incisos I e II do *caput*, facultando-se ao agravante anexar outros documentos que entender úteis para a compreensão da controvérsia.

O agravante poderá requerer a juntada, aos autos do processo, de cópia da petição do agravo de instrumento, do comprovante de sua interposição e relação dos documentos que instruíram o recurso.

§ 1º Se o juiz comunicar que reformou inteiramente a decisão, o relator considerará prejudicado o agravo de instrumento.

§ 2º Não sendo eletrônicos os autos, o agravante tomará as providências previstas no *caput* do art. 1.018, no prazo de 3 dias a contar da interposição do agravo de instrumento.

§ 3º O descumprimento da exigência de que trata o § 2º, desde que arguido e comprovado pelo agravado, importa inadmissibilidade do agravo de instrumento.

Recebido o agravo de instrumento e distribuído imediatamente (se não for o caso de aplicação do art. 932, III e IV), o relator, no prazo de 5 dias:

I – poderá atribuir efeito suspensivo ao recurso ou deferir, em antecipação de tutela, total ou parcialmente, a pretensão recursal, comunicando ao juiz sua decisão;

II – ordenará a intimação do agravado pessoalmente, por carta com aviso de recebimento, quando não tiver procurador constituído ou por carta com aviso de recebimento dirigida ao seu advogado, para que responda no prazo de 15 dias, facultando-lhe juntar a documentação que entender necessária ao julgamento do recurso;

III – determinará a intimação do Ministério Público, preferencialmente por meio eletrônico, quando for o caso de sua intervenção, para que se manifeste no prazo de 15 dias.

O relator solicitará dia para julgamento em prazo não superior a 1 mês da intimação do agravado.

Do ***agravo interno***

O agravo interno é um recurso contra decisão monocrática do relator. É dirigido ao próprio relator, que poderá acolhê-lo ou não. Nessa última hipótese, os autos serão remetidos ao órgão colegiado para julgamento.

Observe-se que o art. 932 do CPC/2015 declina os atos que incumbem ao relator, concedendo-lhe, entre outras faculdades, a de não conhecer do recurso que "não tenha impugnado especificamente os fundamentos da decisão recorrida". Hipótese manifesta de interposição de agravo retido. Julgado inadmissível o agravo, estará o agravante sujeito a uma multa, em favor do agravado, de 1 a 5% do valor da causa.

Há duas peculiaridades no agravo interno:

1ª) o relator determinará a intimação do agravado para manifestar-se;

2ª) a inclusão do recurso na pauta para julgamento do colegiado (§ **2º do art. 1.021 do CPC/2015**).

Agravo em recurso especial e em **recurso extraordinário**

A Lei n. 13.256, de 4-2-2016, alterou a regra instituída no art. 1.042 do CPC/2015, restabeleceu o princípio da legislação anterior (CPC/1973), mantendo a competência dos tribunais para o juízo da admissibilidade.

> "Art. 1.042. Cabe agravo contra decisão do presidente ou do vice-presidente do tribunal recorrido que inadmitir recurso extraordinário ou especial, salvo quando fundada na aplicação de entendimento firmado em regime de repercussão geral ou em julgado de recursos repetitivos".

Assim, na eventualidade do indeferimento do processamento de recurso especial ou extraordinário caberá agravo.

A Súmula 211 do STJ afirma que

> "É inadmissível recurso especial quanto à questão que, a despeito da oposição de embargos declaratórios, não foi apreciada pelo tribunal *a quo*".

Os **embargos declaratórios,** previstos nos arts. 994, IV, e 1.022 e seguintes do CPC/2015, têm, na atual sistemática processual, inequívoca natureza de recurso:

> "Art. 994 do CPC/2015. São cabíveis os seguintes recursos:
>
> ... IV – embargos de declaração".

Do rol de motivos ensejadores dos embargos declaratórios suprimiu-se a *dúvida* nos **arts. 1.022 a 1.026 do CPC/2015.**

"Os embargos de declaração manifestados com notório propósito de prequestionamento não têm caráter protelatório", nos termos da Súmula 98 do STJ.

Atualmente, pois, a obscuridade, a contradição, a omissão ou a correção de erro material são as hipóteses que ensejam a oposição de embargos:

> "**Art. 1.022 do CPC/2015**. Cabem embargos de declaração contra qualquer decisão judicial para:
>
> I – esclarecer obscuridade ou eliminar contradição;
>
> II – suprir omissão de ponto ou questão sobre o qual devia se pronunciar o juiz de ofício ou a requerimento;
>
> III – corrigir erro material.
>
> Parágrafo único. Considera-se omissa a decisão que:
>
> I – deixe de se manifestar sobre tese firmada em julgamento de casos repetitivos ou em incidente de assunção de competência aplicável ao caso sob julgamento;

II – incorra em qualquer das condutas descritas no art. 489, § 1º, do CPC/2015".

Os *embargos de declaração* devem ser opostos em ***5 dias***, inclusive pelos litisconsortes, com indicação do que deve ser sanado pelo juízo. Com escopo de ampla defesa, o juiz intimará o embargado para manifestar-se, e, caso haja modificação da decisão embargada, *não se sujeitam a preparo*, cujo julgamento será em 5 dias.

Nos tribunais, os *embargos de declaração* serão apresentados para o relator proferir o voto; se não houver julgamento nesta sessão, eles serão incluídos automaticamente em pauta (**art. 1.024, § 1º, do CPC/2015**).

Caso haja julgamento dos embargos com modificação da decisão embargada, se o embargado tiver interposto outro recurso contra decisão originária, a parte poderá complementar ou alterar suas razões recursais, contados da intimação da decisão dos embargos de declaração, no prazo de **15 dias** (**art. 1.024, § 4º, do CPC/2015**).

Os *embargos de declaração* não têm efeito suspensivo, mas interrompem o prazo para interposição de outros recursos (art. 1.026 do CPC/2015). A suspensividade impede os efeitos ou a eficácia da decisão embargada. A desistência ou julgamento dos embargos restaura os prazos para interposição de outros recursos.

O **recurso ordinário**, tal como o especial e o extraordinário, é um recurso constitucional, expressamente previsto no art. 102, II, da CF/1988, a ser interposto perante o **STF** e o **STJ**. Na primeira hipótese, isto é, perante o STF, nas **decisões denegatórias** de mandado de segurança, *habeas data* e mandado de injunção, decididos em **única instância**, ou seja, em segundo grau e competência originária, pelos tribunais superiores (STJ, TST, TSE e STM).

Na segunda hipótese, perante o **STJ**, o recurso ordinário é interposto das *decisões* ***denegatórias*** de mandados de segurança decididos em **única instância** pelos TRF ou pelos TJ dos Estados e do Distrito Federal e Territórios, e nas causas em que sejam partes, de um lado, Estado estrangeiro ou organismo internacional e, do outro, Município ou pessoa residente ou domiciliada no País; é o que preveem os **arts. 1.027 e 1.028 do CPC/2015**.

O **recurso especial** é um recurso constitucional expressamente previsto no art. 105, III, da Constituição Federal:

"Compete ao Superior Tribunal de Justiça:

... III – julgar, em recurso especial, as causas decididas, em única ou última instância, pelos Tribunais Regionais Federais ou pelos tribunais dos Estados, do Distrito Federal e Territórios, quando a decisão recorrida:

a) contrariar tratado ou lei federal, ou negar-lhes vigência;

b) julgar válido ato de governo local contestado em face de lei federal;

c) der a lei federal interpretação divergente da que lhe haja atribuído outro tribunal".

Do exame do dispositivo constitucional acima transcrito deduz-se que o **recurso especial** só tem cabimento em decisões proferidas pelos tribunais. Pressupõe, por outro lado, a interpretação anterior do recurso ordinário, exigindo, outrossim, o prequestionamento da matéria nele ventilada. Não tem efeito suspensivo, devendo ser interposto em **15 dias.**

Recurso extraordinário é o apelo interposto ao **STF** das sentenças proferidas em **única** ou **última instância** que:

a) contrariarem dispositivo constitucional;

b) declararem a inconstitucionalidade de tratado ou lei federal;

c) julgarem válida lei ou ato de governo local contestado em face da Constituição Federal.

"Da dupla função do recurso extraordinário – escreve Moacyr Amaral Santos – se infere que se trata de um recurso processual que, entretanto, dos demais recursos se distingue: tem assento na Constituição e não em lei ordinária; tem função específica de dirimir controvérsia sobre questão federal suscitada em processo comum, civil ou penal, em processo trabalhista, eleitoral ou penal militar. É um recurso processual comum a todos os processos, em que igualmente exerce sua função, que lhe é traçada pela Constituição. É, pois, um instituto de *direito constitucional.*"

O atual Código de Processo Civil disciplina suas normas de acordo com a Constituição Federal; logo, pode-se dizer que há uma estrutura do modelo constitucional do processo civil brasileiro, que engloba as regras e os princípios insculpidos na CF/1988; é o que se pode depreender da leitura dos arts. 1º, 3º, 6º, dentre outros, do CPC/2015.

Os **embargos de divergência** em recurso **especial** e **extraordinário** foram erigidos em recurso nos **arts. 994, IX; 1.043 e 1.044 do CPC/2015.**

É embargável o acórdão de órgão fracionário, ou seja, de turma ou seção, que:

"I – em recurso extraordinário ou em recurso especial, divergir do julgamento de qualquer outro órgão do mesmo tribunal, sendo os acórdãos, embargado e paradigma, de mérito;

II – revogado pela Lei n. 13.256, de 4-2-2016.

III – em recurso extraordinário ou em recurso especial, divergir do julgamento de qualquer outro órgão do mesmo tribunal, sendo um acórdão de mérito e outro que não tenha conhecido do recurso, embora tenha apreciado a controvérsia;

IV – revogado pela Lei n. 13.256, de 4-2-2016".

4. DOS RECURSOS NO PROCESSO FALIMENTAR: A APELAÇÃO; O AGRAVO

A Lei de Falências refere-se expressamente a duas espécies de recursos:

a) apelação;

b) agravo.

Utiliza-se da **apelação** para recorrer das decisões do juízo falimentar, nos seguintes casos:

1. da sentença denegatória da falência (art. 100);

2. da sentença que julga o pedido de restituição (nessa hipótese, a apelação não tem efeito suspensivo, consoante ao art. 90);

3. da sentença que julga ação revocatória (art. 135, parágrafo único);

4. da sentença que julga as contas do administrador judicial (art. 154, § 6º);

5. da sentença que declara encerrada a falência (art. 156, parágrafo único);

6. da sentença que declara extintas as obrigações do falido (art. 159, § 5º);

7. da sentença que homologa o plano de recuperação extrajudicial (art. 164, § 7º).

Da **apelação** devem fazer parte as seguintes indicações:

a) o nome e a qualificação das partes;

b) a exposição do fato e do direito;

c) as razões do pedido de reforma ou de decretação de nulidade;

d) o pedido de nova decisão;

e) reformar sentença fundada no art. 485;

f) decretar a nulidade de sentença por não ser ela congruente com os limites do pedido ou da causa de pedir;

g) constatar a omissão no exame de um dos pedidos, hipótese em que poderá julgá-lo. Utiliza-se do agravo, no processo falimentar, nas seguintes oportunidades:

1ª) da decisão sobre a habilitação de crédito (art. 17);

2ª) da decisão que concede recuperação judicial (art. 59, § 2º);

3ª) da decisão declaratória da falência (art. 100);

O agravo deve observar as exigências previstas nos arts. 1.015 e seguintes do CPC/2015, impondo-se ao agravante:

a) os nomes das partes;

b) a exposição do fato e do direito;

c) as razões do pedido de reforma ou de invalidade da decisão e o próprio pedido;

d) o nome e o endereço completo dos advogados constantes do processo;

e) instruir a petição do agravo com cópia da petição inicial, da contestação, da petição que ensejou a decisão agravada, da própria decisão agravada, da certidão da respectiva intimação ou outro documento oficial que comprove a tempestividade e das procurações outorgadas aos advogados do agravante e do agravado;

f) com a declaração de inexistência de qualquer dos documentos referidos no inciso I, feita pelo advogado do agravante, sob pena de sua responsabilidade pessoal;

g) com outras peças que o agravante reputar úteis.

O agravo a que se refere a Lei Falimentar é o ***agravo de instrumento***, consoante consta dos **arts. 1.015 a 1.020 do CPC/2015**.

Observe-se que só o agravo de instrumento enseja solução imediata. O agravo interno, como já frisamos, caberá contra decisão proferida pelo relator para o órgão colegiado.

Nessas condições, ao lado da apelação prevista nas hipóteses acima declinadas, o agravo a ser interposto no processo de recuperação judicial ou da falência é o *agravo de instrumento*.

5. PRAZOS DOS RECURSOS FALIMENTARES

A atual legislação falimentar adota, para os recursos nela acolhidos, o procedimento e os prazos fixados no Código de Processo Civil (**art. 226 do CPC/2015**).

Nessas condições, o atual CPC unificou os prazos para a interposição dos recursos, exceto embargos de declaração; logo, para a **apelação** e o **agravo** o prazo é de ***15 dias*** (arts. 994, 1.003, § 5º, e 1.015 a 1.020 do CPC/2015).

Em ambas as hipóteses os recursos devem ser interpostos nos prazos mencionados, observado, convém acentuar, o rito estabelecido no Código de Processo Civil.

Nos termos da Súmula 25 do STJ:

> "Nas ações da Lei de Falências o prazo para a interposição de recurso conta-se da intimação da parte".

Resumo

Conceito de recurso. Recurso é o meio de que se vale a parte, objetivando a reforma de uma sentença que lhe tenha sido, no todo ou em parte, desfavorável, constituindo-se, como afirma João Monteiro, "numa provocação a novo exame dos autos para a emenda ou modificação da primeira sentença".

Pressupostos do recurso: a) recorribilidade do ato decisório; b) tempestividade do recurso.

Espécies de recursos. São previstos na legislação processual civil os seguintes recursos:

1º) apelação;

2º) agravo de instrumento;

3º) agravo interno;

4º) embargos de declaração;

5º) recurso ordinário;

6º) recurso especial;

7º) recurso extraordinário;

8º) agravo em recurso especial ou extraordinário;

9º) embargos de divergência.

Dos recursos no processo falimentar. A Lei de Falências refere-se expressamente a duas espécies de recursos:

1ª) apelação;

2ª) agravo.

A Súmula 639 do STF dispõe que "aplica-se a Súmula 288 quando não constarem do traslado do agravo de instrumento as cópias das peças necessárias à verificação da tempestividade do recurso extraordinário não admitido pela decisão agravada".

Prazos. Os prazos da apelação e do agravo de instrumento, no processo falimentar, não são os mesmos do CPC/2015.

Nessas condições, para ambos, apelação e agravo de instrumento, o prazo é de ***15 dias*** (**arts. 994, 1.003, § 5º, e 1.015 do CPC/2015**). Em ambas as hipóteses, os recursos devem ser interpostos nos prazos mencionados, a contar da publicação da sentença ou da intimação, como, aliás, proclama a Súmula 25 do STJ:

> "Nas ações da Lei de Falências o prazo para a interposição de recurso conta-se da intimação da parte".

> Da sentença declaratória da falência cabe agravo de instrumento.
>
> Em conformidade com o **art. 1.019, I, do CPC/2015**, o relator poderá, a requerimento do agravante, nos casos de que possa resultar lesão grave e de difícil reparação, dar efeito suspensivo ao recurso.

Recapitulação

1. Qual o recurso de que se pode valer o devedor contra sentença declaratória da falência?

R. Em conformidade com o que dispõe o art. 100 da Lei Falimentar: "Da decisão que decreta a falência cabe *agravo*".

2. Qual o procedimento estabelecido para o agravo, no processo falimentar?

R. A atual Legislação Falimentar não estabelece procedimento para os recursos que acolhe. Ao revés, no art. 226, declara que: "Aplicam-se as Leis n. 13.105 e 13.256 – Código de Processo Civil, no que couber, aos procedimentos previstos nesta Lei".

Assim considerando, aos recursos admitidos na Lei Falimentar – apelação e agravo – observar-se-ão o rito processual e prazos fixados no Código de Processo Civil.

3. Ao credor, o requerente da falência, é dado recorrer da sentença declaratória?

R. A resposta é negativa. Ao contrário do que ocorria sob a égide do Decreto-lei n. 7.661/45 (art. 17), a atual legislação não prevê essa possibilidade.

Como lembra Theotonio Negrão: "para recorrer, não basta ter legitimidade: é preciso também ter interesse e este decorre do prejuízo que a decisão, a sentença ou o acórdão possam ter causado" (*Código de Processo Civil*, 35. ed., Saraiva, p. 531).

4. O Ministério Público pode recorrer da sentença declaratória de falência?

R. Até o advento do Código de Processo Civil anterior, doutrina e jurisprudência entendiam que não (*RT*, 434/132), exatamente por não lhe ser dado iniciar o processo falimentar (Carvalho de Mendonça, *Tratado de direito comercial brasileiro*, v. 7, p. 281).

Todavia, diante da clareza do **art. 996 do CPC/2015**, entendemos que o Ministério Público, conquanto não lhe seja lícito requerer a falência do devedor, pode recorrer da sentença declaratória ou denegatória da falência, sobretudo tendo em vista sua atuação no processo falimentar, em que opina como fiscal da ordem jurídica (lei). Nesse mesmo sentido, a Súmula 99 do STJ:

> "O Ministério Público tem legitimidade para recorrer no processo em que oficiou como fiscal da lei, ainda que não haja recurso da parte".

5. A atual legislação falimentar reduziu os recursos?

R. A resposta é afirmativa. O Decreto-lei n. 7.661/45 era, efetivamente, pródigo em matéria de recurso, adotando, inclusive, recursos cumulativos (agravo de instrumento e embargos – arts. 17 e 18). A atual legislação, ao revés, como já examinamos, adota tão somente dois recursos – o agravo e a apelação, cabíveis nas hipóteses expressamente previstas.

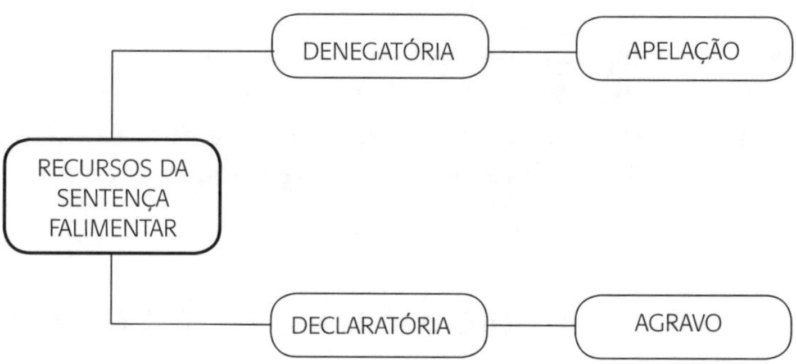

Capítulo XIII

JUÍZO UNIVERSAL

Sumário: 1. Indivisibilidade e universalidade do juízo falimentar. 2. Exceções à *vis attractiva* do juízo falimentar. Resumo. Recapitulação. Testes de aproveitamento da matéria examinada.

1. INDIVISIBILIDADE E UNIVERSALIDADE DO JUÍZO FALIMENTAR

O juízo da falência é **indivisível** porque competente para todas as ações sobre bens e interesses da massa falida, como, aliás, enfatiza o art. 76 da Lei Falimentar:

> "O juízo da falência é indivisível e competente para conhecer todas as ações sobre bens, interesses e negócios do falido, ressalvadas as causas trabalhistas, fiscais e aquelas não reguladas nesta Lei em que o falido figurar como autor ou litisconsorte ativo".

Daí a consagrada expressão de Carvalho de Mendonça:

> "O juízo da falência é um mar onde se precipitam todos os rios".

É, pois, no juízo da falência que se processam o concurso creditório, a arrecadação dos bens do falido, a habilitação dos créditos, os pedidos de restituição e todas as ações, reclamações e negócios de interesse da massa, daí decorrendo a sua indivisibilidade.

A universalidade redunda da chamada *vis attractiva*, do juízo falimentar:

Ao juízo da falência devem concorrer todos os credores do devedor comum, comerciais ou civis, alegando e provando os seus direitos.

Por juízo universal se há de entender, pois, a atração exercida pelo juízo da falência, sob cuja jurisdição concorrem todos os credores do devedor comum – o falido.

2. EXCEÇÕES À "VIS ATTRACTIVA" DO JUÍZO FALIMENTAR

a) Ações em que a massa falida seja autora ou litisconsorte ativo. A *vis attractiva* do juízo falimentar, todavia, não é absoluta, abrangendo exclusivamente as ações reguladas na Lei de Falências, não prevalecendo para as ações não reguladas no diploma legal nominado, como acentua o art. 76 da Lei n. 11.101/2005:

> "... e aquelas não reguladas nesta Lei em que o falido figurar como autor ou litisconsorte ativo".

Nessas condições, nas ações em que a massa falida seja autora ou litisconsorte ativo, não prevalecerá a indivisibilidade do juízo falimentar, pois, como bem salientou venerando julgado do Tribunal de Justiça do Estado de São Paulo (*RT*, 128/671):

> "As ações que devem ser tangidas no Juízo Universal da quebra são as intentadas contra a massa.
>
> Trata-se de causas em que a massa é ré, não daquelas em que seja autora. Nestas, salvo quando consideradas na Lei de Falências, seguem-se as regras comuns relativas à competência".

Ressalte-se, porém, que nem todas as ações em que a massa figure como ré serão atraídas pelo juízo da falência, pois, como já se observou, a indivisibilidade só alcança as ações reguladas na Lei de Falências.

Daí decisão do Tribunal de Justiça do Estado de São Paulo (*RT*, 141/531), julgando competente outro juízo para o processamento de ação de despejo movida contra a massa:

> "A indivisibilidade do Juízo da falência só alcança as ações e reclamações cujo processo é estatuído na própria lei de quebras. Procede, assim, a ação de despejo intentada perante outra Vara, contra a massa falida, por falta de pagamento".

b) Reclamações trabalhistas. A *vis attractiva* do juízo falimentar abrange tão somente os processos atribuídos à jurisdição dos tribunais ordinários. Os conflitos surgidos em decorrência de relações disciplinadas pela legislação trabalhista devem ser dirimidos pela Justiça do Trabalho, não obstante o processo falimentar.

É que, por força do que dispõe o art. 114 da CF/88, a Justiça trabalhista é o único órgão do Poder Judiciário com competência para julgar os dissídios oriundos da relação empregatícia e de trabalho:

> "Art. 114. Compete à Justiça do Trabalho processar e julgar:
>
> I – as ações oriundas da relação de ***trabalho***, abrangidos os entes

> de direito público externo e da administração pública direta e indireta da União, dos Estados, do Distrito Federal e dos Municípios" (grifo nosso).

Nessas condições, se, no decorrer de uma ação trabalhista, sobrevier a falência do empregador, a ação em questão não será atraída para o juízo da falência, em virtude da manifesta incompetência em razão da matéria deste.

Ao revés, a ação trabalhista prosseguirá normalmente, até sentença final, devendo o juízo trabalhista, ciente da falência (quebra), determinar a citação do respectivo administrador, que representará a massa falida:

> "Art. 6º, § 2º. É permitido pleitear, perante o administrador judicial, habilitação, exclusão ou modificação de créditos derivados da relação de trabalho, mas as ações de natureza trabalhista, inclusive as impugnações a que se refere o art. 8º desta Lei, serão processadas perante a justiça especializada até a apuração do respectivo crédito, que será inscrito no quadro-geral de credores pelo valor determinado em sentença".

Somente depois de apurado o crédito laboral, na Justiça do Trabalho, é que o empregado, munido da sentença trabalhista transitada em julgado, habilitar-se-á no juízo falimentar, com o privilégio que a legislação lhe assegura.

Só após apuração na Justiça do Trabalho é que o crédito trabalhista adquire a liquidez necessária à sua habilitação, o que equivale dizer que, em se tratando de sentença ilíquida, a liquidação se processará, igualmente, perante a Justiça trabalhista:

> "O crédito trabalhista, para que adquira liquidez e assim possa ser habilitado em falência, necessita de prévia apuração na Justiça do Trabalho" (*RT*, 465/100).

A competência da Justiça do Trabalho restringe-se à declaração do crédito trabalhista e à fixação do valor da condenação, como, aliás, vem decidindo o Tribunal Superior do Trabalho (TST):

> "PROCESSO DE EXECUÇÃO – Decretação de falência – Incompetência da Justiça Trabalhista – Configuração de ofensa direta ao art. 114 da CF.
>
> – *Ementa:* 1. Agravo de instrumento – Processo de execução – Decretação de falência – Incompetência da Justiça Trabalhista – Configuração de ofensa direta ao art. 114 da Constituição Federal – Demonstrada a ofensa ao art. 114 da Constituição Federal, deve ser provido o Agravo de Instrumento, para que seja processado o Recurso de Revista. Agravo de Instrumento provido. 2. Recurso de revista – Processo de execução – Decretação de falência – Incompetência da Justiça

Trabalhista – Configuração de ofensa direta ao art. 114 da Constituição Federal. Esta Corte tem o entendimento sedimentado de que a competência material da Justiça do Trabalho restringe-se à declaração do crédito trabalhista e à fixação do seu 'quantum', pois, uma vez decretada a falência, o Juízo Falimentar passará a ter competência para habilitar os credores da massa falida no denominado quadro-geral de credores. Assim sendo, resta vulnerada a literalidade do art. 114 da CF, porquanto não respeitados, pela Corte de origem, os limites da competência desta Justiça Especializada. Recurso de Revista conhecido e provido" (TST, 4ª T., RR 1.135/1998-004-17-40.2, 17ª Reg., *DJU*, 29-9-2006, p. 887).

Na hipótese de a ação trabalhista não se ultimar com a necessária urgência, de modo a facultar ao empregado habilitar tempestivamente o seu crédito, em que pese a regra estabelecida nos arts. 449, § 1º, e 768 da CLT (que assegura preferência para o dissídio cuja decisão deva ser executada perante o **juízo da falência**), a solução se encontra no **pedido de reserva**, estabelecido no art. 6º, § 3º, da Lei Falimentar:

> "O juiz competente para as ações referidas nos §§ 1º e 2º deste artigo poderá determinar a **reserva da importância** que estimar devida na recuperação judicial ou **na falência**, e, uma vez reconhecido líquido o direito, será o crédito incluído na classe própria" (grifos nossos).

Ressalte-se que o crédito trabalhista apurado na Justiça do Trabalho **não está sujeito a impugnação no processo de habilitação** perante o juízo da falência, já que a este não é dado reformar sentença trabalhista:

> "Sentença trabalhista com trânsito em julgado – Impugnação do respectivo *quantum* – Inadmissibilidade – Coisa julgada – Sentença confirmada.
>
> Tratando-se de crédito trabalhista, reconhecido definitivamente pela Justiça do Trabalho, ao ser ele habilitado em falência não poderá sofrer impugnação alguma quanto ao seu valor" (*RT*, 468/59).

c) Executivos Fiscais. Em conformidade com o art. 7º da Lei de Falências, estão excluídas do Juízo universal as causas trabalhistas (já examinadas) e as *fiscais*, convindo acentuar que, nos termos do art. 6º, § 7º, e art. 99, V, as execuções de natureza fiscal não ficam suspensas pelo deferimento do processamento da recuperação judicial ou pela decretação da falência.

Os executivos fiscais, como se sabe, tramitam nas Varas da Fazenda Pública (Estados e Municípios), e na Justiça Federal, em se tratando de tributos federais.

O crédito tributário não está sujeito à habilitação em falência, como, aliás, enfatiza o art. 187 do Código Tributário Nacional:

> "Art. 187. A cobrança judicial do crédito tributário não é sujeita a concurso de credores ou habilitação em falência, recuperação judicial, concordata, inventário ou arrolamento".

Na eventualidade de executivo fiscal em andamento contra devedor cuja falência venha a ser declarada, este prosseguirá normalmente, não sendo a execução atraída para o juízo universal da falência.

Nessa hipótese, bastará ao juiz da Vara dos Feitos da Fazenda oficiar ao juiz da falência, solicitando transferência do valor correspondente ao débito do falido.

Contudo, é de se observar a prevalência do crédito trabalhista (até o limite de cento e cinquenta salários mínimos) e daquele decorrente de acidente do trabalho (art. 83, I), o que, na prática, impede o levantamento de dinheiro em favor do Erário sem que se atenda às preferências mencionadas.

d) Ações que demandam quantia líquida. A decretação da falência suspende todas as ações e execuções movidas contra o falido (excetuadas as ações trabalhistas e fiscais), atraídas, que deverão ser, pelo juízo universal.

Contudo, aquelas ações que demandem quantias ilíquidas prosseguem normalmente no juízo originário, até se apurar o valor exato da condenação. Facultado ao credor solicitar ao juízo da falência reserva de numerário – art. 6º, §§ 1º e 2º, da Lei de Falências.

Resumo

Indivisibilidade e universalidade do juízo falimentar. O juízo da falência é *indivisível* porque competente para todas as ações sobre bens e interesses da massa falida, como, aliás, enfatiza o art. 76 da Lei Falimentar.

A universalidade redunda da chamada *vis attractiva*, regra consagrada no art. 76 da Lei n. 11.101/2005, em razão da qual ao juízo falimentar devem concorrer todos os credores do devedor comum, provando os seus direitos.

Exceções à "vis attractiva" do juízo falimentar: a) ações em que a massa falida seja autora ou litisconsorte; b) reclamações trabalhistas; c) executivos fiscais; d) ações contra o falido que demandem quantia ilíquida.

Juízo universal: "O juízo da falência é um mar onde se precipitam todos os rios. Nele concorrem todos os credores, embora o foro privilegiado; nele se arrecadam todos os bens do devedor; nele se discutem e resolvem todas as ações e reclamações sobre bens, interesses e negócios da massa falida, qualquer que seja o valor, pela forma por que a lei determina" – Carvalho de Mendonça.

Recapitulação

1. Por força da *vis attractiva* do juízo falimentar, este é o único competente para processar e julgar as ações em que haja interesse da massa falida?

R. Não. A *vis attractiva* do juízo falimentar não é absoluta, abrangendo tão somente as ações reguladas na Lei de Falências. Assim, as ações em que a massa falida seja autora ou litisconsorte ativo devem ser distribuídas normalmente a outras varas.

2. As ações a serem propostas contra a massa falida serão necessariamente propostas perante o juízo da falência?

R. Nem todas as ações em que a massa falida seja ré devem ser propostas perante o juízo da falência, pois há exceções a esta regra. Na verdade, só serão propostas perante o juízo falimentar as ações reguladas pela Lei de Falências.

3. Que se entende por massa falida?

R. Massa falida é o conjunto de bens arrecadados do falido. Com a declaração da falência, o devedor perde a livre administração dos seus bens. Estes, os bens arrecadados pelo administrador judicial, formam a denominada massa falida.

4. Que se entende por massa falida subjetiva?

R. Massa falida subjetiva é a comunhão dos credores do falido. Conquanto não se possa falar em sociedade, com a declaração da falência do devedor, forma-se entre os seus credores uma comunhão de interesses. É a essa comunhão que se dá a denominação massa falida subjetiva.

5. Que significa massa falida objetiva?

R. É o patrimônio, o acervo de bens arrecadados do falido. É o que se denomina simplesmente massa falida.

6. A massa falida tem personalidade jurídica?

R. A resposta é negativa, conquanto possua a chamada legitimidade processual, o que lhe permite estar em juízo na qualidade de autora ou ré.

Como assinala Waldemar Ferreira:

> "... nem todo agrupamento de pessoas naturais em torno de patrimônio comum ou sobre que incidam direitos comuns constitui pessoa jurídica de direito privado.
>
> A despeito de encontrarem-se decisões judiciárias aludindo à personalidade jurídica da massa falida, ela não possui esse grande atributo. Como não o desfruta o condomínio, apesar de administrar-se pelo condômino eleito ou que assumir sua gerência sem oposição dos demais. Nem a herança, não obstante gerida pelo inventariante.
>
> Porque o síndico age em Juízo, em nome da massa falida, não é isso bastante para atribuir-lhe personalidade jurídica. Não tem ela, realmente, direitos próprios. Nem mesmo patrimônio. Os bens arrecadados, que a formam, constituem patrimônio do falido, de que ele não se despoja, senão quando vendido e por efeito da venda".

7. Os conflitos surgidos em decorrência de questões trabalhistas são também propostos perante o juízo da falência?

R. Não. Tais questões, por força do que dispõe o art. 114 da CF, devem ser propostas perante a Justiça do Trabalho.

8. Se, no decorrer de uma ação trabalhista, sobrevier a falência do empregador, a ação em questão se desloca para o juízo da falência, cessando a competência da Justiça do Trabalho?

R. Não. A ação prosseguirá normalmente, até sentença final, devendo o juízo trabalhista, ciente da falência, determinar a citação do administrador judicial.

9. Prolatada a decisão, transitada em julgado, a sentença trabalhista será executada perante a Justiça do Trabalho?

R. Apurado o crédito laboral por sentença trabalhista transitada em julgado, seguir-se-á a habilitação do crédito, perante o juízo da falência, por onde se processará a execução. Tal crédito, ressalte-se, não estará sujeito a impugnação (*RT*, 468/59).

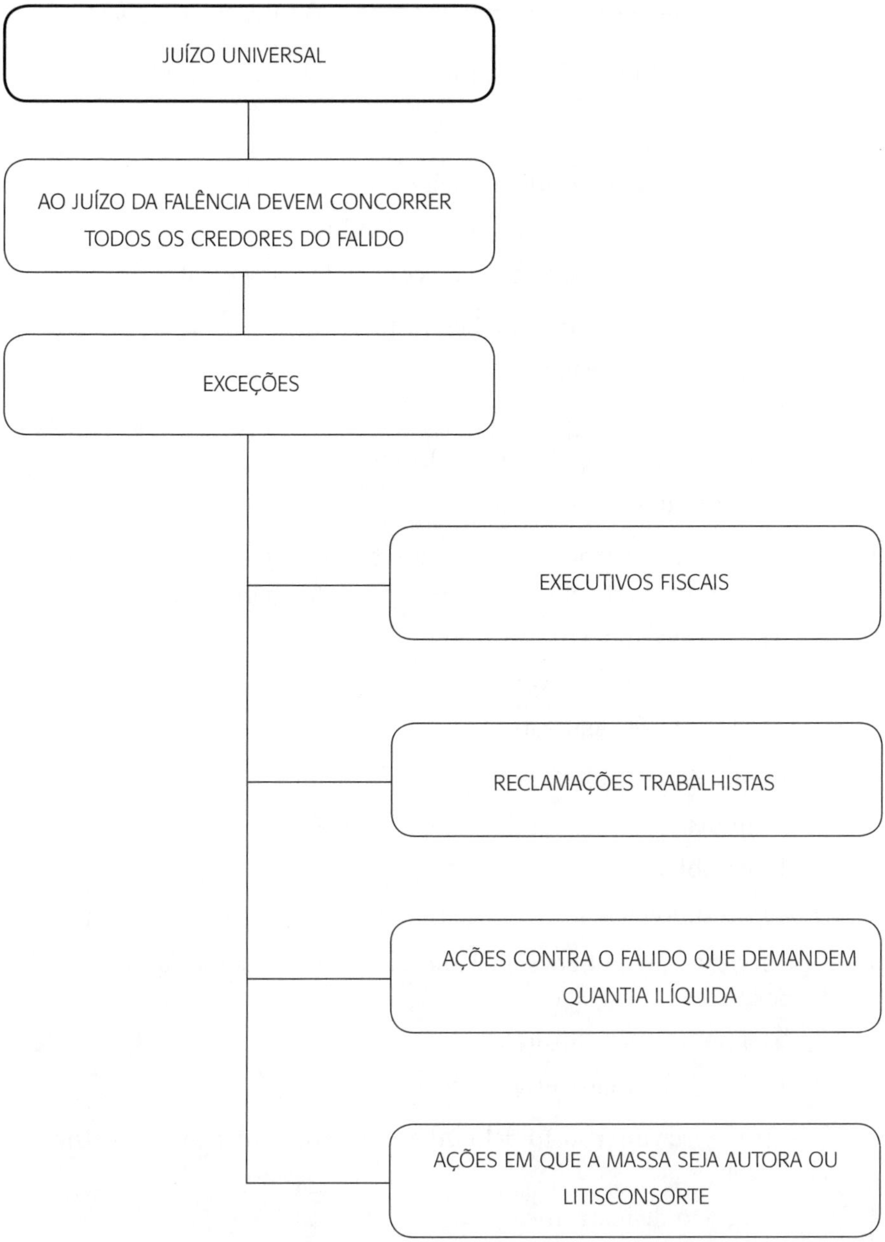
JUÍZO UNIVERSAL
AO JUÍZO DA FALÊNCIA DEVEM CONCORRER TODOS OS CREDORES DO FALIDO
EXCEÇÕES
EXECUTIVOS FISCAIS
RECLAMAÇÕES TRABALHISTAS
AÇÕES CONTRA O FALIDO QUE DEMANDEM QUANTIA ILÍQUIDA
AÇÕES EM QUE A MASSA SEJA AUTORA OU LITISCONSORTE

TESTES DE APROVEITAMENTO DA MATÉRIA EXAMINADA

A – ASSINALE A ALTERNATIVA CORRETA NAS SEGUINTES QUESTÕES:

1. Sob o ponto de vista jurídico, a falência:

☐ a) é um processo de execução individual;

☐ b) é um processo de execução contra devedor insolvente.

2. O que caracteriza o estado de falência é:

☐ a) a impontualidade;

☐ b) a insolvência;

☐ c) o número excessivo de credores;

☐ d) nenhum dos casos acima.

3. Para requerer a falência do devedor comerciante é imprescindível o protesto do título da obrigação. Esse protesto chama-se:

☐ a) protesto judicial;

☐ b) protesto facultativo;

☐ c) protesto obrigatório.

4. A sentença é um título:

☐ a) judicial;

☐ b) cambial;

☐ c) extrajudicial.

5. A prescrição, que poderá ser arguida como matéria relevante, na defesa de mérito, é:

☐ a) a prescrição aquisitiva;

☐ b) a prescrição extintiva.

6. O recurso a ser interposto pelo interessado da sentença denegatória da falência é:

☐ a) agravo de instrumento;

☐ b) apelação;

☐ c) agravo de petição;

☐ d) embargos de declaração.

7. Pode o devedor requerer sua própria falência?

☐ a) sim;

☐ b) não.

8. Para requerer a falência do devedor, necessita o credor ser também empresário?

☐ a) sim;

☐ b) não.

9. Para requerer a falência, com base em sentença trabalhista, deve o interessado:

☐ a) promover a execução da sentença;

☐ b) requerer a falência perante o Juízo Trabalhista;

☐ c) renunciar à execução singular e ajuizar a ação falimentar no juízo competente.

10. O juiz competente para declarar a falência é:

☐ a) o juiz federal da circunscrição;

☐ b) o juiz do cível em cuja jurisdição o credor é domiciliado;

☐ c) o juiz do cível em cuja jurisdição o devedor tem o seu principal estabelecimento;

☐ d) nenhum deles.

11. O título de crédito que enseja pedido de falência é:

☐ a) dívida ordinária;

☐ b) dívida líquida.

12. Poderão os credores reunir-se em litisconsórcio para o pedido de falência?

☐ a) sim;

☐ b) não.

13. A duplicata para ensejar pedido de falência deve ser:

☐ a) sem aceite;

☐ b) sem aceite, mas acompanhada de nota de entrega da mercadoria.

14. As sociedades irregulares, ou de fato (sociedade em comum):

☐ a) não estão sujeitas à falência;

☐ b) estão sujeitas à falência.

15. As atividades de empresário de espetáculo público, incorporador de imóveis, empresa de trabalho temporário estão, ou não, sujeitas à falência?

☐ a) sim;

☐ b) não.

B – PREENCHA OS CLAROS DAS SEGUINTES QUESTÕES:

16. No Brasil, só se admite a falência contra devedor..................................

O sistema adotado é, portanto, o ....

17. A Lei Falimentar admite a utilização de medida cautelar, que é o ....
....

As medidas cautelares, quando preparatórias, deverão ser requeridas ao ....

18. O depósito feito pelo devedor, nos dez dias seguintes à citação para a ação falimentar, denomina-se..

19. Cite três causas extintivas das obrigações: a) .... ; b) ....; e c) ....

20. Uma vez citado para a ação falimentar o devedor pode, no prazo de ...., tomar uma das seguintes providências:

a)........................... ; b) .... ; e c) ....

Capítulo XIV

DOS EFEITOS DA FALÊNCIA QUANTO AOS DIREITOS DOS CREDORES

Sumário: 1. Vencimento por antecipação de todas as dívidas do falido. 2. Suspensão da fluência de juros. 3. Multa fiscal. 4. Suspensão das ações ou execuções movidas contra o falido. 5. Suspensão da prescrição. Resumo. Recapitulação.

1. VENCIMENTO POR ANTECIPAÇÃO DE TODAS AS DÍVIDAS DO FALIDO

A falência produz o vencimento, por antecipação, de todas as dívidas do falido:

> "Art. 77. A decretação da falência determina o vencimento antecipado das dívidas do devedor e dos sócios ilimitada e solidariamente responsáveis, com o abatimento proporcional dos juros, e converte todos os créditos em moeda estrangeira para a moeda do País, pelo câmbio do dia da decisão judicial, para todos os efeitos desta Lei".

Assim, mesmo as dívidas não cobráveis, porque ainda não vencidas, tornam-se exigíveis, ensejando ao credor a habilitação do seu crédito.

Em se tratando de sociedade comercial, aos sócios solidários se estende a regra:

> "... e dos sócios ilimitada e solidariamente responsáveis...".

Ao revés do que sucedia sob a égide do Decreto-lei n. 7.661/45, a atual legislação estende a falência aos sócios solidários: todos os que integram a *sociedade em nome coletivo*; o sócio comanditado, na sociedade *em comandita simples*: todos os sócios que integram a sociedade *em comum* (sociedade irregular ou de fato).

É, aliás, o que enfatiza o art. 81 da Lei n. 11.101/2005:

> "A decisão que decreta a falência da sociedade com sócios ilimitadamente responsáveis também acarreta a falência destes, que ficam

sujeitos aos mesmos efeitos jurídicos produzidos em relação à sociedade falida e, por isso, deverão ser citados para apresentar contestação, se assim o desejarem".

O vencimento antecipado das dívidas do falido decorre da necessidade de possibilitar, a todos os credores, a habilitação dos seus respectivos créditos, no processo de execução coletiva, que é a falência.

Excetuam-se desta regra:

1º) as obrigações subordinadas a uma condição suspensiva;

2º) as obrigações solidárias firmadas juntamente com terceiros que se hajam coobrigados com o falido;

3º) as obrigações contraídas pelo falido garantidas por fiança de terceiro;

4º) as obrigações decorrentes de contratos bilaterais, que o administrador julgue conveniente manter, no interesse da massa falida.

As primeiras, isto é, as obrigações subordinadas a uma condição suspensiva, são aquelas que sujeitam o efeito do ato jurídico a um evento futuro e incerto (Código Civil, Lei n. 10.406/2002):

> "Art. 121. Considera-se condição a cláusula que, derivando exclusivamente da vontade das partes, subordina o efeito do negócio jurídico a evento futuro e incerto".
>
> "Diz-se suspensiva a condição – ensina Pedro Orlando – quando o ato somente se objetiva depois de cumprida a cláusula preestabelecida."

As obrigações subordinadas a uma condição suspensiva são incluídas na falência, embora com o pagamento adiado, até que se verifique a condição.

Na hipótese de o falido ser solidariamente coobrigado, ao credor é dado ou habilitar-se na falência (sem perda do direito de acionar o coobrigado solvente), ou aguardar o vencimento da obrigação, quando então exigirá do coobrigado solvente o respectivo pagamento.

Nessa última hipótese, o coobrigado solvente que pagou pode habilitar-se na falência.

Igualmente não se vencem por antecipação as obrigações do falido garantidas por fiança, já que esta se constitui exatamente numa caução ao credor, contra a insolvência do devedor.

Assim, em casos tais, não tem o credor que habilitar-se na falência (muito embora possa fazê-lo), podendo aguardar o vencimento da obrigação para haver o que de direito do próprio fiador.

O fiador que paga pelo falido pode, para haver o que desembolsou, habilitar-se regularmente.

Os **contratos bilaterais**, celebrados pelo falido, não se vencem com a falência, como, aliás, declara o art. 117 da Lei Falimentar, podendo ser executados pelo administrador, se entender conveniente para a massa:

> "Os contratos bilaterais não se resolvem pela falência e podem ser cumpridos pelo administrador judicial se o cumprimento reduzir ou evitar o aumento do passivo da massa falida ou for necessário à manutenção e preservação de seus ativos, mediante autorização do Comitê".

Contratos bilaterais são aqueles que estabelecem obrigações recíprocas, podendo, assim, ser conceituado o contrato de compra e venda, o contrato de trabalho etc.

Nessas condições, caberá ao administrador verificar da conveniência ou não do seu cumprimento, podendo optar, todavia, pela sua denúncia (a respeito desse assunto, *v.* o Capítulo XVII – "Dos efeitos da falência quanto aos contratos do falido").

2. SUSPENSÃO DA FLUÊNCIA DE JUROS

Juros, do latim *jus*, etimologicamente significa direito. No sentido jurídico, porém, representa os frutos do capital, recompensa, interesse, lucro.

Os juros são: a) compensatórios; ou b) moratórios.

Os primeiros constituem-se nos frutos do capital. Os segundos representam indenização decorrente do inadimplemento da obrigação, da mora.

Em conformidade com o art. 124 da Lei de Falências:

> "Contra a massa falida não são exigíveis juros vencidos após a decretação da falência, previstos em lei ou em contrato, se o ativo apurado não bastar para o pagamento dos credores subordinados".

Excetuam-se desta regra as debêntures e os créditos com garantia real, respondendo por eles exclusivamente o produto dos bens que constituem a garantia.

3. MULTA FISCAL

Relativamente à cobrança da multa fiscal, tem-se feito nítida distinção entre:

a) multa moratória; e

b) multa com efeito de pena administrativa.

A multa moratória, como o próprio nome deixa entrever, decorre do inadimplemento da obrigação. Tem natureza inquestionavelmente indenizatória. A multa com efeito de pena administrativa é imposta ao violador das normas de direito público, objetivando assegurar o cumprimento das leis.

Dentro desse raciocínio, à Fazenda Pública é assegurado o direito de haver, na falência, não só os tributos que lhe sejam devidos, mas também a multa moratória:

> "Inclui-se no crédito habilitado em falência a multa fiscal simplesmente moratória" (Súmula 191 do STF).

O mesmo, entretanto, não ocorre com a multa fiscal com efeito de pena administrativa.

> "Não se inclui no crédito habilitado em falência a multa fiscal com efeito de pena administrativa" (Súmula 192 do STF).

A atual legislação falimentar inclui a multa moratória e a multa administrativa nos créditos, situando abaixo dos créditos quirografários:

> "Art. 83. A classificação dos créditos na falência obedece à seguinte ordem:
>
> ... VII – as multas contratuais e as penas pecuniárias por infração das leis penais ou administrativas, inclusive as multas tributárias".

4. SUSPENSÃO DAS AÇÕES OU EXECUÇÕES MOVIDAS CONTRA O FALIDO

A falência é, antes de tudo, um processo de execução coletiva, por isso que atrai todos os credores do falido, estabelecendo, pois, verdadeiro litisconsórcio ativo necessário.

O estabelecimento do litisconsórcio ativo necessário decorre da *vis attractiva* do juízo falimentar, regra consagrada no art. 76 da Lei de Falências.

Por força dessa atração exercida pelo juízo falimentar, ficam suspensas as ações e execuções dos credores sobre direitos e interesses relativos à massa falida, inclusive as dos credores particulares do sócio solidário de sociedade falida, nos termos do que prescreve o art. 6º da Lei de Falências.

Entretanto, como já tivemos ensejo de acentuar, a regra não é absoluta, comportando exceções.

As ações trabalhistas, por força da competência constitucional, prosseguem na Justiça do Trabalho, até a condenação em quantia líquida, e posterior habilitação no juízo falimentar.

As execuções fiscais igualmente prosseguem nas Varas da Fazenda Pública, com ofício ao juízo falimentar para o respectivo pagamento (observada a classificação dos créditos).

As ações que demandarem quantia ilíquida prosseguirão no juízo processante até a fixação do valor da condenação, e posterior habilitação no juízo falimentar.

Aos credores mencionados (trabalhistas, fiscais, por quantia ilíquida) é lícita a solicitação ao juízo da falência, de reserva de valores, nos termos do § 3º do art. 6º.

Também não se suspenderão as ações em que a massa falida for autora ou litisconsorte ativo, como já observamos anteriormente.

> Os créditos em moeda estrangeira existentes por ocasião da falência são convertidos para a moeda nacional, pelo câmbio do dia da data da decretação da quebra – art. 77 da Lei de Falências.

5. SUSPENSÃO DA PRESCRIÇÃO

Prescrição é, como se sabe, a perda de uma ação atribuída a um direito. Surge da inércia do credor em fazer valer o seu direito, constituindo-se numa pena contra o credor negligente.

Conquanto se assemelhe à *decadência*, com ela não se confunde, pois, enquanto a prescrição é a perda da ação, a decadência é a perda do direito.

Nos termos do art. 6º da Lei Falimentar, fica *suspenso* o prazo de prescrição, que só se reinicia com a sentença que declara encerrada a falência.

Não se confunda a suspensão da prescrição com a interrupção. Na suspensão os prazos se somam, o que não ocorre com a interrupção, em que o tempo anterior fica prejudicado. A suspensão, como ensina Washington de Barros Monteiro com sua habitual clareza, "apenas faz cessar temporariamente o curso da prescrição; superada, porém, a causa suspensiva, a prescrição retoma o seu curso natural, computando o tempo anteriormente transcorrido. Com as causas que interrompem a prescrição a situação é profundamente diversa; verificada alguma causa interruptiva, perde-se por completo o tempo transcorrido precedentemente; esse tempo fica inutilizado para o prescribente, por inteiro, não sendo de modo algum considerado na contagem o primeiro lapso de tempo, que fica perdido, sacrificado".

Ressalte-se, porque sumamente importante, a advertência de Carvalho de Mendonça, de que a suspensão da prescrição durante a falência só ocorre "quanto aos direitos e ações dos credores contra a massa e o falido", não atingindo, obviamente, as obrigações de terceiros para com a massa e o falido.

Resumo

Vencimento antecipado das dívidas do falido. A falência produz o vencimento, por antecipação, de todas as dívidas do falido. Assim, mesmo as dívidas não cobráveis, porque ainda não vencidas, tornam-se exigíveis, ensejando ao credor a habilitação do seu crédito.

Suspensão da fluência de juros. A falência suspende a fluência de juros compensatórios ou moratórios. Os primeiros constituem-se nos frutos do capital. Os segundos representam indenização decorrente do inadimplemento da obrigação, da mora.

Cláusula penal nos contratos unilaterais. Na ocorrência de falência não são atendidas as cláusulas penais estipuladas nos contratos unilaterais, se as obrigações neles estipuladas se vencerem em virtude da falência.

Multa fiscal. "Inclui-se no crédito habilitado em falência a multa fiscal simplesmente moratória" (Súmula 191 do STF).

"Não se inclui no crédito habilitado em falência a multa fiscal com efeito de pena administrativa" (Súmula 192 do STF).

Em sentido contrário, decisão do Egrégio Tribunal de Justiça do Estado de São Paulo, publicada na *RT*, 462/75.

A atual legislação falimentar acolhe "as multas contratuais e as penas secundárias por infração" das leis penais ou administrativas, inclusive as multas tributárias, situando-as, porém, abaixo dos créditos quirografários – art. 83, VI.

Suspensão das ações movidas contra o falido. Com a declaração da falência ficam suspensas as ações e execuções dos credores sobre direitos e interesses relativos à massa falida, inclusive as dos credores particulares do sócio solidário de sociedade falida.

Suspensão da prescrição. Nos termos do art. 6º da Lei Falimentar, fica suspenso o prazo de prescrição, que só se reinicia com a sentença que declara encerrada a falência.

Recapitulação

1. Por que a declaração da falência provoca o vencimento antecipado de todas as dívidas do falido?

R. O vencimento antecipado das dívidas do falido decorre da necessidade de possibilitar a todos os credores a habilitação dos seus respectivos créditos, no processo de execução.

2. Esta regra é absoluta?

R. Não, pois não se vencem com a declaração da falência as obrigações subordinadas a uma condição suspensiva, as obrigações solidárias em que haja coobrigados com o falido, as garantias com fiança de terceiros e as obrigações decorrentes de contratos bilaterais, assim considerados aqueles contratos que estabelecem obrigações recíprocas.

3. Com a declaração da quebra ficam suspensas as ações movidas contra o falido?

R. A falência estabelece um litisconsórcio ativo necessário que decorre da *vis attractiva* do juízo falimentar. Por força, pois, dessa atração, ficam suspensas as ações e execuções dos credores sobre direitos e interesses relativos à massa falida, inclusive as dos credores particulares do sócio solidário de sociedade falida.

4. A regra em apreço é absoluta ou comporta exceções?

R. Comporta exceções. As ações trabalhistas prosseguem na Justiça do Trabalho, em razão da sua competência constitucional. Fixado o valor da condenação, o crédito trabalhista é habilitado no juízo da falência, com a preferência fixada na Lei Falimentar. O mesmo ocorre com as execuções fiscais.

5. As ações em que o falido seja autor também ficam suspensas com a declaração de sua falência?

R. Não. Estas prosseguem normalmente, substituído o falido pelo administrador judicial. O resultado positivo de tais ações converte-se em benefício da massa falida.

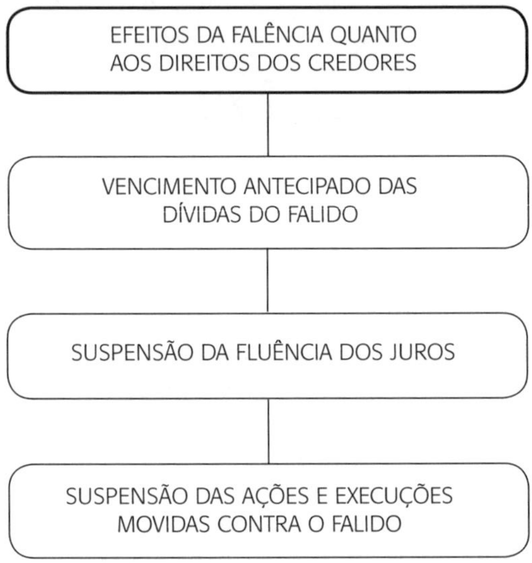

Capítulo XV

DOS EFEITOS DA FALÊNCIA QUANTO À PESSOA DO FALIDO

Sumário: 1. Restrições à capacidade processual do falido e à sua liberdade de locomoção. 2. Obrigações que lhe são impostas. 3. Proibição para o exercício da atividade empresarial. 4. Continuação do negócio. 5. Sujeição à prisão. Resumo. Recapitulação.

1. RESTRIÇÕES À CAPACIDADE PROCESSUAL DO FALIDO E À SUA LIBERDADE DE LOCOMOÇÃO

Declarada a falência, sofre o falido sérias restrições à sua capacidade processual, não podendo, por via de consequência, figurar como autor ou réu em ações patrimoniais de interesse da massa, ficando impedido, inclusive, de praticar qualquer ato que se refira, direta ou indiretamente, aos bens, interesses, direitos e obrigações compreendidos na falência, sob pena de nulidade, a ser declarada de ofício, independentemente de prova de prejuízo.

Outra restrição que decorre da declaração da falência é a que impõe ao falido a obrigação de não se ausentar do lugar da falência sem a devida autorização judicial:

> "Art. 104. A decretação da falência impõe ao falido os seguintes deveres:
>
> ... III – não se ausentar do lugar onde se processa a falência sem motivo justo e comunicação expressa ao juiz, e sem deixar procurador bastante, sob as penas cominadas na lei".

A restrição em apreço justifica-se pelo fato de estar o falido obrigado a comparecer a todos os atos da falência, auxiliando e prestando, verbalmente ou por escrito, as informações reclamadas pelo juiz, administrador, Ministério Público e credores em geral, devendo ainda examinar as declarações de crédito, assistir ao levantamento e verificação do balanço, proferindo, outrossim, parecer sobre as contas do administrador judicial.

Objetiva, pois, a medida restritiva, obrigar o falido a permanecer à disposição do juízo da falência para o fiel cumprimento das obrigações mencionadas.

2. OBRIGAÇÕES QUE LHE SÃO IMPOSTAS

A declaração da falência impõe ao falido inúmeras obrigações que, se não cumpridas fielmente, podem redundar na sua prisão.

Assim é que, tão logo tome conhecimento da quebra, deve dirigir-se ao juízo da falência, onde firmará, em cartório, termo de comparecimento, quando indicará o seu nome, nacionalidade, estado civil, endereço, devendo ainda declarar, para constar do dito termo:

a) as causas determinantes da falência, quando pelos credores requerida;

b) se tem firma inscrita, quando a inscreveu, exibindo a prova;

c) tratando-se de sociedade, os nomes e residências de todos os sócios, apresentando o contrato, se houver, bem como a declaração relativa à inscrição da firma;

d) o nome do contador encarregado da escrituração dos seus livros obrigatórios;

e) os mandatos que porventura tenha outorgado, indicando o seu objeto e o nome e endereço do mandatário;

f) quais os seus bens imóveis e quais os móveis que não se encontram no estabelecimento;

g) se faz parte de outras sociedades, exibindo, no caso afirmativo, o respectivo contrato.

Nessa mesma oportunidade, deve depositar em cartório os seus livros obrigatórios, livros esses que, depois de encerrados por termo lavrado pelo escrivão e assinado pelo juiz, devem ser entregues ao administrador judicial.

3. PROIBIÇÃO PARA O EXERCÍCIO DA ATIVIDADE EMPRESARIAL

Em que pese não cercar-se a falência do rigorismo que a caracterizava no passado, quando ao falido eram impostas pesadas restrições que, inclusive, cercavam-no de infâmia, subsistem, como já se observou, inúmeras restrições à pessoa do falido, destacando-se dentre elas a proibição do exercício da atividade empresarial.

Essa restrição, de todo conveniente ressaltar, é uma decorrência da perda da administração dos bens, pelo falido.

O art. 972 do Código Civil declara que a atividade de empresário pode ser exercida por aqueles que estiverem em pleno gozo da capacidade civil e não forem legalmente impedidos.

A capacidade civil plena pressupõe a livre administração de bens, como expressamente estatui a Lei Civil.

Ora, uma das consequências da declaração da falência é, exatamente, a de privar o falido da administração dos seus bens, consoante o que prevê a Lei n. 11.101/2005:

> "Art. 103. Desde a decretação da falência, ou do sequestro, o devedor perde o direito de administrar os seus bens ou deles dispor".

Em consequência, com a decretação da quebra fica o falido proibido de exercer qualquer atividade empresarial (art. 102 da Lei Falimentar).

O falido é considerado não habilitado processualmente, não podendo figurar como autor ou réu, nas ações patrimoniais de interesses da massa. Todavia, conquanto sofra restrições em decorrência da falência, continua plenamente capaz para os demais atos da vida civil.

4. CONTINUAÇÃO DO NEGÓCIO

Objetivando a preservação da empresa, a Lei de Falências, no seu art. 99, XI, faculta ao juiz decidir pela continuação das atividades do falido, com o administrador judicial. A *continuação das atividades do falido* tem caráter provisório e, a rigor, dar-se-á quando plenamente viável, ensejando, outrossim, a alienação da própria empresa, ou de unidades produtivas, a teor do que dispõe o art. 140, I e II, da Lei Falimentar.

5. SUJEIÇÃO À PRISÃO

No decorrer de todo o processo está o falido sujeito à prisão, o que pode ocorrer de início, com a declaração da falência, constatada pelo juiz prova de crime falimentar:

> "Art. 99. A sentença que decretar a falência do devedor, dentre outras determinações:
>
> ... VII – determinará as diligências necessárias para salvaguardar os interesses das partes envolvidas, podendo ordenar a prisão preventiva do falido ou de seus administradores quando requerida com fundamento em provas da prática de crime definido nesta Lei".

Outrossim, faltando ao cumprimento dos deveres que lhe são impostos pela Lei de Falências, responderá o falido pelo crime de desobediência (art. 104, parágrafo único).

De outro lado, as disposições penais da Lei de Falências preveem, na ocorrência de crimes falimentares, penas que variam da prestação de serviços à comunidade à pena de detenção e à de reclusão (arts. 168 a 178).

Resumo

Restrições à capacidade processual do falido. Declarada a falência, sofre o falido sérias restrições à sua capacidade processual, não podendo, por via de consequência, figurar como autor ou réu em ações patrimoniais de interesse da massa.

Restrições à liberdade de locomoção. Outra restrição que decorre da declaração da falência é a que impõe ao falido a obrigação de não se ausentar do lugar da falência sem a devida autorização judicial.

Obrigações que lhe são impostas. Deve o falido firmar termo de compromisso, no Cartório do Juízo da Falência, declarando:

a) as causas determinantes da falência, quando pelos credores requerida;
b) se tem firma inscrita, quando a inscreveu, exibindo a prova;
c) tratando-se de sociedade, os nomes e residências de todos os sócios, apresentando o contrato, se houver, bem como a declaração relativa à inscrição da firma;
d) o nome do contador encarregado da escrituração dos seus livros comerciais;
e) os mandatos que porventura tenha outorgado, indicando o seu objeto e o nome e endereço do mandatário;

f) quais os seus bens imóveis e quais os móveis que não se encontram no estabelecimento;

g) se faz parte de outras sociedades, exibindo, no caso afirmativo, o respectivo contrato.

Depositará, outrossim, em cartório, os seus livros obrigatórios, os quais, depois de encerrados por termo lavrado pelo escrivão e assinado pelo juiz, serão entregues ao administrador judicial.

Recapitulação

1. Que objetiva a proibição imposta ao falido de não se ausentar do lugar da falência?

R. O falido está obrigado a comparecer a todos os atos da falência, auxiliando e prestando as informações solicitadas pelo juiz, administrador, Ministério Público e credores em geral, devendo ainda examinar as declarações de crédito, assistir ao levantamento e verificação do balanço, inclusive proferindo parecer sobre as contas do administrador. Daí a proibição de se ausentar do lugar da falência, sem prévia autorização do juiz.

2. Qual a primeira providência a ser tomada pelo falido, quando da declaração da sua falência?

R. Tão logo tome conhecimento da sua falência, deve o falido dirigir-se, em companhia de seu respectivo advogado, ao cartório do juízo da quebra, onde firmará *termo de comparecimento*, indicando seu nome, estado civil e endereço, declarando, outrossim, as causas determinantes da falência. Deve, ainda, apresentar os livros obrigatórios, os quais, posteriormente, são entregues ao administrador judicial.

3. As restrições à capacidade processual do falido são amplas, envolvendo, inclusive, sua capacidade civil?

R. Não. Conquanto sofra restrições em decorrência da sua falência, o devedor continua plenamente capaz.

4. Pode o juiz, na própria sentença declaratória da falência, decretar a prisão do devedor?

R. A resposta é afirmativa. Em conformidade com o disposto no art. 99, VII, da Lei n. 11.101/2005, o juiz pode, na sentença declaratória da falência, ordenar a prisão do devedor, quando haja provas da prática de crime definido na Lei de Falências, antiga lei de quebras.

5. Com a declaração da falência, fica o devedor proibido de exercer atividades empresariais?

R. Nos termos do art. 102 da Lei de Falências, o devedor fica inabilitado para exercer qualquer atividade empresarial até sentença que julgue extintas suas obrigações.

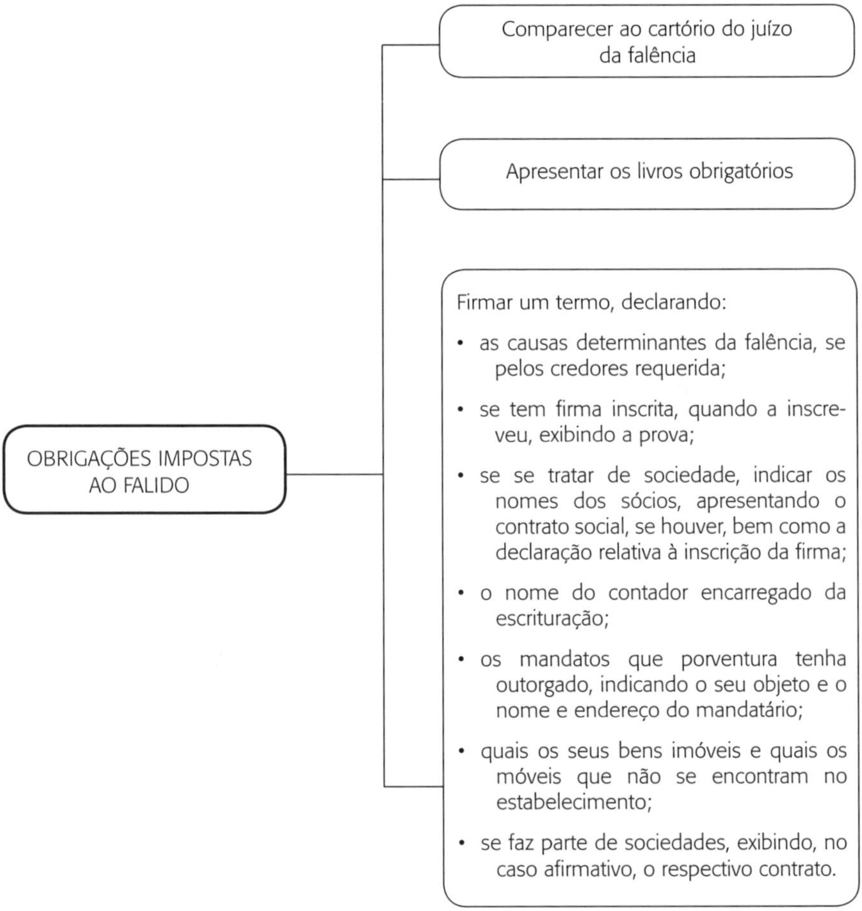

Capítulo XVI

DOS EFEITOS DA FALÊNCIA QUANTO AOS BENS DO FALIDO

Sumário: 1. Perda da administração e disposição dos seus bens. 2. Bens que não se compreendem na falência. 3. A meação da mulher casada e a falência do empresário individual. 4. Nulidade dos atos praticados pelo falido quanto aos bens. Resumo. Recapitulação.

1. PERDA DA ADMINISTRAÇÃO E DISPOSIÇÃO DOS SEUS BENS

A falência, como já observamos, tanto pode recair sobre o empresário singular, individual, pessoa física, como sobre o empresário coletivo, a sociedade empresária, pessoa jurídica.

Em se tratando de empresário individual, pessoa física, as consequências da decretação da falência se fazem sentir diretamente sobre a pessoa do falido, independentemente dos reflexos sobre os seus bens. Se se trata de empresário coletivo, sociedade empresária, a sentença falimentar atua não só sobre os bens da sociedade como também sobre as pessoas dos sócios, administradores ou diretores – são os chamados efeitos da falência quanto à pessoa do falido.

Um dos primeiros efeitos da falência é privar o falido da administração dos seus bens e negócios, substituindo-o pela figura do administrador judicial.

Com efeito, decretada a falência, uma das primeiras medidas do juiz é a nomeação do administrador, a quem compete administrar os bens e os negócios da massa falida, ficando deles desapossado o falido, como preceitua o art. 103 da Lei de Falências:

> "Desde a decretação da falência ou do sequestro, o devedor perde o direito de administrar os seus bens ou deles dispor".

A falência, quando requerida com base nas hipóteses previstas no art. 94, III e alíneas, da Lei Falimentar, pode ser precedida do sequestro dos bens do devedor – é o chamado *sequestro preliminar da falência*, caso em que o falido, mesmo antes da decretação da quebra, perde a administração dos seus bens.

A perda da administração dos bens é uma decorrência natural da falência, realizando-se de pleno direito, como bem observou Carvalho de Mendonça, "independentemente de qualquer intimação ou outra formalidade, menção expressa ou ato judicial investindo os representantes da massa nessa administração".

Ressalte-se, contudo, que a perda da administração dos bens não priva o falido da propriedade sobre eles, o que só ocorre mais tarde, quando da sua alienação.

> Com a decretação da falência o devedor é desapossado de seus bens, não podendo mais administrá-los e deles dispor.

2. BENS QUE NÃO SE COMPREENDEM NA FALÊNCIA

A execução é um processo que objetiva tornar efetiva a responsabilidade, só alcançando, como se sabe, bens disponíveis. Determinados bens, porque inalienáveis ou impenhoráveis, não são, por isso mesmo, abrangidos pela falência.

Tais bens são de três categorias, a saber:

a) bens inalienáveis por força de lei;

b) bens inalienáveis por ato voluntário;

c) bens impenhoráveis.

São inalienáveis por força de lei os *bens públicos* (art. 100 do CC) e o *bem de família* (art. 1.711 do CC). São inalienáveis por ato voluntário os bens gravados por testadores (art. 1.911 do CC).

São impenhoráveis, na forma do que prescreve o **art. 833 do CPC/2015**:

> "I – os bens inalienáveis e os declarados, por ato voluntário, não sujeitos à execução;
>
> II – os móveis, pertences e as utilidades domésticas que guarnecem a residência do executado, salvo os de elevado valor ou que ultrapassem as necessidades comuns correspondentes a um médio padrão de vida;
>
> III – os vestuários, bem como os pertences de uso pessoal do executado, salvo se de elevado valor;

IV – os vencimentos, os subsídios, os soldos, os salários, as remunerações, os proventos de aposentadoria, as pensões, os pecúlios e os montepios, bem como as quantias recebidas por liberalidade de terceiro e destinadas ao sustento do devedor e de sua família, os ganhos de trabalhador autônomo e os honorários de profissional liberal, observado o disposto no § 2º;

V – os livros, as máquinas, as ferramentas, os utensílios, os instrumentos ou outros bens móveis necessários ou úteis ao exercício da profissão do executado;

VI – o seguro de vida;

VII – os materiais necessários para obras em andamento, salvo se essas forem penhoradas;

VIII – a pequena propriedade rural, assim definida em lei, desde que trabalhada pela família;

IX – os recursos públicos recebidos por instituições privadas para aplicação compulsória em educação, saúde ou assistência social;

X – a quantia depositada em caderneta de poupança, até o limite de 40 (quarenta) salários mínimos;

XI – os recursos públicos do fundo partidário recebidos por partido político, nos termos da lei;

XII – os **créditos** oriundos de alienação de unidades imobiliárias, sob regime de incorporação imobiliária, vinculados à execução da obra.

§ 1º A impenhorabilidade não é oponível à execução de dívida relativa ao próprio bem, inclusive àquela contraída para sua aquisição".

Os bens inalienáveis, ainda que expressamente não contenham cláusula de impenhorabilidade, são, também, absolutamente impenhoráveis, por isso que inalienáveis.

A admissão da penhora sobre tais bens implicaria acolhida à alienação, já que a penhora deve ser considerada uma forma de transferência a outrem, por força da execução.

Nesse sentido, acórdão do Egrégio Tribunal de Justiça do Estado de São Paulo:

> "Os bens tornados inalienáveis por força de testamento ou de contrato são, também, absolutamente impenhoráveis, ainda que o testador ou doador não tenha imposto, expressamente, sua impenhorabilidade, sim a inalienabilidade dos mesmos" (*RT*, 366/217).

Nos termos do art. 108, § 4º, da Lei de Falências, "não serão arrecadados os bens absolutamente impenhoráveis".

3. A MEAÇÃO DA MULHER CASADA E A FALÊNCIA DO EMPRESÁRIO INDIVIDUAL

Se a falência recai sobre uma sociedade, nenhuma implicação dela pode decorrer com relação à meação da mulher casada, já que o patrimônio da pessoa jurídica não se confunde com os bens particulares dos seus respectivos sócios.

O mesmo, entretanto, não ocorre em se tratando de empresário individual, em que esta separação não existe, confundindo-se os bens.

Assim, na ocorrência de falência de empresário individual, é de se indagar se os bens particulares ou a meação nos bens comuns, de sua mulher, devem ser ou não arrecadados pela massa.

A questão não é de difícil solução, conquanto objeto de controvérsias doutrinária e jurisprudencial. Se o casamento foi celebrado com separação de bens, aqueles bens que a mulher possuía anteriormente ao casamento, evidentemente, não deverão ser arrecadados pela massa. Mas, se o forem, à mulher será facultado opor-se por via de embargos de terceiro.

No regime de separação de bens, como se sabe, cada cônjuge conserva para si os bens que possuía antes de contrair núpcias.

Nessas condições, os bens particulares da mulher, isto é, aqueles que já possuía anteriormente ao matrimônio, ou aqueles herdados ou recebidos em doação, ainda que depois do casamento, não poderão ser atingidos pela falência.

Os bens não envolvidos pela falência não podem ser arrecadados, como os bens particulares da mulher e dos filhos do casal. Na verdade, tais bens, como salienta Silva Pacheco, são bens de terceiros e, como tal, não são arrecadáveis.

No regime de separação, os bens da mulher não podem, igualmente, ser envolvidos pela falência, salvo aqueles adquiridos na constância do casamento.

Ressalte-se a regra disposta no art. 1.663, § 1º, do Código Civil:

> "As dívidas contraídas no exercício da administração obrigam os bens comuns e particulares do cônjuge que os administra, e os do outro na razão do proveito que houver auferido".

No regime de participação final nos aquestos, "pelas dívidas posteriores ao casamento, contraídas por um dos cônjuges, somente este responderá, salvo prova de terem revertido, parcial ou totalmente, em benefício de outro" (art. 1.677 do CC).

4. NULIDADE DOS ATOS PRATICADOS PELO FALIDO QUANTO AOS BENS

Como já se observou, uma das consequências da declaração da falência é a de privar o falido do direito de administrar e dispor dos seus bens.

Em consequência, desde o momento da abertura da falência, ou do sequestro preliminar, não pode o falido praticar qualquer ato que se refira, direta ou indiretamente, aos bens, interesses, direitos ou obrigações compreendidos na quebra.

Quaisquer atos praticados com referência a tais bens são nulos de pleno direito, nulidade a ser declarada de ofício, independentemente de prova de prejuízo.

Resumo

Perda da administração e disposição dos seus bens. Um dos primeiros efeitos da falência é privar o falido da administração dos seus bens e negócios, substituindo-o pela figura do administrador judicial:

> "Desde o momento da abertura da falência, ou da decretação do sequestro, o devedor perde o direito de administrar os seus bens e deles dispor".

Bens que não se compreendem na falência. A execução é um processo que objetiva tornar efetiva a responsabilidade, só alcançando, como se sabe, bens disponíveis. Determinados bens, porque inalienáveis ou impenhoráveis, não são, por isso mesmo, abrangidos pela falência. Tais bens são de três categorias, a saber:

a) bens inalienáveis por força de lei;

b) bens inalienáveis por ato voluntário;

c) bens absolutamente impenhoráveis.

A meação da mulher casada e a falência do empresário individual. Na ocorrência de falência de empresário individual, é de se indagar se os bens particulares ou a meação nos bens comuns, de sua mulher, devem ser ou não arrecadados pela massa.

Se o casamento foi celebrado com separação de bens, aqueles bens que a mulher possuía anteriormente ao casamento, evidentemente, não podem ser arrecadados. Mas, se o forem, à mulher será facultado opor-se por via de embargos de terceiro.

Se o regime adotado for o de comunhão de bens, mister se fazem duas indagações: a) o exercício de atividade empresarial pelo marido era do conhecimento de sua mulher?; b) o casal se beneficiou do produto de tal atividade?

Se afirmativas as respostas, todos os bens do casal e, por conseguinte, a meação da mulher serão atingidos pela falência.

Nulidade dos atos praticados pelo falido quanto aos bens. Desde o momento da abertura da falência, ou do sequestro preliminar, não pode o falido praticar qualquer ato que se refira, direta ou indiretamente, aos bens, interesses, direitos ou obrigações compreendidos na quebra – sob pena de nulidade a ser declarada de ofício.

Recapitulação

1. Qual a consequência mais grave que ao devedor ocorre, na eventualidade da sua falência?

R. Um dos primeiros efeitos, senão o primeiro e dos mais graves, é a perda da administração dos bens e negócios que é transferida ao administrador judicial.

2. Todos os bens são abrangidos por tal restrição?

R. A falência só abrange os bens disponíveis. Determinados bens, ou porque inalienáveis ou impenhoráveis, não são, por isso mesmo, abrangidos pela falência.

3. Quais os bens não abrangidos pela falência?

R. Tais bens são:

a) bens inalienáveis por força de lei, como os bens públicos;

b) bens inalienáveis por ato voluntário, como as doações com cláusula de inalienabilidade;

c) bens absolutamente impenhoráveis, como os vencimentos, os subsídios e os salários.

4. Os bens da mulher casada são abrangidos pela falência do empresário individual?

R. Há duas hipóteses distintas: se o casamento foi celebrado com separação de bens, aqueles que a mulher possuía anteriormente ao matrimônio não são arrecadados pela massa; se, todavia, o regime adotado foi o de comunhão universal, os bens serão integralmente arrecadados, se a mulher, tendo conhecimento do exercício de atividade empresarial pelo marido, tenha também auferido vantagens.

5. Na eventualidade de o falido praticar qualquer ato que se refira aos interesses da massa, inexistindo prejuízos aos credores, terá eficácia?

R. Quaisquer atos praticados pelo falido, após a declaração da quebra, relacionados direta ou indiretamente com os bens, interesses, direitos ou obrigações compreendidos na falência, são nulos de pleno direito, independentemente de prova de prejuízo aos credores.

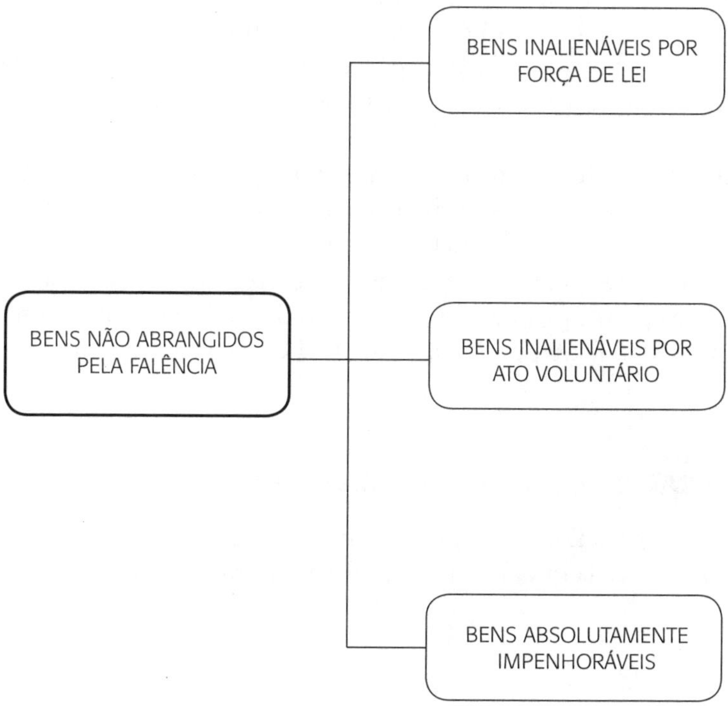

Capítulo XVII

DOS EFEITOS DA FALÊNCIA QUANTO AOS CONTRATOS DO FALIDO

Sumário: 1. Conceito de contrato. 2. Contratos unilaterais e bilaterais. 3. Efeitos da falência sobre os contratos unilaterais. 4. Efeitos da falência sobre os contratos bilaterais. 5. Regras especiais para determinados contratos. 6. Alienação fiduciária. 7. Contrato de trabalho. 8. Compensação das dívidas do falido. Resumo. Recapitulação.

1. CONCEITO DE CONTRATO

A obrigação, vínculo jurídico pelo qual as pessoas se obrigam a dar, fazer ou não fazer alguma coisa, via de regra, resulta do contrato. O Código Civil, arts. 421 a 435, não formulou uma definição do contrato, conceituado pelos romanos como *pactio duorum pluriumve in idem placitum consensus*, ou seja, o mútuo consenso de duas ou mais pessoas sobre o mesmo objeto[8].

Carvalho Santos define o contrato como "o ato jurídico que traduz o acordo de vontade de duas ou mais pessoas, para o fim de criar, resguardar, modificar ou extinguir uma relação jurídica".

O contrato é, pois, uma convenção que pressupõe, necessariamente, duas ou mais pessoas – por isso que acordo de vontades – mediante a qual se obrigam a dar, fazer ou não fazer alguma coisa. É, assim, um gerador de obrigações.

2. CONTRATOS UNILATERAIS E BILATERAIS

No estudo da falência é fundamental distinguir os contratos unilaterais dos bilaterais, já que distintos os efeitos em razão da quebra.

---

[8] O Código Civil, igualmente, não formulou conceito de contrato (*v.* "Dos contratos em geral", arts. 421 a 435).

> "Contratos unilaterais – diz Washington de Barros Monteiro – são aqueles em que só uma das partes se obriga em face da outra; mercê deles, um dos contratantes é exclusivamente credor, enquanto que o outro é exclusivamente devedor. É o caso da doação pura e simples, em que apenas o doador contrai obrigações, ao passo que o donatário só aufere vantagens, nenhuma obrigação assumindo, salvo o dever moral de gratidão. É o caso ainda do depósito, do mútuo e do mandato, além do comodato."
>
> "O negócio jurídico bilateral com eficácia só unilateral – ensina Pontes de Miranda – ou o é porque só um dos lados (contraente) adquire crédito, pretensão ou ação (*e. g.*, mútuo, promessa de doação), ou o é porque o crédito, pretensão ou ação de um contraente não equivale ao crédito, pretensão ou ação do outro (*e. g.*, mandato, depósito gratuito, comodato)."

São bilaterais, na lição de Washington de Barros Monteiro, "aqueles que criam obrigações para ambas as partes e essas obrigações são recíprocas; cada uma das partes fica adstrita a uma prestação (*ultro citroque obligatio*). É o que acontece com a compra e venda, em que o vendedor fica obrigado a entregar alguma coisa ao outro contratante, enquanto que este, por seu turno, se obriga a pagar o preço ajustado".

Em suma, como já observamos, o contrato é sempre bilateral no sentido de composição, que pressupõe, necessariamente, duas manifestações de vontade, naquilo que Pontes de Miranda denomina *plano da existência.*

Quanto à sua eficácia, porém, o contrato é bilateral ou unilateral. No primeiro, as obrigações são recíprocas. No segundo, ao revés, só um dos contraentes assume obrigação. Exemplo do primeiro é a compra e venda, contrato bilateral mediante o qual um dos pactuantes se obriga a transferir o domínio de certa coisa, e o outro a pagar-lhe certo preço em dinheiro. Exemplo do segundo é a doação, contrato unilateral em que uma pessoa, por liberalidade, transfere bens de seu patrimônio a outra, que os aceita.

3. EFEITOS DA FALÊNCIA SOBRE OS CONTRATOS UNILATERAIS

Relativamente à falência há que se distinguir os contratos unilaterais em que o falido é devedor daqueles em que o falido é credor:

a) contratos unilaterais em que o falido é devedor;

b) contratos unilaterais em que o falido é credor.

Os primeiros vencem-se com a declaração da falência, facultando-se aos credores a habilitação de seus respectivos créditos.

Os segundos, isto é, os contratos unilaterais em que o falido é credor, não se vencem com a falência, permanecendo inalterados.

Como ressalta o art. 77 da Lei Falimentar, "a decretação da falência determina o vencimento antecipado das dívidas do devedor..."

Assim, é evidente que a falência antecipa o vencimento dos contratos unilaterais em que o falido é devedor.

Contudo, no interesse da massa falida, poderá o administrador judicial cumpri-los, como prevê o art. 118 da Lei de Falências:

> "O administrador judicial, mediante autorização do Comitê, poderá dar cumprimento a contrato unilateral se esse fato reduzir ou evitar o aumento do passivo da massa falida ou for necessário à manutenção e preservação de seus ativos, realizando o pagamento da prestação pela qual está obrigada".

4. EFEITOS DA FALÊNCIA SOBRE OS CONTRATOS BILATERAIS

Os contratos bilaterais, ao revés do que ocorre com os contratos unilaterais, em que o falido é credor, não se resolvem com a falência, podendo ser executados pelo administrador, se este achar de conveniência para a massa. É o que declara o art. 117 da Lei n. 11.101/2005:

> "Os contratos bilaterais não se resolvem pela falência e podem ser cumpridos pelo administrador judicial se o cumprimento reduzir ou evitar o aumento do passivo da massa falida ou for necessário à manutenção e preservação de seus ativos, mediante autorização do Comitê".

Ficam, assim, os contratos bilaterais sujeitos ao crivo do administrador judicial que, se não entender conveniente para a massa, deixará de executá-los.

Ao contraente é dado interpelar o administrador judicial, no prazo de **90 dias**, para que, dentro de **10 dias**, declare se cumpre ou não o contrato. Se, findo esse prazo, o administrador nada responder, ou responder negativamente, assegurado é ao contraente o direito à respectiva indenização, a ser apurada em ação ordinária, e que se constituirá em crédito quirografário – art. 117 da Lei de Falências.

5. REGRAS ESPECIAIS PARA DETERMINADOS CONTRATOS

Determinados contratos, na ocorrência de falência, sujeitam-se a regras especiais, expressamente previstas no art. 119 da Lei Falimentar. São eles os relativos a:

a) coisas vendidas e em trânsito;

b) venda de coisas compostas;

c) coisa móvel vendida a prestação;

d) venda com reserva de domínio;

e) coisa vendida a termo;

f) promessa de compra e venda de imóveis;

g) contrato de locação;

h) obrigações no âmbito do sistema financeiro;

i) patrimônios de afetação constituídos para cumprimento de destinação específica;

j) mandato;

k) comissão;

l) conta corrente.

Vejamos todos eles:

a) Coisas vendidas e em trânsito. O vendedor pode entregar a mercadoria vendida ao respectivo comprador, de duas formas:

1ª) pela tradição real;

2ª) pela tradição simbólica.

Tradição, do latim *traditio*, significa, no sentido em que é empregada a palavra, *transmissão*, *entrega*.

Dá-se a tradição real pela efetiva entrega da coisa vendida, transferindo-se ao comprador a sua posse material.

Ocorre a transmissão simbólica quando, em lugar da coisa vendida, entrega-se outra que a represente e que possa proporcionar, posteriormente, a posse material daquela.

Reputa-se tradição simbólica a remessa e a aceitação da fatura, sem oposição imediata do comprador.

Fatura é uma nota do vendedor, descrevendo a mercadoria, discriminando sua qualidade e quantidade, fixando-lhe o preço (art. 1º da Lei n. 5.474, de 18-7-1968, com as alterações introduzidas pelo Dec.-lei n. 436, de 27-1-1969).

De posse da fatura, pode o comprador dispor livremente da mercadoria, inclusive revendendo-a a terceiros.

A tradição simbólica, ainda que não envolva a efetiva entrega da mercadoria, transmite a propriedade da coisa vendida, não admitindo, por via de consequência, a sua retenção pelo vendedor, salvo a ocorrência de falência do comprador.

Com efeito, o art. 119, I, da Lei de Falências, deixa claro que a coisa vendida e em trânsito pode ser retida pelo vendedor – a menos que o falido, antes do requerimento da falência, a tiver revendido, sem fraude, à vista das faturas e conhecimentos de transporte, entregues ou remetidos pelo vendedor.

Nessas condições, ainda que entregue simbolicamente, pode a mercadoria ser retida, se em trânsito, desde que o falido, de posse da fatura, não a tenha revendido, sem fraude, antes do requerimento da falência. Se a revenda se deu após o requerimento da quebra, ou se foi levada a efeito para fraudar credores, é lícita a retenção pelo comprador.

Na ocorrência de falência do comprador, encontrando-se a mercadoria em trânsito (a caminho do seu destino) e se o comprador (o falido), embora munido da fatura, não a tenha revendido antes do requerimento da quebra, lícito é ao vendedor retê-la, ainda que tenha havido tradição simbólica.

b) Venda de coisas compostas. Coisas compostas são coisas heterogêneas (de naturezas distintas), que, unidas, formam um todo, como o exemplo clássico dado por Clóvis Beviláqua: "... um edifício, onde há paredes, traves, portas, jardins etc."

Na atividade empresarial há grande variedade de coisas compostas, constituídas de peças e aparelhos distintos, tais como máquinas industriais, balcões, balanças e outros objetos.

Não raras vezes tais aparelhos, embora vendidos integralmente, são entregues ao comprador parceladamente, peça por peça.

Na eventualidade de tal fato, sobrevindo a falência do vendedor, ao administrador é dado decidir pela *não execução* do contrato. Nessa hipótese, pode o comprador colocar as peças já recebidas à disposição da massa, pleiteando dela perdas e danos em decorrência do descumprimento do contrato.

A ação em questão, por envolver manifesto interesse dos credores e, portanto, da massa, há de ser proposta perante o próprio juízo da falência.

c) Coisa móvel vendida a prestação. Nas vendas a prestação, via de regra, a coisa é entregue ao comprador mediante o pagamento de um sinal ou da primeira prestação e, em determinadas circunstâncias, até mesmo sem qualquer pagamento, bastando a assinatura do contrato e das respectivas cambiais.

Na eventualidade de falência do vendedor, que ainda não tenha entregue a coisa móvel vendida a prestações, não cumprido o contrato pelo administrador, o crédito relativo às prestações pagas será habilitado na classe própria.

d) Venda com reserva de domínio. Na venda com reserva de domínio – *pactum reservati dominii* – o comprador só se torna efetivamente proprietário da coisa por ele adquirida com o total pagamento da dívida, conforme consta dos arts. 521 a 528 do Código Civil (CC) de 2002.

A venda é feita a prestações, garantindo-se o vendedor com a reserva de domínio, vale dizer, conservando o vendedor a propriedade da coisa vendida, até o seu integral pagamento.

O comprador tem, desde logo, a posse que lhe possibilita o uso e gozo da coisa, só adquirindo a sua propriedade, entretanto, após o pagamento das prestações.

> "Dá-se a reserva de domínio – ensina Caio Mário da Silva Pereira – quando se estipula pacto adjeto ao contrato de compra e venda, em virtude do qual o vendedor reserva para si a propriedade da coisa alienada, até o momento em que se realiza o pagamento integral do preço. É usado nas vendas a prestações, com investidura do comprador, desde logo, na posse da *res vendita*, ao mesmo passo que se subordina a aquisição do domínio à solução da última prestação."

Na eventualidade de o comprador (que tem a posse, uso e gozo da coisa) vir a falir, pode o administrador judicial concluir pela execução do contrato, prosseguindo no pagamento das parcelas restantes.

Todavia, na hipótese de a massa não possuir meios para a execução do contrato, o vendedor (que conserva a propriedade da coisa vendida) poderá requerer sua *restituição*.

Purgada a mora, obviamente, o bem retorna à posse do comprador. Contestada a ação, esta segue, a partir de então, o procedimento comum.

Julgada procedente, o vendedor será reintegrado definitivamente na posse do bem.

Descontadas as despesas judiciais e extrajudiciais havidas pelo vendedor, este deve restituir ao comprador o saldo, se houver.

Sobrevindo a quebra do comprador, não decidindo o administrador pela execução do contrato, deve este último, pura e simplesmente, requerer ao juiz da falência a citação do vendedor, colocando a coisa à sua disposição, não sem antes providenciar a sua avaliação.

Ao reaver o bem, deve o vendedor, descontadas as despesas judiciais e extrajudiciais havidas, devolver à massa o excedente do seu crédito. Por outro lado, entendemos que ao vendedor é lícito utilizar-se do *pedido de restituição falimentar*, interpelando previamente o administrador para que este opte pela execução do contrato ou pela sua resolução.

e) **Coisa vendida a termo.** Termo significa prazo, tempo. Ocorre a venda a termo quando, embora realizada a transação, vendedor e comprador convencionam um prazo para a entrega da coisa e o seu respectivo pagamento.

> "Denominam-se operações a termo as negociações ou contratos que as partes formam para lhes dar execução em época diferida, porém, exata e irrevogavelmente fixada", preleciona Carvalho de Mendonça.
>
> "Vendedor e comprador acordam-se no preço e na coisa, e convencionam, ao mesmo tempo, que esta será entregue e aquele pago num termo determinado. Desse modo, comprador e vendedor gozam de certo prazo, aquele para o pagamento do preço e este para a entrega da coisa vendida."

Ainda na lição de Carvalho de Mendonça, a venda a termo oferece duas fases distintas: "... a da formação, ou conclusão, e a da liquidação, efetuada cada uma em época diferente".

Desde o início ficam as partes obrigadas, muito embora a compra e venda só venha a ser executada posteriormente:

> "Outrossim, nas operações a termo não ocorre a condição suspensiva; o termo não suspende o nascimento das obrigações assumidas pelos contratantes, mas somente a execução. As partes, desde o momento do ajuste, ficam definitivamente vinculadas; cabe-lhes executar a compra e venda no vencimento do termo sem poderem se desligar do contrato ou resolvê-lo. A *mora solvendi* importa, para todos os efeitos, no inadimplemento do contrato".

A venda a termo se insere nos chamados *contratos aleatórios*, assim considerados aqueles sujeitos a incertezas, uma vez que entre a sua celebração e a sua liquidação pode ocorrer variação no preço do produto, hipótese em que os pactuantes assumem os riscos.

Ressalte-se que, na venda a termo, tanto o comprador pode não possuir dinheiro no momento da celebração do negócio – o preço só será pago no termo, no prazo prefixado – como o vendedor pode não possuir a coisa – que, igualmente, só será entregue no termo, no prazo estabelecido.

É a *venda a descoberto*, como preleciona Carvalho de Mendonça:

> "As operações a termo realizam-se ordinariamente *a descoberto*, tanto por parte do vendedor como do comprador ou de ambos. A descoberto significa não ter o vendedor, na ocasião em que ajusta a operação, os títulos, ou as mercadorias que vende, e o comprador a importância correspondente ao preço que deve pagar, ou não terem o vendedor e o comprador nem títulos ou mercadoria, nem dinheiro".

Assim, tanto o dinheiro quanto o produto podem ser providenciados no espaço de tempo existente entre a celebração e a liquidação do negócio.

A venda a termo normalmente é utilizada nos negócios e especulações das bolsas em geral – mercados de valores móveis e mercadorias. Celebrado um contrato a termo, se uma das partes vier a falir, a massa – vencido o termo – pagará ou receberá a diferença de preço que existir entre a cotação do dia do contrato e a época da liquidação:

> "Tratando-se de coisas vendidas a termo, que tenham cotação em bolsa ou mercado, e não se executando o contrato pela efetiva entrega daquelas e pagamento do preço, prestar-se-á a diferença entre a cotação do dia do contrato e a da época da liquidação em bolsa ou mercado" (art. 119, V).

f) Promessa de compra e venda de imóveis. Como já tivemos ensejo de observar, na venda a prestação de coisas móveis, o vendedor garante-se reservando o domínio, a propriedade do bem transacionado, só transferindo ao comprador a posse – é a venda com reserva de domínio.

Na venda de imóveis a prestações ocorre o mesmo, isto é, o vendedor, mediante promessa de compra e venda, conserva o domínio, só transferindo a posse, uso e gozo ao comprador, até o pagamento integral do preço, quando então lhe é outorgada a escritura definitiva.

Na ocorrência de falência do promitente-vendedor, tal contrato não se resolve, ficando o síndico obrigado a dar-lhe cumprimento.

Todavia, se o falido for o compromissário comprador, os seus direitos sobre o imóvel serão alienados, revertendo-se em favor da massa.

g) Contrato de locação. No que concerne ao contrato de locação, duas hipóteses diversas são contempladas na legislação falimentar:

1ª) falência do locador;

2ª) falência do locatário.

Na primeira hipótese, ou seja, na falência do locador, o contrato de locação subiste. Na segunda hipótese, isto é, na falência do locatário, o administrador judicial pode, a qualquer tempo, denunciar o contrato:

> "Art. 119. ...
>
> VII – a falência do locador não resolve o contrato de locação e, na falência do locatário, o administrador judicial pode, a qualquer momento, denunciar o contrato".

Observe-se que a manutenção do contrato de locação pode ser de suma importância por ocasião da realização do ativo, considerando-se a possibilidade da alienação da empresa, com a venda de estabelecimentos em bloco ou isoladamente.

h) Obrigações no âmbito do sistema financeiro. Em conformidade com o que dispõe o art. 119, VIII, da Lei Falimentar, na eventualidade de acordo para compensação e liquidação de obrigações no âmbito do sistema financeiro, a parte não falida poderá considerar o contrato vencido por antecipação, admitida a compensação de eventual crédito apurado em favor do falido com créditos detidos pelo contraente.

i) Patrimônios de afetação constituídos para cumprimento de destinação específica. A Lei n. 9.514, de 20 de novembro de 1997, instituiu a alienação fiduciária de coisa imóvel, definida no art. 22 do diploma legal nominado:

> "A alienação fiduciária regulada por esta Lei é o negócio jurídico pelo qual o devedor, ou fiduciante, com o escopo de garantia, contrata a transferência ao credor, ou fiduciário, da propriedade resolúvel de coisa imóvel".

Dado o imóvel em alienação fiduciária, o credor (fiduciário) pode fazer cessão em favor de uma empresa de securitização, podendo, esta última, emitir títulos imobiliários garantidos pelo imóvel, títulos estes transformados em *patrimônio de afetação*.

j) Mandato. Mandato, como se sabe, é autorização pela qual uma pessoa dá a outra poderes para representá-la.

Nos termos do art. 653 do CC/2002:

> "Opera-se o mandato quando alguém recebe de outrem poderes para, em seu nome, praticar atos ou administrar interesses. A procuração é o instrumento do mandato".

A Lei Falimentar contempla três hipóteses diversas, com relação ao mandato, que denominamos, para fins didáticos, procuração:

a) procuração *ad negotia*, conferida pelo falido, antes da decretação de sua falência;

b) procuração *ad judicia*, para o foro em geral outorgada pelo falido;

c) mandato outorgado ao falido e relacionado à sua atividade empresarial.

Na primeira hipótese (procuração *ad negotia*), exige-se o mandatário a prestar contas de sua gestão.

A segunda hipótese (procuração para o foro em geral), outorgada pelo falido, subsiste até que expressamente revogada pelo administrador judicial.

A terceira hipótese (mandato outorgado ao falido e relacionado com suas atividades empresariais) cessa com a falência.

k) Comissão. Comissão, na lição de Maria Helena Diniz, "é o contrato pelo qual uma pessoa (comissário) adquire ou vende bens, em seu próprio nome e responsabilidade, mas por ordem e por conta de outrem (comitente), em troca de certa remuneração, obrigando-se para com terceiros, com quem contrata".

Conquanto possua traços comuns com o mandato, dele distingue-se por agir o mandatário em seu próprio nome, obrigando-se pessoalmente.

O Código Civil disciplina a comissão nos arts. 693 a 709, revogados, em consequência, os arts. 253, 432 e 445 do Código Comercial que cuidavam dessa espécie de contrato.

O art. 693 do Código Civil declara que "o contrato de comissão tem por objeto a aquisição ou a venda de bens pelo comissário, em seu próprio nome, à conta do comitente".

Nos termos do art. 694 do mesmo Código, o comissário fica diretamente obrigado com as pessoas com quem contratar, sem qualquer responsabilidade do comitente.

A falência faz cessar, para o falido, a comissão – art. 120, § 2º, da Lei de Falências.

l) Contrato de conta corrente. Diz o art. 121 da Lei de Falências que:

> "As contas correntes com o devedor consideram-se encerradas no momento de decretação da falência, verificando-se o respectivo saldo".

A leitura deste dispositivo pode induzir a engano, fazendo crer tratar-se de simples *conta corrente contábil*, inserida no livro do mesmo nome – Livro de Contas-Correntes.

Na verdade, entretanto, a expressão *conta corrente* mencionada no dispositivo legal nominado diz respeito ao chamado contrato de conta corrente, que é coisa bem diversa.

Dá-se o contrato de conta corrente quando duas pessoas trocam valores ou mercadorias que são registradas em conta corrente, a título de crédito – *remessas recíprocas de valores* – que a final indicará o credor, pela diferença entre o débito e o crédito.

> "Celebra-se o contrato de conta corrente quando duas pessoas convencionam ou entram em relações de negócios, mediante recíprocas remessas por tempo determinado ou mesmo indeterminado, de valores ou mercadorias, que se registram em conta corrente, em partidas de crédito e débito, vencendo juros recíprocos, de molde a apurar-se o saldo devedor de uma e outra, na data de seu encerramento", ensina Waldemar Ferreira.

Na lição de Cesare Vivante:

> "... vi ha un contratto di conto corrente quando due contraenti si concedono temporariamente credito per le loro reciproche rimesse, affinchè colui che risulta creditore alla chiusura del conto possa esigere solamente la differenza tra il dare e l'avere".

Ou seja, existe um contrato de conta corrente quando dois contratantes se concedem temporariamente crédito, para suas recíprocas remessas, a fim de que aquele que aparece como credor no encerramento da conta possa exigir a diferença entre o *dever* e o *haver.*

São elementos constitutivos do contrato de conta corrente, como ensina Carvalho de Mendonça:

> "a) a remessa de valores, já pura e simples, já condicional. Diz-se remessa toda operação que dá direito a quem a faz de creditar-se na conta corrente, e pode consistir em mercadorias, dinheiro, títulos de crédito, pagamento por conta do outro correntista, ou aceite de saques etc.;
>
> b) a transformação destas remessas em artigo de crédito e débito; é este o alimento da conta corrente. Não há em absoluto a transferência de propriedade das remessas;
>
> c) a verificação de um saldo final, prestação única".

6. ALIENAÇÃO FIDUCIÁRIA

A alienação fiduciária é uma forma de financiamento. O financiador adianta uma determinada soma em dinheiro ao financiado para aquisição, por este, cujos **objetos** podem ser bens **móveis infungíveis** e/ou **imóveis**. Tal financiamento não se opera sem que o financiador esteja plenamente garantido, surgindo então a *alienação fiduciária* com natureza jurídica de **propriedade resolúvel** (art. 1.361 do CC).

Por ela o financiado transfere ao financiador a propriedade dos bens adquiridos, em garantia do pagamento do seu débito, mediante a condição de que, no pagamento do preço, a propriedade se lhe retorne, consubstanciando, na expressão de Orlando Gomes, a ***pretensão restitutória***.

A alienação fiduciária é, pois, uma transferência de domínio, em garantia de uma obrigação, como preleciona Alfredo Buzaid. A propriedade, nessas condições, é adquirida pelo fiduciário tão somente para garantir o seu crédito. Não é, portanto, proprietário pleno, mas titular de um direito sob condição resolutiva que pode ocorrer *ipso jure*, ou seja, de acordo com a lei, observando também a jurisprudência, conforme o que preveem as Súmulas 28 e 92 do STJ.

A posse se desdobra, conservando o fiduciário a posse indireta e o fiduciante a direta. O fiduciante é, outrossim, equiparado ao depositário, assumindo, por isso mesmo, todas as responsabilidades civis e penais decorrentes dessa condição. Em consequência, facultado é ao fiduciário, no inadimplemento do fiduciante, propor contra este ação de depósito (arts. 627 a 652 do CC/2002 e **311, III, do CPC/2015**), alienando a coisa a terceiro.

> "A mora decorrerá do simples vencimento do prazo para pagamento e poderá ser comprovada por ***carta registrada*** com ***aviso de recebimento***, não se exigindo que a assinatura constante do referido aviso seja a do próprio destinatário" (art. 2º, § 2º, do Decreto-lei n. 911/1969, alterado pela Lei n. 13.043, de 13-11-2014 – grifos nossos).

No caso de inadimplemento ou mora nas obrigações contratuais garantidas mediante alienação fiduciária, o proprietário fiduciário ou credor poderá vender a coisa a terceiros, independentemente de leilão, hasta pública, avaliação prévia ou qualquer outra medida judicial ou extrajudicial, salvo disposição expressa em contrário prevista no contrato, devendo aplicar o preço da venda no pagamento de seu crédito e das despesas decorrentes e entregar ao devedor o saldo apurado, se houver, com a devida ***prestação de contas***.

A falência antecipa o vencimento da obrigação e no direito brasileiro assegura ao fiduciário a faculdade de requerer a restituição do bem, devendo, na hipótese de vendê-lo a terceiros, reter o seu crédito, restituindo à massa o saldo apurado.

O credor fiduciário, dessa forma, não se sujeita à habilitação tal como a maioria maciça dos credores, já que os bens adquiridos fiduciariamente lhe pertencem até o resgate da dívida.

A alienação fiduciária tem diversas características, uma vez que é um **contrato acessório** (depende de uma obrigação principal), **bilateral**, **formal** (escritura pública ou particular) e **oneroso** cujos sujeitos **ativo** ou **passivo** são uma **pessoa física** ou **jurídica**, em conformidade com o disposto no art. 117 da Lei de Falências, e não se resolve pela quebra, podendo ser cumprido pelo administrador judicial no interesse da massa falida.

Assim, ao administrador judicial é dado, no interesse da massa, manter o negócio, pagando a dívida e, consequentemente, haver a coisa alienada fiduciariamente.

7. CONTRATO DE TRABALHO

O contrato de trabalho é um contrato bilateral, por isso que é o "negócio jurídico pelo qual uma pessoa física (empregado) se obriga, mediante o pagamento de uma contraprestação (salário), a prestar trabalho não eventual, em proveito de outra pessoa física ou jurídica (empregador), a quem fica juridicamente subordinada", na soberba definição de Délio Maranhão.

Estabelece, pois, obrigações e direitos recíprocos – daí ser bilateral.

Em se tratando de contrato bilateral, há de submeter-se à regra contida no art. 117 da Lei de Falências, não se extinguindo de pleno direito com a quebra, mas, ao revés, podendo ser executado pelo administrador, se conveniente para a massa.

Note-se que a decretação da falência não impede a continuação provisória da atividade empresarial, hipótese em que o contrato de trabalho, celebrado com os empregados, pelo falido, será rigorosamente cumprido pelo administrador.

Com efeito, em consonância com o disposto no art. 99, XI, da Lei de Falências, o juiz pode determinar a continuação provisória das atividades empresariais, mantidos, enquanto durar tais atividades, os contratos de trabalho:

> "Art. 99. A sentença que decretar a falência do devedor, dentre outras determinações:
>
> (...)

XI – pronunciar-se-á a respeito da continuação provisória das atividades do falido com o administrador judicial...”

É de se ressaltar, porém, que, quando da realização do ativo, na hipótese de alienação da empresa, com a venda em bloco ou em unidades produtivas isoladas (estabelecimentos empresariais), e aproveitamento dos seus respectivos empregados, extingue-se o contrato de trabalho anterior, formando-se outro vínculo laboral, sem que se possa falar em sucessão trabalhista. É o que está disposto no inciso II do art. 141 da Lei de Falências:

> “O objeto da alienação estará livre de qualquer ônus e não haverá sucessão do arrematante nas obrigações do devedor, inclusive as de natureza tributária, as derivadas da legislação do trabalho e as decorrentes de acidentes de trabalho”.

É, aliás, o que enfatiza o § 2º do citado dispositivo falimentar:

> “Empregados do devedor contratados pelo arrematante serão admitidos mediante novos contratos de trabalho e o arrematante não responde por obrigações decorrentes do contrato anterior”.

Os empregados do falido, gozando do privilégio que lhes assegura a legislação falimentar, obviamente receberão seus créditos da massa falida, por ocasião da alienação dos bens (realização do ativo).

A medida vem facilitar a alienação dos bens, com a venda de estabelecimentos em bloco ou isoladamente, preservando as unidades produtivas e assegurando a manutenção de empregos.

Observe-se que, na recuperação judicial (que substitui a concordata), os direitos trabalhistas estão sujeitos a disciplinação própria, examinada no Livro II – “Da Recuperação Judicial”.

A classificação do crédito trabalhista é, igualmente, objeto de estudo no Capítulo XXV – “Da Classificação dos Créditos”.

8. COMPENSAÇÃO DAS DÍVIDAS DO FALIDO

A compensação é um modo de extinção das obrigações, expressamente prevista no art. 368 do CC/2002:

> “Se duas pessoas forem ao mesmo tempo credor e devedor uma da outra, as duas obrigações extinguem-se, até onde se compensarem”.

Há duas espécies de **compensação**:

a) legal;

b) voluntária.

A primeira decorre da lei. A segunda, como o próprio nome deixa entrever, resulta da vontade das partes.

Em conformidade com o que dispõe o art. 369 do Código Civil, só se admite a compensação de dívidas líquidas, vencidas e de coisas fungíveis. Dívida líquida é aquela certa quanto à sua existência e determinada quanto ao seu objeto. Vencida é a dívida exigível, não se admitindo a compensação de dívidas desprovidas de ação, como preleciona Carvalho Santos. Coisa fungível é aquela que pode ser substituída por outra da mesma espécie, qualidade e quantidade.

A respeito da compensação, Osvaldo da Silva Rico (*Da compensação e da reconvenção no direito brasileiro*, 2. ed., Saraiva, 1983) diz o seguinte:

> "A palavra compensação vem do latim: 'pensare cum, pensare rem aliquam cum aliqua', ou seja, pesar na balança uma coisa com outra para ver se o peso é igual.
>
> *Compensação* é a extinção de duas obrigações, cujos credores são, concomitantemente, devedores recíprocos.
>
> É o desconto, que reciprocamente se faz, no que duas pessoas devem a outra, segundo Teixeira de Freitas.
>
> A compensação é um modo de extinção de obrigações recíprocas (J. M. de Carvalho Santos, *Repertório Enciclopédico do Direito Brasileiro*, Borsoi, v. 10, p. 36).
>
> 'Compensatio est debiti et crediti inter se contributio' (Modestino)".
>
> "É a extinção de duas obrigações, cujos credores são ao mesmo tempo devedores um do outro" (Washington de Barros Monteiro).
>
> "Vale a compensação, em última análise, como um pagamento forçado, porquanto o credor não a pode recusar quando o devedor lhe oponha (cf. Cunha Gonçalves, *Tratado*, n. 615)" (Osvaldo Rico, *Da compensação*, cit., p. 135-136).

A compensação, como se conclui do trecho transcrito, é um dos modos de extinção das obrigações, em decorrência de créditos e débitos simultâneos, o que ocorre quando os credores são, a um só tempo, devedores um do outro.

> "A compensação pode ser legal, convencional ou voluntária.

a) *Legal*: quando provém da lei, independendo da vontade das partes, operando mesmo que uma delas se oponha.

Pode a compensação legal ser declarada *ex officio*, ou faz-se mister à parte invocá-la em juízo?

Washington de Barros Monteiro afirma peremptoriamente que 'a compensação legal não pode ser declarada *ex officio*, cumprindo ao interessado alegá-la na fase própria do processo' (*Curso de direito civil*; direito das obrigações, Saraiva, 1960, Parte 1, p. 332).

Assim também era expressa a Ord., Livro 4, Título 78, *pr.* – 'contanto que se alegue'.

Entrementes, Giorgi nos ensinou:

'Certamente ao juiz é preciso que o devedor interessado em gozar da compensação dê conhecimento do contracrédito, sobre o qual se funda, e as condições que o acompanharam, e manifeste, assim, a vontade de compensar. Mas isso constitui um mero acidente resultante, não da sua organização jurídica, mas da exigência do procedimento obrigatório. A compensação legal não é como a prescrição, que a lei proíbe expressamente ao juiz de pronunciar de ofício, não precisando nem por texto de lei, nem em rigor dos princípios ser deduzida pela parte, nem de sentença que a canonize. A autoridade do juiz intervém, não para atribuir um direito de compensação, mas somente para solucionar o processo a declarar, a quem não quer crer, que a compensação se realizou em virtude da lei.

Pode o juiz, uma vez que conheça os elementos do fato, pronunciar de ofício a compensação legal.

Contra essa proposição insurgem-se respeitáveis autoridades, podendo-se mesmo invocar sentenças de tribunais superiores que a desprezaram. Mas é preciso convir que o dissídio é mais aparente que real, fazendo-se necessário tão somente conciliar com a enunciada proposição o outro princípio não menos certo, de que o interessado, sobretudo o devedor, pode no seu próprio interesse renunciar à compensação, fazendo-se condenar.

Convém a este propósito entender-se bem. Um devedor, que em todo curso do processo, omite-se de deduzir a compensação, deixa o juiz na ignorância das condições de fato em que ela se funda, ou que deduz meios de defesa incompatíveis com a vontade de compensar, não pode o juiz de ofício impor-lhe a compensação, por isso que o seu direito de renunciar é incontestável.

Só nesse sentido se explica a máxima de que a compensação não pode ser pronunciada de ofício. Restará somente pesquisar, de fato, se a atitude do devedor revela a intenção de renunciar.

Tudo isso concedemos à doutrina contrária. Mas poder-se-á daí deduzir que o juiz que chega a conhecer os fatos, que dão lugar à compensação legal, e não encontra indícios de renúncia, não deva levar em conta a compensação somente porque o devedor não articulou expressamente as palavras – opondo a compensação, ou não articulou a sua defesa em forma de exceção, como de estilo? Não o acreditamos. Hoje em dia a compensação legal é um *quid juris*; não se precisa levá-la ao conhecimento do magistrado senão para que ele conheça os fatos, que não pode adivinhar. Sob o império do direito antigo, quando a palavra *ipso jure* não tinha o sentido rigoroso que agora lhe é atribuído pelo nosso Código, acreditou-se por muito tempo que o efeito extintivo de ofício seria contrário aos princípios gerais sobre a extinção das obrigações. Mas desse rigor de princípios começaram, pouco a pouco, a afastar-se os jurisconsultos favoráveis, na interpretação do direito romano, ao sistema adotado mais tarde pelo Código.

Vem em seguida Pothier e, citando escritores do antigo direito francês, ensinou que a compensação operava os seus efeitos ainda que sem ser deduzida. Vem Merlin e diz, não que o devedor deva articular conclusões formais para pedir a compensação, mas que deve alegar o contracrédito para que o juiz deva pronunciar a compensação. E a doutrina de Merlin é que merece ser seguida. Seria contrário à lógica do direito admitir que a compensação se verifique por efeito da lei e, depois, exigir um pedido da parte, para que opere o seu efeito; seria contrário ao espírito da lei exigir a manifestação explícita da vontade de compensar, quando o legislador tanto presumia esta vontade, que ele próprio se encarregou de estatuir a compensação. Seria confundir a compensação legal com a facultativa e querer a todo custo o pedido do devedor' (*Obblig.*, v. 8, n. 41)" (Osvaldo Rico, *Da compensação,* cit., p. 145-148).

Conquanto uma forma de extinção das obrigações, para que se opere a **compensação legal** (assim considerada aquela decorrente de lei), imprescindível a sua arguição pela parte interessada, não se admitindo seja ela declarada de ofício, isto é, de plano, pelo juiz. Assim, cumpre à parte, no caso o falido, ou eventualmente seu credor e simultaneamente seu devedor, invocá-la perante o juiz, requerendo, na oportunidade, a sua decretação e consequente extinção das obrigações.

Na hipótese de saldo favorável ao credor do falido, a ele cumprirá habilitar-se como *credor quirografário.*

A compensação convencional ou voluntária, como o próprio nome deixa entrever, é aquela livremente pactuada, ou seja, resultante de composição entre as partes. Esta, a compensação convencional ou voluntária, há de ser, necessariamente, homologada pelo juiz, não produzindo seus efeitos senão a partir de então.

> "*Convencional ou voluntária*: ocorre quando houver convenção (acordo) entre as partes, que podem transigir, dispensando alguns de seus requisitos.
>
> A compensação convencional produz seus efeitos quando homologada pelo juiz, e não no instante em que se estabelece o acordo de vontades. É com a homologação que ela se perfaz" (*Da compensação*, cit., p. 148).

Alguns autores, entre os quais Lacerda de Almeida, admitem a compensação oposta pelo réu na contestação e a final declarada pelo juiz, podendo a dívida não ser líquida, contanto que se liquide em juízo.

> "O Código Civil não conhece esta espécie nem a conhecia o direito anterior (Carvalho de Mendonça, *Obrigações*, I, n. 370), porque não há necessidade de identificar a compensação com a reconvenção, que tem a sua individualidade própria (Clóvis, ob. cit., p. 165)" (Osvaldo Rico, *Da compensação*, cit., p. 149).
>
> "*Dívida líquida*
>
> Somente as dívidas líquidas podem ser compensáveis.
>
> Considera-se líquida a obrigação certa, quanto à sua existência, e determinada, quanto ao seu objeto.
>
> Como se observa, a liquidez pressupõe a existência de dois elementos primordiais:
>
> *a*) a certeza da existência da dívida;
>
> *b*) a determinação de seu *quantum*.
>
> A dívida líquida se determina pela qualidade, quantidade e natureza do objeto devido.
>
> Para os efeitos do art. 1.010[9], a obrigação deve independer de prévia apuração, liquidação ou verificação. Se bem que a contestação da dívida não lhe tira, ou subtrai, o caráter de certeza.
>
> Pothier, entretanto, sustenta o contrário: 'Uma dívida contestada não é, portanto, líquida, e não pode ser oposta em compensação, se aquele que a opõe não tem a prova na mão, ou a não pode justificar pronta e sumariamente' (*Tratado das obrigações pessoais*, n. 592).

---

[9] O Código Civil de 2002 cuida da matéria sob comento nos arts. 368 a 380.

Melhor doutrina, a meu ver, é a de Lacerda de Almeida (*Obrigações*, § 79), Carvalho de Mendonça (*Doutrina e prática das obrigações*, v. 1, n. 359), Soriano de Souza Neto (*Da compensação*, n. 31), J. M. de Carvalho Santos (*Repertório Enciclopédico do Direito Brasileiro*, v. 10, p. 48), para quem a contestação da existência da dívida não impede que a compensação se realize, por não tornar a dívida ilíquida" (Osvaldo Rico, *Da compensação*, cit., p. 151).

Somente as dívidas líquidas ensejam compensação. Como ensina Alcides de Mendonça Lima, "se o título apresenta quantia líquida, que não necessita de qualquer operação para ser conhecida, o requisito de liquidez está obedecido". Ao revés, ilíquido é "aquele em que, posto que seja certa a sua existência, é incerta a totalidade ou montante" (Roberto de Ruggiero).

Na obrigação líquida, como preleciona Washington de Barros Monteiro, acham-se especificadas, de modo preciso, a qualidade, a quantidade e a natureza do objeto devido.

> "*Dívida vencida*
>
> Não é suficiente que a dívida seja líquida; exige-se que esteja vencida, pela ocorrência de seu vencimento normal ou antecipado (CC, arts. 952, 953 e 954)[10].
>
> Quer dizer, exige-se que a dívida seja atualmente exigível.
>
> Dívida por vencer não é compensável" (*Curso*, cit., p. 152).

O art. 122 da Lei de Falências admite a compensação de dívidas do falido, vencidas até o dia da declaração da quebra, seja em decorrência do tempo estabelecido na obrigação, seja por antecipação como consequência da falência.

> "*Pressupostos da* ***compensação***
>
> São quatro:
>
> *a*) reciprocidade das dívidas;
>
> *b*) que elas sejam líquidas;
>
> *c*) que sejam vencidas;
>
> *d*) que sejam homogêneas (coisas fungíveis).
>
> 'Art. 370. Embora sejam do mesmo gênero as coisas fungíveis, objeto das duas prestações, não se compensarão, verificando-se que diferem na qualidade, quando especificada no contrato.'

---

[10] O Código Civil de 2002 cuida da matéria sob comento nos arts. 368 a 380.

Neste artigo, o Código trata do caráter de homogeneidade, de fungibilidade das obrigações que se pretendem compensar.

A homogeneidade há de ser recíproca, ou seja, há necessidade da reciprocidade da fungibilidade.

Embora a princípio possa parecer que determinadas coisas sejam dotadas do caráter de homogeneidade, entretanto, poderão essas coisas não ser fungíveis entre si. Se isso ocorrer, não se compensarão.

São fungíveis os móveis que podem, e não fungíveis os que não podem substituir-se por outros da mesma espécie, qualidade e quantidade.

Como diz Washington de Barros Monteiro, dívidas em dinheiro só se compensam com dívidas em dinheiro, dívidas de café só se compensam com dívidas de café. Não é possível compensar uma dívida em dinheiro com uma dívida em café.

'Todavia, embora sejam do mesmo gênero as coisas fungíveis, objeto das duas prestações, não se compensarão, verificando-se que diferem na qualidade, quando especificadas no contrato (art. 1.011)[11]. Assim, dívidas de café pertencentes a determinado tipo só se compensam com produto de igual qualidade; se diversos os tipos, inviável se tornará a compensação' (Washington de Barros Monteiro, ob. cit., p. 332).

No consenso unânime dos doutores, há coisas que, embora dotadas do caráter de fungibilidade, não são fungíveis entre si. Essas coisas, evidentemente, não são compensáveis.

Se a sua qualidade vem especificada no contrato, em verdade se trata de dívidas como corpos certos e determinados, que, como tais, não podem ser substituídos uns pelos outros.

'Aliud pro alio invicta creditore solvi non potest' (Giorgi, ob. cit., n. 13; Soriano de Souza Neto, ob. cit., n. 26).

Carvalho de Mendonça com proficiência observa:

'Na expressão *coisas fungíveis*, como requisito da compensação, não assume o papel mais importante o conceito de coisas que se consomem pelo uso, mas tão somente de coisas da mesma espécie, homogêneas, que possam se substituir perfeitamente no pagamento. É, em suma, o contraposto do corpo certo e determinado, portanto, insubstituível, heterogêneo.

A questão preponderante é, pois, da qualidade. É a identidade da coisa que permite a substituição completa, porque o corpo certo, ainda que da coisa fungível, não permite essa substituição' (ob. cit., n. 361).

---

[11] O Código Civil de 2002 cuida da compensação nos arts. 368 a 380.

A fungibilidade do art. 370 há de ser recíproca. Existem coisas que, inobstante revestidas do caráter de fungibilidade, entrementes, não são fungíveis entre si, o que tornam essas coisas incompensáveis.

Cabe aqui a citação de J. M. de Carvalho Santos (ob. cit., p. 57-8):

'*a*) se Pedro deve a João um litro de vinho Bordeaux, de tal ano, não é possível operar-se a compensação se o outro lhe dá um litro de vinho Bordeaux de um outro ano, porque, embora essas coisas sejam isoladamente fungíveis, por serem de qualidade diferente, não podem ser fungíveis entre si (ob. cit., p. 57-8 – cf. Larombière, ob. cit., sobre o art. 1.291, n. 10; Laurent, ob. cit., n. 591; Aubry et Rau, ob. cit., § 26);

b) se Pedro deve a João um litro de vinho Setúbal e João um litro de vinho Málaga, não é possível operar-se compensação, precisamente porque o litro de vinho Setúbal não pode substituir o de vinho Málaga (Soriano de Souza Neto, ob. e loc. cits.);

c) do mesmo modo, se, de um lado, a dívida é de um litro de vinho *in genere,* e, de outro lado, de um litro de vinho Collares, porque não são essas coisas fungíveis entre si, não se podem substituir (cf. Soriano de Souza Neto, ob. e loc. cits.);

d) se Pedro deve a João 100 arrobas de café tipo 4 e este deve àquele 100 arrobas de café, porém do tipo 8, também não é possível a compensação, por isso que não se pode substituir uma coisa por outra;

e) mesmo em se tratando de dívida em dinheiro, pode se dar o mesmo fato, desde que a dívida seja de determinada espécie de moeda nacional ou estrangeira, pois a compensação só é possível, em tais casos, no concurso de dívidas de moedas iguais: do contrário não' (cf. Giorgi, ob. cit., n. 8; Carvalho de Mendonça, ob. cit., n. 361; Pacifici-Mazzoni, ob. cit., n. 136).

Acentua Giorgi que a qualidade, a procedência, a fabricação, a raça, a cor, a destinação, o tipo e outras infinitas maneiras são usadas no comércio para designar o objeto nos contratos. Basta dizer, todavia, que entre um e outro débito deve haver completa correspondência, na designação do objeto, para que se possa falar em compensação. Decidir quando se verifica essa perfeita correspondência é uma questão de fato a resolver-se, interpretando as palavras e a intenção das partes, ou indagando do escopo da convenção. Não é possível, certas e gerais, dependendo tudo das circunstâncias particulares (Giorgi, ob. cit., n. 13).

'A exigência desse requisito justifica-se pela própria natureza e finalidade da compensação. Esta constitui um duplo pagamento fictício, ou, em outros termos, é um substitutivo de um duplo pagamento.

Ela visa colocar as partes na mesma situação em que estariam se se tivessem cumprido, separadamente, as duas obrigações recíprocas, isto é, como se cada uma delas houvesse feito um pagamento real e separado de sua dívida.

O credor não pode ser forçado a receber em pagamento coisa diferente da que lhe é devida e, conseguintemente, não se pode dar a compensação de coisas devidas sem o caráter de fungibilidade recíproca' (Soriano de Souza Neto, ob. cit., n. 26, citado por J. M. de Carvalho Santos).

* * *

Exemplo:

'Se José deve a Pedro um boi indeterminado e Pedro deve a José também um boi indeterminado, cabendo a escolha aos dois devedores, opera-se a compensação, porque, continuando indeterminadas as coisas, as dívidas se conservam de espécie para ambas as partes' (cf. Giorgi, ob. cit., n. 13; Carvalho de Mendonça, ob. cit., n. 62; Soriano de Souza Neto, ob. cit., n. 27)" (Osvaldo Rico, *Da compensação,* cit.).

Do que já se observou, fácil é verificar que quatro são os pressupostos da compensação:

a) reciprocidade das dívidas;

b) liquidez;

c) vencimento;

d) coisas fungíveis.

A reciprocidade se consubstancia na correspondência mútua. Mútuo é aquilo que se faz ou se dá em recompensa ou troca de outro análogo.

A liquidez, como já se acentuou, traduz-se na especificação de modo preciso da qualidade, quantidade e natureza da obrigação.

A dívida a ser compensada, por outro lado, há de estar vencida e por isso mesmo ser exigível, ainda que o vencimento decorra da sentença declaratória da falência que, como se sabe, antecipa o vencimento das dívidas do falido. Finalmente, coisa fungível é aquela que se pode substituir por outra da mesma espécie, qualidade e quantidade – como, por exemplo, o dinheiro.

Não obstante o art. 122 da Lei de Falências autorize a compensação dos créditos do falido, o princípio não é absoluto, comportando exceções, uma vez que determinados créditos não se compensam, tais como:

a) os créditos transferidos depois de decretada a falência, salvo o caso de sucessão por morte, fusão, incorporação ou cisão;

b) os créditos, ainda que vencidos antes da falência, transferidos ao devedor do falido, em prejuízo da massa, quando já era conhecido o estado de falência, embora não judicialmente decretada.

Os primeiros, isto é, os créditos constantes de títulos ao portador, são aqueles em que o nome do titular ou credor não figura no título respectivo. Vedando a compensação por dívidas constantes de tais títulos, evitam-se fraudes e conluios prejudiciais à massa.

A segunda hipótese objetiva evitar que um devedor do falido, com o propósito predeterminado de compensar-se, adquira crédito de outrem, igualmente em manifesto prejuízo para a massa.

O mesmo propósito inspira a terceira hipótese – o devedor do falido, e que fatalmente seria acionado pela massa, sabedor do estado de insolvência deste, na fase que antecede a declaração da quebra, cuidaria de adquirir de terceiro um título dele, vencido antes de a falência ser decretada, para, na oportunidade, requerer a compensação.

Na falência, igualmente, encontra a compensação abrigo, como expressamente declara o art. 122 da Lei Falimentar:

> "Compensam-se, com preferência sobre todos os demais credores, as dívidas do devedor vencidas até o dia da decretação da falência, provenha o vencimento da sentença de falência ou não, obedecidos os requisitos da legislação civil".

Não se admitirá a compensação (incisos I e II do art. 122 da Lei de Falências):

a) dos créditos transferidos depois de decretada a falência, salvo o caso de sucessão por fusão, incorporação, cisão ou morte;

b) dos créditos, ainda que vencidos antes da falência, transferidos ao devedor do falido, em prejuízo da massa, quando já era conhecido o estado de falência, embora não judicialmente declarado.

Resumo

Contratos unilaterais. Relativamente à falência há que se distinguir os contratos unilaterais em: a) contratos unilaterais em que o falido é devedor; b) contratos unilaterais em que o falido é credor.

Os primeiros vencem-se com a declaração da quebra, facultando-se aos credores a habilitação dos seus respectivos créditos. Os segundos não se vencem com a falência, permanecendo inalteráveis, podendo o administrador judicial dar-lhe cumprimento no interesse da massa falida.

Contratos bilaterais. Os contratos bilaterais não se resolvem com a falência e podem ser executados pelo administrador, se achar de conveniência para a massa.

Regras especiais para determinados contratos. Certas espécies de contratos, na ocorrência de falência de um dos contraentes, sujeitam-se a regras especiais:

a) **Coisas vendidas e em trânsito**

A coisa vendida e em trânsito pode ser retida pelo vendedor, na ocorrência de falência do comprador – a menos que o falido, antes do requerimento da falência, a tenha revendido sem fraude, à vista das faturas e conhecimentos de transporte, ou remetidas pelo vendedor.

b) **Venda de coisas compostas**

Na atividade empresarial há grande variedade de coisas compostas, constituídas de peças e aparelhos distintos, tais como máquinas industriais, balcões etc., os quais, vendidos integralmente, são, porém, entregues ao comprador parceladamente. Sobrevindo a falência do vendedor, ao administrador é dado decidir pela não execução do contrato, hipótese em que o comprador pode colocar as peças já recebidas à disposição da massa, pleiteando dessa última perdas e danos.

c) **Coisa móvel vendida a prestação**

Sobrevindo a quebra do vendedor, se este ainda não efetuou a entrega da coisa móvel vendida a prestação, se o administrador concluir pela não execução, o valor pago pelo comprador deverá ser habilitado na falência.

d) **Venda com reserva de domínio**

Sobrevindo a falência do comprador, não decidindo o administrador pela execução do contrato, deve este último requerer ao juiz a citação do vendedor, colocando a coisa à sua disposição, providenciando antes a sua avaliação. Ao reaver o bem o vendedor, descontadas as despesas judiciais e extrajudiciais havidas, devolverá à massa o excedente de seu crédito.

e) **Coisa vendida a termo**

Ocorre a venda a termo quando, embora realizada a transação, vendedor e comprador convencionam um prazo para a entrega da coisa e o pagamento.

Celebrado o contrato a termo, se uma das partes vier a falir, a massa, vencido o termo, pagará ou receberá a diferença de preço que existir entre a cotação do dia do contrato e a época da liquidação.

f) **Promessa de compra e venda de imóveis**

Na ocorrência de falência do promitente vendedor, tal contrato não se resolve, ficando o síndico obrigado a dar-lhe cumprimento. Na falência do promitente comprador, seus direitos serão arrecadados em conformidade com a legislação específica.

g) **Contrato de locação**

A falência do locador não resolve o contrato de locação. Na falência do locatário, o administrador judicial pode, a qualquer tempo, denunciar o contrato.

h) **Contrato de conta corrente**

Dá-se o contrato de conta corrente quando duas pessoas trocam valores ou mercadorias que são registradas em conta corrente, a título de crédito – remessas recíprocas de valores – que a final indicará o credor, pela diferença entre o débito e o crédito. Na ocorrência de falência de um dos contraentes, opera-se a extinção do contrato, apurando-se o saldo, podendo a massa figurar como credora ou devedora.

Alienação fiduciária. A falência antecipa o vencimento da obrigação, assegurando ao fiduciário (credor) o direito de requerer a restituição do bem (Dec.-lei n. 911/69), facultado ao administrador manter o negócio, pagando o preço (art. 117 da Lei de Falências).

Contrato de trabalho. O contrato de trabalho é bilateral, submetendo-se, por isso mesmo, à regra contida no art. 122 da Lei de Falências, não se extinguindo de pleno direito com a quebra, podendo ser executado pelo administrador, tanto mais que lhe é dado requerer a continuação do negócio, ainda que em caráter transitório – art. 99, XI, da Lei de Falências.

Compensação das dívidas do falido. Compensam-se as dívidas do falido vencidas até a declaração da quebra, provenha o vencimento da própria sentença declaratória da falência ou da expiração do prazo estipulado (art. 122 da Lei Falimentar).

Recapitulação

1. Quais os efeitos da falência sobre os contratos celebrados pelo falido?

R. Os efeitos são distintos, conforme se trate de contratos unilaterais ou bilaterais.

2. Que se deve entender por contratos unilaterais?

R. Unilaterais são os contratos que só estabelecem obrigações para um dos pactuantes, tal como ocorre com a doação pura e simples, em que apenas o doador contrai encargos, enquanto o donatário só aufere vantagens.

3. Que são contratos bilaterais?

R. Bilaterais são aqueles contratos que criam obrigações recíprocas, em que cada uma das partes fica adstrita a uma prestação, como observa Washington de Barros Monteiro.

4. Os efeitos da falência são idênticos para ambas as espécies de contratos?

R. Não. Os contratos bilaterais não se vencem com a falência, podendo o administrador cumpri-los se entender conveniente para a massa.

5. E os contratos unilaterais, também podem ser cumpridos pelo administrador judicial?

R. Em se tratando de contratos unilaterais é preciso, antes de tudo, distinguir entre aqueles em que o falido é devedor e aqueles em que o falido é credor. Os primeiros vencem-se com a falência, facultado aos credores habilitarem-se. Os segundos, isto é, os contratos unilaterais em que o falido é credor, não se vencem com a falência, permanecendo inalterados.

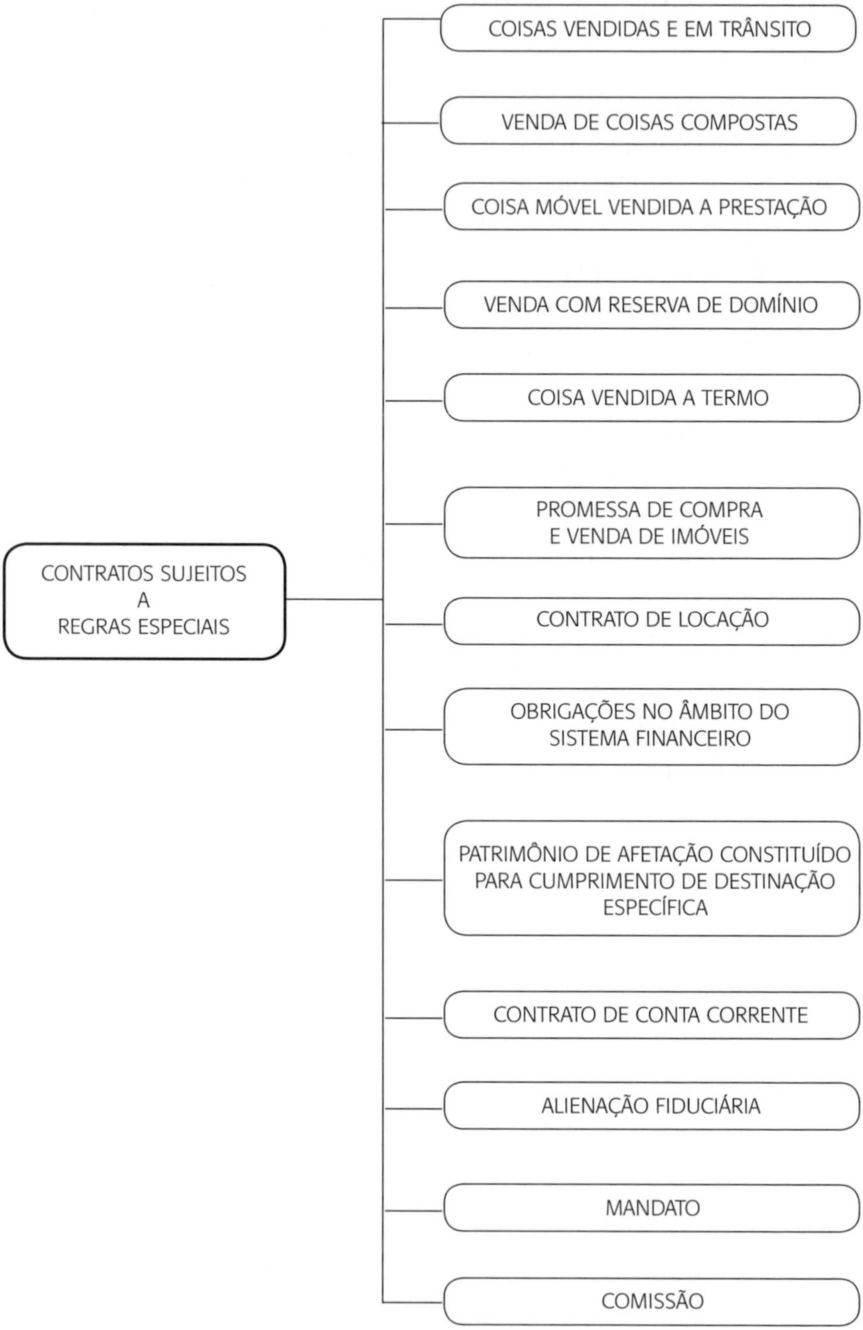
CONTRATOS SUJEITOS A REGRAS ESPECIAIS
COISAS VENDIDAS E EM TRÂNSITO
VENDA DE COISAS COMPOSTAS
COISA MÓVEL VENDIDA A PRESTAÇÃO
VENDA COM RESERVA DE DOMÍNIO
COISA VENDIDA A TERMO
PROMESSA DE COMPRA E VENDA DE IMÓVEIS
CONTRATO DE LOCAÇÃO
OBRIGAÇÕES NO ÂMBITO DO SISTEMA FINANCEIRO
PATRIMÔNIO DE AFETAÇÃO CONSTITUÍDO PARA CUMPRIMENTO DE DESTINAÇÃO ESPECÍFICA
CONTRATO DE CONTA CORRENTE
ALIENAÇÃO FIDUCIÁRIA
MANDATO
COMISSÃO

Capítulo XVIII

DA REVOGAÇÃO DOS ATOS PRATICADOS PELO DEVEDOR ANTES DA FALÊNCIA – AÇÃO REVOCATÓRIA

Sumário: 1. Atos praticados dentro do termo legal: pagamento de dívidas não vencidas ou por meios não previstos no contrato; constituição de direito real de garantia. 2. Atos praticados nos dois anos anteriores à falência: atos a título gratuito; renúncia à herança ou legado. 3. Outros atos revogáveis: inscrição intempestiva de direitos reais (registros e averbações tardias); venda ou transferência de estabelecimento (sem reserva de bens suficientes para solver o passivo). 4. Da ação revocatória: por ineficácia e por fraude. Resumo. Recapitulação.

1. ATOS PRATICADOS DENTRO DO TERMO LEGAL: PAGAMENTO DE DÍVIDAS NÃO VENCIDAS OU POR MEIOS NÃO PREVISTOS NO CONTRATO; CONSTITUIÇÃO DE DIREITO REAL DE GARANTIA

A lei estabelece um período preliminar à quebra considerando-o suspeito. É o chamado *termo legal*:

> "O termo legal da falência, fixado na sentença pelo juiz, compreende um espaço de tempo imediatamente anterior à declaração da falência, no qual os atos do devedor são considerados suspeitos de fraude e, por isso, suscetíveis de investigação, podendo ser declarados ineficazes em relação à massa", escreve Rubens Requião.

O termo legal há de ser fixado pelo juiz, na sentença declaratória, não se podendo retrotraí-lo por mais de noventa dias, contados do primeiro protesto por falta de pagamento, ou do despacho ao requerimento inicial da quebra, ou ainda da distribuição do pedido de recuperação judicial:

> "Art. 129. São ineficazes em relação à massa falida, tenha ou não o contratante conhecimento do estado de crise econômico-financeira do devedor, seja ou não intenção deste fraudar credores".

No período mencionado, determinados atos, ainda que o contratante ignore o estado de insolvência do devedor, e haja ou não intenção deste último em fraudar credores, ***são considerados ineficazes para com a massa***.

Tais atos são:

a) o pagamento de dívidas não vencidas realizado pelo devedor dentro do termo legal, por qualquer meio extintivo do direito de crédito, ainda que pelo desconto do próprio título;

b) o pagamento de dívidas vencidas e exigíveis realizado dentro do termo legal, por qualquer forma que não seja a prevista pelo contrato;

c) a constituição de direito real de garantia, inclusive a retenção, dentro do termo legal, tratando-se de dívida contraída anteriormente; se os bens dados em hipoteca forem objeto de outras posteriores, a massa falida receberá a parte que devia caber ao credor da hipoteca revogada.

As primeiras hipóteses, a rigor, envolvem dois fatos distintos, ou seja, o pagamento de dívidas não vencidas e o pagamento de dívidas vencidas por meios não previstos no contrato.

No primeiro caso, o devedor favorece determinado credor, pagando-lhe adiantado, isto é, antes do vencimento da dívida, em um manifesto protecionismo, francamente prejudicial aos demais credores. No segundo, a dívida pode estar vencida, mas, em lugar de saldá-la na forma prevista no contrato, o devedor a quita de forma diversa. Assim, se se pactuou o pagamento em dinheiro, inadmissível que seja feito em mercadorias.

Por outro lado, pode o devedor oferecer a um dos credores garantia real, tal como uma *hipoteca*, por exemplo, possibilitando-lhe nítida vantagem, já que, muito embora inferiorizado perante o crédito trabalhista, goza o credor de direito real de privilégio.

Note-se que a ineficácia só ocorre se constituída a hipoteca no prazo do termo legal, como, aliás, já se acentuou, facultado ao credor hipotecário, neste caso, habilitar-se como credor quirografário, ou seja, credor que não goza de qualquer preferência, situado na última escala dos credores do falido.

2. ATOS PRATICADOS NOS DOIS ANOS ANTERIORES À FALÊNCIA: ATOS A TÍTULO GRATUITO; RENÚNCIA À HERANÇA OU LEGADO

Aos atos relacionados ao pagamento de dívidas não vencidas, pagamento de dívidas por meios não previstos no contrato, ou constituição de direito real de garantia, somam-se:

a) a prática de atos a título gratuito, desde *dois anos* antes da decretação da falência;

b) renúncia a herança ou a legado, até *dois anos* antes da decretação da falência.

Tais atos são ineficazes ainda que praticados anteriormente ao termo legal, dilatando-se o período de suspeição em dois anos, antes da quebra.

São considerados atos gratuitos aqueles decorrentes de liberalidade, atos generosos ou munificentes, que implicam diminuição do patrimônio do autor.

São atos gratuitos a doação, o comodato, o usufruto etc.

A renúncia a herança ou legado só ensejará ineficácia, para os fins falimentares, se praticada nos dois anos anteriores à quebra.

Em princípio, como bem observa Rubens Aguiar Magalhães, "ninguém é obrigado a aceitar herança, de onde a admissibilidade da renúncia, desde que a manifestação de vontade seja expressa e inequívoca". Contudo, em se tratando de empresário às voltas com problemas financeiros, a questão assume aspectos mais graves, configurando-se em ato manifestamente lesivo aos interesses dos seus credores, por isso que considerado ineficaz, haja ou não intenção de fraudar credores, convindo acrescentar que a renúncia a herança ou legado pode envolver simulação ou conluio para favorecimento de terceiros.

3. OUTROS ATOS REVOGÁVEIS: INSCRIÇÃO INTEMPESTIVA DE DIREITOS REAIS (REGISTROS E AVERBAÇÕES TARDIAS); VENDA OU TRANSFERÊNCIA DE ESTABELECIMENTO (SEM RESERVA DE BENS SUFICIENTES PARA SOLVER O PASSIVO)

Além dos atos já enumerados, outros há que são, igualmente, ineficazes com relação à massa, ainda que inexista intenção de fraudar por parte do devedor.

São eles:

a) registro de direitos reais e de transferência de propriedade entre vivos, por título oneroso ou gratuito, ou a averbação relativa a imóveis realizados após a decretação da falência, salvo se tiver havido prenotação anterior;

b) venda ou transferência de estabelecimento sem o consentimento expresso ou o pagamento de todos os credores sem reserva de bens suficientes.

Vejamos as hipóteses mencionadas:

No direito brasileiro inúmeros atos estão sujeitos ao registro e à averbação no Registro Público. O registro é o ato pelo qual se confere validade jurídica a papéis e documentos que se destinam a produzir determinados efeitos. A averbação é a anotação à margem de um documento. Dependem de registro, entre outros atos, a hipoteca, a enfiteuse, a anticrese. A propriedade imóvel, inclusive, só se adquire com o registro do respectivo título no Registro de Imóveis.

Os direitos reais, pois, só se constituem com o registro do título na circunscrição competente.

No sentido de garantir aos credores, declara o art. 129, VII, da Lei de Falências que as inscrições de direitos reais, as transcrições de transferência de propriedade entre vivos, por título oneroso ou gratuito, ou a averbação relativa a imóveis, realizadas após a declaração da quebra, não produzem efeitos relativamente à massa, a menos que tenha havido *prenotação anterior*.

Como adverte Rubens Requião:

> "O empresário pode naturalmente vender seu estabelecimento; mas o que não pode é desfalcar com essa venda seu patrimônio, ficando sem bens suficientes para o pagamento dos credores. Assim, para vendê-lo ou transferi-lo o devedor deve ter, ao tempo, o consentimento expresso de seus credores, permanecendo com patrimônio suficiente para solver o passivo, caso não prefira pagá-lo na totalidade".

O ato não será, por certo, ineficaz, se ocorrer o consentimento dos credores, consentimento esse que se presume se, notificados, judicial ou extrajudicialmente, nenhuma oposição arguirem, dentro de trinta dias.

Não se revestirá o ato de qualquer senão e, por via de consequência, não será considerado ineficaz com relação à massa, se o devedor possuir outros bens suficientes para solver seus débitos.

4. DA AÇÃO REVOCATÓRIA: POR INEFICÁCIA E POR FRAUDE

O art. 129 e incisos da Lei de Falências enumeram os atos que, praticados, independentemente de intenção de fraudar credores, são considerados ineficazes com relação à massa.

Já o art. 130 do mesmo diploma legal faz menção aos atos que, levados a efeito, com intenção de fraudar e prejudicar credores, são revogáveis.

Tanto os primeiros quanto os segundos só são declarados ineficazes ou revogáveis por sentença judicial proferida em *ação revocatória*.

A ação revocatória é, pois, o meio judicial de que se vale o administrador (e na sua omissão qualquer credor), para que, com a declaração da ineficácia ou revogação do ato, o bem seja restituído à massa.

> "A ação revocatória – diz Carvalho de Mendonça – tem por fim pronunciar, em relação à massa, a ineficácia ou a revogação do ato jurídico do devedor, praticado antes da falência, para que entrem na massa os bens indevidamente retirados do seu patrimônio."

A ação revocatória, já advertia Waldemar Ferreira, tem natureza específica:

> "... não se destina à revogação de tal ou qual negócio jurídico, nem mesmo à nulidade ou anulação de qual ato jurídico ou contrato.
>
> Não objetiva o desfazimento de negócio jurídico viciado por fraude ou simulação fraudulenta. Ela surge por efeito da sentença de abertura da falência. Incompreende-se fora desta. Destina-se à recomposição do patrimônio desfalcado pelo devedor falido em detrimento da coletividade de seus credores, pela prática de algum dos atos enumerados na lei e por esta presumidos causadores do estado de insolvência, ou desta decorrentes".

Daí não se confundir com a *ação pauliana*, igualmente denominada *revocatória*, do direito civil. Esta, como assinala Waldemar Ferreira, "é genuinamente civil", enquanto a ação revocatória, de que tratamos, "é de índole falencial".

Ademais, enquanto a ação pauliana é uma ação de nulidade, a ação revocatória falencial não implica nulidade, pois o negócio permanece válido entre os contraentes, só não se revestindo de eficácia para a massa, observando Francesco Ferrara, com inegável acerto, que a ineficácia não ataca o ato, mas exclusivamente a parte deste que prejudica os credores.

No direito falimentar existem **duas espécies** de **ação revocatória**:

a) revocatória por ineficácia;

b) revocatória por fraude.

A primeira envolve as hipóteses previstas no art. 129 da Lei Falimentar, decorrendo da prática, pelo falido, dos atos e fatos enumerados nas alíneas do dispositivo legal nominado. Não pressupõe intenção de fraudar. Objetiva a declaração de ineficácia com relação à massa.

A segunda, ao revés, apoia-se no art. 130 da Lei de Quebras, exigindo do seu autor a prova de fraude por parte do falido ou a existência de *concilium fraudis*.

Processamento da ação revocatória:

1º) **Competência "ratione materiae"**

Como já tivemos oportunidade de afirmar ao longo desta obra, o juízo falimentar, por força da *vis attractiva* – o juízo universal –, exerce sobre as ações de interesse da massa uma vinculação a que não escapa a ação revocatória, razão por que há de ser proposta perante o próprio juízo da quebra.

2º) **Procedimento**

Procedimento, como se sabe, não se confunde com processo, como, aliás, tivemos oportunidade de verificar. Este último, o processo, na lição de Liebman, "é a atividade através da qual, em concreto, se desenvolve a função jurisdicional". O procedimento, ao revés, diz respeito exclusivamente à sucessão e unidade dos atos processuais.

A lei processual civil estabelece diversos procedimentos – o ordinário, o especial, o sumário...

A ação revocatória submete-se ao procedimento comum, previsto nos arts. **319 e s. do CPC/2015**, como expressamente estatui o art. 134 da Lei Falimentar:

> "A ação revocatória correrá perante o juízo da falência e obedecerá ao procedimento ordinário previsto na Lei n. 5.869, de 11 de janeiro de 1973 – Código de Processo Civil".

O CPC/2015 denominou o procedimento ordinário **procedimento comum**, o que nos leva a afirmar que a ação revocatória, à luz do CPC atual, deve observar o **procedimento comum**.

3º) **"Legitimatio ad causam" ativa e passiva**

Em conformidade com o que dispõe o art. 132 da Lei de Falências, "a ação revocatória, de que trata o art. 130 desta Lei, deverá ser proposta pelo *administrador judicial*, por qualquer credor ou pelo Ministério Público no prazo de três anos contado da decretação da falência".

A ação nominada pode ser proposta:

a) contra todos os que figuraram no ato, ou que, por efeito dele, foram pagos, garantidos ou beneficiados;

b) contra os herdeiros ou legatários das pessoas acima indicadas;

c) contra os terceiros adquirentes, se estes tiveram conhecimento, ao se criar o direito, da intenção do falido de prejudicar os credores.

4º) **Prazo para a propositura**

A ação revocatória deve ser proposta no prazo de três anos, contado da decretação da falência (art. 132).

O prazo em apreço é de *decadência*, não de prescrição, o que implica dizer que, se não proposta a ação na época oportuna, ocorre a perda do direito pela expiração do prazo.

5º) **Sequestro dos bens em poder de terceiros**

O CPC/2015 estabelece uma série de medidas **cautelares** que visam, por meio de uma solução provisória, "resguardar a obtenção de uma tutela, essa definitiva, acautelando os interesses das partes diante da demora na obtenção da prestação jurisdicional principal", na expressão de Antônio Macedo de Campos.

Dentre essas medidas destaca-se o **sequestro**, que consiste, como ensina Eliézer Rosa, "na apreensão e depósito de uma coisa, a fim de se conservarem ilesos os direitos de todos que tenham nela interesse, até o feito ser findo, para ser entregue a quem pertencer" (**art. 301 do CPC/2015**).

Distingue-se o sequestro do arresto porque, enquanto este último visa qualquer bem, suficiente para assegurar ao credor a possibilidade de receber seu crédito, o primeiro abrange as coisas sobre as quais se litiga.

A ação revocatória pode ser precedida do sequestro, como deixa claro o art. 137 da Lei de Falências:

> "O juiz poderá, a requerimento do autor da ação revocatória, ordenar, como medida preventiva, na forma da lei processual civil, o sequestro dos bens retirados do patrimônio do devedor que estejam em poder de terceiros".

6º) **Efeitos da sentença**

O efeito fundamental da sentença proferida na ação revocatória é o de declarar a ineficácia do ato ou a sua revogação, ainda que a celebração desse ato tenha sido precedida de sentença executória. Nesta hipótese, declara expressamente o art. 138 da Lei Falimentar, ficará rescindida a sentença que o motivou.

Isso significa que os atos ineficazes ou revogáveis com relação à massa, ainda que objeto de sentença, podem ser fulminados, não transitando em julgado a sentença que o tenha precedido.

"No âmbito da revocatória, pois – como assinala Rubens Requião e anteriormente já ressaltava Waldemar Ferreira –, não fazem coisa julgada contra a massa falida, nas condições do texto legal invocado, as decisões judiciais".

Outro efeito da sentença proferida em ação revocatória é o de fazer com que os bens objeto do ato declarado ineficaz ou revogado retornem à massa, o que, aliás, se constitui no principal escopo da ação nominada, restituindo-se igualmente todos os acessórios.

7º) **Recurso**

A ação revocatória, como já observamos, pode fundar-se nas hipóteses previstas nos arts. 129 ou 130 da Lei de Falências. O primeiro cuida dos atos considerados ineficazes com relação à massa, haja ou não propósito de fraudar credores. O segundo, ao revés, cuida dos atos praticados com a intenção de prejudicar credores.

Tanto na hipótese do art. 129 como na do art. 130, o recurso da sentença revocatória é a **apelação**, no prazo de **quinze** dias.

Contudo, se interposta de sentença proferida nas hipóteses do art. 52, terá efeito *apenas* **devolutivo**, o que não ocorre na hipótese do art. 53, quando terá efeitos **suspensivo** e **devolutivo**.

Na eventualidade de ser a ação precedida de pedido de sequestro, indeferida a medida cautelar citada, o recurso é de **agravo de instrumento**.

8º) **Os direitos de terceiros contra o falido**

A ação revocatória, como já se viu, objetiva a declaração de ineficácia ou revogação do ato com relação à massa. Não se destina à nulidade ou anulação do ato, no que se distingue fundamentalmente da ação pauliana.

Ressalte-se que ao terceiro de boa-fé é garantida, a qualquer tempo, ação por perdas e danos contra o devedor e seus parentes,

A ineficácia ou revogação não será declarada, na hipótese de securitização de créditos do devedor em prejuízo dos direitos dos portadores de valores imobiliários emitidos pelo securitizador.

Trata-se, bem se vê, de inequívoco favorecimento as empresas de securitização, com manifesta vantagem a estas e, consequentemente, aos portadores dos títulos por elas emitidas.

Resumo

Atos praticados dentro do termo legal. "O termo legal da falência, fixado pelo juiz na sentença, compreende um espaço de tempo imediatamente anterior à declaração da falência, no qual os atos do devedor são considerados suspeitos de fraude e, por isso, suscetíveis de investigação, podendo ser declarados ineficazes em relação à massa" (Rubens Requião).

Atos considerados ineficazes para com a massa: *a*) pagamento de dívidas não vencidas ou por meios não previstos no contrato; *b*) constituição de direito real de garantia.

Atos praticados nos dois anos anteriores à falência. Os atos acima citados – pagamento de dívidas não vencidas, pagamento por meios não previstos no contrato, ou constituição de direito real de garantia – só são considerados ineficazes se levados a efeito no período do termo legal.

Outros atos, entretanto, são considerados ineficazes, ainda que praticados anteriormente a este período, dilatando-se o prazo para dois anos. É o que ocorre com: *a*) prática de atos gratuitos; *b*) renúncia à herança ou legado.

Outros atos revogáveis. Além dos atos já enumerados, outros há que são, igualmente, ineficientes com relação à massa, ainda que não exista intenção de fraudar por parte do devedor.

Estes atos são: 1º) inscrição intempestiva de direitos reais (registros e averbações tardias); 2º) venda ou transferência do estabelecimento sem consentimento dos credores e sem reserva de bens suficientes para solver o passivo.

Da ação revocatória. A ação revocatória é o meio judicial de que se vale o administrador (e na sua omissão qualquer credor), para que, com a declaração da ineficácia ou revogação do ato, o bem seja restituído à massa.

"A ação revocatória – diz Carvalho de Mendonça – tem por fim pronunciar, em relação à massa, a ineficácia ou a revogação do ato jurídico do devedor, praticado antes da falência, para que entrem na massa os bens indevidamente retirados do seu patrimônio."

Há duas espécies de ação revocatória: *a*) revocatória por ineficácia; *b*) revocatória por fraude.

A primeira, prevista no art. 129 da Lei de Falências, não pressupõe intenção de fraudar credores. Objetiva a declaração de ineficácia do ato, com relação à massa falida. A segunda, ao revés, apoia-se no art. 130 da Lei Falimentar, exigindo do seu autor a prova de fraude por parte do devedor ou a existência de *concilium fraudis*.

Rito da ação revocatória

Competência "ratione materiae" – a ação mencionada deve ser proposta perante o próprio juízo da falência.

Procedimento – a ação revocatória submete-se ao procedimento ordinário previsto nos **arts. 319 e s. do CPC/2015**.

Legitimidade ativa – *a*) o administrador; *b*) qualquer credor; *c*) o Ministério Público.

Legitimidade passiva – *a*) contra todos os que figuraram no ato, ou que por efeito dele foram pagos, garantidos ou beneficiados; *b*) contra os herdeiros ou legatários das pessoas acima indicadas; *c*) contra os terceiros adquirentes, se estes tiveram conhecimento, ao se criar o direito, da intenção do falido de prejudicar os credores.

Prazo para a propositura – a ação revocatória deve ser proposta até três anos contados da decretação da falência.

Sequestro dos bens em poder de terceiros – a ação revocatória pode ser precedida de medida cautelar – *o sequestro.*

Recurso – da sentença proferida em ação revocatória cabe o recurso de apelação em quinze dias.

Recapitulação

1. Há distinção entre atos ineficazes e revogáveis?

R. Inquestionavelmente há, como bem observou Waldemar Ferreira em seu *Tratado de direito comercial.* Os atos ineficazes, assim considerados aqueles relacionados no art. 129 da Lei Falimentar, independem de intenção de fraudar credores. Já os atos revogáveis, como deixa claro o art. 130 do diploma legal nominado, pressupõe a intenção de fraudar, devendo o autor provar a fraude do devedor e do terceiro que com ele contrata – *concilium fraudis.*

2. Os atos ineficazes e revogáveis antecedem à quebra?

R. A ineficácia e a revogabilidade dos atos acima mencionados só ocorrem se estes forem praticados no período do *termo legal*, assim considerado o período suspeito anterior à falência.

3. Há algum ato que a lei considera ineficaz, se praticado nesse espaço de tempo?

R. A lei considera ineficazes, se praticados no período do termo legal, o pagamento de dívidas não vencidas, o pagamento por meios não previstos no contrato e a constituição de direito real de garantia.

4. O período suspeito limita-se ao chamado termo legal?

R. Não. Para determinados atos o período suspeito se alarga, elevando-se para dois anos anteriores à falência.

5. Há algum ato considerado ineficaz, quando praticado dois anos antes da quebra?

R. A lei considera ineficazes, no período anterior a dois anos da falência, a prática de atos gratuitos e a renúncia a herança e legado.

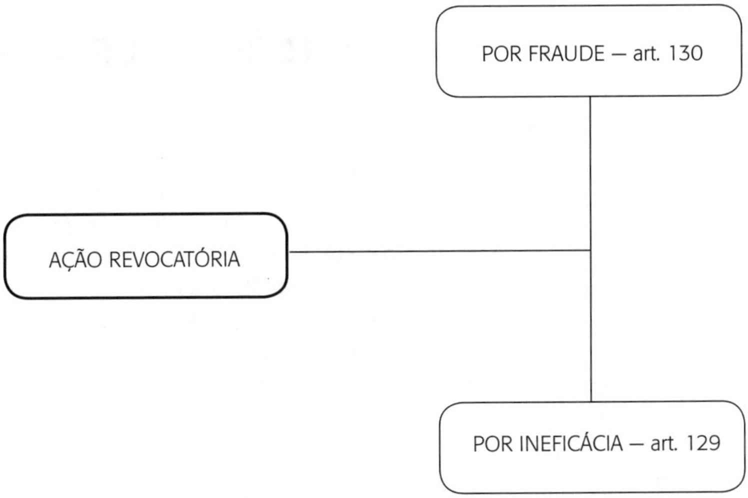
POR FRAUDE – art. 130
AÇÃO REVOCATÓRIA
POR INEFICÁCIA – art. 129

Capítulo XIX

ÓRGÃOS DA FALÊNCIA

Sumário: 1. O juiz. 2. O administrador judicial. 3. Deveres e atribuições. 4. Avisos do administrador. 5. Arrecadação dos bens. 6. Apuração do montante do débito do falido. 7. Responsabilidades do administrador. 8. Comitê de credores: composição e atribuições. 9. Assembleia geral dos credores: atribuições; convocação; composição. 10. O Ministério Público. Resumo. Recapitulação.

1. O JUIZ

A falência, como já tivemos o ensejo de verificar, é **um processo de execução coletiva** de competência privativa da Justiça Ordinária dos Estados, uma vez que o processo de insolvência é apreciado perante o juiz de direito.

Como bem acentuou Pontes de Miranda (*Comentários ao Código de Processo Civil*, v. II, p. 205, n. 7), a expressão *processo de insolvência* é abrangente, aplicando-se o princípio, por via de consequência, ao processo falimentar, já que, como tivemos o ensejo de afirmar, o que caracteriza a falência não é, absolutamente, a impontualidade, como querem alguns (Celso Agrícola Barbi, *Comentários ao Código de Processo Civil*, v. 1, p. 411, n. 510), mas a *insolvência*, que se exterioriza, antes de tudo, pela impontualidade (art. 94, I, da Lei de Falências).

Note-se que, por um lado, conquanto a Lei de Falências não se refira expressamente ao juiz de direito, limitando-se à palavra *juiz*, deixa claro referir-se àquele, inclusive, quando, ao fixar a competência para declarar a falência, a circunscreve ao "juiz em cuja jurisdição o devedor tem o seu principal estabelecimento".

Por outro lado, a Constituição Federal, ao especificar a matéria de competência da Justiça Federal, não lhe atribui competência em matéria falimentar; antes, ao contrário, declara expressamente:

"Art. 109. Aos juízes federais compete processar e julgar:

I – as causas em que a União, entidade autárquica ou empresa pública federal forem interessadas na condição de autoras, rés, assistentes ou oponentes, ***exceto as de falência***..." (grifos nossos).

A competência da Justiça Federal é expressamente afastada para processar e julgar os feitos falimentares; só resta a Justiça Ordinária dos Estados, do Distrito Federal e dos Territórios, já que a competência da Justiça do Trabalho se restringe à matéria especificada no art. 114 da CF/88.

Assim, não pode haver dúvida quanto à competência em razão da matéria em questões de falência e recuperação judicial.

O pedido de falência há de ser endereçado ao juiz de 1º grau, estabelecendo-se a competência em razão do lugar pela jurisdição em que o devedor tem o seu principal estabelecimento, segundo o disposto no art. 3º da Lei Falimentar.

Em se tratando de empresário com sede no estrangeiro (seja empresário singular ou coletivo), a filial é considerada autônoma e competente o juiz do lugar em que esta (a filial) estiver instalada. Outrossim, na existência de diversos juízes no lugar, atribui-se a competência aos juízes das Varas Cíveis.

O juiz, no processo falimentar, exerce, concomitantemente às suas funções judicantes, relevantes funções administrativas, consubstanciadas nas determinações relacionadas com os interesses materiais da massa, não se olvidando da função penal, uma vez que, havendo provas da prática de crime falimentar, pode, na sentença declaratória da quebra, ordenar a prisão preventiva do devedor (art. 99, VII, da Lei de Falências).

2. O ADMINISTRADOR JUDICIAL

Como já se observou, com a declaração da falência o falido perde a livre administração dos seus bens, os quais são, a partir de então, geridos pelo administrador judicial (o antigo síndico).

O administrador judicial não é um simples representante do falido, mas um órgão ou agente auxiliar da justiça, como bem observou Miranda Valverde:

> "O administrador, síndico, liquidatário ou curador é órgão ou agente auxiliar da Justiça, criado a bem do interesse público e para a consecução da finalidade do processo da falência. Age por direito próprio em seu nome, no cumprimento dos deveres que a lei lhe impõe".

Daí a sua inegável independência com relação ao falido e aos próprios credores contra os quais pode, em determinadas circunstâncias, opor-se, como auxiliar da justiça.

O administrador tanto pode ser pessoa física quanto pessoa jurídica, como deixa claro o art. 21 da Lei de Falências. Nessa última hipótese, a pessoa jurídica far-se-á representar em juízo por representante legal, pois, conquanto distinta de cada uma das pessoas físicas que a integram, a pessoa jurídica não possui vida natural, atuando, por via de consequência, por meio das pessoas naturais.

A representação, na eventualidade de prejuízos causados à massa, por má administração do representante ou preposto, acarretará a responsabilidade da preponente.

Diversos são os sistemas adotados para a escolha do administrador, como escreve Rubens Requião:

> "As legislações se comportam diferentemente na organização das sindicaturas: algumas preferem a nomeação de múltiplos síndicos, que entre si dividem as funções; outras preferem, como a nossa, um apenas. O sistema de escolha não é menos importante e grave. Umas legislações o recrutam entre os credores, geralmente titulares de crédito de maior porte, na suposição que sua atuação será, por isso mesmo, mais rigorosa e exata, enquanto outras determinam que sejam escolhidos de uma lista oficial, posta à disposição dos magistrados; outras, ainda, proporcionam a organização de empresas ou sindicatos de administradores de massas falidas, constituídos sob o controle oficial"[12].

O próprio sistema adotado no Brasil passou por sucessivas alterações, adotando-se, inicialmente, a nomeação, pelo juiz, de um ou mais síndicos, que funcionavam no *período de informação*, e dos *liquidatários* escolhidos pelos credores, para o *período da liquidação* (art. 63 do CCom de 1850).

Posteriormente adotou-se o sistema de listas organizadas pelas Juntas Comerciais, das quais o juiz escolhia um nome, fixando-se o Decreto-lei n. 7.661, de 1945, no critério da escolha, pelo juiz, *entre os maiores credores do falido*.

A atual legislação deixa a nomeação do administrador a critério do juiz:

---

[12] Na atual legislação o síndico é denominado administrador judicial.

> "Art. 99. A sentença que decretar a falência do devedor, dentre outras determinações:
>
> ... IX – nomeará o administrador judicial, que desempenhará suas funções na forma do inciso III do *caput* do art. 22 desta Lei sem prejuízo do disposto na alínea *a* do inciso II do *caput* do art. 35 desta Lei".

Em conformidade com o disposto no art. 21 da Lei de Falências:

> "O administrador judicial será profissional idôneo, preferencialmente **advogado**, **economista**, **administrador** de empresas ou **contador**, ou **pessoa jurídica especializada**" (grifos nossos).

Recaindo a escolha em pessoa jurídica especializada, geralmente dos profissionais enumerados no art. 21, acima transcrito, declarar-se-á, no *termo de compromisso*, o nome do profissional responsável pela condução do processo de falência (ou de recuperação judicial).

3. DEVERES E ATRIBUIÇÕES

Em princípio, qualquer profissional liberal que reúna as condições previstas no art. 21 da Lei de Falências pode ser escolhido administrador. Todavia, inúmeras restrições são impostas pela legislação específica (art. 30), não podendo servir de administrador judicial:

I – o que tiver parentesco ou afinidade até o terceiro grau com o falido ou com os representantes da sociedade falida, ou deles for amigo, inimigo ou dependente;

II – o que, tendo exercido cargo de administrador em outra falência, foi destituído, ou deixou de prestar contas dentro dos prazos legais, ou, havendo-as prestado, as teve julgadas más.

Escolhido o administrador sem que este preencha os requisitos acima enumerados, ou na existência de qualquer dos impedimentos transcritos, facultado é aos credores oporem *reclamação contra a nomeação*, a ser endereçada ao juiz da falência. A destituição do administrador pode, portanto, ser provocada por qualquer credor, pelo Ministério Público ou pelo próprio juiz, de ofício.

São causas de **destituição** quando o administrador:

a) exceder qualquer dos prazos que lhe são marcados;

b) infringir os deveres que lhe são impostos;

c) pleitear interesses contrários aos da massa.

São causas de **substituição** do administrador quando:

a) nomeado, não assinar, em quarenta e oito horas, o termo de compromisso;

b) declinar da nomeação;

c) renunciar ao cargo;

d) falecer.

A **substituição**, pelos motivos que a determinam, pode ser considerada medida corriqueira, usual, não possuindo, consequentemente, qualquer aspecto pejorativo. A destituição, ao revés, se constitui em manifesta penalidade, decorrendo de inequívoca responsabilidade de quem age contrariamente aos seus deveres.

Finalmente, cumpre observar que o administrador tem direito a uma remuneração, que o juiz deve arbitrar, atendendo à sua diligência, ao trabalho e à responsabilidade da função, e à importância da massa, remuneração essa que será calculada sobre o produto dos bens ou valores da massa, vendidos ou liquidados pelo administrador.

Como auxiliar da Justiça, ou como um dos órgãos da falência, o administrador, como "administrador do alheio", na expressão de Carvalho de Mendonça, está sujeito a uma série de deveres e atribuições.

> "Na qualidade de administrador de um patrimônio especial sob controle judicial, está adstrito à prática de atos que, de um lado, atendam ao procedimento especial da falência e, de outro, à finalidade para a qual esse patrimônio é constituído, isto é, a realização do ativo e a liquidação do passivo. Costuma-se, por isso, classificar esses atos em judiciais e administrativos. Como manipulador de bens alheios, ele representa ora a massa, ora os credores na defesa da integridade desses bens, e, por força do caráter publicístico do processo, presta informações a todos os interessados em seu andamento", escreve Nelson Abrão.

Por isso, de acordo com o art. 22 da Lei Falimentar, lhe são impostos os seguintes deveres e atribuições:

Na recuperação judicial e na falência:

a) enviar correspondência aos credores, comunicando a data do pedido de recuperação judicial ou da decretação da falência, a natureza, o valor e a classificação dada ao crédito;

b) fornecer, com presteza, todas as informações pedidas pelos credores interessados;

c) dar extratos dos livros do devedor, que merecerão fé de ofício, a fim de servirem de fundamento nas habilitações e impugnações de créditos;

d) exigir dos credores, do devedor ou de seus administradores quaisquer informações;

e) elaborar a relação de credores;

f) consolidar o quadro geral de credores;

g) requerer ao juiz convocação da assembleia geral de credores nos casos previstos na lei ou quando entender necessária sua ouvida para a tomada de decisões.

Na recuperação judicial:

a) fiscalizar as atividades do devedor e o cumprimento do plano de recuperação judicial;

b) requerer a falência no caso de descumprimento de obrigação assumida no plano de recuperação;

c) apresentar ao juiz, para juntada aos autos, relatório mensal das atividades do devedor;

d) apresentar o relatório sobre a execução do plano de recuperação.

Na falência:

a) avisar, pelo órgão oficial, o lugar e hora em que, diariamente, os credores terão à sua disposição os livros e documentos do falido;

b) examinar a escrituração do devedor;

c) relacionar os processos e assumir a representação judicial da massa falida;

d) receber e abrir a correspondência dirigida ao devedor, entregando a ele o que não for assunto de interesse da massa;

e) apresentar, no prazo de quarenta dias, contado da assinatura do termo de compromisso, prorrogável por igual período, relatório sobre as causas e circunstâncias que conduziram a situação de falência, no qual apontará a responsabilidade civil e penal dos envolvidos;

f) arrecadar os bens e documentos do devedor e elaborar o auto de arrecadação;

g) ***avaliar os bens arrecadados***;

h) contratar avaliadores, de preferência oficiais, mediante autorização judicial, para a avaliação dos bens caso entenda não ter condições técnicas para a tarefa;

i) praticar os atos necessários para a realização do ativo e o pagamento dos credores;

j) requerer ao juiz a venda antecipada de bens perecíveis, deterioráveis ou sujeitos a considerável *desvalorização* ou de *conservação arriscada* ou dispendiosa;

k) praticar todos os atos conservatórios de direitos e ações, diligenciar a cobrança de dívidas e dar a respectiva quitação;

l) remir, em benefício da massa e mediante autorização judicial, bens apenhados, penhorados ou legalmente retidos;

m) representar a massa falida em juízo, contratando, se necessário, advogado, cujos honorários serão previamente ajustados e aprovados pelo Comitê de Credores;

n) requerer todas as medidas e diligências que forem necessárias para o cumprimento da lei, a proteção da massa ou a eficiência da administração;

o) apresentar ao juiz para juntada aos autos, até o décimo dia do mês seguinte ao vencido, conta demonstrativa da administração que especifique com clareza a receita e a despesa;

p) entregar ao seu substituto todos os bens e documentos da massa em seu poder, sob pena de responsabilidade;

q) prestar contas ao final do processo, quando for substituído, destituído ou renunciar ao cargo.

Releva notar que, sem autorização judicial (ouvidos previamente o Comitê de Credores e o falido), não poderá o administrador transigir sobre obrigações e direitos da massa falida ou conceder abatimento de dívidas, ainda que consideradas de difícil recebimento.

4. AVISOS DO ADMINISTRADOR

Deve o administrador dar ampla publicidade à sentença declaratória da falência providenciando a sua publicação em jornal de grande circulação (se a massa comportar tal encargo), avisando pelo órgão oficial:

> "... o lugar e hora em que, diariamente, os credores terão à sua disposição os livros e documentos do falido" (art. 22, III, *a*, da Lei de Falências).

Deve, outrossim, providenciar a publicação de edital, contendo a relação dos credores, indicando local, horário e prazo comum para que os interessados possam examinar os documentos que fundamentaram a elaboração desta relação (art. 7º, § 2º, da Lei de Falências).

5. ARRECADAÇÃO DOS BENS

Com a declaração da quebra o falido perde, desde logo, a administração e disponibilidade dos seus bens, que passam às mãos do administrador, o qual, a partir de então, os administrará.

Tão logo seja nomeado, firmado compromisso, o administrador cuidará da arrecadação dos bens do falido, tal como dispõe o art. 22, III, *f*, da Lei de Falências:

> "Ao administrador judicial compete, sob a fiscalização do juiz e do Comitê, além de outros deveres que esta Lei lhe impõe:
>
> ... III – na falência:
>
> ... *f*) arrecadar os bens e documentos do devedor e elaborar o auto de arrecadação...".

Para isso cuidará de envidar todos os esforços, arrecadando inicialmente os bens que estejam em poder do falido, e, posteriormente, aqueles outros que, muito embora de propriedade do falido, estejam em mãos de terceiros. Nesta atividade o administrador contará com a assistência do Ministério Público, podendo utilizar-se de todas as medidas legais que se tornarem imprescindíveis, tais como sequestro, busca e apreensão, arrombamento, requisição de força, o que por si só demonstra o rigor de que se cerca a arrecadação.

> "Art. 108. Ato continuo à assinatura do termo de compromisso, o administrador judicial efetuará a arrecadação dos bens e documentos e a avaliação dos bens, separadamente ou em bloco, no local em que se encontrem, requerendo ao juiz, para esses fins, as medidas necessárias."

Conquanto a arrecadação se constitua em medida das mais rigorosas, a ponto de envolver até mesmo bens de terceiros que se encontrem em poder do falido, não abrange, todavia, aqueles bens que não se compreendem na falência, tais como os impenhoráveis (art. 108, § 4º, da Lei de Falências), consoante o estabelecido no **art. 833 do CPC/2015**.

Em se tratando de sociedade em que haja sócios solidários, os bens particulares destes também serão arrecadados, uma vez que a falência deles é, da mesma forma, declarada:

> "Art. 81. A decisão que decreta a falência da sociedade com sócios ilimitadamente responsáveis também acarreta a falência destes,

> que ficam sujeitos aos mesmos efeitos jurídicos produzidos em relação à sociedade falida...".

Os bens arrecadados ficam sob a guarda do administrador judicial, ou de pessoa por ele indicada (sempre sob responsabilidade do administrador), convindo acentuar que a legislação falimentar faculta a nomeação do falido como depositário (art. 108, § 1º, da Lei de Falências).

O estabelecimento do falido poderá ser lacrado sempre que haja necessidade de preservação dos bens da massa falida (art. 109 da Lei de Falências).

VENDA ANTECIPADA DE BENS
Os bens perecíveis, deterioráveis, sujeitos a considerável desvalorização ou que sejam de conservação arriscada ou dispendiosa, poderão ser vendidos antecipadamente, após a arrecadação e a avaliação, mediante autorização judicial, ouvidos o Comitê e o falido no prazo de **48 horas** – art. 113.

Os bens arrecadados podem ser removidos, desde que haja necessidade de sua melhor guarda e conservação, hipótese em que permanecerão em depósito sob responsabilidade do administrador judicial.

Ultimada a arrecadação, providenciará o administrador um ***inventário*** destes mesmos bens, ou seja, um rol em que individuará os objetos arrecadados, fazendo estimativa dos seus respectivos preços. Este inventário, também chamado de *auto de arrecadação,* deve ser assinado pelo administrador e pelo falido.

Em conformidade com o que dispõe o art. 110, § 2º, da Lei de Falências:

> "Serão referidos no **inventário**:
>
> I – os livros obrigatórios e os auxiliares ou facultativos do devedor, designando-se o estado em que se acham, número e denominação de cada um, páginas escrituradas, data do início da escrituração e do último lançamento, e se os livros obrigatórios estão revestidos das formalidades legais;
>
> II – dinheiro, papéis, títulos de crédito, documentos e outros bens da massa falida;
>
> III – os bens da massa falida em poder de terceiro, a título de guarda, depósito, penhor ou retenção;

IV – os bens indicados como propriedade de terceiros ou reclamados por estes, mencionando-se essa circunstância".

6. APURAÇÃO DO MONTANTE DO DÉBITO DO FALIDO

A apuração do montante do débito do falido é encargo do administrador, a teor do que dispõe o art. 7º da Lei n. 11.101/2005 – Lei de Falências:

> "A verificação dos créditos será realizada pelo administrador judicial, com base nos livros contábeis e documentos comerciais e fiscais do devedor e nos documentos que lhe forem apresentados pelos credores, podendo contar com o auxílio de profissionais ou empresas especializadas".

Observe-se que, decretada a falência, é publicado edital, convocando os credores para a habilitação de seus créditos, no prazo de quinze dias, ou apresentar divergência quanto aos créditos relacionados pelo administrador.

A impugnação pode ser feita por qualquer credor, o devedor ou seus respectivos sócios, e pelo Ministério Público.

A impugnação obedece às seguintes regras:

1ª) A impugnação será dirigida ao juiz por meio de petição, instruída com os documentos que tiver o impugnante, o qual indicará as provas consideradas necessárias.

Cada impugnação será autuada em separado, com os documentos a ela relativos, mas terão uma só autuação as diversas impugnações versando sobre o mesmo crédito.

2ª) Caso não haja impugnações, o juiz homologará, como quadro geral de credores, a relação dos credores constante do edital ultimado pelo administrador judicial.

3ª) Transcorrido o prazo de **5 dias** para contestação, os autos de impugnação serão conclusos ao juiz, que:

I – determinará a inclusão no quadro geral de credores das habilitações de créditos não impugnadas, no valor constante da relação elaborada pelo administrador;

II – julgará as impugnações que entender suficientemente esclarecidas pelas alegações e provas apresentadas pelas partes, mencionando, de cada crédito, o valor e a classificação;

III – fixará, em cada uma das restantes impugnações, os aspectos controvertidos e decidirá as questões processuais pendentes;

IV – determinará as provas a serem produzidas, designando audiência de instrução e julgamento, se necessário.

O juiz determinará, para fins de rateio, a reserva de valor para satisfação do crédito impugnado.

Sendo parcial, a impugnação não impedirá o pagamento da parte incontroversa.

4ª) Da decisão judicial sobre a impugnação caberá agravo.

Recebido o agravo, o relator poderá conceder efeito suspensivo à decisão que reconhece o crédito ou determinar a inscrição ou modificação do seu valor ou classificação no quadro geral de credores, para fins de exercício de direito de voto em assembleia geral.

7. RESPONSABILIDADES DO ADMINISTRADOR

A extraordinária importância de que se reveste a atividade do administrador, como órgão da falência, no exercício de uma função eminentemente pública, acarreta-lhe, como é óbvio, uma série de responsabilidades que vão do ressarcimento à prisão.

Com efeito, segundo preceitua o art. 32 da Lei de Falências, o administrador responde pelos prejuízos que causar à massa, por sua má administração ou por infringir qualquer disposição da Lei Falimentar:

> "O administrador judicial e os membros do Comitê responderão pelos prejuízos causados à massa falida, ao devedor ou aos credores por dolo ou culpa...".

Ressalte-se que mesmo a autorização do magistrado não o isentará de responsabilidade civil e penal, quando não ignorar o prejuízo que o seu ato possa causar à massa, ou quando infringir disposição da Lei Falimentar.

Por outro lado, erigido em sujeito passivo indireto da relação jurídico-tributária, é solidariamente responsável pela tributação devida pela massa, segundo o que estabelece o art. 134 do Código Tributário Nacional:

> "Nos casos de impossibilidade de exigência do cumprimento da obrigação principal pelo contribuinte, respondem solidariamente com este nos atos em que intervierem ou pelas omissões de que forem responsáveis:
>
> ... V – o síndico e o comissário, pelos tributos devidos pela massa falida ou pelo concordatário"[13].

---

[13] Na atual legislação falimentar as denominações síndico e comissário foram substituídas por administrador judicial.

Além disso, não pode o administrador, por si, ou interposta pessoa, adquirir bens da massa falida ou de devedor em recuperação judicial, sob pena de reclusão de dois a quatro anos – art. 177 da Lei Falimentar.

O inadimplemento da obrigação tributária pela sociedade não gera, por si só, a **responsabilidade solidária** do sócio-gerente (Súmula 430, STJ).

Sabe-se que é presumida a dissolução irregular da empresa que deixar de funcionar no seu domicílio fiscal, sem comunicar aos órgãos competentes, legitimando o direcionamento da execução fiscal para o sócio-gerente (Súmula 435, STJ).

8. COMITÊ DE CREDORES: COMPOSIÇÃO E ATRIBUIÇÕES

Ao decretar a falência, poderá o juiz, quando entender conveniente, convocar a *assembleia geral dos credores*, para a constituição do *Comitê de Credores*.

Este órgão da falência, eventualmente presente (sua constituição é facultativa), dependerá, por certo, da complexidade dos feitos falimentares e do porte da empresa falida, ou em recuperação judicial.

Sua constituição, portanto é facultativa, como deixa claro o art. 28 – "não havendo Comitê de Credores, caberá ao administrador judicial ou, na incompatibilidade deste, ao juiz exercer suas atribuições".

A criação do Comitê de Credores (felizmente facultativa) pode, na prática, representar uma burocratização do processo de falência ou de recuperação judicial, com prejuízos manifestos do procedimento falimentar.

Outrossim, como todo órgão colegiado, dificilmente manterá a unidade necessária ao fiel desempenho das suas funções. Melhor será a nomeação pura e simples do administrador.

Uma vez constituído, compor-se-á o Comitê de Credores de:

I – um representante indicado pela classe de credores trabalhistas, com dois suplentes;

II – um representante indicado pela classe de credores com direitos reais de garantia ou privilégios especiais, com dois suplentes;

III – um representante indicado pela classe de credores quirografários e com privilégios gerais, com dois suplentes.

Na eventualidade de qualquer das classes acima citadas não indicar representante, o Comitê poderá funcionar com qualquer número.

O art. 134 do CTN não foi alterado pela Lei Complementar n. 118, de 9 de fevereiro de 2005, que adaptou o referido Código à atual Lei Falimentar.

A presidência do órgão sob comento será exercida por quem for indicado por seus membros.

A remuneração dos membros do Comitê não será custeada pela massa e tampouco pelo devedor, dependendo da disponibilidade de caixa.

O **Comitê de Credores** terá as seguintes atribuições:

I – na recuperação judicial e na falência:

a) fiscalizar as atividades e examinar as contas do administrador judicial;

b) zelar pelo bom andamento do processo e pelo cumprimento da lei;

c) comunicar ao juiz violação dos direitos ou prejuízo aos interesses dos credores;

d) apurar e emitir parecer sobre quaisquer reclamações dos interessados;

e) requerer ao juiz a convocação da assembleia geral de credores;

f) manifestar-se nas hipóteses previstas na Lei Falimentar;

II – na recuperação judicial:

a) fiscalizar a administração das atividades do devedor, apresentando, a cada trinta dias, relatórios de sua situação;

b) fiscalizar a execução do plano de recuperação judicial;

c) submeter à autorização do juiz, quando ocorrer o afastamento do devedor nas hipóteses previstas em Lei, a alienação de bens do ativo permanente, a constituição de ônus reais e outras garantias, bem como atos de endividamento necessários à continuação da atividade empresarial durante o período que antecede a aprovação do plano de recuperação judicial.

As deliberações do Comitê de Credores serão consignadas em Livro de Atas, ficando à disposição do administrador, dos credores e do devedor.

Na eventualidade de não ser possível a obtenção da maioria nas deliberações do Comitê, o impasse será decidido pelo administrador judicial.

9. ASSEMBLEIA GERAL DOS CREDORES: ATRIBUIÇÕES; CONVOCAÇÃO; COMPOSIÇÃO

A Assembleia Geral dos Credores é outra inovação introduzida pela Lei n. 11.101, de 9 de fevereiro de 2005.

Tem funções específicas tanto na recuperação judicial quanto na falência, destacando-se a faculdade que lhe é concedida pelo art. 35, I, alínea *a*, da Lei de Falências: a da "*aprovação, rejeição ou modificação do plano de recuperação judicial apresentado pelo devedor*".

Na **recuperação judicial**, tem por **atribuições**:

a) aprovação, rejeição ou modificação do plano de recuperação judicial apresentado pelo devedor;

b) a constituição do Comitê de Credores, a escolha de seus membros e sua substituição;

c) o pedido de desistência do devedor;

d) o nome do gestor judicial, quando do afastamento do devedor;

e) qualquer outra matéria que possa afetar os interesses dos credores.

Na falência:

a) a constituição do Comitê de Credores, a escolha de seus membros e sua substituição;

b) a adoção de outras modalidades de realização do ativo;

c) qualquer outra matéria que possa afetar os interesses dos credores.

A assembleia geral será composta pelas seguintes **classes de credores**:

I – titulares de créditos derivados da legislação do trabalho ou decorrentes de acidentes de trabalho;

II – titulares de créditos com garantia real;

III – titulares de créditos quirografários, com privilégio especial, com privilégio geral ou subordinados.

A convocação da Assembleia Geral de Credores é de competência do juiz da falência (ou da recuperação judicial), e será feita por edital publicado no órgão oficial e em jornais de grande circulação na localidade da sede e filiais (se houver), com antecedência mínima de quinze dias, contendo necessariamente:

I – local, data e hora da assembleia em primeira e em segunda convocação, não podendo esta ser realizada menos de cinco dias depois da primeira;

II – a ordem do dia;

III – local onde os credores poderão obter cópia do plano de recuperação judicial (se for o caso) a ser submetido à deliberação da assembleia.

Credores que representem, no mínimo, vinte e cinco por cento do valor total dos créditos de uma determinada classe podem requerer ao juiz a convocação da assembleia geral.

CONVOCAÇÃO DA ASSEMBLEIA GERAL
DOS CREDORES

A assembleia geral dos credores poderá ser convocada a requerimento: a) do administrador judicial (art. 22, I, *g*); b) do comitê de credores, se instituído (art. 27, I, *e*); c) de credores que representem, no mínimo, 25% dos créditos de uma determinada classe (art. 36, § 2º).

Os credores poderão ser representados na assembleia geral por mandatário ou representante legal (com mandato que deverá ser entregue ao administrador até vinte e quatro horas antes da data prevista no aviso de convocação).

Tudo indica que a escolha de tais mandatários recaia sobre profissionais especializados, tais como advogados, economistas e contadores, embora a legislação não faça, a respeito, qualquer referência.

Observe-se que os empregados da empresa em recuperação ou em falência podem ser representados por seus respectivos sindicatos. Para o exercício de tal representação, deve o sindicato:

> "Apresentar ao administrador judicial, até dez dias antes da assembleia, a relação dos associados que pretende representar, e o trabalhador que conste da relação de mais de um sindicato deverá esclarecer, até vinte e quatro horas antes da assembleia, qual sindicato o representa, sob pena de não ser representado em assembleia por nenhum deles" (art. 37, § 6º, I).

A assembleia será presidida pelo administrador judicial, que designará um secretário dentre os credores presentes.

Nas deliberações sobre o afastamento do administrador judicial ou em outras em que haja incompatibilidade deste, a assembleia será presidida pelo credor presente que seja titular do maior crédito.

A assembleia instalar-se-á, em primeira convocação, com a presença de credores titulares de mais da metade dos créditos de cada classe, computados pelo valor, e, em segunda convocação, com qualquer número.

Para participar da assembleia, cada credor deverá assinar a lista de presença, que será encerrada no momento da instalação.

Terão direito a voto, na assembleia geral, os credores mencionados na relação apresentada pelo administrador judicial e, na falta desta relação, na apresentada pelo devedor, bem como os credores cuja habilitação tenha sido deferida em juízo.

Na **falência**, a aprovação de forma alternativa de realização do ativo depende do voto favorável de credores que representem dois terços dos créditos presentes à assembleia.

Na **recuperação judicial**, a proposta deve ser aprovada da seguinte forma:

I – maioria simples dos credores presentes, nos créditos derivados da legislação do trabalho ou decorrentes de acidentes do trabalho;

II – mais da metade do valor total dos créditos presentes à assembleia, de titulares de créditos com garantia real e créditos quirografários e, cumulativamente, pela maioria simples dos credores presentes.

Não terão direito a voto, e tampouco serão considerados para fins de verificação de *quorum* de instalação e deliberação, os credores fiduciários de bens móveis ou imóveis, arrendador mercantil, promitente vendedor de imóvel com contratos que contenham cláusula de irrevogabilidade ou irretratabilidade, titular de contrato de venda com reserva de domínio, uma vez que seus créditos não se submetam aos efeitos da recuperação judicial. O mesmo ocorrendo com o credor que tenha entregue ao devedor moeda corrente nacional decorrente de adiamento a contrato de câmbio para exportação.

10. O MINISTÉRIO PÚBLICO

Há quem sustente que o Ministério Público (MP) já estava presente nos textos romanos, já tendo figurado como agente do rei ou "a mão do rei"; tal instituição é também denominada ou conhecida como *parquet*; na Constituição Federal brasileira, a terminologia usada é simplesmente Ministério Público.

A doutrina não é uniforme quanto ao local de surgimento do Ministério Público – se no Egito, se na França; todavia, independentemente do nascedouro, o ponto fundamental é que o MP ***é instituição permanente, essencial à função jurisdicional, incumbindo-lhe a defesa da ordem jurídica, do regime democrático e dos interesses sociais e individuais indisponíveis*** (art. 127 da CF).

Com o advento da CF/1988, esta desmembrou o Ministério Público do Poder Executivo, colocando-o no patamar de **poder permanente**, uma vez que é **instituição autônoma**, tendo em vista que ele promove e fiscaliza a execução das leis e da ordem jurídica no interesse da sociedade.

A complexidade de suas funções, que, outrossim, se revestem do mais alto significado, colocam-no em plano bem mais elevado, erigindo-o em verdadeira instituição, como, aliás, já observava o eminente Pimenta Bueno, em seu *Direito público*:

> "O Ministério Público é uma grande e útil instituição; é o braço direito da sociedade e do governo, e a sua vigilância e intervenção perante os tribunais de justiça".

Com efeito, a relevância das funções exercidas pelo MP configura o mais alto aperfeiçoamento do Estado Democrático de Direito, tendo em vista que a CF/88 dá à instituição meandros principiológicos ao estabelecer os seguintes **princípios: unidade, indivisibilidade e independência funcional**. Para o Douto Mauro Schiavi, entretanto, há também o princípio do **promotor natural** (*Manual de direito processual do trabalho*, 11ª edição, LTr, p. 205).

Por isso que renomados autores chegam a sustentar a prevalência das funções jurisdicionais, como o faz Enrico Spagna Musso:

> "Em relação à análise do texto constitucional, pode-se afirmar que o Ministério Público constitui parte integrante do Poder Judiciário, do qual continua órgão ainda que possa, dadas as suas atribuições, realizar uma ligação com o Executivo: que, em consequência, a sua posição em relação ao Guarda-selos e, portanto, ao governo, não é a de um órgão subordinado, mas de um órgão independente, dotado de garantias que lhe assegurem tal posição" (*Justitia*, v. 53).

Na verdade, o Ministério Público é instituição essencial à função jurisdicional do Estado (arts. 127 a 129 da CF/1988, Lei n. 8.625, de 12-2-1993, e LC n. 75, de 20-5-1993); por força da própria evolução por que vem passando, já não pode ser visto como órgão auxiliar do Executivo, e, muito embora entre nós não se inclua entre os órgãos do Poder Judiciário (art. 92 da CF), bem pode ser definido como uma instituição independente que representa não o Executivo propriamente dito, mas a própria sociedade, como, aliás, já assinalava Alfredo Valladão:

> "Se todos os escritores proclamam que o Ministério Público é o representante da sociedade e da Lei, não se compreende que, ao mesmo tempo, o qualifiquem de representante do Executivo.
>
> A sociedade e a lei podem ser ofendidas pelo Executivo.
>
> Da mesma forma, o podem ser pelo Legislativo (visto que não é permitido tomar deliberações contra a Lei Máxima – a Constituição), e pelo Judiciário, em decisões que mereçam ser recorridas.

E não se concebe que o Ministério Público, que deve promover a reparação da ofensa, seja representante de qualquer destes poderes".

Consoante o entendimento do Supremo Tribunal Federal:

> "Legitimidade do Ministério Público para interpor recurso extraordinário, como *custos legis* (§ 2º do art. 499 do CPC [**art. 996 do CPC/2015**]), harmoniza-se com as funções institucionais previstas nos arts. 127 e 129 da CR" (RE 571.969, Rel. Min. Cármen Lúcia, julgamento em 12-3-2014, Plenário, *DJe*, 18-9-2014).

Cumprindo-lhe, pois, tutelar os interesses da sociedade, em nome da qual, aliás, promove a aplicação da lei, o Ministério Público está presente na falência e na recuperação judicial, por meio de seu representante, com o propósito manifesto de evitar que a falência se transforme em meio de exploração lucrativo, com grave prejuízo para a economia e, consequentemente, para a sociedade, como adverte Sampaio de Lacerda.

Contudo, contrariamente ao que ocorria sob a égide da legislação falimentar revogada, a Lei n. 11.101/2005 reduziu sensivelmente as intervenções do Ministério Público no processo falimentar, obviamente, limitando-as às questões mais relevantes e, efetivamente, de interesse público.

Na atual sistemática, são as seguintes as intervenções do Ministério Público:

a) Na falência:

Art. 8º – impugnação à relação de credores; **art. 19** – exclusão, outra classificação ou retificação de crédito; **art. 22, § 4º** – relatório do administrador apontando responsabilidade penal dos envolvidos na falência; **art. 30** – substituição do administrador ou de membros do Comitê; **art. 99, XIII** – ciência da declaração de falência do devedor; **art. 104, VI** – solicitação de informações ao falido; **art. 132** – proposição de ação revocatória; **art. 142, § 7º** – alienação do ativo; **art. 143** – impugnação à alienação do ativo; **art. 187** – promoção de ação penal; **art. 187, §§ 1º** (oferecimento de denúncia) **e 2º** (ciência da prática de crimes).

b) Na recuperação judicial:

Art. 8º – impugnação contra relação de credores; **art. 22, § 4º** – ciência da prática de crime falimentar; **art. 30** – substituição do administrador judicial ou de membros do Comitê de Credores; **art. 154, § 3º** – prestação de contas do administrador judicial; **art. 187** – disposições gerais.

c) *Na recuperação extrajudicial:*

A Lei Falimentar cuida da recuperação extrajudicial nos arts. 161 a 167.

Nenhum dos dispositivos legais nominados prevê a intervenção ou visto do Ministério Público, sequer citando-o no procedimento destinado à homologação judicial do plano (art. 164).

Todavia, na hipótese prevista no § 6º do art. 164 – *simulação de créditos* –, entendemos devida a manifestação do Ministério Público, mesmo porque tal simulação se constitui em crime falimentar (art. 175).

Releva notar que as *disposições penais* (arts. 168 a 178) enumeram ilícitos penais que tanto podem ocorrer, na falência, na recuperação judicial e na homologação de plano de recuperação extrajudicial, reservada ao Ministério Público a iniciativa da ação penal (art. 187).

Resumo

O juiz. O juiz de direito da Vara Cível, a quem compete, exclusivamente, processar e julgar pedidos de falência ou recuperação judicial, exerce, concomitantemente, funções judicantes e administrativas. Entre as primeiras se inserem as questões de direito, "geralmente de natureza civil e comercial". No plano administrativo, "o magistrado supervisiona a atuação do administrador judicial e determina a execução de medidas acautelatórias, como a venda antecipada de bens" etc.

O administrador judicial (o antigo síndico). É aquele que tem a seu cargo a administração e representação dos interesses dos credores, atuando como órgão ou agente auxiliar da justiça.

O administrador deve ser profissional idôneo, preferencialmente advogado, economista, administrador de empresas ou contador, podendo ser, também, pessoa jurídica ou especializada (art. 21). Nessa última hipótese, ao firmar compromisso, declarar-se-á o nome do profissional responsável pela condução do processo de falência.

Comitê de Credores. O Comitê de Credores é facultativo, dependendo para a sua constituição da complexidade da falência ou da recuperação judicial, tendo, entre outras atribuições, a da fiscalização das atividades do administrador judicial (art. 27).

Assembleia Geral de Credores. A Assembleia Geral de Credores é outra das inovações introduzidas pela Lei n. 11.101/2005. Tem por atribuições, entre outras, a de aprovar, rejeitar ou modificar o plano de recuperação judicial, a constituição (facultativa) do Comitê de Credores, adoção de modalidades de realização de ativo (art. 35).

O Ministério Público. O Ministério Público está presente na falência e na recuperação judicial, com o propósito manifesto de evitar que a falência e a recuperação mencionadas se transformem em um meio de exploração lucrativo, com grave prejuízo para a economia e, consequentemente, para a sociedade.

Suas intervenções estão devidamente previstas na Lei n. 11.101/2005.

Recapitulação

1. Quais os órgãos da falência e da recuperação judicial?

R. I – O *juiz de direito* da Vara Cível, da Justiça Ordinária dos Estados, do Distrito Federal e dos Territórios; II – *o administrador judicial*; III – o *Ministério Público*; IV – O *Comitê de Credores* (facultativo); V – a *Assembleia Geral de Credores.*

2. O administrador judicial é recrutado entre os maiores credores?

R. Não. O art. 21 da Lei Falimentar é de absoluta clareza – "o administrador judicial será profissional idôneo, preferencialmente advogado, economista, administrador de empresas ou contador".

3. Pode a escolha do administrador recair em pessoa jurídica?

R. Pode. Nesse sentido dispõe o art. 21 supramencionado – "... ou pessoa jurídica".

4. Nessa última hipótese, quem exercerá, efetivamente, a administração da massa falida?

R. Recaindo a escolha em pessoa jurídica especializada, declarar-se-á no termo de compromisso o nome do profissional responsável pela condução do processo de falência ou de recuperação judicial.

5. As funções exercidas pelo administrador podem acarretar-lhe responsabilidade penal?

R. A extraordinária importância de que se reveste a atividade do administrador judicial, como órgão da falência, no exercício de uma função eminente pública, acarreta-lhe, como é óbvio, uma série de responsabilidades que vão do ressarcimento à prisão.

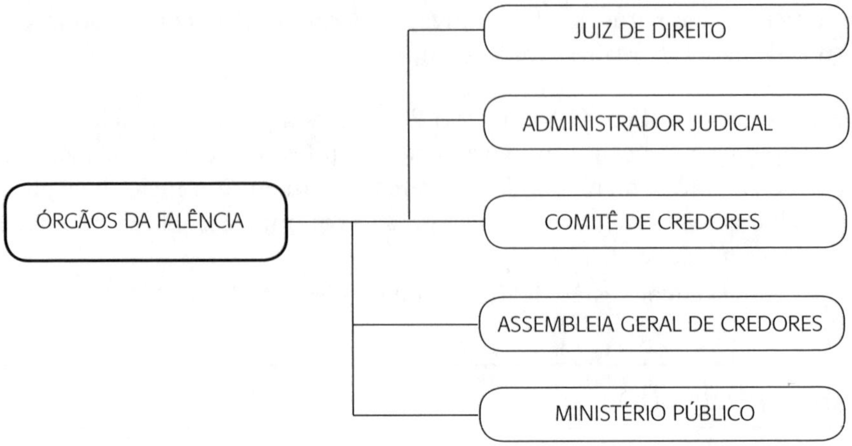
ÓRGÃOS DA FALÊNCIA
JUIZ DE DIREITO
ADMINISTRADOR JUDICIAL
COMITÊ DE CREDORES
ASSEMBLEIA GERAL DE CREDORES
MINISTÉRIO PÚBLICO

Capítulo XX

DA ADMINISTRAÇÃO, DA ARRECADAÇÃO E GUARDA DOS BENS, LIVROS E DOCUMENTOS DO FALIDO

Sumário: 1. Da administração dos bens do falido. 2. Da arrecadação e guarda dos bens, livros e documentos do falido. 3. Arrecadação dos bens particulares dos sócios de responsabilidade ilimitada; de administradores de sociedade limitada e diretores de sociedade anônima. 4. Do lacre das portas do estabelecimento do falido. 5. Inventário dos bens arrecadados. 6. Venda antecipada de bens deterioráveis. Resumo. Recapitulação.

1. DA ADMINISTRAÇÃO DOS BENS DO FALIDO

Como já tivemos ensejo de afirmar, uma das primeiras consequências da falência é a perda, pelo falido, da administração dos seus bens que são, a partir de então, administrados pelo administrador judicial.

Este último, como administrador dos bens do falido, há de cuidar, com eficiência e dedicação, pela conservação dos bens mencionados, de modo a assegurar aos credores a possibilidade de aliená-los, evitando-se, tanto quanto possível, prejuízos à massa.

Para isso terá, sob sua responsabilidade e guarda, os bens arrecadados, podendo, entretanto, escolher um terceiro e, inclusive, incumbir o próprio falido da tarefa (art. 108, § 1º).

Na administração dos bens do falido cumpre ao administrador verificar aqueles suscetíveis de fácil deterioração, os que não possam ser guardados sem risco, ou que exijam grandes despesas, hipóteses em que deverá requerer autorização ao juiz para vendê-los.

2. DA ARRECADAÇÃO E GUARDA DOS BENS, LIVROS E DOCUMENTOS DO FALIDO

Tão logo nomeado, o administrador dirigir-se-á ao cartório do juízo da falência, ali firmando compromisso.

Seu primeiro ato efetivo, no interesse da massa, será o de arrecadar os bens do falido. Este processo, como já afirmamos, é de extremo rigor, envolvendo os bens do falido onde quer que estes se encontrem, seja em mãos deste, seja em poder de terceiros. Tão rigoroso é o processo de arrecadação que, inclusive, os bens de terceiros que eventualmente se encontrem em mãos do falido são arrecadados, assegurando-se, porém, aos ofendidos as medidas judiciais cabíveis – embargos de terceiro e pedidos de restituição – no sentido de reaverem tais bens.

Os livros e documentos do falido também devem ser arrecadados, ressaltando-se que a declaração de quebra impõe ao devedor a obrigação de dirigir-se ao cartório do juízo da falência, onde, após firmar termo de comparecimento, depositará seus livros obrigatórios.

> ARRENDAMENTO DE BENS DA MASSA FALIDA
>
> O administrador judicial, autorizado pelo comitê de credores, pode arrendar bens da massa, objetivando produzir renda.
>
> O contrato, nesse sentido, não gera direito de preferência na compra e tampouco disposição total ou parcial dos bens arrendados, que poderão a qualquer tempo ser alienados, rescindindo-se o contrato sem direito a multa – art. 114.

3. ARRECADAÇÃO DOS BENS PARTICULARES DOS SÓCIOS DE RESPONSABILIDADE ILIMITADA; DE ADMINISTRADORES DE SOCIEDADE LIMITADA E DIRETORES DE SOCIEDADE ANÔNIMA

Na atual legislação, a falência da sociedade empresária, com sócios de responsabilidade ilimitada acarreta, igualmente, a falência destes:

> "Art. 81. A decisão que decreta a falência da sociedade com sócios ilimitadamente responsáveis também acarreta a falência destes, que ficam sujeitos aos mesmos efeitos jurídicos produzidos em relação à sociedade falida...".

Em tais condições, a arrecadação envolverá os bens da sociedade falida e dos sócios solidários – todos os sócios da sociedade em nome coletivo; o sócio comanditado da sociedade em comandita simples; o sócio ostensivo da sociedade em conta de participação.

Em princípio, os ***sócios de responsabilidade limitada***, de que são exemplos os que integram a sociedade limitada, o comanditário (na comandita simples) e o acionista (na sociedade anônima) não sofrem constrição em seus bens particulares pela falência das sociedades de que fazem parte.

Tais sócios, salvo as respectivas contribuições para a formação do capital social (objeto da chamada ação de integralização) não respondem pessoalmente pelas obrigações sociais, assim consideradas aquelas contraídas em nome da sociedade e decorrentes dos atos regulares de gestão.

Respondem, contudo, administradores e diretores, solidária e ilimitadamente, quando, dentro de suas atribuições, agirem com culpa ou dolo, com violação da lei ou do estatuto ou contrato social.

A apuração da responsabilidade de tais sócios se dá em processo ordinário, no próprio juízo falimentar, por iniciativa do administrador ou, na sua omissão, por qualquer credor.

Todavia, independentemente de tais providências, inúmeras e recentes decisões judiciais vêm estendendo os efeitos da falência a sócios de responsabilidade limitada, quando demonstrada, de forma clara e objetiva, gestão fraudulenta, aplicando-se, inclusive, a **teoria da desconsideração da personalidade jurídica** (**arts. 133 a 137 do CPC/2015**), com a respectiva responsabilidade dos sócios e consequente arrecadação de seus bens particulares.

É o que decidiu o Tribunal de Justiça de São Paulo, em voto da lavra do Des. Osvaldo da Silva Rico:

> "... diante dos inúmeros desmandos gerenciais dos sócios da falida, com o nítido objetivo de desviar bens em detrimento dos credores, positivada restou a ocorrência de gestão fraudulenta, circunstância que autoriza a aplicação do art. 10, do citado Decreto, para o fim de desconsiderar a personalidade jurídica da T., e estender os efeitos da falência aos bens particulares dos sócios" (TJSP, AgI 113.294-4/4-S. C. do Sul, Rel. Des. Osvaldo da Silva Rico).

No mesmo sentido, é a Súmula 435 do STJ:

> "Presume-se dissolvida irregularmente a empresa que deixar de funcionar no seu domicílio fiscal, sem comunicação aos órgãos competentes, legitimando o redirecionamento da execução fiscal para o sócio-gerente".

Observe-se que, na eventualidade de responsabilidade dos sócios acima declinados (de responsabilidade limitada), o juiz poderá, de ofício, ordenar a indisponibilidade de seus bens particulares (art. 82).

4. DO LACRE DAS PORTAS DO ESTABELECIMENTO DO FALIDO

Conquanto a legislação falimentar brasileira não estabeleça a obrigatoriedade do lacre das portas do estabelecimento do falido, a medida pode ser determinada pelo juiz, no sentido de proteger os bens, até o ato de arrecadação.

Nesta hipótese, pois, pode o juiz determinar que sejam lacradas as portas do estabelecimento do falido, implicando sua remoção ilícito penal.

O lacre em questão não se confunde com o resumo da sentença declaratória da falência, a ser afixado à porta do estabelecimento do falido:

> "Art. 109. O estabelecimento será lacrado sempre que houver risco para a execução da etapa de arrecadação ou para a preservação dos bens da massa falida ou dos interesses dos credores".

5. INVENTÁRIO DOS BENS ARRECADADOS

Tão logo se proceda à **arrecadação dos bens do falido**, deve o administrador individuá-los, fixando-lhes valor, levantando, para isso, um inventário, também denominado *auto de arrecadação.*

No inventário, assinalada a presença do falido, o administrador discriminará os bens arrecadados, a saber:

a) dinheiro;
b) livros (obrigatórios e facultativos);
c) mercadorias;
d) móveis e utensílios;
e) títulos de crédito;
f) bens em poder de terceiros;
g) bens de terceiros em poder do falido.

6. VENDA ANTECIPADA DE BENS DETERIORÁVEIS

Ressaltamos, com a insistência necessária, que a gestão do administrador tem como objeto a **preservação dos bens do falido**, como uma forma de garantir os créditos dos diversos credores, por isso que a falência é, antes de tudo, um processo de execução coletiva que objetiva a apuração do ativo para a posterior liquidação do passivo.

Cumpre-lhe, por isso, zelar pela integridade dos bens arrecadados, tomando as providências necessárias no sentido da venda antecipada dos bens deterioráveis.

Para isso formulará petição ao juiz da falência, da qual constarão:

I — O JUIZ A QUE É DIRIGIDA	Exmo. Sr. Dr. Juiz de Direito da .... Vara Civil
II — O FATO	Quando da arrecadação dos bens do falido, este administrador, entre os diversos bens arrecadados, constatou, conforme inventário anexado aos autos, a existência de diversos bens facilmente deterioráveis, a saber: ....
III — O REQUERIMENTO	Por isso vem representar a V. Exa. quanto à necessidade da venda antecipada dos bens mencionados, na forma do que prescreve o art. 113 da Lei n. 11.101, de 9 de fevereiro de 2005, ouvido o Comitê de Credores e o falido, expedindo-se, para isso, o competente alvará.

Resumo

Da administração dos bens do falido. Ao administrador, como gestor dos bens do falido, cumpre a sua conservação, de modo a poder, na oportunidade, aliená-los na forma da lei, liquidando, assim, o passivo.

Da arrecadação e guarda dos bens, livros e documentos do falido. Tão rigoroso é o processo de arrecadação que, inclusive, bens de terceiro que se encontrem em poder do falido são arrecadados, assegurando-se, a seus legítimos proprietários, reavê-los mediante o *pedido de restituição* ou por via dos *embargos de terceiro*.

Do lacre das portas do estabelecimento do falido. Objetivando proteger os bens do falido, até o processo da arrecadação se ultimar, pode o juiz determinar o lacre das portas do estabelecimento do falido, constituindo-se em crime a sua violação sem prévia ordem judicial.

Inventário dos bens arrecadados. Procedida a arrecadação dos bens do falido, deve o administrador individuá-los, fixando-lhes valor, levantando, para isso, um *inventário*, também denominado *auto de arrecadação*.

No inventário se discriminarão: o dinheiro, os livros, os móveis e utensílios, os títulos de crédito, os bens em poder de terceiros e os bens de terceiros encontrados em poder do falido.

Venda antecipada de bens deterioráveis. Cumpre ao administrador zelar pela conservação dos bens do falido, evitando-se, assim, prejuízos para a massa. Se dentre os bens arrecadados houver bens deterioráveis, deve o administrador requerer ao juiz, ouvido o Comitê de Credores, a venda antecipada de tais bens.

Recapitulação

1. A guarda dos bens arrecadados ao falido pode recair sobre um terceiro que não o administrador?

R. Conquanto pouco usual, nos termos do art. 108, § 1º, da Lei de Falências, os bens arrecadados ao falido ficarão sob a guarda do administrador, que, entretanto, poderá escolher um terceiro, o qual, todavia, permanecerá sob sua responsabilidade.

2. Tal escolha poderá recair sobre o próprio falido?

R. Ainda em conformidade com o art. 108, § 1º, da Lei Falimentar, o falido pode ser incumbido, pelo administrador, da guarda de móveis e mercadorias.

3. Quais os bens que, necessariamente, serão inventariados no auto de arrecadação?

R. No inventário a ser ultimado pelo administrador, também chamado *auto de arrecadação*, serão discriminados os bens arrecadados, a saber: dinheiro, livros (obrigatórios e facultativos), mercadorias, móveis e utensílios, títulos de crédito, bens em poder de terceiros, mas de propriedade do falido, bens de terceiros encontrados em poder do falido.

4. Os bens arrecadados serão, necessariamente, vendidos de uma só vez, em leilão?

R. Não. A Lei Falimentar prevê inúmeras formas de alienação: alienação da empresa, do estabelecimento dos bens em bloco ou individualmente considerados – art. 140.

5. Os bens impenhoráveis, como, por exemplo, o *bem de família*, devem ser arrecadados?

R. A resposta é negativa. O § 4º do art. 108 é de absoluta clareza – "não serão arrecadados os bens absolutamente impenhoráveis", incluindo-se o bem de família, nos termos da Lei n. 8.009/90.

Capítulo XXI

DO PEDIDO DE RESTITUIÇÃO E DOS EMBARGOS DE TERCEIRO

Sumário: 1. A arrecadação e os bens de terceiro. 2. Pressupostos do pedido de restituição. 3. Dinheiro em depósito com o falido. 4. Coisas vendidas a crédito. 5. Coisa alienada fiduciariamente. 6. Contrato de câmbio. 7. O processo de restituição: efeitos, juízo competente, legitimidade ativa e passiva, procedimento, sentença, recurso. 8. Embargos de terceiro: conceito, legitimidade ativa e passiva, juízo competente, rito processual, recurso. Resumo. Recapitulação. Testes de aproveitamento da matéria examinada.

1. A ARRECADAÇÃO E OS BENS DE TERCEIRO

Como já acentuamos, o rigorismo do processo de arrecadação impõe que nela se incluam os bens de terceiro que sejam encontrados em poder do falido.

Todavia, muito embora tais bens sejam incluídos na arrecadação, é óbvio que deles não se aproprie a massa falida, impondo-se a sua restituição a seus legítimos donos, sob pena de se admitir o enriquecimento ilícito da massa, o que, evidentemente, à lei repugna.

Tal restituição, todavia, não fica a critério do administrador, tampouco ao arbítrio do juiz, sujeitando-se os interessados a um verdadeiro processo dentro do processo falimentar, e que se denomina *pedido de restituição*, disciplinado nos arts. 85 e s. da Lei Falimentar.

Com inegável propriedade lembra Sampaio de Lacerda que o terceiro que reclama a restituição não é um credor, "pois o dono da coisa não é credor de quem a possui; tem um *ius in re* e não um *ius ad rem*, ou melhor, não a recebe em pagamento, a título de credor, mas em restituição a título de proprietário".

O art. 1.228 do Código Civil consagra o direito de o proprietário usar, gozar e dispor de seus bens, reavendo-os de quem quer que injustamente os possua. Assim, a Lei Falimentar não faz senão consagrar tal princípio, não se tratando, pois, de um favor, como observa Sampaio de Lacerda, mas o reconhecimento solene de um instituto preexistente.

2. PRESSUPOSTOS DO PEDIDO DE RESTITUIÇÃO

Dois são os pressupostos do pedido de restituição:

1º) que a coisa arrecadada em poder do falido seja devida em virtude de um direito real; ou

2º) que seja devida em decorrência de um contrato.

Direito real, como se sabe, é o que se caracteriza pelo *jura in re aliena*, assegurando ao titular um "poder jurídico a todos oponível, e exercido direta e imediatamente sobre a coisa certa que se lhe subordina", na expressão de Pedro Orlando.

O Código Civil enumera os **direitos reais** na seguinte ordem:

I – a propriedade;

II – a superfície;

III – as servidões;

IV – o usufruto;

V – o uso;

VI – a habitação;

VII – o direito do promitente comprador do imóvel;

VIII – o penhor;

IX – a hipoteca;

X – a anticrese;

XI – a concessão de uso especial para fins de moradia;

XII – a concessão de direito real de uso.

Nessas condições, sempre que alguém seja titular de um dos direitos mencionados, sobre bens que possam ter sido arrecadados em poder do falido, ver-se-á em condições de reivindicá-los por meio do pedido de restituição.

Mas não é somente o titular de direito real que possui legitimidade ativa na espécie em exame, pois o mero direito pessoal, consubstanciado no contrato, poderá ensejar a medida.

Ressalte-se, porém, que nessa última hipótese, consoante prescreve o art. 117 da Lei de Falências:

> "Os contratos bilaterais não se resolvem pela falência e podem ser cumpridos pelo administrador judicial se o cumprimento reduzir ou evitar o aumento do passivo da massa falida ou for necessário à manutenção e preservação de seus ativos, mediante autorização do Comitê".

Assim, na hipótese de contrato, poderá o administrador optar pelo seu cumprimento.

Não ensejará pedido de restituição se o bem reivindicado tiver sido alienado pelo devedor antes da quebra, não restando ao credor senão habilitar-se, como de direito.

Todavia, se alienada pela massa (e, portanto, pós-quebra), cabível é o pedido de restituição, devendo a coisa reivindicada ser substituída por dinheiro.

3. DINHEIRO EM DEPÓSITO COM O FALIDO

Conquanto vasta corrente se oponha à restituição de dinheiro que, pelos mais diversos motivos, possa estar em mãos do falido – depósito, comissão, mandato –, a jurisprudência, consubstanciada na Súmula 417 do STF, tem-se inclinado favoravelmente à restituição:

> "Pode ser objeto de restituição, na falência, dinheiro em poder do falido, recebido em nome de outrem, ou do qual, por lei ou contrato, não tivesse ele a disponibilidade".

Note-se que a súmula em apreço se ajusta plenamente à hipótese de retenção, pelo falido, do dinheiro destinado às contribuições previdenciárias, "ou do qual, por lei, não tivesse ele a disponibilidade".

Assim, lícito será ao Ministério da Previdência, por sua Procuradoria, pedir a restituição de dinheiro relativo às contribuições nominadas, como, aliás, já decidiu o Supremo Tribunal Federal, de modo expresso:

> "Descontos feitos pelo falido nos salários de seus empregados em favor do Instituto de Previdência são restituíveis na falência" (RE 33.908).

As restrições opostas a tal orientação jurisprudencial fundam-se na natureza fungível do dinheiro. Coisa fungível, como se sabe, é aquela que pode ser substituída por outra da mesma espécie, qualidade e quantidade, e que, portanto, não possui individualidade própria, sendo confundível, por isso mesmo, com outras do mesmo gênero.

Pontes de Miranda, que desponta entre os que se opõem à restituição de dinheiro, na verdade, a admite excepcionalmente:

> "As coisas fungíveis, não tendo individualidade própria (espécie), não podem, em regra, ser reivindicadas. Mas, desde que se não

tenham confundido com coisas do mesmo gênero e sejam identificáveis, já podem ser objeto de pedido de restituição. *O próprio dinheiro corrente pode, como é sabido, ser objeto de reivindicação*: 'Se quidem pecuniam extat, vindicare eam potest'".

Manifestamente contrário, assim se expressa Nelson Abrão:

> "Não vemos como caber restituição de dinheiro, coisa fungível, não individuada, confundida no patrimônio do falido. A exata interpretação da Súmula 417 do Supremo Tribunal Federal há de se amoldar à lição de Miranda Valverde, a ela anterior: o dinheiro, só quando identificável e não confundido no patrimônio da massa, é suscetível de devolução; é o caso, por exemplo, de alguém que tenha importâncias em dinheiro nos cofres de aluguel de um banco, de que esse, a teor da aludida Súmula, não tivesse a disponibilidade. Não seria o caso o de depósito em conta corrente no banco. Daí por que não vermos como aplicar-se a Súmula em exame aos descontos feitos pelo falido nos salários de seus empregados em favor do Instituto de Previdência e por ele retidas, a menos que as quantias se encontrem individuadas, separadas das demais em poder do falido".

4. COISAS VENDIDAS A CRÉDITO

Dispõe o art. 85, parágrafo único, da Lei de Falências:

> "Também pode ser pedida a restituição de coisa vendida a crédito e entregue ao devedor nos quinze dias anteriores ao requerimento de sua falência, se ainda não alienada".

O prazo, no caso, é contado a partir da entrega da coisa (Súmula 193 do STF).

Note-se que o pedido de restituição subordina-se a três requisitos, a saber:

a) que a coisa tenha sido vendida a crédito;

b) que tenha sido entregue ao falido nos quinze dias que antecedem o pedido de falência;

c) que não tenha sido alienada pela massa.

Em determinadas circunstâncias, porém, a restituição pura e simples se torna impraticável. Isso ocorre nas seguintes hipóteses:

1ª) a coisa não mais existia, quando da declaração da falência;

2ª) a coisa foi vendida.

Na primeira suposição, ao reivindicante será pago o valor da avaliação do bem. Na segunda hipótese, o respectivo preço, em ambos os casos em valor atualizado.

5. COISA ALIENADA FIDUCIARIAMENTE

A falência, como já afirmamos, antecipa o vencimento da obrigação, e, por via de consequência, implica o vencimento das obrigações contraídas pelo fiduciante.

O proprietário fiduciário, no inadimplemento da obrigação, pode vender a coisa a terceiros e aplicar o preço da venda no pagamento do seu crédito e das despesas decorrentes da cobrança, entregando ao devedor o saldo apurado, se porventura houver.

Comprovada a mora, o fiduciário ou credor poderá requerer a busca e apreensão do bem alienado fiduciariamente contra o devedor ou terceiro, cuja liminar poderá ser pleiteada e apreciada no plantão judiciário.

O pedido de recuperação judicial ou extrajudicial pelo devedor não impede a distribuição e a busca e apreensão do bem, nos termos da Lei n. 11.101/2005 (redação incluída pela Lei n. 13.043/2014).

Na falência do devedor alienante, fica assegurado ao credor ou proprietário fiduciário o direito de pedir a restituição do bem alienado fiduciariamente, na forma da lei.

A mora, em razão do que preceitua a legislação específica, decorre do vencimento do prazo designado para pagamento, independentemente de prévia interpelação judicial, comprovando o inadimplemento com notificação, por carta registrada, emanada por intermédio do Cartório de Registro de Títulos e Documentos ou por protesto do título.

A falência antecipa o vencimento da obrigação, e o direito brasileiro assegura ao fiduciário requerer a restituição do bem, devendo, na hipótese de vendê-lo a terceiro, cobrar-se, restituindo à massa o saldo apurado.

O credor fiduciário, dessa forma, não se sujeita à habilitação de crédito, como os demais credores, uma vez que os bens adquiridos fiduciariamente pertencem-lhe até o resgate da dívida. Releva notar, entretanto, que as disposições concernentes à alienação fiduciária não revogaram a regra contida no art. 117 da Lei de Falências, pelo que facultado é ao administrador, no interesse da massa, manter o negócio anteriormente celebrado pelo falido.

Na recuperação judicial o credor fiduciário só pode exercer seus direitos após o decurso do prazo de cento e oitenta dias, do deferimento do processamento de recuperação.

6. CONTRATO DE CÂMBIO

No mercado de capitais, por força do que dispõe o art. 75 da Lei n. 4.728, de 14 de julho de 1965, é usual o adiantamento de dinheiro por conta dos contratos de câmbio celebrados entre as instituições financeiras e os exportadores.

Em face do que estabelece o § 3º do dispositivo nominado, na eventualidade de falência do devedor, facultado é ao credor requerer a restituição do dinheiro adiantado.

SÚMULA 307 – STJ

"A restituição de adiantamento de contrato de câmbio, na falência, deve ser atendida antes de qualquer crédito."

Obs.: Em conformidade com o art. 151, os créditos de natureza estritamente salarial, vencidos nos três meses anteriores à decretação da falência, até o limite de cinco salários mínimos, devem ser pagos tão logo haja disponibilidade de caixa.

SÚMULA 36 – STJ

"A correção monetária integra o valor da restituição, em caso de adiantamento de câmbio, requerida em concordata ou falência."

SÚMULA 133 – STJ

"A restituição da importância adiantada, à conta de contrato de câmbio, independe de ter sido a antecipação efetuada nos quinze dias anteriores ao requerimento da concordata."

Obs.: A concordata foi eliminada pela Lei n. 11.101/2005, surgindo, em seu lugar, a **recuperação judicial**.

7. O PROCESSO DE RESTITUIÇÃO: EFEITOS, JUÍZO COMPETENTE, LEGITIMIDADE ATIVA E PASSIVA, PROCEDIMENTO, SENTENÇA, RECURSO

Nos termos do art. 91 da Lei de Falências, o pedido de restituição suspende a disponibilidade da coisa, que deverá ser restituída ao reivindicante em espécie.

Se, todavia, nem a coisa reivindicada nem a coisa resultante da transformação ou substituição existirem ao tempo da restituição, haverá o reivindicante o preço respectivo.

Na ocorrência de diversos reivindicantes, a que a Lei Falimentar denomina *reclamantes*, inexistindo numerário suficiente, far-se-á rateio entre eles.

O pedido de restituição há de ser endereçado ao próprio juízo da falência, que é, assim, competente para conhecer, processar e julgar a pretensão.

Possuem legitimidade ativa para formular o pedido todos aqueles que tenham bens, que, por se encontrarem em mãos do falido, são arrecadados pelo administrador. A ação há de ser intentada contra a *massa falida*, manifestamente legítima *ad causam passiva*, muito embora faculte a lei (art. 87, § 1º) defesa articulada pelo falido, e quaisquer outros interessados:

> "Art. 87. O pedido de restituição deverá ser fundamentado e descreverá a coisa reclamada.
>
> § 1º O juiz mandará autuar em separado o requerimento com os documentos que o instruírem e determinará a intimação do falido, do Comitê, dos credores e do administrador judicial para que, no prazo sucessivo de cinco dias, se manifestem, valendo como contestação a manifestação contrária à restituição.
>
> § 2º Contestado o pedido e deferidas as provas porventura requeridas, o juiz designará audiência de instrução e julgamento, se necessária.
>
> § 3º Não havendo provas a realizar, os autos serão conclusos para sentença.
>
> Art. 88. A sentença que reconhecer o direito do requerente determinará a entrega da coisa no prazo de quarenta e oito horas.
>
> Parágrafo único. Caso não haja contestação, a massa não será condenada ao pagamento de honorários advocatícios.
>
> Art. 89. A sentença que negar a restituição, quando for o caso, incluirá o requerente no quadro-geral de credores, na classificação que lhe couber, na forma desta Lei.
>
> Art. 90. Da sentença que julgar o pedido de restituição caberá apelação sem efeito suspensivo".

8. EMBARGOS DE TERCEIRO: CONCEITO, LEGITIMIDADE ATIVA E PASSIVA, JUÍZO COMPETENTE, RITO PROCESSUAL, RECURSO

Estabelece o **art. 674 do CPC/2015** que quem, não sendo parte no processo, sofrer constrição ou ameaça de constrição sobre bens que possua ou sobre os quais tenha direito incompatível com o ato constritivo, poderá requerer seu desfazimento ou sua inibição por meio de ***embargos de terceiro***, ação especial que objetiva proteger direitos de terceiros na ocorrência de constrição ou ameaça de constrição sobre seus bens.

Como já se verificou, o processo de arrecadação dos bens do falido, por ser de extremo rigor, pode (e normalmente isso ocorre) envolver bens de terceiro que se encontrem em mãos do falido. Este, o terceiro, não podendo valer-se do pedido de restituição, pode, entretanto, utilizar-se dos *embargos de terceiro*:

> "Art. 93. Nos casos em que não couber pedido de restituição, fica resguardado o direito dos credores de propor embargos de terceiros, observada a legislação processual civil".

O pedido de restituição só é possível se o bem reivindicado foi apreendido por força da arrecadação, como consequência da falência. Já os embargos de terceiro podem ser interpostos na ocorrência de turbação ou esbulho decorrente de sequestro decretado como medida cautelar, preparatória à quebra.

Ademais, o pedido de restituição pressupõe, necessariamente, um direito real ou um contrato, seus pressupostos fundamentais, o que, todavia, não ocorre com os embargos de terceiro, cuja incidência é manifestamente mais ampla, podendo abranger toda espécie de bens que, efetivamente, não sejam de propriedade do falido.

Por outro lado, o pedido de restituição impõe ao interessado uma fase de prévia indagação, possibilitando os embargos de terceiro a concessão da *medida liminar*.

Os embargos nominados podem ser interpostos por terceiro senhor e possuidor ou apenas possuidor, como deixa claro o **art. 674 do CPC/2015**, devendo ser dirigidos contra a massa falida.

O juízo competente para processá-los será o próprio juízo da falência, aplicando-se o rito processual estabelecido no **art. 674 do CPC/2015**.

Da sentença que julgar os embargos cabe apelação, podendo ser interposto agravo da medida liminar.

Resumo

A arrecadação e os bens de terceiro. O rigorismo do processo de arrecadação impõe que nela sejam incluídos os bens de terceiro que sejam encontrados em mãos do falido, facultado a seus donos reavê-los por meio do *pedido de restituição.*

Pressupostos do pedido de restituição: *a*) que a coisa arrecadada em poder do falido seja devida em virtude de um direito real; ou *b*) que seja devida em decorrência de um contrato.

Dinheiro em depósito com o falido.

Súmula 417 do STF. Pode ser objeto de restituição, na falência, dinheiro em poder do falido, recebido em nome de outrem, ou do qual, por lei ou contrato, não tivesse ele a disponibilidade.

Coisas vendidas a crédito. Podem ser reclamadas as coisas vendidas a crédito e entregues ao falido, nos quinze dias anteriores ao requerimento da falência, se ainda não alienadas pela massa.

Coisa alienada fiduciariamente. O credor fiduciário não se sujeita à habilitação de crédito, já que os bens adquiridos fiduciariamente lhe pertencem até o resgate da dívida, devendo, assim, interpor pedido de restituição.

Contrato de câmbio. Dispõe o art. 3º da Lei n. 4.728, de 14 de julho de 1965, que ao credor, por adiantamento de dinheiro por conta de contrato de câmbio, é assegurado o pedido de restituição, na ocorrência de falência do devedor.

Processo de restituição. "Somente o patrimônio do devedor constitui a garantia de seus credores, e os bens que o integram são o objeto da arrecadação. Não se pode desconhecer, porém, que normalmente inúmeros bens de terceiros permanecem em poder do empresário, em consequência de direito real ou de relações contratuais. Surgindo a falência, o administrador está no dever de arrecadar indistintamente todos os bens que encontrar na posse do falido, pois não lhe é lícito indagar da situação jurídica dos mesmos no patrimônio do falido", ensina Rubens Requião.

Aos donos de tais bens é facultado reavê-los por meio do pedido de restituição.

Embargos de terceiro. Em determinadas circunstâncias, como, por exemplo, na ocorrência de arrecadação de bens de terceiro, por força de sequestro, como medida preparatória à falência, é dado a este interpor embargos de terceiro, previstos no art. 93 da Lei de Falências, aplicando-se-lhe as regras contidas no art. **674 do CPC/2015**.

Recapitulação

1. No processo de arrecadação, ainda que comprovadamente determinados bens não sejam de propriedade do falido, devem eles ser arrecadados?

R. O processo de arrecadação é, efetivamente, de manifesto rigor, devendo abranger todos os bens que se encontrem em mãos do falido, ainda que comprovadamente não lhe pertençam, pois, como adverte Rubens Requião, ao administrador não é dado decidir sobre a situação jurídica dos bens.

2. Na ocorrência desse fato, como deve agir o legítimo proprietário para reaver seus bens?

R. Interpor, perante o juízo da falência, o pedido de restituição, se se tratar de bens havidos em decorrência de um direito real ou de um contrato.

3. E em se tratando de bens que não tenham tal suporte?

R. O remédio jurídico adequado se constitui nos embargos de terceiro, expressamente admitidos pelo art. 93 da Lei de Falências.

4. Os embargos de terceiro no processo falimentar admitem a medida liminar?

R. Ainda que utilizados no processo falimentar, os embargos de terceiro mantêm a disciplina estabelecida no CPC, ensejando, por via de consequência, a medida liminar.

5. O pedido de restituição e os embargos de terceiro são processados nos autos principais da falência?

R. Não, pois ambos são autuados em apartado, constituindo-se, por isso mesmo, em autos paralelos.

TESTES DE APROVEITAMENTO DA MATÉRIA EXAMINADA

A – ASSINALE A ALTERNATIVA CORRETA NAS SEGUINTES QUESTÕES:

1. A falência:

☐ a) produz o vencimento antecipado de *algumas* dívidas do falido;

☐ b) produz o vencimento antecipado de *todas* as dívidas do falido;

☐ c) não produz.

2. A falência:
   - ☐ a) resolve os contratos bilaterais;
   - ☐ b) resolve apenas parcialmente;
   - ☐ c) não resolve.
3. A falência:
   - ☐ a) suspende as ações e execuções movidas contra o falido;
   - ☐ b) não suspende.
4. A falência:
   - ☐ a) interrompe a prescrição;
   - ☐ b) suspende a prescrição;
   - ☐ c) não interrompe e nem suspende a prescrição.
5. A declaração da quebra:
   - ☐ a) estabelece restrições ao falido;
   - ☐ b) não estabelece restrições ao falido.
6. Com a declaração da falência:
   - ☐ a) o falido perde a administração dos seus bens e negócios;
   - ☐ b) não perde a administração dos seus bens, tampouco, dos seus negócios.
7. A sentença declaratória da falência:
   - ☐ a) autoriza o credor fiduciário a requerer restituição dos bens;
   - ☐ b) não autoriza o credor fiduciário a requerer a restituição dos bens.
8. O termo legal (período de suspeição) pode retroagir a:
   - ☐ a) 100 dias;
   - ☐ b) 90 dias;
   - ☐ c) 60 dias.
9. A ação revocatória objetiva:
   - ☐ a) a revogação do negócio jurídico;
   - ☐ b) a recomposição do patrimônio do devedor, com a declaração da ineficácia do negócio jurídico com relação à massa.
10. O juiz competente para declarar a falência é:
    - ☐ a) o juiz do trabalho;
    - ☐ b) o juiz federal;
    - ☐ c) o juiz de direito.

11. O administrador judicial:

☐ a) administra os bens e negócios do falido;

☐ b) fiscaliza as atividades do falido, tão somente.

B – PREENCHA OS CLAROS DAS SEGUINTES QUESTÕES:

1. Ao arrecadar os bens, o administrador só arrecada os bens do .... ou pode arrecadar, também, os bens de .... que se encontrem em poder do falido.
2. Na eventualidade de os bens de terceiro serem arrecadados em poder do falido, pode o interessado reavê-los por meio do................. .. ou dos ....
3. O credor por coisas vendidas a crédito e entregues ao falido, nos quinze dias anteriores ao requerimento da falência, pode requerê-las de volta por intermédio da seguinte ação: ....
4. O pedido de restituição e os embargos de terceiro são processados: nos autos ....
5. O juízo competente para processá-los é o ....

Capítulo XXII
DA HABILITAÇÃO DOS CRÉDITOS

Sumário: 1. O concurso de credores. 2. Habilitação dos créditos segundo a sua natureza. 3. Apresentação dos créditos. 4. Credores retardatários. Resumo. Recapitulação.

1. O CONCURSO DE CREDORES

A falência, como observamos, é um processo de execução coletiva. A sentença declaratória da falência instaura um verdadeiro concurso de credores, por força da *vis attractiva* do juízo falimentar.

Os credores constituem o que os autores denominam a *massa subjetiva*, já que a sentença declaratória da quebra, como observa Carvalho de Mendonça, "coloca os credores em um estado de associação a fim de procederem a liquidação rápida e igualitária do penhor comum. Ela institui o *self government* dos credores. Ela cria para os credores, em suas relações recíprocas e nas relações com o falido, uma série de obrigações positivas e negativas, tendo por objetivo o fim do instituto. Ela protege os credores com vantagem que de outro modo não teriam".

Na lição de Nelson Abrão, "a decretação da falência instaura o concurso universal, subjetiva e objetivamente. Isso significa que todos os credores e todos os bens do falido, salvo as exceções legais, ficam sujeitos à competência do juízo falimentar. O juízo da falência é uno e universal; uno no sentido de que nele devem ser decididas todas as questões que interessam à massa falida; universal, porque todos os credores ficam sujeitos à sua *vis attractiva*, devendo todos a ele acorrer".

Contudo, como já tivemos oportunidade de ressaltar, o princípio da universalidade sofre exceções, já que aquelas outras ações não expressamente previstas na Lei de Falências não são atraídas para o juízo falimentar, destacando-se entre elas os feitos trabalhistas e os executivos fiscais.

2. HABILITAÇÃO DOS CRÉDITOS SEGUNDO A SUA NATUREZA

Como já se observou, a lei não distingue entre dívida civil ou comercial, tampouco indaga se o credor é ou não empresário mercantil ou prestador de serviços.

Na lição sempre atual de Elias Bedran, "todos os credores, sejam civis ou comerciantes, não se diferenciam no tratamento dentro do processo da quebra. O credor é tido como civil ou comercial, conforme a sua qualidade".

Irrelevante, pois, para o direito falimentar, a *qualidade do credor*. Ao revés, assume especial importância a *natureza do crédito*, e isto em razão da existência de graduação, havendo, inclusive, créditos excluídos do processo falimentar, ou seja, que não podem ser reclamados na quebra, uma vez que por eles não respondem os bens da massa, como expressamente dispõe o art. 5º.

São eles:

a) as obrigações a título gratuito;

b) as despesas que os credores fizeram para tomar parte na falência, salvo custas judiciais em litígio com a massa.

3. APRESENTAÇÃO DOS CRÉDITOS

Com a declaração da quebra instaura-se o concurso creditório, obrigando os credores a habilitar os seus créditos.

À luz da legislação falimentar revogada, havia todo um processo jurisdicional em torno da habilitação, que agora tem manifesta natureza administrativa.

Com efeito, atualmente, as habilitações são endereçadas ao administrador, como deixa claro o art. 7º, § 1º:

> "Publicado o edital previsto no art. 52, § 1º, ou no parágrafo único do art. 99 desta Lei, os credores *terão o prazo de quinze dias para apresentar ao administrador judicial suas habilitações* ou suas divergências quanto aos créditos relacionados".

O pedido de habilitação

O pedido de habilitação de crédito dispensa a outorga de mandato a advogado, podendo ser firmado pelo próprio credor. Contudo, na eventualidade de o crédito ser impugnado, tornando necessário recurso, indispensável é o patrocínio de advogado, pelo que se torna de todo recomendável, desde logo, a outorga de mandato a profissional legalmente habilitado – isto é, devidamente inscrito na OAB.

Outrossim, como obtempera Bento de Faria, o processo de habilitação pressupõe regras a serem observadas, e que são as seguintes:

a) Prazo

Declarada a falência, o juiz marcará prazo para que os credores habilitem seus créditos. Esse prazo há de obedecer aos limites estabelecidos no art. 7º, §1º, da Lei Falimentar – *de quinze dias*, para os credores em geral;

b) Do pedido e seus requisitos

O pedido em que o credor declara o seu crédito não se reveste de maiores formalidades, não estando sujeito aos rigores do **art. 319 do CPC/2015**, mesmo porque, como já se observou, não há de ser, necessariamente, firmado por advogado, podendo, pois, ser articulado pelo próprio credor.

Conquanto não sujeito aos requisitos do **art. 319 do CPC/2015**, o pedido de declaração de crédito deverá conter:

I – o administrador a que é dirigida;

II – o nome e a qualificação do credor;

III – a importância correspondente a seu crédito, e documentos comprobatórios;

IV – a classificação do respectivo crédito (se preferencial ou quirografário);

V – a origem da dívida (ainda que se trate de título de crédito, nota promissória, letra de câmbio, duplicata ou cheque etc.);

VI – o lugar para onde deverão ser expedidas as notificações.

Na ocorrência de recebimento parcial, o credor deverá fazer expressa menção ao fato, declarando o saldo remanescente. Os títulos e documentos que legitimam os créditos devem ser exibidos por cópias autenticadas ou, preferencialmente, no original.

c) Legitimidade do crédito

O exame dos requisitos do pedido de declaração de crédito terá, por certo, chamado a atenção para a necessidade de se positivar a legitimidade do crédito. Tal exigência, à primeira vista, surge como verdadeira heresia jurídica, sobretudo em se tratando de títulos de crédito. Estes, como se sabe, possuem entre as suas características – literalidade, cartularidade e autonomia – também a *abstração*, princípio que afasta a possibilidade de discussão da *causa debendi*. Como tivemos ensejo de afirmar em *Teoria e prática dos títulos de crédito* (30. ed., Saraiva), os títulos de crédito adquirem eficácia cambiária, independentemente da *causa debendi*, numa completa abstração do negócio que lhes deu origem.

A obrigação cambial não é, certamente, uma obrigação sem causa, mas é uma obrigação cuja causa é a letra, e sobre a causa da letra nenhuma influência direta vale exercer, como já afirmava Whitacker.

Todavia, no processo falimentar tal princípio não prevalece, impondo-se ao credor fazer expressa menção ao negócio subjacente, isto é, à causa da dívida, ainda que representada por cambiais.

d) Créditos não impugnados

Apresentada a relação dos credores pelo administrador (art. 7º, § 2º), os créditos não impugnados serão, pelo juiz, incluídos no quadro geral de credores (art. 15, I).

Créditos impugnados

Conquanto a habilitação de crédito tenha feição administrativa, a *impugnação* cerca-se de manifesta natureza contenciosa, exigindo, outrossim, atividade jurisdicional.

Com efeito, em conformidade com o disposto no art. 13 – "*a impugnação será dirigida ao juiz por meio de petição, instruída com os documentos que tiver o impugnante, o qual indicará as provas consideradas necessárias*".

A petição, na impugnação a crédito, observará as regras do **art. 319 do CPC/2015**, devendo, necessariamente, ser firmada por advogado inscrito na OAB, munido da respectiva procuração para o foro em geral.

São legitimados para a impugnação qualquer credor, o próprio devedor, ou sócios deste e o Ministério Público (art. 8º) e o administrador judicial.

A impugnação, por sua vez, poderá envolver a *legitimidade*, a *importância* ou a *classificação* (se preferencial, com privilégio geral, especial ou quirografário).

Autuada em separado, a impugnação observa o rito processual previsto nos arts. 13 a 15 da Lei n. 11.101/2005, a saber:

I – A petição, firmada por advogado, munido da procuração para o foro em geral, é endereçada ao juiz da falência.

II – A impugnação é autuada em separado, acompanhada de documentos que a fundamente. Na eventualidade de diversas impugnações versarem sobre o mesmo crédito, todas serão autuadas conjuntamente.

III – O credor cujo crédito tenha sido impugnado deve ser intimado para que, no prazo de ***cinco dias***, conteste a impugnação, juntando os documentos que entender necessários.

IV – Havendo desnecessidade de outras provas, os autos irão conclusos ao juiz que julgará a impugnação.

V – Caso haja necessidade de outras provas, o juiz designará audiência.

VI – Realizadas as provas, o juiz proferirá *sentença*.

VII – Da sentença que decide sobre impugnação, cabe *agravo*, podendo o relator recebê-lo no efeito suspensivo à decisão que reconhece o crédito, ou, ainda, determinar a inscrição ou modificação do seu valor ou classificação no quadro geral de credores (art. 17).

4. CREDORES RETARDATÁRIOS

Por circunstâncias as mais diversas, pode determinado credor perder o prazo para habilitar seu crédito, sem que isso, entretanto, lhe afaste a oportunidade de fazê-lo posteriormente, como credor retardatário, como expressamente dispõe o art. 10:

> "Não observado o prazo estipulado no art. 7º, § 1º, desta Lei, as habilitações de crédito serão recebidas como retardatárias".

O credor retardatário perde o direito a rateios eventualmente realizados. Na recuperação judicial não terão direito a voto nas deliberações da assembleia geral de credores, salvo se titular de crédito trabalhista. Na falência, perderá o direito a voto, exceto se, na data da realização da assembleia geral, já houver sido homologado o quadro geral de credores.

De todo conveniente lembrar que o credor retardatário pode requerer reserva de valor para satisfação de seu crédito.

Resumo

A falência é um concurso de credores. A falência é um processo de execução coletiva, instaurando um verdadeiro concurso de credores, por força da *vis attractiva* do juízo falimentar.

Habilitação dos créditos segundo sua natureza. A lei não distingue entre dívida civil ou comercial, tampouco indaga se o credor é ou não empresário. Irrelevante, pois, para o direito falimentar *a qualidade do devedor*. Ao revés, assume especial importância *a natureza do crédito*, e isto em razão da existência de sua graduação.

Recapitulação

1. Por que se torna necessária a habilitação dos créditos no processo falimentar?

R. Por meio do processo de habilitação apura-se a legitimidade do respectivo crédito, pondo a claro os direitos dos credores e suas quotas sobre o ativo comum, na expressão de Sampaio de Lacerda.

2. A habilitação há de ser necessariamente formulada por meio de advogado?

R. Não. A habilitação pode ser ultimada pelo próprio interessado, independentemente de outorga de mandato a advogado. Todavia, na eventualidade de recurso, na hipótese de impugnação do crédito, indispensável o patrocínio profissional.

3. Todos os créditos habilitados ficam sujeitos à impugnação?

R. Excetuado o crédito trabalhista fundado em sentença proferida pela Justiça do Trabalho, já que ao juiz da falência não é dado alterar julgado proferido por aquele órgão do Poder Judiciário, segundo o disposto no art. 114 da Constituição Federal.

4. Quem pode impugnar os créditos habilitados?

R. Podem oferecer impugnação: a) o falido; b) o administrador; c) qualquer dos credores habilitados; d) o sócio ou acionista, na eventualidade de se tratar de sociedade; e) Ministério Público.

5. O credor retardatário perde direito a seu crédito?

R. Não. Todavia, deixa de participar dos rateios eventualmente realizados, ficando sujeito ao pagamento das custas judiciais.

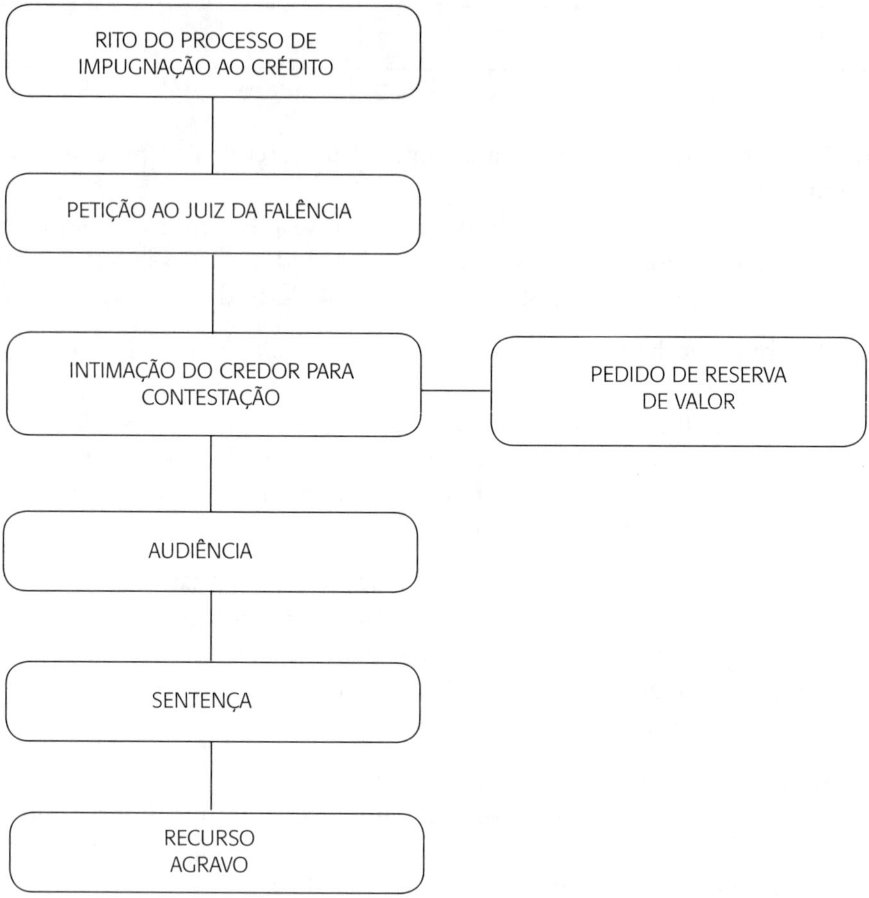
RITO DO PROCESSO DE IMPUGNAÇÃO AO CRÉDITO
PETIÇÃO AO JUIZ DA FALÊNCIA
INTIMAÇÃO DO CREDOR PARA CONTESTAÇÃO
PEDIDO DE RESERVA DE VALOR
AUDIÊNCIA
SENTENÇA
RECURSO
AGRAVO

Capítulo XXIII

DOS CRÉDITOS NÃO SUJEITOS À HABILITAÇÃO

Sumário: 1. Dos créditos tributários. 2. Das contribuições previdenciárias. 3. O concurso de preferência: os créditos fiscais dos Estados-Membros e dos Municípios. Resumo. Recapitulação.

1. DOS CRÉDITOS TRIBUTÁRIOS

Em conformidade com o que dispõe o art. 187 do Código Tributário Nacional, "a cobrança judicial do crédito tributário não é sujeita a concurso de credores ou habilitação em falência, recuperação judicial, concordata, inventário ou arrolamento" (com redação dada pela Lei Complementar n. 118, de 9-2-2005).

Nos termos da Lei Complementar transcrita, dispõe o art. 186 do Código Tributário Nacional que:

> "O crédito tributário prefere a qualquer outro, seja qual for sua natureza ou o tempo de sua constituição, ressalvados os créditos decorrentes da legislação do trabalho ou do acidente do trabalho.
>
> Parágrafo único. Na falência:
>
> I – o crédito tributário não prefere aos créditos extraconcursais ou às importâncias passíveis de restituição, nos termos da lei falimentar, nem aos créditos com garantia real, no limite do valor do bem gravado;
>
> II – a lei poderá estabelecer limites e condições para a preferência dos créditos decorrentes da legislação do trabalho; e
>
> III – a multa tributária prefere apenas aos créditos subordinados".

Os créditos tributários decorrentes de fatos geradores ocorridos no curso do processo de falência são extraconcursais, consoante dispõe o art. 188 do Código nominado.

Observe-se que, nos termos do art. 68 da Lei Falimentar, a Fazenda Pública pode parcelar o débito tributário em sede de recuperação judicial.

O crédito tributário (excetuadas as multas fiscais) situa-se em terceiro lugar na classificação dos créditos na falência, precedidos apenas dos:

a) crédito trabalhista, até o limite de cento e cinquenta salários mínimos; crédito derivado de acidente do trabalho (indenização civil);

b) créditos com garantia real, até o limite do bem gravado.

2. DAS CONTRIBUIÇÕES PREVIDENCIÁRIAS

As contribuições previdenciárias, de natureza tributária, para a maioria dos tributaristas brasileiros (contribuições parafiscais), que bem podem representar o preço de um *contrato coativo*, celebrado com o Poder Público (*v.* San Thiago Dantas, *Problemas de direito positivo*), são equiparadas ao crédito fiscal da União, seguindo-lhe na ordem de preferência na escala dos créditos compulsórios, como deixa entrever de forma cristalina o parágrafo único do art. 29 da Lei n. 6.830/80:

> "Parágrafo único. O concurso de preferência somente se verifica entre pessoas jurídicas de direito público, na seguinte ordem:
>
> I – União e suas autarquias;
>
> II – Estados, Distrito Federal e Territórios e suas autarquias, conjuntamente e *pro rata*;
>
> III – Municípios e suas autarquias, conjuntamente e *pro rata*".

Na eventualidade de recuperação judicial, o Instituto Nacional do Seguro Social poderá parcelar o débito, facilitando, outrossim, a recuperação econômico-financeira da empresa (art. 68 da Lei Falimentar).

3. O CONCURSO DE PREFERÊNCIA: OS CRÉDITOS FISCAIS DOS ESTADOS-MEMBROS E DOS MUNICÍPIOS

Na forma do que dispõe o art. 187 do Código Tributário Nacional, no seu parágrafo único:

> "O concurso de preferência somente se verifica entre pessoas jurídicas de direito público, na seguinte ordem:
>
> I – União;
>
> II – Estados, Distrito Federal e Territórios, conjuntamente e *pro rata*;
>
> III – Municípios, conjuntamente e *pro rata*".

Esta ordem de preferência é reiterada, de forma mais completa, pelo parágrafo único do art. 29 da Lei n. 6.830, de 22 de setembro de 1980, que dispõe sobre a cobrança judicial da Dívida Ativa da Fazenda Pública, e que, dirimindo dúvidas, estabelece a seguinte hierarquia dos créditos fiscais:

> "I – União e suas autarquias;
>
> II – Estados, Distrito Federal e Territórios e suas autarquias, conjuntamente e *pro rata*;
>
> III – Municípios e suas autarquias, conjuntamente e *pro rata*".

Assim, paga-se, em primeiro lugar, à União. Na ocorrência de sobra, paga-se à autarquia federal, seguindo-se-lhes os Estados, o Distrito Federal, os Territórios, suas respectivas autarquias, os Municípios e as autarquias destes.

Resumo

Os créditos fiscais estão isentos da habilitação. Tal como dispõe o art. 29 da Lei n. 6.830, de 1980, os créditos fiscais não estão sujeitos a concurso de credores, tornando-se imunes à *vis attractiva* do juízo universal.

As contribuições previdenciárias. Equiparadas ao crédito fiscal, as contribuições previdenciárias não se sujeitam, igualmente, à habilitação em falência ou recuperação judicial, seguindo-se, em importância, ao crédito fiscal da União.

Os créditos tributários dos Estados e dos Municípios. Os créditos tributários dos Estados e dos Municípios cedem lugar à preferência do crédito fiscal da União e de suas respectivas autarquias.

Recapitulação

1. Os créditos fiscais são estranhos ao concurso falimentar?

R. Em conformidade com o que dispõem os arts. 187 do Código Tributário Nacional e 29 da Lei n. 6.830, de 22 de setembro de 1980, que disciplina a cobrança judicial da Dívida Ativa da Fazenda Pública, os créditos fiscais não são habilitados na falência, mas simplesmente requisitados pelo juiz da Vara da Fazenda ou da Justiça Federal (se se tratar de tributos federais), ao juízo da quebra.

2. Em que pese não estar a Fazenda Pública sujeita à habilitação, pode ela renunciar ao privilégio, habilitando-se normalmente?

R. Como deixa claro Rubens Requião, a competência jurisdicional é matéria de ordem pública, imperativa e impostergável, "não podendo ser dispensada ou alterada pela vontade ou pela convenção dos interessados".

3. O art. 187 do Código Tributário Nacional estabelece ordem de preferência entre as pessoas jurídicas de direito público?

R. Não só o art. 187 do Código Tributário Nacional, mas também o art. 29 da Lei n. 6.830, de 1980, estabelecem ordem de preferência entre as pessoas jurídicas de direito público interno.

4. Tal ordem de preferência não contraria o que dispõe o art. 151, I, da Constituição Federal?

R. Não, pois as preferências que o art. 151, I, veda são as que impliquem "distinção ou preferência em relação ao Estado, Distrito Federal ou Município, em detrimento de outro".

5. Segundo esta ordem de preferência, as autarquias federais estão em igualdade de condições com a União?

R. Não. Pela ordem, em primeiro lugar está o crédito fiscal da União, seguindo-se-lhe o crédito das autarquias federais e, só depois, os demais créditos dos Estados-Membros, do Distrito Federal, dos Territórios, das respectivas autarquias, dos Municípios e suas autarquias.

Capítulo XXIV
DA CLASSIFICAÇÃO DOS CRÉDITOS

Sumário: 1. Direito dos credores. 2. A classificação dos créditos na Lei de Falências. 3. Credores da falência e credores da massa (extraconcursais). As restituições e o adiantamento em dinheiro em decorrência do contrato de câmbio. 4. Créditos trabalhistas e créditos decorrentes de acidentes de trabalho. 5. Créditos com garantia real. 6. Créditos tributários. 7. Créditos com privilégio especial. 8. Créditos com privilégio geral. 9. Créditos quirografários. 10. Multas contratuais, tributárias e penas pecuniárias penais ou administrativas. 11. Créditos subordinados. 12. Quadro geral dos credores. Resumo. Recapitulação.

1. DIREITO DOS CREDORES

A falência não altera nem modifica os direitos dos credores, conquanto seus efeitos se façam sentir no exercício desses direitos. Sendo a falência um processo de execução coletiva que tem por fim assegurar as garantias legais e convencionais legitimamente fundadas, na expressão consagrada de Carvalho de Mendonça, e em se tratando de processo igualitário, em que respeitada é a situação de cada credor, especial relevo merece a classificação dos créditos.

2. A CLASSIFICAÇÃO DOS CRÉDITOS NA LEI DE FALÊNCIAS

Tal como ocorre com a lei civil (Título X – "Das Preferências e Privilégios Creditórios" – arts. 955 e s. do CC), a Lei de Falências estabelece preferências e privilégios a diversos créditos, determinados tais privilégios pela própria natureza da respectiva obrigação, disso resultando preferências e vantagens de alguns credores.

> "Se na falência os bens do devedor constituem a garantia comum dos credores, evidentemente que o produto da venda deles deve ser dividido proporcionalmente ao valor dos créditos. A falência é, de fato, processo igualitário, isto é, que visa colocar todos os credores na

> mesma igualdade (*pars conditio creditorum*). Essa igualdade, todavia, não deve ser considerada de modo absoluto. Corresponde a uma igualdade de credores dentro de cada classe. De fato, como a falência não altera os direitos materiais dos credores, para que esses direitos sejam respeitados na execução coletiva, impõe-se a sua classificação, a fim de que cada credor receba o que legitimamente lhe é devido. Há, portanto, créditos que, por sua natureza ou qualidade, fogem à repartição proporcional e gozam de prioridade no pagamento", escreve Sampaio de Lacerda.

Daí a necessidade de classificação dos créditos, que objetiva estabelecer a preferência de uns credores sobre outros, em decorrência da natureza do próprio crédito.

3. CREDORES DA FALÊNCIA E CREDORES DA MASSA (EXTRACONCURSAIS). AS RESTITUIÇÕES E O ADIANTAMENTO EM DINHEIRO EM DECORRÊNCIA DO CONTRATO DE CÂMBIO

No exame dos créditos é de todo conveniente ressaltar, preliminarmente, a distinção entre:

a) credores da falência; e

b) credores da massa.

Os primeiros são aqueles que, já anteriormente à declaração da quebra, antes da falência, possuíam seus créditos. Os segundos, isto é, os credores da massa, que por sua vez se dividem em *encargos da massa* e *dívidas da massa*, são aqueles cujos créditos surgiram após a declaração da falência, contraídos diretamente pelo administrador judicial.

Decretada a falência, sucedem-se a ela inúmeros atos e operações, o que muitas vezes implica despesas, dando origem aos credores da massa. Estes não estão sujeitos à habilitação e devem ser pagos preferencialmente a todos os credores (*RT*, 343/247 e 355/254):

> "O crédito decorrente de encargo da massa não está sujeito à habilitação, por constituir despesa de responsabilidade da própria massa e não dívida do falido".

São **encargos da massa** *(extraconcursais)*:

I – remunerações devidas ao administrador judicial e seus auxiliares;

II – créditos trabalhistas por serviços prestados após a decretação da falência ou decorrentes de acidentes de trabalho ocorridos neste período;

III – quantias fornecidas à massa falida pelos credores;

IV – despesas havidas com a arrecadação, administração dos bens do falido, realização de ativo, distribuição do seu produto, custas do processo de falência;

V – custas judiciais relativas às ações e execuções em que a massa falida tenha sido vencida;

VI – obrigações resultantes de atos jurídicos válidos praticados durante a recuperação judicial (despesas com fornecedores que, no período da recuperação judicial ou após a falência, tenham continuado a prover o devedor);

VII – tributos relativos a fatos geradores ocorridos após a decretação da falência, respeitada a ordem de classificação dos créditos.

As *restituições* previstas no art. 85: a) de bens de terceiros arrecadados em poder do devedor e, na sua falta, o valor correspondente; b) de dinheiro entregue ao devedor, decorrente de adiantamento a contrato de câmbio, situam-se na pirâmide dos créditos, como deixa claro o art. 149, só cedendo lugar ao crédito estritamente salarial, vencido nos três meses anteriores à decretação da falência, até o limite de cinco salários mínimos por trabalhador (art. 151).

> Os créditos decorrentes de obrigações contraídas pelo devedor, durante o período da recuperação judicial, são considerados extraconcursais.

4. CRÉDITOS TRABALHISTAS E CRÉDITOS DECORRENTES DE ACIDENTES DE TRABALHO

A Lei n. 11.101/2005 (Lei de Falências) coloca o crédito trabalhista e o crédito decorrente de acidente de trabalho no *primeiro plano* dos créditos na falência.

Todavia, ao contrário do que sucedia sob a égide da legislação anterior, limitou o privilégio do crédito trabalhista a ***cento e cinquenta salários mínimos***; o restante é considerado crédito quirografário, ou seja, sem qualquer privilégio, participando das sobras – se houver.

> "Art. 83. A classificação dos créditos na falência obedece à seguinte ordem:

> I – os créditos derivados da legislação do trabalho, limitados a cento e cinquenta salários mínimos por credor, e os decorrentes de acidentes de trabalho."

O excedente, como já observamos, será considerado crédito quirografário:

> "Art. 83. ...
>
> VI – créditos quirografários, a saber:
>
> *c*) os saldos dos créditos derivados da legislação do trabalho que excederem o limite estabelecido no inciso I do *caput* deste artigo".

A drástica redução dos salários na preferência atribuída aos créditos trabalhistas, que vem merecendo acirradas críticas, é atribuída, antes de tudo, como forma de prevenir fraude, que decorreria de falsos salários fixados por empresários em situação econômico-financeira ruinosa. Argumento que, *data venia*, não procede, pois a fraude seria facilmente constatada no juízo trabalhista (com a devida presença do administrador judicial, que representa, em juízo, a massa falida). Argumentam, igualmente, os responsáveis pela adoção da regra, que, dificilmente os salários de trabalhadores ultrapassam o limite fixado de cento e cinquenta salários mínimos, argumento que só valeria para as microempresas e empresas de pequeno porte.

A limitação é, inquestionavelmente, prejudicial ao trabalhador, quebrando a tradição, que consistia em dar ao crédito trabalhista primazia absoluta não só às verbas estritamente salariais, mas, igualmente, às verbas de natureza indenizatória.

A atual regra colide frontalmente com o disposto no art. 449, § 1º, da Consolidação das Leis do Trabalho: "Na falência, constituirão créditos privilegiados a totalidade dos salários devidos ao empregado e a totalidade das indenizações a que tiver direito".

Salvo melhor juízo, considerando que a lei nova revoga a anterior se com ela se conflita, entendemos estar revogado o dispositivo celetista acima declinado.

Observado o limite de ***cinco salários mínimos***, os créditos trabalhistas de natureza estritamente salarial, vencidos nos três meses anteriores à decretação da falência, devem ser pagos *tão logo haja disponibilidade em caixa* (art. 151).

O art. 83, I, da Lei n. 11.101/2005 (Lei de Falências) situa o *crédito decorrente de acidente de trabalho*, em primeiro plano, ao lado do crédito trabalhista, limitada a preferência deste último a ***cento e cinquenta salários mínimos***, por trabalhador.

Ora, como já afirmamos em edições anteriores, as obrigações decorrentes de acidentes do trabalho são da *Previdência Social* (salvo futura privatização). De acordo com a Lei n. 8.213, de 24 de julho de 1991, que dispõe sobre os planos de benefícios da Previdência Social, e a Lei n. 8.212, de 24 de julho de 1991, que institui o seguro obrigatório, as prestações de acidentes do trabalho são pagas pela Previdência Social. Como observa Sergio Pinto Martins (*Direito da seguridade social*, 8. ed. Atlas, 1997, p. 341), trata-se de "uma forma de seguro social em que o benefício é pago pelo INSS".

Poder-se-á considerar, em igualdade com o crédito trabalhista, a *indenização acidentária* prevista no art. 7º, XVIII, da Constituição Federal.

Os créditos trabalhistas na ***recuperação judicial*** serão vistos no capítulo próprio (Livro II).

Os créditos trabalhistas cedidos a terceiros são considerados quirografários, isto é, sem preferência alguma, participando das sobras, se houver.

5. CRÉDITOS COM GARANTIA REAL

Direito real é o que se caracteriza pelo *jura in re aliena* (os direitos em coisa alheia). Washington de Barros Monteiro o define como "a relação jurídica em virtude da qual pode o seu titular retirar da coisa, de um modo exclusivo e contra todos, as utilidades que ela é capaz de produzir".

O Código Civil enumera os direitos reais na seguinte ordem:

I – a propriedade;

II – a superfície;

III – as servidões;

IV – o usufruto;

V – o uso;

VI – a habitação;

VII – o direito do promitente comprador do imóvel;

VIII – o penhor;

IX – a hipoteca;

X – a anticrese;

XI – a concessão de uso especial para fins de moradia;

XII – a concessão de direito real de uso.

O direito real possui **duas características** fundamentais:

a) adere à coisa, sujeitando-a ao titular;

b) persegue o seu objeto onde quer que este se encontre, por força do direito de sequela.

O direito real por excelência é a *propriedade*, que confere a seu titular a posse, o uso, o gozo e a disposição da coisa. Outros direitos reais sofrem restrições, como, por exemplo, o *usufruto* e a *habitação*. O *penhor*, a *anticrese* e a *hipoteca* asseguram um direito de garantia, ficando a coisa sujeita ao cumprimento da obrigação (art. 1.419 do CC):

> "Nas dívidas garantidas por penhor, anticrese ou hipoteca, o bem dado em garantia fica sujeito, por vínculo real, ao cumprimento da obrigação".

Por força de tal disposição, deve o direito real gozar de preferência absoluta, sobrepujando, por via de consequência, todos os demais créditos.

Todavia, em que pese o privilégio que lhe é inerente, no processo falimentar, o direito real cede lugar aos créditos trabalhistas, limitados a cento e cinquenta salários mínimos e aos créditos por acidente de trabalho.

A Lei n. 11.101/2005 inova sensivelmente a classificação dos créditos, situando em segundo plano o crédito com garantia real, *observado o limite do bem gravado.*

Observe-se que o crédito com garantia real está em plano superior ao crédito tributário, situado, este último, em terceiro lugar na classificação dos créditos na falência.

A inovação, na forma em que foi implantada, tem um só objetivo – a garantia de privilégio dos créditos bancários, realidade que se observa tanto na falência quanto na recuperação judicial.

Tenha-se em mente que, normalmente, o crédito bancário vem acompanhado de garantia real.

6. CRÉDITOS TRIBUTÁRIOS

A Lei n. 11.101/2005 (Lei de Falências) alterou profundamente a classificação dos créditos no processo falimentar, não só quando limita a preferência absoluta do crédito trabalhista a cento e cinquenta salários mínimos, como quando situa em segundo plano os créditos com garantia real, colocando-os acima do crédito tributário, que passa a ocupar o terceiro lugar na classificação mencionada:

> "III – créditos tributários, independentemente da sua natureza e tempo de constituição, excetuadas as multas tributárias" (art. 83).

A fim de adaptar o Código Tributário Nacional à legislação falimentar brasileira, foi promulgada a *Lei Complementar n. 118, de 9 de fevereiro de 2005*, dando a seguinte redação ao art. 186 do Código nominado:

> "Art. 186. O crédito tributário prefere a qualquer outro, seja qual for sua natureza ou o tempo de sua constituição, ressalvados os créditos decorrentes da legislação do trabalho ou do acidente de trabalho.
>
> Parágrafo único. Na falência:
>
> I – o crédito tributário não prefere aos créditos extraconcursais ou às importâncias passíveis de restituição, nos termos da lei falimentar, nem aos créditos com garantia real, no limite do valor do bem gravado;
>
> II – a lei poderá estabelecer limites e condições para a preferência dos créditos decorrentes da legislação do trabalho; e
>
> III – a multa tributária prefere apenas aos créditos subordinados".

Em tais condições, fica o crédito tributário em *terceiro lugar* na classificação, superado apenas pelo crédito trabalhista (até o limite de cento e cinquenta salários mínimos), pelo crédito por acidentes de trabalho e pelo crédito com garantia real.

Os *créditos extraconcursais* a que se refere o inciso I do dispositivo legal transcrito são aqueles definidos no art. 84, a saber:

I – remuneração do administrador judicial e seus auxiliares;

II – salários e créditos decorrentes de acidente de trabalho dos empregados que tenham prestado serviços até a decretação da falência;

III – garantias fornecidas à massa falida pelos credores;

IV – custas judiciais nas ações e execuções em que a massa falida tenha sido vencida;

V – obrigações resultantes de atos jurídicos válidos praticados durante a recuperação judicial (créditos decorrentes de obrigações contraídas pelo devedor, no período em que este buscava a recuperação judicial), bem como contratos de mútuo;

VI – tributos relativos a fatos geradores ocorridos após a decretação da falência.

O crédito tributário, como já assinalamos, não está sujeito à habilitação, como, aliás, proclama o art. 187 do Código Tributário Nacional: "A cobrança judicial do crédito tributário não é sujeita a concurso de credores ou habilitação em falência, recuperação judicial, concordata, inventário ou arrolamento".

Como já assinalamos no Capítulo XXIII, n. 3, em conformidade com o disposto no art. 29 da Lei n. 6.830/80 (Lei dos Executivos Fiscais), a ordem de preferência entre as pessoas jurídicas de direito público é a seguinte:

I – União e suas autarquias;

II – Estados, Distrito Federal e territórios e suas autarquias;

III – Municípios e suas autarquias, conjuntamente e *pro rata*.

7. CRÉDITOS COM PRIVILÉGIO ESPECIAL

O Código Civil, no seu art. 958, estabelece a preferência e o privilégio creditório no concurso de credores.

A preferência, como já se afirmou, decorre da natureza do próprio crédito.

Os títulos legais de preferência são o ***privilégio* e o *direito real***. O primeiro consiste no direito pessoal de ser pago preferencialmente aos demais credores, em virtude da qualidade do crédito.

Como assinala Rubens Requião, escudado na lição de Carvalho de Mendonça:

> "A lei, compondo a ordem social, por conveniência pública ou privada, motivada sobretudo por princípios de humanidade, equidade ou conveniência pública (Carvalho de Mendonça), estabelece privilégios especiais a favor de determinados créditos. Entre estes estão os privilégios especiais, que favorecem alguns créditos, assegurando seu pagamento por determinados bens que a eles se vinculam, por força de lei".

São créditos com privilégio especial, pois, aqueles que, por disposição legal, recaem sobre determinados bens, como, aliás, enfatiza o art. 83, IV, da Lei de Falências:

Têm privilégio especial:

I – aqueles previstos no art. 964 do Código Civil, a saber:

– sobre a coisa arrecadada, pelas custas feitas com a arrecadação e liquidação;

– sobre a coisa salvada, por despesas de salvamento;

– sobre a coisa beneficiada, por benfeitorias necessárias ou úteis;

– sobre os prédios rústicos ou urbanos, fábricas, oficinas ou quaisquer construções; por materiais, dinheiro ou serviços para a sua edificação, reconstrução ou melhoramento;

– sobre os frutos agrícolas, por sementes, instrumentos e serviço à cultura ou colheita;

– sobre as alfaias e utensílios de uso doméstico, nos prédios rústicos ou urbanos, alugueres, quanto às prestações do ano corrente e anterior;

– sobre os exemplares da obra existente na massa do editor, por crédito de edição;

– sobre o produto da colheita, para o qual houver concorrido com o seu trabalho;

– por trabalhos agrícolas.

II – aqueles previstos em outras leis civis e comerciais, salvo disposição contrária da Lei de Falências:

O Código Comercial, na parte em vigor, nos seus arts. 470, 471 e 474, diz que:

> "Art. 470. No caso de venda voluntária, a propriedade da embarcação passa para o comprador com todos os seus encargos; salvo os direitos dos credores privilegiados que nela tiverem hipoteca tácita. Tais são:
>
> 1. os salários devidos por serviços prestados ao navio, compreendidos os de salvados e pilotagem;
>
> 2. todos os direitos de porto e impostos de navegação;
>
> 3. os vencimentos de depositários e despesas necessárias feitas na guarda do navio, compreendido o aluguel dos armazéns de depósito dos aprestos e aparelhos do mesmo navio;
>
> 4. todas as despesas do custeio do navio e seus pertences, que houverem sido feitas para sua guarda e conservação depois da última viagem e durante a sua estadia no porto da venda;
>
> 5. as soldadas do capitão, oficiais e gente da tripulação, vencidas na última viagem;
>
> 6. o principal e prêmio das letras de risco tomadas pelo capitão sobre o casco e aparelho ou sobre os fretes (art. 651) durante a última viagem, sendo o contrato celebrado e assinado antes do navio partir do porto onde tais obrigações forem contraídas;
>
> 7. o principal e prêmio de letras de risco, tomadas sobre o casco e aparelhos, ou fretes, antes de começar a última viagem, no porto da carga (art. 515);

8. as quantias emprestadas ao capitão, ou dívidas por ele contraídas para o conserto e custeio do navio, durante a última viagem, com os respectivos prêmios de seguro, quando em virtude de tais empréstimos o capitão houver evitado firmar letras de risco (art. 515);

9. faltas na entrega da carga, prêmios de seguro sobre o navio ou fretes, e avarias ordinárias, e tudo o que respeitar à última viagem somente.

Art. 471. São igualmente privilegiadas, ainda que contraídas fossem anteriormente à última viagem:

1. as dívidas provenientes do contrato da construção do navio e juros respectivos, por tempo de três anos, a contar do dia em que a construção ficar acabada;

2. as despesas do conserto do navio e seus aparelhos, e juros respectivos, por tempo dos dois últimos anos, a contar do dia em que o conserto terminou.

... Art. 474. Em seguimento dos créditos mencionados nos arts. 470 e 471, são também privilegiados o preço da compra do navio não pago, e os juros respectivos, por tempo de três anos, a contar da data do instrumento do contrato; contanto, porém, que tais créditos constem de documentos inscritos lançados no Registro do Comércio em tempo útil, e a sua importância se ache anotada no registro da embarcação"[14].

Na ocorrência de falência do armador do navio, todos os créditos a cargo da embarcação que se acharem nas precisas circunstâncias dos arts. 470, 471 e 474 do Código Comercial preferirão sobre o preço do navio a outros credores da massa.

A Lei n. 4.591, de 16 de dezembro de 1964, que disciplina o condomínio em edificações e as incorporações imobiliárias, no seu art. 43, III, estabelece idêntico privilégio aos subscritores à aquisição de unidades:

> "Em caso de falência do incorporador, pessoa física ou jurídica, e não ser possível à maioria prosseguir na construção das edificações, os subscritores ou candidatos à aquisição de unidades serão credores privilegiados pelas quantias que houverem pago ao incorporador, respondendo subsidiariamente os bens pessoais deste".

---

[14] Observe-se que o Código Civil revogou apenas a parte primeira do Código Comercial (arts. 1º a 456), subsistindo a parte segunda – Do Comércio Marítimo, que abrange os artigos sob comento.

Conferem, igualmente, privilégio especial – sobre os bens descritos no art. 964 do Código Civil – *a nota de crédito rural, a nota promissória rural, a duplicata rural* e *a nota de crédito industrial.*

Advirta-se, escudados nas lições de Washington de Barros Monteiro, que:

> "Não é possível qualquer confusão entre o privilégio e o direito real.
>
> Já houve quem, ousadamente, tentasse fazer do primeiro uma variante exclusiva do segundo. Sem sucesso, porém; na lição de Bonnecase, o privilégio não é um direito, mas a qualidade de um direito; sua noção plana acima do direito real, como do conceito do direito de crédito; ele não se identifica, com um e outro; ele representa uma noção autônoma.
>
> Em face do nosso direito, privilégios e direitos reais são títulos legais de preferências. Nos direitos reais, entretanto, a coisa dada em garantia acha-se vinculada ao cumprimento da obrigação, ao passo que nos privilégios a preferência decorre do próprio conteúdo do direito".

8. CRÉDITOS COM PRIVILÉGIO GERAL

Enquanto alguns créditos estabelecem privilégio especial sobre determinados bens, outros atribuem a seus respectivos titulares um privilégio geral, não sobre certos bens definidos, mas sobre todos os bens, respeitados, obviamente, o crédito real e o especial.

Com manifesta propriedade, e com absoluta clareza, ensina Walter T. Álvares que, "enquanto o privilégio especial se efetiva sobre determinados bens, o privilégio geral alcança todo o patrimônio, mas, bem entendido, do mesmo já deduzidos os créditos com direito real de garantia e os créditos com privilégio especial".

Em conformidade com o disposto no art. 83, V, da Lei de Falências, os créditos com privilégio geral são aqueles previstos no art. 965 do Código Civil, a saber:

a) o crédito por despesas com funeral do devedor;

b) o crédito por custas judiciais, ou outras despesas com a arrecadação e liquidação da massa falida;

c) o crédito por despesas com o luto do cônjuge sobrevivo e dos filhos do devedor falecido, se moderadas;

d) o crédito por despesas com a doença de que faleceu o devedor, no semestre anterior à sua morte;

e) o crédito pelos gastos necessários à mantença do devedor falecido e sua família, no trimestre anterior ao falecimento;

f) o crédito pelos impostos devidos à Fazenda Pública, no ano corrente e no anterior;

g) o crédito pelos salários dos empregados do serviço doméstico do devedor nos seus derradeiros seis meses de vida.

Ressalta-se que os créditos por impostos devidos à Fazenda Pública e os créditos por empregados, ainda que domésticos, são colocados em plano especial na falência do empresário, como já observamos.

9. CRÉDITOS QUIROGRAFÁRIOS

Do latim *chirographarius*, quirografário significa manuscrito. Disputam as sobras, uma vez satisfeitos os demais credores.

Na ausência de privilégios, têm os credores quirografários igual direito sobre os bens do devedor. O rateio entre eles se faz, portanto, sem prioridade alguma.

São quirografários os credores por títulos de crédito não vinculados a direito real; títulos garantidos com conhecimento ferroviário extraviado (*RT*, 221/245); penhor de máquinas constituído a favor de avalistas do falido já insolvente (*RT*, 222/307); dívida representada por cambiais recebidas em pagamento de comissões (*RT*, 211/334); os saldos de créditos não cobertos pelo produto da alienação dos bens vinculados ao seu pagamento; os saldos trabalhistas que excederem o limite de cento e cinquenta salários mínimos.

10. MULTAS CONTRATUAIS, TRIBUTÁRIAS E PENAS PECUNIÁRIAS PENAIS OU ADMINISTRATIVAS

As multas, sejam contratuais, tributárias, ou decorrentes de infrações penais ou administrativas, têm natureza indenizatória, a rigor só sendo pagas se os bens da massa falida forem suficientes.

11. CRÉDITOS SUBORDINADOS

Os créditos subordinados são créditos subquirografários, estando, portanto, na última escala dos créditos na falência.

São dessa espécie os créditos decorrentes de *debêntures subordinadas*, também denominadas "subquirografárias", que não gozam de qualquer garantia, expressamente previstas no art. 58, § 4º, da Lei n. 6.404/76 (Lei das Sociedades Anônimas):

> "A debênture poderá, conforme dispuser a escritura de emissão, ter garantia real ou garantia flutuante, não gozar de preferência ou ser subordinada aos demais credores da companhia.
>
> § 4º A debênture que não gozar de garantia poderá conter clausura de subordinação aos credores quirografários, preferindo apenas aos acionistas no ativo remanescente, se houver, em caso de liquidação da companhia".

Da mesma espécie é o eventual direito de acionistas e diretores na partilha da sociedade falida.

12. QUADRO GERAL DOS CREDORES

Considerando a classificação dos créditos na Lei n. 11.101/2005 (Lei de Falências), e a existência de leis extravagantes, não expressamente revogadas, apresentamos o seguinte quadro geral dos credores:

1º) **Créditos trabalhistas** (até o limite de cento e cinquenta salários mínimos por empregado) e *créditos por acidente do trabalho.*

Obs.: os créditos por acidente do trabalho, salvo alteração do sistema, atualmente não são de responsabilidade do falido, mas da Previdência Social – Seguro Obrigatório, Lei n. 8.212[15], de 24 de julho de 1991, e legislação complementar. As prestações por acidente do trabalho são pagas pela Previdência Social. No caso de negligência do empregador quanto ao recolhimento obrigatório das contribuições, a Previdência Social terá contra os responsáveis a competente ação de cobrança. O acidente do trabalho é, pois, uma prestação previdenciária. Como observa Sergio Pinto Martins (*Direito da seguridade social*, 8. ed., Atlas, 1997, p. 341), trata-se de "uma forma de seguro social em que o benefício é pago pelo INSS".

Poder-se-á considerar em igualdade aos créditos trabalhistas (em face da redação do art. 83, I, da Lei de Falências) a indenização acidentária prevista no art. 7º, XXVIII, da Constituição Federal.

---

15 A Lei n. 8.213, de 24-7-1991, dispõe sobre o plano de benefícios da Previdência Social, enquanto a Lei n. 8.212, de 24-7-1991, institui o Seguro Obrigatório.

Cuida o dispositivo constitucional em apreço de *indenização civil* – "seguro contra acidentes do trabalho, a cargo do empregador, sem excluir a indenização a que este está obrigado, quando incorrer com dolo ou culpa".

Os representantes comerciais autônomos, por força da Lei n. 4.886, de 9 de dezembro de 1965, têm as suas comissões e verbas indenizatórias equiparadas aos créditos trabalhistas, como deixa claro o art. 44:

> "No caso de falência do representado as importâncias por ele devidas ao representante comercial, relacionadas com a representação, inclusive comissões vencidas e vincendas, indenização e aviso prévio, serão créditos da mesma natureza dos créditos trabalhistas".

Admitida a vigência do dispositivo legal transcrito, estará tal crédito limitado a cento e cinquenta salários mínimos, tal qual os créditos trabalhistas. O que exceder tal limite será considerado quirografário.

O Estatuto da Advocacia e a Ordem dos Advogados do Brasil (Lei n. 8.906, de 4-7-1994) dispõe no art. 24 que:

> "A decisão judicial que fixar ou arbitrar honorários e o contrato escrito que os estipular são títulos executivos e constituem crédito privilegiado na falência, concordata, concurso de credores, insolvência civil e liquidação extrajudicial".

Não esclarecendo a lei a natureza do privilégio – se especial ou geral –, é de se concluir por este último, o geral.

2º) **Crédito com garantia real, até o limite do bem gravado**.

3º) **Créditos tributários**, independentemente da sua natureza e tempo de constituição.

Obs.: o art. 186 do Código Tributário Nacional, com a Lei Complementar n. 118, de 9 de fevereiro de 2005, passou a ter a seguinte redação:

> "Art. 186. O crédito tributário prefere a qualquer outro, seja qual for sua natureza ou o tempo de sua constituição, ressalvados os créditos decorrentes da legislação do trabalho ou do acidente de trabalho.
>
> Parágrafo único. Na falência:
>
> I – o crédito tributário não prefere aos créditos extraconcursais ou às importâncias passíveis de restituição, nos termos da lei falimentar, nem aos créditos com garantia real, no limite do valor do bem gravado".

4º) **Créditos com privilégio especial** – art. 964 do Código Civil; arts. 470 a 474 do Código Comercial; Do Comércio Marítimo (em vigor).

5º) *Créditos com privilégio geral* – art. 965 do Código Civil; créditos extraconcursais, art. 67 da Lei n. 11.101/2005.

6º) *Créditos quirografários* – credores por títulos de créditos; crédito trabalhista que exceda o limite de cento e cinquenta salários mínimos.

7º) *Crédito por multas contratuais, tributárias, administrativas ou penais.*

8º) *Créditos subordinados* (debêntures subordinadas – art. 58, § 4º, da Lei n. 6.404/76 – Lei das Sociedades Anônimas).

Resumo

Credores da falência e credores da massa; extraconcursais. Os primeiros, ou seja, os credores da falência, são aqueles que, já anteriormente à falência, pré à quebra, possuíam seus créditos. Os segundos, isto é, os credores da massa, que por sua vez se dividem em *encargos da massa* e *dívidas da massa*, são aqueles cujos créditos surgiram após a declaração da falência, contraídos diretamente pelo administrador judicial.

Credores com garantia real. Nas dívidas garantidas por direito real, a coisa dada em garantia fica sujeita ao cumprimento da obrigação – são dívidas dessa natureza o penhor, a anticrese e a hipoteca (art. 1.225 do CC).

Credores com garantia especial sobre determinados bens. São créditos especiais aqueles que, por disposição legal, recaem sobre determinados bens: "A lei, compondo a ordem social, por conveniência pública ou privada, motivada sobretudo por princípios de humanidade, equidade ou conveniência pública (Carvalho de Mendonça), estabelece privilégios especiais a favor de determinados bens que a eles se vinculam, por força de lei", escreve Rubens Requião.

Credores com privilégio geral. Enquanto alguns créditos estabelecem privilégio especial sobre determinados bens, outros atribuem a seus respectivos titulares um privilégio geral, não sobre bens definidos, mas sobre todos os bens, respeitados, obviamente, o crédito real e o crédito especial. "Enquanto o privilégio especial se efetiva sobre determinados bens – ensina Walter T. Álvares – o privilégio geral alcança todo o patrimônio, mas, bem entendido, do mesmo já deduzidos os créditos com direito real de garantia e os créditos com privilégio especial."

Os honorários advocatícios resultantes de decisão judicial e o contrato escrito que os estipule gozam, igualmente, de privilégio na falência, a teor do que dispõe o art. 24 do Estatuto da Advocacia e a OAB (Lei n. 8.906, de 4-7-1994).

Não declarando a espécie de princípio, é de se concluir pelo privilégio geral.

Créditos trabalhistas e por acidente do trabalho. O crédito trabalhista tem preferência contra todos os demais, limitado, porém, a cento e cinquenta salários mínimos, por trabalhador; o valor restante é quirografário. Ao lado do crédito trabalhista o crédito por acidente do trabalho.

Crédito tributário. O crédito tributário está situado em terceiro lugar na hierarquia dos créditos falimentares, situando-se abaixo dos créditos trabalhistas (limitado a cento e cinquenta salários mínimos), por acidente do trabalho e crédito com garantia real.

Recapitulação

1. Qual a distinção entre credores da falência e credores da massa?

R. A própria denominação nos ajuda a esclarecer a distinção. Credores da falência são aqueles que já anteriormente à declaração da quebra eram credores do falido. Ao revés, credores da massa não são credores do falido, mas da massa, tendo os seus créditos surgido posteriormente à quebra, em decorrência de dívidas e encargos contraídos pelo administrador judicial.

2. O crédito trabalhista tem preferência pela sua totalidade?

R. A preferência do crédito trabalhista está limitada a cento e cinquenta salários mínimos por trabalhador. O que exceder desse limite é considerado crédito quirografário.

3. O crédito com garantia real goza de preferência sobre o crédito tributário?

R. A Lei n. 11.101/2005 (Lei de Falências) alterou sensivelmente a hierarquia dos créditos na falência, situando o crédito com garantia real acima do crédito tributário, cedendo, porém, preferência ao crédito trabalhista (observado o limite de cento e cinquenta salários mínimos por trabalhador) e ao crédito por acidente do trabalho.

4. O crédito trabalhista acima do limite de cento e cinquenta salários mínimos situa-se em que lugar, na classificação dos créditos?

R. O que excede de cento e cinquenta salários mínimos é considerado crédito quirografário.

5. Há créditos que se colocam abaixo do crédito quirografário?

R. O crédito quirografário sempre foi um crédito sem qualquer preferência, participando das sobras. Contudo, a Lei n. 11.101/2005 (a Lei de Falências) situou, em nível inferior, os créditos que poderíamos denominar, para fins didáticos, *subquirografários*, a saber: multas contratuais, tributárias, penais e administrativas, além dos créditos subordinados.

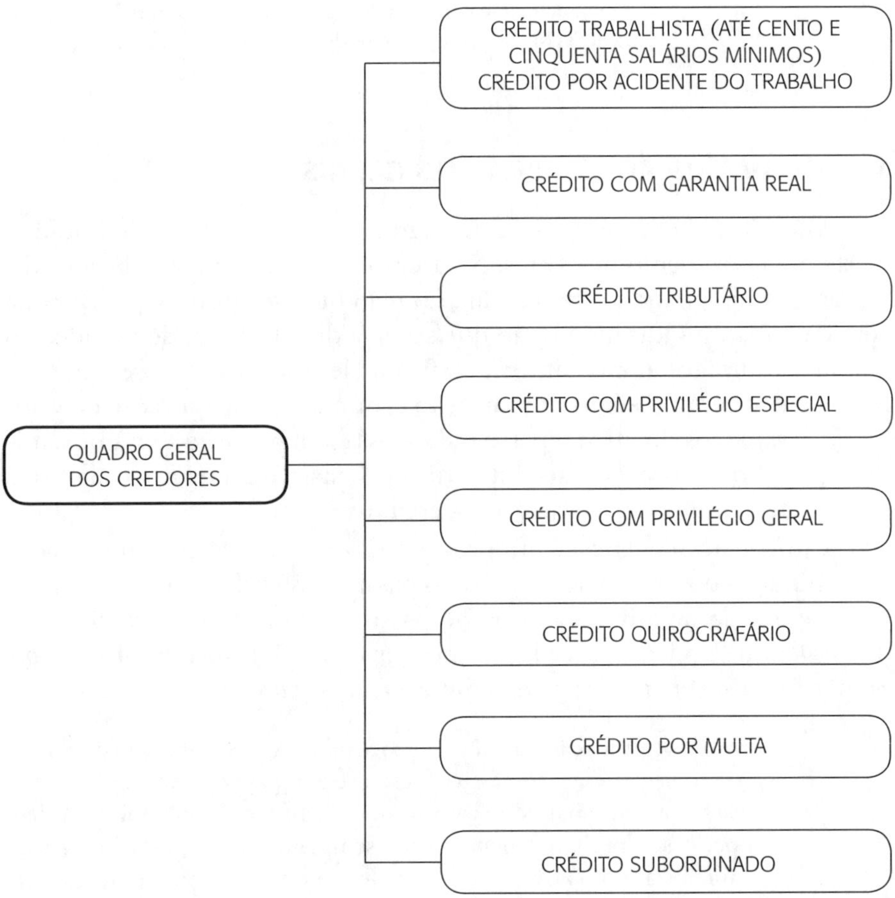

Capítulo XXV

DA LIQUIDAÇÃO – ALIENAÇÃO DOS BENS DO FALIDO – REALIZAÇÃO DO ATIVO

1. LIQUIDAÇÃO: CONSIDERAÇÕES GERAIS

Liquidação, etimologicamente, significa ação ou efeito de liquidar, ajuste ou apuramento de contas. Na acepção jurídica tem significados diversos, ora designando o procedimento pelo qual se apura o *quantum* da condenação, ora indicando o ato que segue a dissolução da sociedade. No âmbito do direito falimentar, como afirma Nelson Abrão, "observados os lineamentos gerais da conceituação, isto é, implicando a apuração de valores determinados do ativo e passivo da massa, a liquidação tem um sentido especial de conversão em dinheiro dos bens e direitos arrecadados e, com o seu produto, o pagamento dos credores".

Com efeito, a falência é um processo de execução coletiva que objetiva a apuração do ativo para solução do passivo. Estes dois atos fundamentais – apuração do ativo e solução do passivo – constituem a chamada *liquidação*, que pode ser definida como *a operação que objetiva a transformação do ativo em dinheiro para o consequente pagamento aos credores.*

> "A liquidação na falência processa-se com a realização do ativo e com o pagamento do passivo – escreve Sampaio de Lacerda. São duas fases, sem que haja obrigatoriedade da ordem cronológica. Podem operar-se simultaneamente, como sempre acontece. À medida que se vai realizando o ativo, pode-se ir efetuando o pagamento do passivo. A liquidação do ativo é o traço decisivo e característico do processo falimentar, acentua Bonelli, que é de fato essencialmente, como sem-

pre acontece, à medida que se vai realizando processo executivo sobre os bens do devedor. A satisfação dos credores – fim precípuo do processo – não se pode conseguir a não ser com a redução dos vários elementos ativos do patrimônio por aquele meio universal de pagamento, que é o dinheiro. A liquidação tem, pois, por finalidade, reduzir a dinheiro o ativo para que possam ser pagos os credores."

Em suma, a liquidação não é senão a operação que objetiva transformar em dinheiro o patrimônio do falido, para o resgate das suas dívidas, como, aliás, já observava Ercole Vidari:

> "La liquidazione dell'attivo comprende tutte le operazioni necessarie a tradurre in danaro il patrimonio del fallito, acertando e riscuotendo i suoi crediti, vendendo i suoi beni mobili ed immobili, e sceverando da questi tutto ciò che può spettare ai terzi ed essere dai medesimi rivendicato, per quindi procedere alla ripartizione dell'attivo netto fra tutti i creditori dei fallimento in proporzione dei loro crediti; salve le ragioni legali di preferenza (per privilegio, pegno od ipoteca) a cui l'uno o l'altro di esse abbia diritto".

2. FORMAS USUAIS DE LIQUIDAÇÃO

Após a arrecadação dos bens, com a juntada do auto respectivo no processo falimentar, tem início a realização do ativo.

Há três formas de liquidação, a saber:

a) Leilão

A primeira forma, por *leilão*, ocorre quando os bens do falido são vendidos pelo maior lanço, isto é, pelo maior preço, por intermédio do *leiloeiro*. Leilão, como se sabe, significa venda. Do ponto de vista jurídico define a venda em *hasta pública*, ou seja, a venda judicial. Hasta pública, do direito romano, representava a venda em locais onde se fincava uma lança – símbolo do poder.

> "HASTA – E. f. Cic. lança, chuco, dardo. *Hastam abjicere*: Cic. prov. desesperar da causa em demanda. *Auta posita, bona alicujus vendere*: Cic. vender os bens de alguém em almoeda (o que se fazia pregando na terra uma lança, e o mesmo se usava em semelhantes atos de jurisdição e poder supremo). *Hasta pompeii*: Cic. almoeda que se fez dos bens de Pompeu. *Hasta pura*: verg. lança que se dava aos mancebos em prêmio da primeira vitória" (José Cretella Júnior e Geraldo de Ulhôa Cintra, *Dicionário latino-português*).

O leilão há de ser anunciado com **quinze dias** de **antecedência**, em se tratando de venda de **bens móveis**, ou com **trinta dias**, se se tratar de bens **imóveis** ou para a alienação da empresa.

No leilão, serão observadas, no que couber, as regras do Código de Processo Civil – **arts. 881 a 883 do CPC/2015**.

b) Propostas fechadas

A alienação por proposta fechada implica a sua apresentação ao cartório da Vara onde se processa a falência, em envelope fechado e lacrado, a ser aberto pelo juiz, no dia, hora e local designado no edital.

c) Pregão

O pregão, como acentua o § 5º do art. 142 da Lei de Falências, é uma forma híbrida do leilão e da melhor proposta, envolvendo, por conseguinte, o recebimento de propostas fechadas e o oferecimento de lance:

> "A venda por pregão constitui modalidade híbrida das anteriores, comportando duas fases:
>
> I – recebimento de propostas, na forma do § 3º deste artigo;
>
> II – leilão por lances orais, de que participarão somente aqueles que apresentarem propostas não inferiores a noventa por cento da maior proposta ofertada, na forma do § 2º deste artigo".

Recebidas e abertas as propostas, em dia, hora e local previamente designados, notificar-se-á aos ofertantes, cujas propostas preencham as condições fixadas no inciso II do § 5º do art. 142, para comparecerem ao leilão e darem seus lances. "Caso não compareça ao leilão o ofertante da maior proposta e não seja dado lance igual ou superior ao valor por ele ofertado, fica obrigado a prestar a diferença verificada, constituindo a respectiva certidão do juízo título executivo para a cobrança dos valores pelo administrador judicial" (art. 142, § 6º, III).

Em qualquer das três modalidades de alienação, *leilão por lance oral*, *proposta fechada* ou *pregão,* o Ministério Público será intimado – sob pena de nulidade.

Qualquer credor, o próprio falido, ou o Ministério Público, poderá apresentar *impugnação* à alienação, no prazo de *quarenta e oito horas* da arrematação, indo os autos conclusos ao juiz que, em cinco dias, dará sua decisão. Na eventualidade de a impugnação ser julgada improcedente, os bens serão entregues ao arrematante.

3. ALIENAÇÃO DOS BENS

Os bens do falido podem ser vendidos englobada ou separadamente, a saber:

a) Alienação da empresa

Empresa é, como se sabe, toda organização econômica destinada à produção ou circulação de bens ou serviços, modernamente denominada *atividade econômica organizada.*

Pressupõe uma estrutura composta de um complexo de bens materiais e imateriais, consubstanciados nos seguintes elementos, postos em evidência por Alberto Asquini:

1º) subjetivo – o empresário, o titular da empresa (pessoa física ou jurídica);

2º) material – também denominado patrimonial – o estabelecimento;

3º) corporativo ou institucional – os empregados;

4º) funcional – a atividade.

A venda da empresa envolve, obviamente, o(s) estabelecimento(s) em bloco, convindo acrescentar que a sua aquisição é, sob a atual legislação, *livre de qualquer ônus*, não havendo falar em sucessão, inclusive trabalhista ou tributária, segundo o disposto no art. 141, II, da Lei Falimentar:

> "O objeto da alienação estará livre de qualquer ônus e não haverá sucessão do arrematante nas obrigações do devedor, inclusive as de natureza tributária, as derivadas da legislação do trabalho e as decorrentes de acidentes de trabalho".

Na eventualidade de o arrematante adquirir a empresa e, persistindo na sua atividade, conservando os mesmos empregados do falido, estes (os empregados) serão admitidos mediante novos contratos de trabalho, sem que se possa falar em sucessão trabalhista – "*Empregados do devedor contratados pelo arrematante serão admitidos mediante novos contratos de trabalho e o arrematante não responde por obrigações decorrentes do contrato anterior*" (art. 141, § 2º).

Essa regra colide frontalmente com o conceito de sucessão trabalhista, que considera como seu traço marcante a aquisição do acervo e a continuação da mesma atividade econômica. Representa, outrossim, manifesta restrição ao alcance do disposto no art. 10 da CLT – "Qualquer alteração na estrutura jurídica da empresa não afetará os direitos adquiridos por seus empregados" – e no *caput* do art. 448 da CLT – "Os direitos oriundos da existência do contrato de trabalho subsistirão em caso de falência, concordata ou dissolução da empresa".

b) Venda do(s) estabelecimento(s) em bloco ou por unidades produtivas

A empresa não se confunde com o estabelecimento. A primeira, como já acentuamos, é todo um complexo de valores materiais, imateriais e humanos, conceituada juridicamente como a *atividade econômica organizada*. O estabelecimento, ao revés, é o instrumento de que se vale o empresário (o titular da empresa) para a consecução da sua finalidade.

O estabelecimento é, assim, um dos elementos da empresa, observando-se que uma empresa pode possuir um ou vários estabelecimentos.

O art. 1.142 do Código Civil conceitua-o da seguinte forma:

> "Considera-se estabelecimento todo complexo de bens organizado, para o exercício da empresa, por empresário, ou por sociedade empresária".

Observe-se que com a alienação do(s) estabelecimento(s), da mesma forma que ocorre com a alienação de toda a empresa, em bloco, ou isoladamente, como *unidades produtivas*, estará o adquirente livre de quaisquer ônus, ou seja, não responderá por obrigações do devedor, inclusive trabalhista ou tributária. Inexistirá, portanto, sucessão de obrigações.

A alienação da empresa pode envolver a transferência de contratos específicos, dentre os quais cumpre lembrar o contrato de locação do imóvel respectivo.

Ressalte-se que na alienação de bens que, necessariamente, envolvam o registro público servirá como título aquisitivo o mandado judicial (art. 140, § 4º).

c) Alienação em bloco dos bens que integram o estabelecimento ou dos bens individualmente considerados

A alienação pode envolver os bens que integram o estabelecimento, em bloco, ou, ainda dos bens individualmente considerados.

Das formas expostas, a venda da empresa, como um todo, ou do estabelecimento é de maior conveniência, como já acentuava Sampaio de Lacerda:

> "Será mais vantajosa a venda de uma fábrica, com todas as máquinas e instalações, inclusive o imóvel em que funciona, do que a venda, separadamente, do imóvel, dos maquinismos, instalações e demais coisas que a compuserem".

d) Constituição de sociedade pelos credores ou pelos empregados do falido

A Lei n. 11.101/2005 (Lei de Falências) abre um leque de opções de alienação dos bens do devedor, como deixa claro o art. 140, § 1º: "Se convier à realização do ativo, ou em razão de oportunidade, podem ser adotadas mais de uma forma de alienação".

Dentre estas formas, além das expressamente descritas, está a constituição de sociedade pelos credores, hipótese igualmente prevista na recuperação judicial (art. 50, X), ou constituição de sociedade dos empregados do falido:

> "O juiz homologará qualquer outra modalidade de realização do ativo, desde que aprovada pela assembleia-geral de credores, inclusive com a constituição de sociedade de credores ou dos empregados do próprio devedor, com a participação, se necessária, dos atuais sócios ou de terceiros" (art. 145).

Na constituição de sociedade pelos empregados do falido, estes (os empregados) podem utilizar os créditos trabalhistas para a aquisição ou arrendamento da empresa (art. 145, § 2º).

A alienação dos bens do falido, qualquer que seja a forma adotada, será precedida de publicação de anúncio em jornal de grande circulação, com *quinze dias* de antecedência, em se tratando *de bens móveis*, ou com *trinta dias* se se tratar de *bens imóveis*.

Resumo

Liquidação. A falência é um processo de execução coletiva que objetiva a apuração do ativo para solução do passivo. Estes dois atos fundamentais – apuração do ativo e solução do passivo – constituem a chamada *liquidação*, que pode ser definida como a *operação que objetiva transformar o ativo em dinheiro para o consequente pagamento aos credores.*

Leilão. A primeira forma de liquidação ocorre quando os bens do falido são vendidos pelo maior lanço, isto é, pelo maior preço, por intermédio de leiloeiro oficial. Leilão, como se sabe, significa venda. Do ponto de vista jurídico, define a venda em *hasta pública*, ou seja, a venda judicial.

Proposta fechada. Em lugar do leilão, pode o síndico optar pela *proposta fechada*, forma de liquidação que consiste em colher as diversas propostas formuladas pelos concorrentes (em envelopes lacrados), escolhendo-se a melhor delas.

Pregão. O pregão é uma forma híbrida de liquidação (realização do ativo): a) recebimento de propostas; leilão por lances orais.

Alienação de bens. Os bens do falido podem ser vendidos englobada ou separadamente, a saber: alienação da empresa (com os respectivos estabelecimentos, do(s) estabelecimento(s), em bloco ou por unidades produtivas, do(s) estabelecimento(s) individualmente considerados, dos bens individualmente considerados.

Outras formas de alienação. "O juiz homologará qualquer outra modalidade de realização do ativo, desde que aprovada pela assembleia-geral de credores, inclusive com a constituição de sociedade de credores ou dos empregados do próprio devedor, com a participação, se necessária, dos atuais sócios ou de terceiros" (art. 145).

Recapitulação

1. Na alienação dos bens do falido, o lance deve ser igual ao valor da avaliação?

R. A resposta é negativa. Em conformidade com o disposto no art. 142, § 2º, da Lei de Falências, "a alienação dar-se-á pelo maior valor oferecido, ainda que seja inferior ao valor da avaliação".

2. Quais as formas usuais de alienação dos bens do falido?

R. O art. 140 da Lei de Falências alinha quatro formas de alienação dos bens do falido, a saber:

I – alienação da empresa, incluídos seus estabelecimentos, em bloco;

II – alienação da empresa, com a venda de suas filiais ou unidades produtivas isoladamente;

III – alienação em bloco dos bens que integram cada um dos estabelecimentos;

IV – alienação dos bens individualmente considerados.

3. O leilão é a única modalidade empregada para a venda dos bens do falido?

R. Não. A legislação falimentar prevê três modalidades:

I – leilão, por lances orais;

II – propostas fechadas;

III – pregão.

4. Qual a diferença entre elas?

R. Leilão, como se sabe, é a venda pública a quem oferecer maior lance. A venda por leilão, no processo falimentar, observa as regras estabelecidas no CPC para a arrematação.

5. Como se realiza a alienação por propostas fechadas?

R. Como o próprio nome deixa entrever, publicados editais de realização do ativo (art. 142, § 1º), os interessados na aquisição dos bens do falido encaminharão ao cartório da vara cível, onde se processa a falência, envelope lacrado, formulando sua proposta. Em dia, hora e local designados no edital, o juiz abrirá os envelopes, lavrando o escrivão o respectivo auto, assinado pelos presentes, juntando-se as propostas aos autos.

Há, ainda, a venda por *pregão*, que observa duas fases: recebimento das propostas; leilão por lances orais, de que só participarão aqueles que tenham feito propostas, valendo o lance igual a noventa por cento da maior proposta entregue em cartório.

> A aquisição da empresa como um todo, ou de qualquer dos seus estabelecimentos isoladamente, não implica sucessão do arrematante nas obrigações do falido, inclusive as de natureza tributária e trabalhista. Os empregados de falido contratados pelo arrematante serão admitidos mediante novos contratos de trabalho, não respondendo o arrematante por obrigações do contrato anterior.

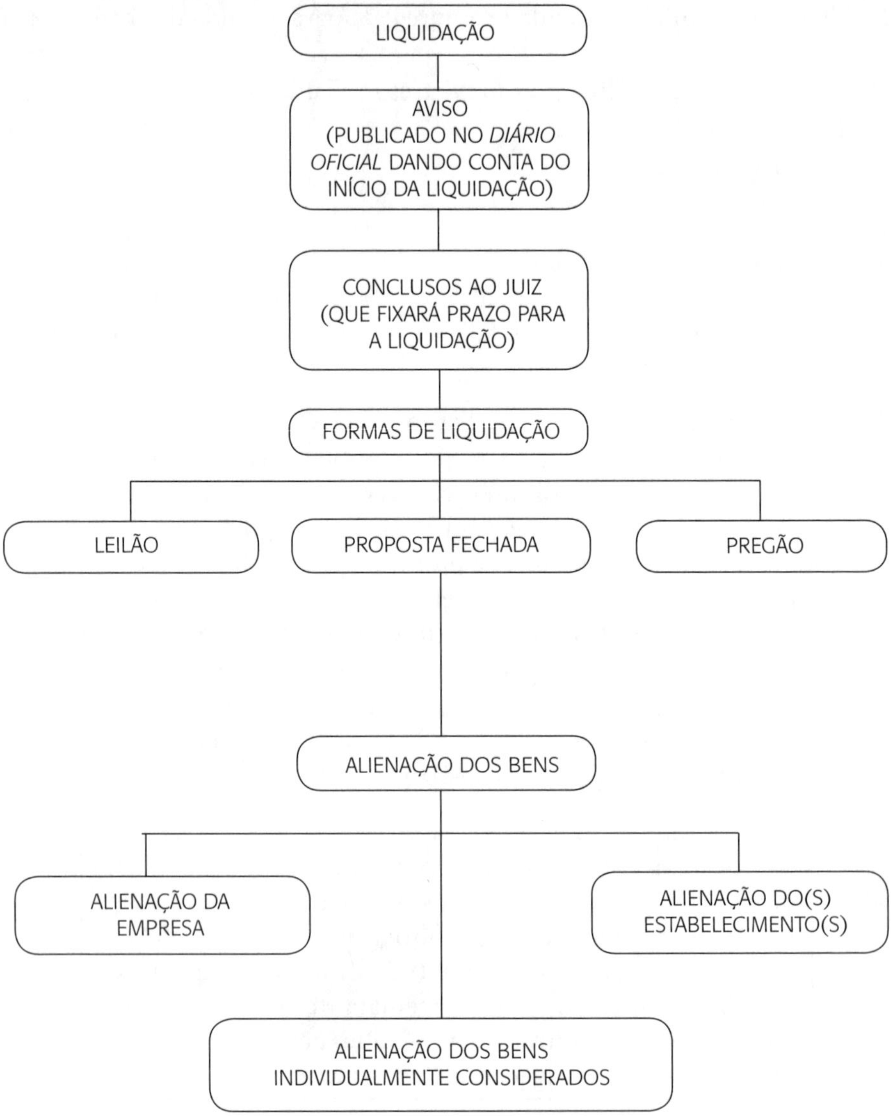
LIQUIDAÇÃO
AVISO
(PUBLICADO NO *DIÁRIO OFICIAL* DANDO CONTA DO INÍCIO DA LIQUIDAÇÃO)
CONCLUSOS AO JUIZ
(QUE FIXARÁ PRAZO PARA A LIQUIDAÇÃO)
FORMAS DE LIQUIDAÇÃO
LEILÃO
PROPOSTA FECHADA
PREGÃO
ALIENAÇÃO DOS BENS
ALIENAÇÃO DA EMPRESA
ALIENAÇÃO DO(S) ESTABELECIMENTO(S)
ALIENAÇÃO DOS BENS INDIVIDUALMENTE CONSIDERADOS

Capítulo XXVI

DO PAGAMENTO AOS CREDORES

Sumário: 1. Créditos extraconcursais. 2. Créditos trabalhistas até o limite de cinco salários mínimos por trabalhador. 3. Créditos reservados. Resumo. Recapitulação.

1. CRÉDITOS EXTRACONCURSAIS

Consolidado o quadro geral de credores, ultimada a liquidação (realização do ativo), atendidas as restituições (art. 85), as importâncias recebidas serão destinadas ao pagamento dos credores, atendendo à classificação dos créditos (art. 83).

Os créditos a serem pagos em primeiro lugar são os denominados *créditos extraconcursais*, que envolvem os *credores da massa*, ou seja, aqueles créditos contraídos posteriormente à quebra, e que vêm enumerados no art. 84, a saber:

I – remuneração do administrador e seus auxiliares;

II – crédito trabalhista e de acidente do trabalho de empregados que tenham trabalhado para a massa falida;

III – quantias fornecidas à massa pelos credores;

IV – despesas com arrecadação, administração, realização do ativo e distribuição do seu produto;

V – custas do processo de falência;

VI – custas judiciais relativas às ações e execuções em que a massa falida tenha sido vencida;

VII – obrigações resultantes dos atos jurídicos válidos praticados durante a recuperação judicial, na convolação desta em falência;

VIII – tributos relativos a fatos geradores ocorridos após a decretação da falência.

2. CRÉDITOS TRABALHISTAS ATÉ O LIMITE DE CINCO SALÁRIOS MÍNIMOS POR TRABALHADOR

Em conformidade com o que dispõe o art. 151, os créditos trabalhistas, de natureza estritamente salarial (excluídas portanto as verbas de natureza indenizatória), vencidos nos três meses anteriores à decretação da falência, até o limite de cinco salários mínimos por trabalhador, serão pagos tão logo haja disponibilidade de caixa, o que, por certo, situa-os em igualdade senão em preferência aos créditos extraconcursais.

3. CRÉDITOS RESERVADOS

Nos termos do art. 6º, a decretação da falência suspende o curso de todas as ações e execuções contra o falido – exceto a ação que demandar quantia ilíquida e as ações trabalhistas, estas últimas de competência constitucional da Justiça do Trabalho, a teor do que dispõe o art. 114, I, da Constituição Federal.

O juiz, em cuja jurisdição se processar um dos feitos mencionados, poderá oficiar ao juiz da falência, solicitando *reserva de valor*, tanto na recuperação judicial quanto na falência:

> "Art. 6º ...
>
> § 3º O juiz competente para as ações referidas nos §§ 1º e 2º deste artigo poderá determinar a reserva da importância que estimar devida na recuperação judicial ou na falência, e, uma vez reconhecido líquido o direito, será o crédito incluído na classe própria".

Havendo reserva de importância, os valores correspondentes serão pagos, observada a classificação do art. 83. Não reconhecido o crédito (no juízo competente), serão os valores objeto de rateio suplementar entre os credores remanescentes.

Ressalte-se que, nos termos do art. 83, § 4º, "os créditos trabalhistas cedidos a terceiros são considerados quirografários". A medida, como facilmente se percebe, busca evitar que trabalhadores, em dificuldade econômica, em face da falência do empregador, cedam seus créditos, no mais das vezes, por quantias irrisórias, sobretudo em decorrência da conhecida morosidade do Judiciário.

Resumo

Pagamento dos créditos extraconcursais. Na falência há nítida distinção entre credores da massa e credores do falido. Os primeiros são aqueles cujos créditos foram contraídos após a quebra. Distinguem-se dos credores da falência porque estes últimos são credores do falido, tendo seus créditos sido constituídos anteriormente à falência.

Os credores da massa, seja em decorrência de encargos desta (tributos relativos a fatos geradores ocorridos após a decretação da falência), ou de dívidas (despesas com arrecadação, administração do ativo e distribuição do seu produto), na forma do art. 84, devem ser pagos com precedência sobre os demais.

Créditos decorrentes de pedidos de restituição. Como já afirmamos ao longo deste *Curso*, o proprietário de bem arrecadado em processo de falência ou que se encontre em poder do falido, na data da decretação da quebra, poderá pedir ao juízo falimentar a sua restituição, inclusive em dinheiro:

"I – se a coisa não mais existir ao tempo do pedido de restituição, hipótese em que o requerente receberá o valor da avaliação do bem, ou, no caso de ter ocorrido sua venda, o respectivo preço, em ambos os casos no valor atualizado;

II – da importância entregue ao devedor, em moeda corrente nacional, decorrente de adiantamento a contrato de câmbio para exportação, na forma do art. 75, §§ 3º e 4º, da Lei n. 4.728, de 14 de julho de 1965, desde que o prazo total da operação, inclusive eventuais prorrogações, não exceda o previsto nas normas específicas da autoridade competente;

III – dos valores entregues ao devedor pelo contratante de boa-fé na hipótese de revogação ou ineficácia do contrato, conforme disposto no art. 136 desta Lei" (art. 86).

Tais restituições antecedem o pagamento dos demais credores, exceto aqueles declinados no art. 151 – "*os créditos trabalhistas de natureza estritamente salarial vencidos nos três meses anteriores à decretação da falência, até o limite de cinco salários mínimos por trabalhador, serão pagos tão logo haja disponibilidade em caixa*".

Ordem de pagamento. Ressalvados os créditos acima declinados, o pagamento dos credores obedecerá à ordem estabelecida no art. 83:

"I – os créditos derivados da legislação do trabalho, limitado a cento e cinquenta salários mínimos por credor, e os decorrentes de acidentes de trabalho;

II – créditos com garantia real até o limite do valor do bem gravado;

III – créditos tributários, independentemente da sua natureza e tempo de constituição, excetuadas as multas tributárias;

IV – créditos com privilégio especial, a saber:

a) os previstos no art. 964 da Lei n. 10.406, de 10 de janeiro de 2002;

b) os assim definidos em outras leis civis e comerciais, salvo disposição contrária desta Lei;

c) aqueles a cujos titulares a lei confira o direito de retenção sobre a coisa dada em garantia;

V – créditos com privilégio geral, a saber:

a) os previstos no art. 965 da Lei n. 10.406, de 10 de janeiro de 2002;

b) os previstos no parágrafo único do art. 67 desta Lei;

c) os assim definidos em outras leis civis e comerciais, salvo disposição contrária desta Lei;

VI – créditos quirografários, a saber:

a) aqueles não previstos nos demais incisos deste artigo;

b) os saldos dos créditos não cobertos pelo produto da alienação dos bens vinculados ao seu pagamento;

c) os saldos dos créditos derivados da legislação do trabalho que excederem o limite estabelecido no inciso I do *caput* deste artigo;

VII – as multas contratuais e as penas pecuniárias por infração das leis penais ou administrativas, inclusive as multas tributárias;

VIII – créditos subordinados, a saber:

a) os assim previstos em lei ou em contrato;

b) os créditos dos sócios e dos administradores sem vínculo empregatício".

Recapitulação

1. Que se deve entender por credores extraconcursais?

R. A falência é um processo de execução coletiva contra devedor insolvente. Verdadeiro concurso de credores, que se habilitam demonstrando a licitude de seus créditos, a serem pagos atendendo a natureza jurídica destes.

Credores extraconcursais são aqueles cujos créditos foram contraídos após a falência. Não são credores do falido, e sim, da massa falida – por isso que devem ser pagos com precedência aos demais.

2. Há outro crédito (em igualdade de condições) aos créditos extraconcursais?

R. Os créditos decorrentes de obrigações contraídas pelo devedor, no período de recuperação judicial convolada em falência, são igualmente extraconcursais (art. 67).

3. O crédito trabalhista supera os créditos extraconcursais?

R. Não, o crédito trabalhista, limitado a cento e cinquenta salários mínimos (o excedente é quirografário), está na pirâmide dos créditos, juntamente com os créditos decorrentes de acidente de trabalho, todavia, não é um crédito extraconcursal.

4. As restituições em dinheiro, previstas no art. 86 da Lei Falimentar, devem ser prontamente atendidas?

R. Não. O parágrafo único do art. 86 da Lei de Falências é de absoluta clareza ao dispor que "as restituições de que trata este artigo somente serão efetuadas após o pagamento previsto no art. 151 desta Lei". O artigo mencionado, por sua vez, declara que "os créditos trabalhistas de natureza estritamente salarial vencidos nos três meses anteriores à decretação da falência, até o limite de cinco salários mínimos por trabalhador, serão pagos tão logo haja disponibilidade em caixa".

5. A Lei Falimentar limita a prevalência do crédito trabalhista (no quadro geral dos credores) a cento e cinquenta salários mínimos – a que classificação submete-se o excedente deste crédito?

R. O que excede de cento e cinquenta salários mínimos é considerado crédito quirografário só acima dos créditos que podem ser considerados *subquirografários*, a saber: multas contratuais, pecuniárias administrativas, e tributárias e créditos subordinados (art. 83, VII e VIII).

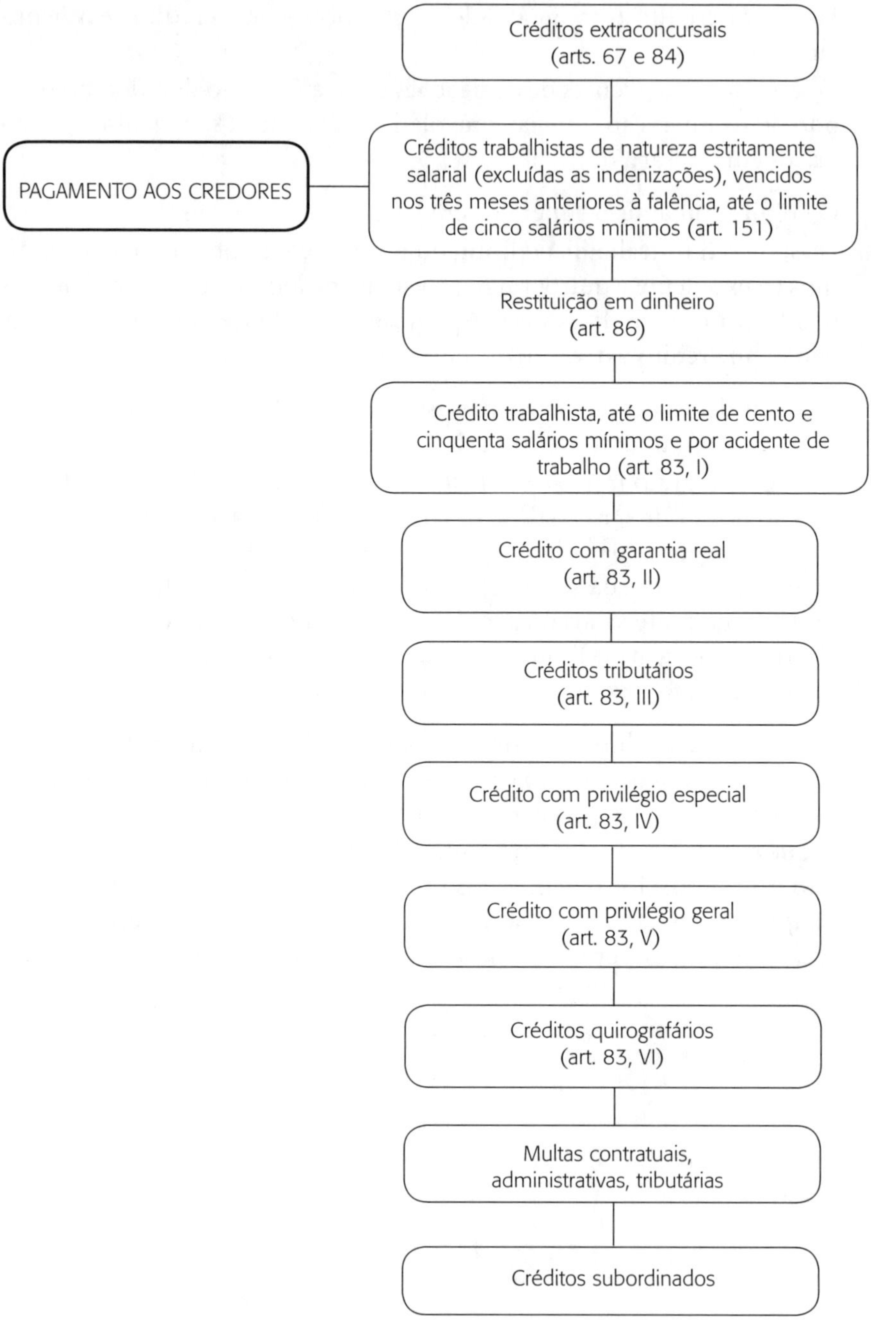
PAGAMENTO AOS CREDORES
Créditos extraconcursais (arts. 67 e 84)
Créditos trabalhistas de natureza estritamente salarial (excluídas as indenizações), vencidos nos três meses anteriores à falência, até o limite de cinco salários mínimos (art. 151)
Restituição em dinheiro (art. 86)
Crédito trabalhista, até o limite de cento e cinquenta salários mínimos e por acidente de trabalho (art. 83, I)
Crédito com garantia real (art. 83, II)
Créditos tributários (art. 83, III)
Crédito com privilégio especial (art. 83, IV)
Crédito com privilégio geral (art. 83, V)
Créditos quirografários (art. 83, VI)
Multas contratuais, administrativas, tributárias
Créditos subordinados

Capítulo XXVII

ENCERRAMENTO DO PROCESSO DA FALÊNCIA

Sumário: 1. Prestação de contas do administrador judicial – Relatório final: valor do ativo e do passivo. 2. Destituição do administrador pela falta de apresentação do relatório – Responsabilidade. 3. Encerramento da falência por sentença. Resumo. Recapitulação.

1. PRESTAÇÃO DE CONTAS DO ADMINISTRADOR JUDICIAL – RELATÓRIO FINAL: VALOR DO ATIVO E DO PASSIVO

Encerrada a liquidação, deve o administrador prestar contas da sua administração, segundo o disposto no art. 154 da Lei de Falências:

> "Concluída a realização de todo o ativo, e distribuído o produto entre os credores, o administrador judicial apresentará suas contas ao juiz no prazo de 30 (trinta) dias".

Tais contas, que permanecerão em cartório, poderão ser impugnadas pelos interessados, em dez dias, findo o que, realizadas as diligências necessárias, serão julgadas, da decisão cabendo o recurso de apelação.

Paralelamente à sua prestação de contas, encerrada a liquidação, com o pagamento dos credores, deve o administrador ultimar o seu *relatório final*, para o que terá o prazo de **dez dias**:

> "Julgadas as contas do administrador judicial, ele apresentará o relatório final da falência no prazo de dez dias, indicando o valor do ativo e o do produto de sua realização, o valor do passivo e o dos pagamentos feitos aos credores, e especificará justificadamente as responsabilidades com que continuará o falido" (art. 155).

O relatório final conterá, pois:

a) o montante do ativo, isto é, o valor dos bens do falido;

b) o produto da realização do ativo, ou seja, o valor apurado com a venda dos bens do falido;

c) o montante do passivo;

d) o pagamento feito aos credores habilitados;

e) créditos remanescentes que não puderam ser pagos por insuficiência de bens.

2. DESTITUIÇÃO DO ADMINISTRADOR PELA FALTA DE APRESENTAÇÃO DO RELATÓRIO – RESPONSABILIDADE

O administrador que não apresentar o seu relatório será intimado a fazê-lo no prazo de **cinco dias**, sob pena de *desobediência* (**art. 774 do CPC/2015**) e, consequentemente, destituído (art. 23).

Note-se que em conformidade com o disposto no art. 31, "o juiz, de ofício ou a requerimento fundamentado de qualquer interessado, poderá determinar a destituição do administrador judicial ou de quaisquer dos membros do Comitê de Credores quando verificar desobediência aos preceitos desta Lei, descumprimento de deveres, omissão, negligência ou prática de ato lesivo às atividades do devedor ou de terceiros".

Outrossim, na eventualidade de rejeição de suas contas, fixadas suas responsabilidades, estará o administrador sujeito, inclusive, a indisponibilidade e sequestro de seus bens (art. 154, § 5º).

3. ENCERRAMENTO DA FALÊNCIA POR SENTENÇA

Apresentando o relatório final, o juiz encerra a falência por sentença, como deixa claro o art. 156 da Lei Falimentar.

A sentença de encerramento da falência é sumamente importante, sobretudo para o falido, pois que, dando início à contagem do prazo para a prescrição, possibilita-lhe a necessária recuperação para o exercício da atividade empresarial.

Prolatada a sentença de encerramento da falência, com a sua publicação por edital, poderão os interessados interpor o recurso de apelação.

Resumo

Prestação de contas do administrador. A prestação de contas do administrador é feita logo após o pagamento do passivo, vindo, necessariamente, acompanhada dos documentos probatórios.

Encerramento da falência por sentença. Em face dos preceitos legais, a falência há de ser encerrada por sentença, que deve ser publicada por edital, e da qual cabe recurso de apelação.

Recapitulação

1. A sentença é imprescindível para que a falência seja encerrada?

R. Como obtempera Sampaio de Lacerda, o "encerramento da falência só se verifica por lei, por sentença", pelo que, na forma de reiterados julgados, "há mister, para se considerar encerrada a falência, segundo dispõe a lei vigente, que haja sentença de encerramento".

2. Qual o efeito mais significativo da sentença de encerramento da falência?

R. O efeito mais expressivo da sentença que declara extinta a falência é restaurar a prescrição, suspensa com a declaração da quebra. Outros efeitos podem ser ressaltados, como o de facultar a recuperação do falido para reiniciar as atividades, extintas que estejam suas obrigações, inexistindo, outrossim, crime falimentar.

3. Quando recomeça a correr a prescrição relativa às obrigações do falido?

R. Em conformidade com o disposto no art. 157 da Lei de Falências, o prazo prescricional relativo às obrigações do falido recomeça a correr a partir do dia em que transitar em julgado a sentença de encerramento da falência.

4. Qual o recurso a ser interposto da sentença que declara encerrada a falência?

R. Da sentença que declara encerrada a falência cabe *apelação* (art. 156).

5. A apelação, nesse caso, tem efeito suspensivo?

R. Não ressalvando expressamente a lei, é de se concluir que a apelação, no caso, tem efeito devolutivo e suspensivo.

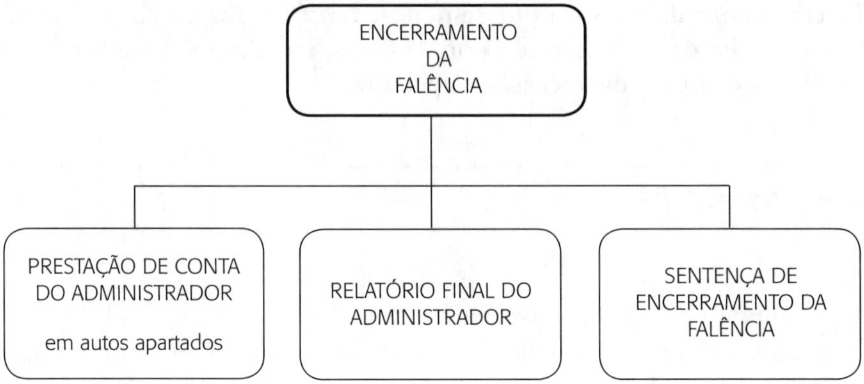
ENCERRAMENTO DA FALÊNCIA
PRESTAÇÃO DE CONTA DO ADMINISTRADOR
em autos apartados
RELATÓRIO FINAL DO ADMINISTRADOR
SENTENÇA DE ENCERRAMENTO DA FALÊNCIA

Capítulo XXVIII

EXTINÇÃO DAS OBRIGAÇÕES

Sumário: 1. Requerimento pelo falido. 2. Pressupostos – Prescrição: decurso de cinco anos ou dez anos (na ocorrência de crime falimentar); pagamento de todos os credores; de mais de 50% dos créditos quirografários. 3. Procedimento. 4. Sentença declarando extintas as obrigações; sua natureza jurídica e seus efeitos. Resumo. Recapitulação. Testes de aproveitamento da matéria examinada.

1. REQUERIMENTO PELO FALIDO

Para que o falido se reabilite plenamente, readquirindo, por via de consequência, condições para reintegrar-se nas atividades empresariais, não basta a sentença que declara encerrado o processo falimentar, havendo necessidade de que sejam julgadas extintas suas obrigações.

Na observação acurada de Sampaio de Lacerda:

> "... não basta, ao falido, que sua falência seja encerrada por sentença, pois, mesmo assim, vê-se o falido perseguido pelos seus credores, que o executam pelos saldos. Só então, quando julgadas extintas as suas obrigações, pode o falido exercer sua atividade despreocupadamente".

O pedido de extinção das obrigações deve ser formulado pelo próprio falido, em petição dirigida ao juiz da falência, requerendo seja declarada, por *sentença*, a extinção das suas obrigações.

2. PRESSUPOSTOS – PRESCRIÇÃO: DECURSO DE CINCO ANOS OU DEZ ANOS (NA OCORRÊNCIA DE CRIME FALIMENTAR); PAGAMENTO DE TODOS OS CREDORES; DE MAIS DE 50% DOS CRÉDITOS QUIROGRAFÁRIOS

Para que sejam declaradas extintas as obrigações do falido, mister se faz a constatação de determinados fatos, a saber:

1º) **A prescrição**

Prescrição, como se sabe, é a perda da ação, por inércia do titular do direito.

Na definição de Pedro Orlando, "é a perda da ação atribuída a um direito, e de toda a sua capacidade defensiva em consequência do não uso da mesma ação, durante um determinado espaço de tempo".

Em uma conceituação abrangente, por isso que envolvendo a prescrição aquisitiva (usucapião) e a prescrição extintiva (perda da ação), afirma Borges da Rosa:

> "Entende-se como o meio pelo qual se opera ou aquisição de um direito ou a liberação de uma obrigação, pela inércia do titular do direito ou do credor da obrigação, durante um determinado lapso de tempo, e mediante observância de certos requisitos previstos ou estabelecidos em lei".

A prescrição aquisitiva é o modo de adquirir a propriedade pela posse pacífica e não disputada, como ensina Laudelino Freire – o *usucapião*. A prescrição extintiva é a perda da ação pelo decurso de um lapso de tempo predeterminado em lei.

A prescrição a que se refere a Lei de Falências é, obviamente, a extintiva e ocorre em duas hipóteses distintas:

a) pelo decurso de **cinco anos**;

b) pelo decurso de **dez anos**.

O primeiro prazo só pode ser invocado na inexistência de *condenação criminal*. Assim, decorridos cinco anos da sentença que declara encerrada a falência, as obrigações do falido estão extintas, por força da ***prescrição***.

> "Art. 158. Extingue as obrigações do falido:
>
> ... III – o decurso do prazo de **cinco anos**, contado do encerramento da falência, se o falido não tiver sido condenado por prática de crime previsto nesta Lei;
>
> IV – o decurso do prazo de dez anos, contado do encerramento da falência, se o falido tiver sido condenado por prática de crime previsto nesta Lei".

A Lei de Falências, portanto, no dispositivo legal nominado, exaure as hipóteses de extinção das obrigações do falido pelo decurso do tempo, ou seja, por força da *prescrição*:

a) na inocorrência de condenação por crime falimentar;

b) na eventualidade de condenação por crime falimentar.

2º) **O pagamento**

O pagamento, como preleciona Washington de Barros Monteiro, é o meio normal de extinção das obrigações.

> "Como tudo quanto existe no mundo, as obrigações nascem, vivem e se extinguem. Nascem de uma declaração da vontade ou em virtude de lei. Vivem através das suas várias modalidades, obrigações de *dar*, de *fazer*, ou de *não fazer* alguma coisa, a que se reduzem todas as demais. Extinguem-se por diversos modos:
>
> *a*) pagamento direto ou execução voluntária da obrigação;
>
> *b*) pagamento indireto, mediante dação em pagamento, novação, compensação, transação, confusão e remissão;
>
> *c*) extinção sem pagamento pela prescrição, impossibilidade de execução sem culpa do devedor, e pelo implemento da condição ou advento do termo extintivo;
>
> *d*) pela execução forçada, em virtude de sentença."

3º) **O rateio de mais de 50% do débito**

Realizado o ativo, com a alienação dos bens do falido, se pagos 50% do débito, admite a lei a extinção das obrigações do falido, podendo este percentual ser completado pelo devedor. Assim, na eventualidade de não se alcançar a percentagem de 50%, pode o próprio falido, com recursos próprios ou de terceiros, integralizar o valor nominado, requerendo, por via de consequência, a extinção das suas obrigações.

3. PROCEDIMENTO

Como já observamos, obtida sentença de encerramento do processo falimentar, observadas as exigências transcritas – prescrição, pagamento ou novação, rateio de mais de 50% do débito –, pode o falido requerer sejam, por sentença, declaradas extintas suas obrigações.

Ao falido, pois, ou ao sócio solidário da sociedade falida, cumpre requerer a medida:

> "Art. 159. Configurada qualquer das hipóteses do art. 158 desta Lei, o falido poderá requerer ao juízo da falência que suas obrigações sejam declaradas extintas por sentença".

> "Art. 160. Verificada a prescrição ou extintas as obrigações nos termos desta Lei, o sócio de responsabilidade ilimitada também poderá requerer que seja declarada por sentença a extinção de suas obrigações na falência."

É de se observar que a Lei n. 11.101/2005, ao revés do que ocorria com a legislação falimentar anterior, estende a falência aos sócios de responsabilidade ilimitada, a teor do que dispõe o art. 81:

> "A decisão que decreta a falência da sociedade com sócios ilimitadamente responsáveis também acarreta a falência destes, que ficam sujeitos aos mesmos efeitos jurídicos produzidos em relação à sociedade falida e, por isso, deverão ser citados para apresentar contestação, se assim o desejarem".

O pedido em apreço é autuado em separado, devendo, obviamente, estar acompanhado dos documentos probatórios.

Por edital dar-se-á conhecimento aos credores e interessados em geral, para que, em trinta dias, querendo, apresentem impugnação:

> "Art. 159 ...
>
> § 1º O requerimento será autuado em apartado com os respectivos documentos e publicado por edital no órgão oficial e em jornal de grande circulação".

Findo o prazo de trinta dias, sem impugnação, o juiz, em cinco dias, proferirá sentença declarando extintas as obrigações.

Da sentença em apreço cabe **apelação**.

4. SENTENÇA DECLARANDO EXTINTAS AS OBRIGAÇÕES; SUA NATUREZA JURÍDICA E SEUS EFEITOS

A sentença, como já tivemos o ensejo de afirmar, ao examinarmos a natureza jurídica da sentença declaratória da falência, é, conforme a espécie de ação em que é proferida:

a) declaratória;

b) condenatória;

c) constitutiva.

A primeira objetiva, tão somente, a declaração da existência ou inexistência de uma relação jurídica, ou a declaração da autenticidade ou falsidade de um documento.

A sentença condenatória, conquanto necessariamente declare um direito, por isso que todas as sentenças são declaratórias, faculta ao vencedor a execução do julgado. Daí dizer Gabriel de Rezende Filho que a sentença condenatória exerce dupla função: "... aprecia e declara o direito existente e prepara a execução".

Ora, a sentença que declara extintas as obrigações do falido, como o próprio nome deixa entrever, é, antes de tudo, de *natureza declaratória*, por isso que declara extintas as obrigações.

Contudo, inegável que modifica um estado, possibilitando ao falido reconstituir sua atividade negocial, razão por que também constitutiva.

Atestam-no os seus efeitos: declaradas extintas as obrigações, já não poderão os credores por saldos acionar o falido. Destarte, poderá o falido retornar às atividades empresariais, na eventualidade de não haver condenação por crime falimentar, hipótese em que mister se faz a reabilitação.

Resumo

Legitimidade ativa para requerer extinção das obrigações: a) do falido; b) do sócio solidário de sociedade falida.

Necessidade de sentença para a extinção das obrigações. Para que sejam extintas as obrigações do falido, imprescindível a existência de sentença (art. 159 da Lei de Falências).

Pressupostos da extinção das obrigações: 1º) o pagamento; 2º) o rateio de mais de 50% do débito; 3º) a prescrição.

Procedimento. Em autos apartados: a petição; publicação por editais para conhecimento dos credores e interessados; prazo para impugnação; sentença – apelação.

Recapitulação

1. Para que se requeira a extinção das obrigações é imprescindível que todo o débito do falido esteja pago?

R. Não. Como se constata do art. 158 da Lei de Falências, extingue a obrigação do falido, além do pagamento, o rateio de mais de 50% do débito (com o produto do ativo ou com recursos do falido), bem como por força da prescrição.

2. Nessas condições, pagos que sejam 50% do débito, pode o falido requerer sejam declaradas extintas suas obrigações?

R. Obtido o rateio de mais de 50% do débito, pode o falido requerer a extinção das suas obrigações. Na eventualidade de não se atingir a percentagem citada com os recursos exclusivos dos bens do falido, admite-se a complementação pelo próprio devedor, com recursos próprios ou de terceiros.

3. Pode ocorrer a extinção das obrigações ainda que haja crédito tributário a ser pago?

R. Em conformidade com a Lei n. 6.830, de 22 de setembro de 1980 (art. 31), nenhuma alienação será judicialmente autorizada sem a prévia quitação da dívida ativa, ou seja, dos créditos tributários. Assim, fatalmente, por ocasião da extinção das obrigações, o crédito fiscal estará necessariamente pago.

No mesmo sentido o art. 191 do CTN, com a redação dada pela Lei Complementar n. 118, de 9 de fevereiro de 2005: "A extinção das obrigações do falido requer prova de quitação de todos os tributos".

4. Quem tem legitimidade ativa para requerer a extinção das obrigações?

R. Antes de tudo, o próprio falido. Em se tratando de sociedade comercial, cujos sócios tenham todos responsabilidade limitada, obviamente o requerimento há de ser pelo representante legal, diretor ou sócio-administrador. Ao sócio solidário, nas espécies societárias que abriguem esse tipo de sócio, também é facultado formular pedido de extinção das obrigações.

5. As obrigações do falido podem-se extinguir pelo simples decurso do prazo, por força da prescrição, independentemente de sentença judicial?

R. Não. Ainda que decorram cinco ou dez anos, imprescindível a existência de sentença para que as obrigações do falido sejam declaradas extintas, como pressupõe o art. 159 da Lei de Falências.

TESTES DE APROVEITAMENTO DA MATÉRIA EXAMINADA

A – ASSINALE A ALTERNATIVA CORRETA NAS SEGUINTES QUESTÕES:

1. Na falência:
   - ☐ a) é relevante a qualidade do credor (civil ou comercial);
   - ☐ b) é irrelevante.
2. Na falência:
   - ☐ a) é relevante a natureza do crédito (trabalhista, tributário etc.);
   - ☐ b) é irrelevante.
3. O processo de habilitação dos créditos objetiva:
   - ☐ a) estabelecer quem são os credores do falido;
   - ☐ b) verificar a legitimidade do crédito.

4. O processo de habilitação dos créditos:
   - ☐ a) é de natureza administrativa;
   - ☐ b) é de natureza contenciosa.
5. O Ministério Público:
   - ☐ a) pode impugnar créditos;
   - ☐ b) não pode impugnar créditos.
6. O crédito fundado em título executivo judicial (sentença):
   - ☐ a) pode ser impugnado;
   - ☐ b) não pode ser impugnado.
7. O crédito trabalhista, fundado em sentença proferida pela Justiça do Trabalho:
   - ☐ a) é suscetível de impugnação;
   - ☐ b) não é suscetível de impugnação.

B – PREENCHA OS CLAROS DAS SEGUINTES QUESTÕES:

1. Credores extraconcursais são aqueles ....
2. O crédito trabalhista situa-se em primeiro plano na classificação dos créditos, mas ....
3. Para que o falido recupere sua capacidade para o exercício do comércio é necessário ....
4. A sentença que declara extinta as obrigações do falido é de natureza .. ..
5. Para que sejam declaradas extintas as obrigações do falido são necessários os seguintes pressupostos: .... e ....

Livro II

RECUPERAÇÃO JUDICIAL DE EMPRESA

Capítulo XXIX

RECUPERAÇÃO JUDICIAL DE EMPRESA

Sumário: 1. Da falência como delito à concordata. 2. A concordata no direito brasileiro. 3. A recuperação judicial. 4. Conceito de recuperação judicial. 5. Natureza jurídica. 6. Legitimidade ativa. 7. Empresas impedidas de impetrar recuperação judicial e extrajudicial. A exceção das companhias aéreas. 8. Pressupostos. 9. Meios de recuperação judicial. 10. Efeitos da recuperação judicial. 11. A sucessão trabalhista e tributária na recuperação judicial. 12. Do pedido. 13. Do procedimento na recuperação judicial. 14. Do encerramento da recuperação judicial. 15. Recuperação judicial das microempresas e empresas de pequeno porte. 16. Convolação da recuperação judicial em falência. Resumo. Recapitulação.

1. DA FALÊNCIA COMO DELITO À CONCORDATA

Como tivemos oportunidade de assinalar ao longo desta obra, a falência tinha, nos primórdios, manifesto caráter punitivo, cercando o falido de infâmia e expondo-o à degradação pública.

Daí o velho refrão – *Falliti sunt fraudatores* (Os falidos são fraudadores).

> "O instituto da falência – observa Sampaio de Lacerda – apresentou-se, de início, com caráter repressivo. Seu propósito era o de punir o devedor que iludira a confiança de outros. A falência era tão temerosa quanto o crime. E o devedor ficava marcado com a infâmia."

Ainda hoje, em que a falência já não mais se ressente de caráter repressivo, constituindo-se, antes de tudo, num processo de execução coletiva, com nítido objetivo patrimonial, observam-se consequências morais que se refletem fatalmente no conceito do devedor.

Vista a falência como um delito, ou apenas como um processo de execução patrimonial, estabelecida a distinção entre bons e maus pagadores, procurou-se evitar, para os primeiros, as desastrosas consequências da quebra, possibilitando-lhes composição com os credores, por meio da chamada moratória – a *prescriptio moratoria* –, dilação concedida ao devedor para solver suas obrigações, sucedâneo do que viria a ser posteriormente a concordata.

Esta, a concordata, constituiu-se em inegável humanização do processo de execução dos bens do devedor, evitando-lhe a falência com suas danosas consequências, como acentuava Humberto Navarrini:

> "L'istituto del concordato ha questa principale ragiono d'essere: salvare il commerciante sventurato ed onesto, il quale si trovi in temporaneo dissesto, dalla dichiarazione di fallimento. Impedire tale dichiarazione e quindi tutte le conseguenze di varia natura che ne discendono; dare al commerciante il mezzo per risollevarsi, per comporre sollecitamente il suo dissesto, continuando a rimanere, sia pure con alcune restrizioni, alla direzione della sua azienda, che la liquidazione fallimentare distruggerebbe immancabilmente e per sempre; e, d'altro lato, assicurare ai creditori, pur senza necessità di liquidazione, congrua soddisfazione dei loro diritti, quale il patrimonio del loro debitore può consentire – sono i mezzi onde il concordato preventivo si concreta e si svolge".

O instituto da concordata tinha uma finalidade: salvaguardar o devedor desventurado e honesto, e que se encontrasse temporariamente endividado, da falência. Impedia tal declaração e, por via de consequência, os resultados que dela decorriam.

A concordata, com efeito, pondo fim a uma série interminável de abusos, constituiu-se na solução jurídica destinada a salvar o empresário dos percalços da falência, consistindo, naquela oportunidade, o meio eficaz para assegurar a sobrevivência da empresa, considerada, nos dias atuais, verdadeira instituição social, por isso que, na expressão portentosa de Louis Boucrat, "a empresa é um organismo, isto é, um agrupamento organizado, hierarquizado de homens ligados entre si por diversos vínculos, tais como contratos de sociedade, de salário etc., em colaboração para a realização de um fim determinado; grupo que possui, quase sempre, uma duração independente dos homens que o constituem, uma personalidade diferente dos indivíduos que o compõem".

Exatamente por isso afirma Rubens Requião:

> "A tendência incoercível da doutrina moderna leva à personificação gradual da empresa. O sistema francês tende para essa solução.
>
> Com a adoção das ideias expostas, estaria assegurada a permanência da empresa, e o Estado executaria sua política de saneamento da atividade econômica, dando maior vitalidade para a própria empresa".

A concordata constituía-se, pois, na única possibilidade jurídica de sobrevivência da empresa, o que por si só põe em relevo a importância do instituto que, ao longo de sua existência, passou por sucessivas alterações numa evolução gradativa que culminaria com o surgimento da ***recuperação judicial***.

Surgida embrionariamente no direito romano, conquanto só se consolidasse na Idade Média, a primeira forma de concordata foi a *suspensiva*, só posteriormente criada a *preventiva*.

Com efeito, já abrigava o direito romano vários institutos jurídicos que, sem os inconvenientes da *infâmia*, possibilitavam composição entre o devedor e seus credores, ensejando-lhe, outrossim, plena recuperação econômica.

Foi assim com a *induciae quinquennales* (*induciae, arum* = pazes, tréguas; *quinquennales* = de cinco em cinco anos, que dura cinco anos), inicialmente concedida pelo imperador e que ensejaria ao devedor o pagamento das suas dívidas em prazo que não podia ultrapassar cinco anos, possibilitando-lhe a *exceptio moratoria* (*exceptio, onis* = exceção, objeção; *moratoria, moratorius* = que demora, que dilata), contra os credores.

Todavia, só na Idade Média se consolidaria o instituto, surgindo inicialmente, na Itália, e dali se irradiando por outros países da Europa.

2. A CONCORDATA NO DIREITO BRASILEIRO

A primeira concordata a ser introduzida no direito brasileiro foi a *concordata suspensiva*, assim denominada aquela concedida no decorrer do processo falimentar, quando era restituída ao falido a livre administração dos seus bens. Dispunha a respeito o art. 847 do Código Comercial, nesta parte hoje revogado:

> "Para ser válida a concordata suspensiva da falência, exige-se que seja concedida por um número tal de credores que represente pelo menos a maioria destes em número, e dois terços no valor de todos os créditos, sujeitos aos efeitos da concordata".

Ficava a concessão da concordata, pois, sujeita à concordância dos credores, não se admitindo a sua concessão ao devedor que fosse "julgado com culpa ou fraudulento".

Paralelamente à concordata suspensiva, o nosso Código Comercial concedia a *moratória* ao comerciante que provasse que a "impossibilidade de satisfazer de pronto as obrigações contraídas" decorria de "acidentes extraordinários imprevistos ou de força maior".

Assim, facultada a moratória (dilação de prazo para solução das obrigações), contava o devedor com até três anos para saldar seus débitos. Em

24 de outubro de 1890, o Decreto n. 917 introduzia, entre nós, a ***concordata preventiva***, que, como o próprio nome deixa entrever, é aquela que era requerida preventivamente, como modo de se evitar a declaração da falência.

Abrigava o diploma legal nominado duas espécies de concordata preventiva:

a) extrajudicial;

b) judicial.

A primeira, como o nome indica, era firmada extrajudicialmente, entre devedor e seus respectivos credores, exigindo-se sua homologação pelo juiz. A segunda, ao revés, era, desde logo, levada a efeito perante o juiz – por isso que judicial.

Esse sistema permaneceu sob a égide do Decreto n. 859, de 16 de agosto de 1902.

Em 17 de novembro de 1902, a Lei n. 2.024 consolidava de vez a concordata, quer preventiva ou suspensiva. Fundava-se a lei que nos referimos no anteprojeto do douto comercialista Carvalho de Mendonça, que punha fim à concordata preventiva extrajudicial.

O Decreto n. 5.746, de 9 de dezembro de 1929, adotou idêntico princípio que, todavia, veio a sofrer profunda alteração com a promulgação do Decreto-lei n. 7.661, de 21 de junho de 1945, a antiga Lei de Falências, que punha fim à exigência de aprovação prévia dos credores, assumindo a concordata feição de *favor judicial concedido pelo juiz*, acolhendo, naquela oportunidade, a sugestão de Miranda Valverde:

> "Se a concordata é um favor, que a lei concede ao devedor honesto e de boa-fé, injustificável é, a nosso ver, o sistema geralmente adotado de deixar ao arbítrio exclusivo da outra parte – a maioria dos credores – a concessão ou não desse favor".

Assim, independentemente da vontade dos credores, desde que atendidas as exigências legais, poderia o devedor comerciante obter a sua concordata e, com o seu integral cumprimento, restabelecer seus negócios, recuperando o indispensável equilíbrio econômico-financeiro para a continuidade da atividade negocial.

3. A RECUPERAÇÃO JUDICIAL

A concordata, malgrado constituir-se no instrumento jurídico indispensável à recuperação econômico-financeira dos empresários, com o correr do tempo foi-se mostrando inadequada, entre outras coisas, por não assegurar ao devedor os recursos financeiros fundamentais para a manutenção de estoques e continuação da atividade empresarial. De outro lado, sem garantia efetiva de receber seus créditos, as instituições financeiras recusavam-se, sistematicamente, a financiar a atividade negocial de concordatários, tornando impraticável o fiel cumprimento das obrigações destes, o que, na prática, culminava na convolação da concordata em falência, com prejuízos insanáveis para o devedor, fornecedores e empregados.

Além disso, o Decreto-lei n. 7.661/45, malgrado o esforço jurisprudencial, mostrava-se extremamente tímido nas opções negociais destinadas à efetiva recuperação das empresas.

Não se olvide, igualmente, a utilização, não raras vezes, do instituto da concordata, como meio de fraudar credores.

Tais aspectos, entre outros, foram os responsáveis pela alteração da legislação falimentar, com a adoção da denominada ***recuperação judicial***, que veio substituir a antiga concordata preventiva, sendo de todo extinta a concordata suspensiva.

Uma das inovações trazidas, como se observa, é a alteração do nome dado ao instituto da concordata, que, rompendo com tradição secular, denomina-a *recuperação judicial.*

Conquanto ousada, porque rompe com a tradição arraigada nos nossos costumes, inclusive, na linguagem forense, a alteração justifica-se.

Com efeito, a própria falência e, igualmente, a concordata, são expressões que já não se coadunam com a exata natureza jurídica dos institutos.

De há muito tempo a falência deixou de, só por si, configurar um delito. É, antes de qualquer conotação criminosa, uma consequência dos riscos dos negócios, podendo, em época de crise econômica, juros extorsivos e retração da demanda, alcançar, inclusive, empresários dos mais escrupulosos. É portanto, um percalço da atividade econômica.

A palavra "falência", entretanto, nenhum vínculo, sequer etimológico, mantém com essa realidade, até porque falência, do latim *fallere*, tem significado pejorativo, significando falsear, enganar, induzir a erro.

A palavra "concordata", por sua vez, não tem, nos dias atuais, qualquer vinculação com natureza do instituto.

Concordata, como se sabe, significa acordo, convenção, presumindo, como ocorria no passado, vontades convergentes do devedor e dos credores.

Todavia, a concordata como tal já não existia, pois de concordata, acordo, convenção, tornara-se um *favor legal*, independentemente da vontade dos credores.

Observe-se que, conquanto o plano de recuperação judicial dependa da aprovação dos credores em assembleia geral (art. 56), o juiz poderá conceder a recuperação que não tenha obtido aprovação nos percentuais definidos no art. 45, desde que, de forma cumulativa, tenha obtido o voto favorável dos credores na porcentagem declinada nos incisos I, II e III do § 1º do art. 58.

Não se olvide a faculdade de o juiz conceder a recuperação judicial ao microempresário e empresário de pequeno porte sem convocação da assembleia geral de credores (art. 72).

4. CONCEITO DE RECUPERAÇÃO JUDICIAL

A recuperação judicial tem, a rigor, o mesmo objetivo da concordata, ou seja, recuperar, economicamente, o devedor, assegurando-lhe, outrossim, os meios indispensáveis à manutenção da empresa, considerando a função social desta.

Em conformidade com o disposto no art. 47:

> "A recuperação judicial tem por objetivo viabilizar a superação da situação da crise econômico-financeira do devedor, a fim de permitir a manutenção da fonte produtora, do emprego dos trabalhadores e dos interesses dos credores, promovendo, assim, a preservação da empresa, sua função social e o estímulo à atividade econômica".

O conceito põe em relevo a preocupação de preservar a *empresa*, vista esta como verdadeira instituição social para a qual se conjugam interesses diversos: o lucro do titular da empresa (empresário ou sociedade empresária); os *salários* (de manifesta natureza alimentar) dos trabalhadores; os *créditos* dos fornecedores; os *tributos* do Poder Público.

5. NATUREZA JURÍDICA

A Lei n. 11.101/2005, com a instituição da recuperação judicial, cria, inquestionavelmente, polêmica quanto à sua natureza jurídica.

Sustentando-se na concordância de determinado percentual de credores (arts. 56 e 58), deixa de ser um favor legal, concedido pelo juiz, independentemente da vontade destes.

Com efeito, reza o § 4º do art. 56 que: "Rejeitado o plano de recuperação pela assembleia-geral dos credores, o juiz decretará a falência do devedor".

Todavia, dispõe o art. 58, § 1º, que:

> "O juiz poderá conceder a recuperação judicial com base em plano que não obteve aprovação na forma do art. 45 desta Lei, desde que, na mesma assembleia, tenha obtido, de forma cumulativa:
>
> I – o voto favorável de credores que representem mais da metade do valor de todos os créditos presentes à assembleia, independentemente de classes;
>
> II – a aprovação de duas das classes de credores nos termos do art. 45 desta Lei ou, caso haja somente duas classes com credores votantes, a aprovação de pelo menos uma delas;
>
> III – na classe que o houver rejeitado, o voto favorável de mais de um terço dos credores, computados na forma dos §§ 1º e 2º do art. 45 desta Lei".

Em qualquer das duas hipóteses, a concordância dos credores, ou adoção de plano alternativo (art. 56, § 3º), são pressupostos para o deferimento do pedido de recuperação judicial.

A inexistência da impugnação explicita concordância tácita ao plano de recuperação.

Esta tem, assim, nítida feição contratual, tornando presente a lição de Alfredo Rocco, quanto à natureza jurídica da concordata, válida para a recuperação:

> "... uno contratto tra il fallito e la colletività del creditori deliberante a maggioranza nelle assemblea generale, col quale, mediante la modificazione del preesistente rapporti obbligatori si fa cessare lo stato di fallimento e, quindi, la procedura relativa".

Conquanto contenha elementos próprios, não perde, entretanto, a sua feição contratual, envolvendo com os credores compromissos de pagamentos a serem satisfeitos na forma estabelecida no respectivo plano.

A natureza jurídica da recuperação judicial não se confunde com a sentença concessiva da recuperação. Essa última é, inquestionavelmente, ***constitutiva***, por isso que, criando uma situação nova, implicando novação dos créditos (art. 59), altera sensivelmente as relações do devedor com seus credores.

6. LEGITIMIDADE ATIVA

Nos termos do art. 1º da Lei n. 11.101/ 2005 (Lei de Falências), a recuperação judicial e, da mesma forma, a extrajudicial aplicam-se ao *empresário* e à *sociedade empresária*:

> "Esta Lei disciplina a recuperação judicial, a recuperação extrajudicial e a falência do *empresário* e da *sociedade empresária*, doravante referidos simplesmente como devedor".

O empresário

O empresário a que se refere o dispositivo legal transcrito, é aquele definido no Direito de Empresa (art. 966 do CC):

> "Considera-se empresário quem exerce profissionalmente atividade econômica organizada para a produção ou a circulação de bens ou de serviços".

O conceito de empresário é mais amplo de que lhe dava o direito comercial, porque eliminada a distinção entre empresário comercial e civil.

Na lição de Waldirio Bulgarelli:

> "Empresário é titular da empresa, o seu sujeito, portanto, aquele que tem a iniciativa da criação da empresa e que a dirige, correndo o risco inerente à atividade empresarial, juridicamente é o sujeito de direito, o único, aliás, reconhecido pela lei em termos de representação empresarial".

Como já acentuamos (Capítulo IV, n. 1), o Código Civil atual não faz distinção entre empresário comercial ou civil, adotando a expressão no sentido amplo, assim considerando aquele que, em caráter individual, exerça profissionalmente atividade econômica organizada para a produção ou a circulação de bens ou de serviços.

Em conformidade com o art. 967 do Código Civil, o arquivamento no Registro próprio é obrigatório para a caracterização do empresário:

> "É obrigatória a inscrição do empresário no Registro Público de Empresas Mercantis da respectiva sede, antes do início de sua atividade".

Observe-se que um dos requisitos fundamentais para requerer a recuperação judicial é o ***exercício regular de suas atividades*** há mais de dois anos, princípio, aliás, vigente na antiga concordata preventiva (art. 48).

Ora, o exercício regular da atividade empresarial, para a exata configuração do empresário, é a sua inscrição no Registro Público de Empresas Mercantis.

Assim, em primeiro plano, na recuperação judicial a figura do empresário.

A sociedade empresária

Pode, igualmente, requerer ***recuperação judicial*** a denominada *sociedade empresária*, definida no art. 982 do Código Civil:

> "Salvo as exceções expressas, considera-se empresária a sociedade que tem por objeto o exercício de atividade própria de empresário sujeito a registro...".

Sociedade empresária, pois, é aquela estruturada empresarialmente para o exercício da atividade econômica, voltada para a produção e circulação de bens e serviços.

No magistério de Modesto Carvalhosa:

> "Superada a teoria do ato de comércio, adota o Código Civil de 2002 a *teoria da empresa*, criando uma categoria comum de empresário ou sociedades empresariais, na qual se inserem todas as pessoas que (art. 966): (I) desenvolvam uma *atividade econômica*, ou seja, que envolva circulação de bens e serviços; (II) realizem essa atividade de forma *organizada*, ou seja, reunindo e coordenando os fatores de produção, quais sejam, trabalho, capital e natureza e, por fim; (III) realizem essa atividade em caráter profissional, ou seja, pratiquem-na habitualmente, em nome próprio e com intuito lucrativo".

O exercício regular da atividade empresarial pressupõe o arquivamento dos atos constitutivos da sociedade no Registro de Empresas Mercantis, como estatui o art. 1.150 do Código Civil:

"O empresário e a sociedade empresária vinculam-se ao Registro Público de Empresas Mercantis a cargo das Juntas Comerciais...".

Cônjuge sobrevivente

A hipótese, contemplada no art. 48 da Lei de Falências, evidentemente, refere-se à mulher de empresário falecido. Observe-se que o empresário exerce a atividade empresarial (produção ou circulação de bens ou serviços) em nome próprio, tal como o comerciante individual no regime anterior.

Assim, tanto o empresário que exerce atividade mercantil, quanto o empresário que preste serviços em caráter pessoal, devidamente inscrito no Registro de Empresas Mercantis, falecido, legitima sua mulher a requerer, em juízo, a recuperação judicial – o *cônjuge sobrevivente*.

Herdeiros do devedor

Os herdeiros do devedor estão, igualmente, legitimados a requerer a recuperação econômica visando, obviamente, a preservação da empresa como fonte produtora.

A palavra genérica *herdeiros* obriga o intérprete à busca da ordem da vocação hereditária estabelecida no art. 1.829 do Código Civil.

Inventariante ou sócio remanescente

Inventariante, como se sabe, é a pessoa que representa o espólio, administrando a herança, incumbindo-lhe:

a) representar o espólio ativa e passivamente, em juízo ou fora dele;

b) administrar o espólio.

Em conformidade com o **art. 618 do CPC/2015**, incumbe ao inventariante "*requerer a declaração de insolvência*". Em se tratando de empresário, da mesma forma faculta-lhe o art. 48, parágrafo único, da Lei de Falências, requerer a recuperação judicial.

Em se tratando de sociedade empresária, idêntica faculdade é concedida ao sócio remanescente.

7. EMPRESAS IMPEDIDAS DE IMPETRAR RECUPERAÇÃO JUDICIAL E EXTRAJUDICIAL. A EXCEÇÃO DAS COMPANHIAS AÉREAS

No momento da promulgação da Lei n. 11.101/2005 (Lei de Falências e Recuperação de Empresas), determinadas empresas, por força de legislação específica, estavam proibidas de impetrar concordata.

São elas: a) as *sociedades seguradoras*, submetidas ao regime de liquidação extrajudicial (Decreto-lei n. 73/96); b) as *instituições financeiras*, igualmente sujeitas à liquidação extrajudicial (Lei n. 6.024/74); c) as *companhias securitizadoras* (Lei n. 9.514/97); d) as *sociedades exploradoras de serviços aéreos* (Lei n. 7.565/86 – Código Brasileiro de Aeronáutica).

A proibição de impetrar concordata, agora denominada *recuperação judicial* (com as alterações introduzidas pela atual legislação), foi mantida pela Lei n. 11.101/2005, com relação às três primeiras, a teor do que dispõe o art. 198:

> "Os devedores proibidos de requerer concordata nos termos da legislação específica em vigor na data da publicação desta lei ficam proibidos de requerer recuperação judicial ou extrajudicial nos termos desta lei".

As ***empresas de serviços aéreos***, ao revés, tiveram tratamento diverso, tendo sido estendido a elas o benefício da recuperação, como deixa claro o art. 199, cuja redação foi alterada pela Lei n. 11.196/2005:

> "Não se aplica o disposto no art. 198 desta Lei às sociedades a que se refere o art. 187 da Lei n. 7.565, de 19 de dezembro de 1986".

O art. 187 da Lei n. 7.565/1986, ora revogado, vedava expressamente às empresas aéreas impetrar concordata:

> "Não podem impetrar concordata as empresas que, por seus atos constitutivos, tenham por objeto a exploração de serviços aéreos de qualquer natureza ou de infraestrutura aeronáutica".

Em tais condições, na atual sistemática, podem as empresas aéreas valer-se da recuperação judicial ou extrajudicial, convindo esclarecer que inclusive se sujeitam à falência, como prevê a legislação específica (Lei n. 7.565/1986).

Nos termos do § 1º do art. 199 da Lei de Falências, tanto a quebra quanto a recuperação judicial não suspendem o exercício de direitos derivados de contratos de arrendamento mercantil de aeronaves ou de suas partes.

Assim considerando, com relação às empresas aéreas, em nenhuma hipótese fica suspenso o exercício de direitos decorrentes de contratos de locação, arrendamento mercantil ou qualquer outra modalidade de arrendamento de aeronaves.

Outrossim, em conformidade com o § 2º do art. 199 (com a redação dada pela Lei n. 11.196/2005), os créditos decorrentes dos contratos acima declinados não se submetem aos efeitos da recuperação judicial ou extrajudicial, não prevalecendo os direitos de propriedade sobre a coisa e as condições contratuais.

Estão igualmente excluídos da recuperação judicial e da falência a *empresa pública* e a *sociedade de economia mista*.

8. PRESSUPOSTOS

Para requerer a recuperação judicial é preciso, como já se observou, ser empresário ou tratar-se de sociedade empresária (art. 1º da Lei n. 11.101/2005). Mas não basta essa condição, pois necessária se faz a observância de determinados requisitos, e que são de dois tipos:

a) de ordem objetiva;

b) de ordem subjetiva.

Os de ordem objetiva relacionam-se com o *plano de recuperação*. Os de ordem subjetiva referem-se diretamente à pessoa do devedor.

Assim, antes de tudo, cumpre ao devedor positivar:

I – não ser falido e, se o foi, que estejam declaradas extintas, por sentença transitada em julgado, as responsabilidades daí decorrentes;

II – não ter, há menos de cinco anos, obtido concessão de recuperação judicial;

III – não ter, há menos de oito anos, obtido concessão de recuperação judicial para microempresas e empresas de pequeno porte;

IV – não ter sido condenado ou não ser, como administrador ou sócio controlador, pessoa condenada por crimes falimentares.

Verificada a inexistência dos impedimentos acima enumerados, cumpre ao devedor positivar o ***exercício regular da atividade empresarial há mais de dois anos*** (art. 48), exigência, aliás, que já existia para o requerimento de concordata preventiva no regime jurídico anterior (*RT*, 259/264; 394/167; 401/195; 407/194; 421/196).

O exercício regular da atividade empresarial é, portanto, requisito indeclinável para a concessão de recuperação judicial.

Esse prazo de carência visa evitar que aventureiros ou empresários inescrupulosos possam utilizar-se dos favores da recuperação judicial.

A prova do exercício regular da atividade empresarial há mais de dois anos se dá com certidão do ato constitutivo da sociedade empresária ou inscrição do empresário no Registro Público de Empresas.

9. MEIOS DE RECUPERAÇÃO JUDICIAL

A Lei n. 11.101/2005 (Lei de Falências) é extremamente pródiga com relação às opções concedidas ao devedor ou a seus credores, para a recuperação judicial de empresa, como atesta o art. 50. Constituem meios de recuperação judicial, observada a legislação pertinente a cada caso, dentre outros:

a) Concessão de prazos e condições especiais para pagamento das obrigações vencidas e vincendas

A Lei n. 11.101/2005 declara, no art. 61, que o devedor permanecerá em recuperação judicial até que se cumpram *todas as obrigações previstas no plano, que se vencerem até dois anos depois da concessão da recuperação judicial.*

Embora sem a clareza da legislação anterior, entendemos que esse é o prazo para o cumprimento da recuperação judicial.

Exceção ao prazo mencionado são as hipóteses previstas no art. 54:

> "O plano de recuperação judicial não poderá prever prazo superior a 1 (um) ano para pagamento dos créditos derivados da legislação do trabalho decorrentes de acidentes de trabalho vencidos até a data do pedido de recuperação judicial.
>
> Parágrafo único. O plano não poderá, ainda, prever prazo superior a trinta dias para o pagamento, até o limite de cinco salários mínimos por trabalhador, dos créditos de natureza estritamente salarial vencidos nos três meses anteriores ao pedido de recuperação judicial".

A forma de pagamento dos demais créditos deve ser, obviamente, viável, para que não haja objeção (art. 55) e, eventualmente, a convolação do pedido de recuperação em falência (art. 56, § 4º).

b) Cisão, incorporação, fusão ou transformação de sociedade, constituição de subsidiária integral, ou cessão de quotas ou ações

As medidas acima enumeradas são formas alternativas de recuperação judicial de empresas.

Cisão

Cisão é o processo através do qual o patrimônio de uma sociedade é dividido em duas ou mais partes, para a constituição de nova ou novas companhias ou para integrar o patrimônio de sociedade já existente.

O art. 229 da Lei de Sociedades Anônimas a conceitua:

> "A cisão é a operação pela qual a companhia transfere parcelas do seu patrimônio para uma ou mais sociedades, constituídas para esse fim ou já existentes, extinguindo-se a companhia cindida, se houver versão de todo o seu patrimônio, ou dividindo-se o seu capital, se parcial a versão".

Da interpretação do dispositivo resulta clara e inquestionável a existência de duas espécies de cisão:

a) total, que ocorre quando houver versão, isto é, transferência de todo o patrimônio da sociedade cindida;

b) parcial, quando da divisão do patrimônio só uma parte for destinada a outra ou outras sociedades, permanecendo parcela em mãos da sociedade cindida.

Na primeira hipótese, a sociedade cindida se extinguirá. Na segunda, ao revés, conquanto cindido, separado o seu patrimônio, substituirá uma vez que conservará parte desse patrimônio.

Incorporação

A incorporação é, antes de tudo, fenômeno do capitalismo moderno, consubstanciando, essencialmente, um processo gradativo e inexorável de absorção de pequenas e médias empresas por grupos econômicos ou multinacionais.

Já o observava, com o inegável espírito de observação que o caracterizava, o eminente Miranda Valverde: "A incorporação ou a fusão de sociedades, principalmente anônimas, foram a primeiras formas jurídicas do fenômeno econômico da concentração industrial e comercial que caracteriza a era capitalista".

"Várias são as causas determinantes da incorporação, ou fusão. A concorrência entre empresas ou companhias que exploram o mesmo ramo de indústria ou comércio; o objetivo de possibilitar o monopólio de fato na distribuição ou colocação de certos produtos; a necessidade de absorver as empresas ou companhias que exploram indústrias primárias ou complementares – tais são, entre muitas outras, as causas principais da incorporação ou da fusão de duas ou mais sociedades".

Etimologicamente, incorporação significa ação ou feito de incorporar. Juntar num só corpo, unir, adicionar, no que não se distanciaria de fusão, que também significa reunião, aliança, mistura. Juridicamente, porém, como conceitua o art. 227 da Lei de Sociedades Anônimas, "é a operação pela qual uma ou mais sociedades são absorvidas por outra, que lhes sucede em todos os direitos e obrigações".

Pelo processo da incorporação uma ou mais sociedades são absorvidas pela incorporadora, permanecendo inalterada a identidade desta, que por via de consequência, assume todas as obrigações das sociedades incorporadas.

Fusão

"Doutrinariamente, e até mesmo sob certo aspecto prático, fusão, em sentido amplo, abrange, a incorporação, já que ambas têm um ponto comum", diz Hermani Estrella. "O traço diferencial marcante está em que, na fusão propriamente dita, duas ou mais sociedades se unem para formar uma nova, que é a resultante amálgama. Na incorporação, ao invés, uma sociedade absorve uma ou mais congêneres, extinguindo-se estas, ao passo que aquela sobrevive, já agora com suas dimensões aumentadas, pela adjunção do patrimônio líquido das incorporadas."

A fusão não deve ser confundida com grupos de empresas ou sociedades coligadas, quer tomem a forma do *trust*, quer do *holding* ou do *cartel*, em que cada sociedade mantém sua autonomia jurídica, conquanto ligadas por interesses econômicos.

Fusão é a operação pela qual se unem duas ou mais sociedades para formar uma sociedade nova, que lhes sucederá em todos os direitos e obrigações, diz o art. 228 da Lei de Sociedades Anônimas.

Transformação

A própria dinâmica empresarial impõe às sociedades empresárias diversas modificações. Algumas decorrem da convivência dos sócios, quer pela necessidade de angariar maior capital (quando uma sociedade limitada se transforma em sociedade anônima), quer quando um sócio solidário, querendo exonerar seus bens particulares, comandita-se (quando uma sociedade em nome coletivo se transforma em sociedade em comandita). Outras decorrem de imperativo legal, como, por exemplo, o falecimento de um dos integrantes das chamadas sociedades de pessoas.

Algumas dessas modificações, conquanto possam revestir-se de alto significado para a vida da sociedade, alcançam menor repercussão. Exemplo típico, as alterações contratuais decorrentes de cessão das quotas sociais. Outras, ao revés, repercutem amplamente. Dentre estas últimas, uma há que, pelas suas características, merece especial relevo – a transformação.

A transformação é um processo mediante o qual uma sociedade passa de uma espécie a outra, como, aliás, enfatiza o art. 220 da Lei de Sociedades Anônimas:

> "A transformação é a operação pela qual a sociedade passa, independentemente de dissolução e liquidação, de um tipo para outro".

Na expressão do consagrado Miranda Valverde, "é um processo simples, um expediente prático, pelo qual se constitui uma nova sociedade, sem os inconvenientes da dissolução ou liquidação da sociedade a se transformar. Os elementos essenciais, que estruturam a sociedade primitiva, patrimônios e sócios são o substrato ou a matéria que permite a aquisição de uma nova forma, isto é, de uma nova organização específica que individua e caracteriza a pessoa jurídica".

Cessões de quotas ou ações

Quota, como se sabe, significa parte ou porção fixa e determinada de alguma coisa. Representa, no âmbito empresarial, a parcela de um sócio na sociedade empresária (ou na sociedade simples).

A ação pode ser conceituada como parcela do capital social. Representa, pois, parte ou fração do capital social de uma sociedade por direitos e obrigações do acionista. Como ensina Eunápio Borges, constitui-se no título representativo dos direitos e obrigações do acionista. Daí acentuar Miranda Valverde que, incluída, porque se apresenta como valor circulante no mercado, na vasta categoria dos títulos de crédito, não perde, entretanto, o principal característico jurídico, o de conferir ao seu titular um *status*, o estado de sócio, do qual derivam direitos e obrigações.

A ação é, pois, título atributivo da condição de sócio ou acionista, não subsistindo a cartularidade (certificado), com relação às ações escriturais, cuja cessão se processa escrituralmente (art. 34 da Lei n. 6.404/76).

Modesto Carvalhosa adverte para alteração do conceito de ação, observando:

> "O clássico conceito de ação como uma das partes iguais em que se divide o capital social, representada por um título negociável, não mais se adapta à lei vigente.
>
> Isto porque o capital não mais se divide em partes de valor monetário se houver ações sem valor nominal, também a ação deixará de ser representada por um título (certificado) quando revestir a forma escritural (art. 324).
>
> Em face do regime legal em vigor pode-se definir ação como fração negociável em que se divide o capital social, representativa dos direitos e obrigações dos acionistas".

A cessão de quotas ou ações a terceiros pode ser uma forma de injetar capital na empresa, tornando-a rentável.

Observe-se que as alterações acima declinadas devem considerar a legislação pertinente, respeitados os direitos dos credores e mantidas, inclusive, as garantias que originalmente lhes foram dadas.

c) Alteração do controle societário

O controle de uma sociedade normalmente se dá pela titularidade da maioria das quotas sociais, ensejando, assim, ao quotista majoritário a prevalência nas deliberações dos sócios (art. 1.076 do Código Civil – Direito de Empresa).

Na sociedade anônima

Acionista controlador é a pessoa natural ou jurídica, ou ainda o grupo vinculado por acordo (o acordo de acionistas) ou sob controle comum, que disponha da maioria dos votos nas deliberações da assembleia geral e do poder de eleger a maioria dos administradores, usando seu poder para dirigir as atividades sociais da companhia (art. 116 da Lei de Sociedades Anônimas).

d) Substituição total ou parcial dos administradores do devedor ou modificação de seus órgãos administrativos

Em conformidade com o art. 64, durante o procedimento de recuperação judicial, o devedor ou seus administradores são mantidos na condução da atividade empresarial.

Podem, contudo, ser destituídos na ocorrência dos seguintes fatos:

> "I – houver sido condenado em sentença penal transitada em julgado por crime cometido em recuperação judicial ou falência anteriores ou por crime contra o patrimônio, a economia popular ou a ordem econômica previstos na legislação vigente;
>
> II – houver indícios veementes de ter cometido crime previsto nesta Lei;
>
> III – houver agido com dolo, simulação ou fraude contra os interesses de seus credores;
>
> IV – houver praticado qualquer das seguintes condutas:
>
> *a*) efetuar gastos pessoais manifestamente excessivos em relação a sua situação patrimonial;
>
> *b*) efetuar despesas injustificáveis por sua natureza ou vulto, em relação ao capital ou gênero do negócio, ao movimento das operações e a outras circunstâncias análogas;
>
> *c*) descapitalizar injustificadamente a empresa ou realizar operações prejudiciais ao seu funcionamento regular;
>
> *d*) simular ou omitir créditos ao apresentar a relação de que trata o inciso III do *caput* do art. 51 desta Lei, sem relevante razão de direito ou amparo de decisão judicial;
>
> V – negar-se a prestar informações solicitadas pelo administrador judicial ou pelos demais membros do Comitê;
>
> VI – tiver seu afastamento previsto no plano de recuperação judicial".

Como se vê do inciso VI (art. 64), o plano de recuperação pode prever o afastamento do devedor ou de seus administradores, assumindo, em lugar destes, o *gestor judicial* (art. 65).

e) Concessão aos credores de direito de eleição em separado de administradores e de poder de veto em relação às matérias que o plano especificar

O processo de recuperação judicial é uma medida sob constante fiscalização, não só do administrador (art. 52, I), como do Ministério Público e, obviamente, dos credores que podem, não só opor-se ao plano, como, inclusive, apresentar plano alternativo (arts. 55 e 56, § 3º).

Ademais, o próprio devedor ou seus administradores podem ser afastados, não só pela prática dos atos discriminados no art. 64, como por previsão estabelecida no plano de recuperação. Este pode, igualmente, prever eleição em separado de administradores e poder de veto à medida que o plano especificar.

f) Aumento de capital social

Capital social, como se sabe, é a soma de contribuição dos sócios para a constituição de uma sociedade empresária. No magistério de Fran Martins, constitui o capital social "o elemento básico para que a sociedade possa constituir e com o qual deverá iniciar as suas atividades".

O capital social não se confunde com o patrimônio da sociedade. Enquanto o primeiro é a soma de contribuição dos sócios, o patrimônio é todo o acervo de bens que a sociedade possua, obviamente, envolvendo o próprio capital social.

Na sociedade anônima, sobretudo na companhia aberta, há inúmeras opções para o aumento do capital, como, por exemplo, o aumento do valor das ações nominais, a capitalização da reserva de capital etc.

Outra forma de aumento do capital, aplicável igualmente à sociedade limitada, é a captação de recursos de terceiros, com a criação de quotas sociais.

g) Trespasse ou arrendamento de estabelecimento

A alienação (trespasse) do(s) estabelecimento(s), ou o seu simples arrendamento, inclusive à sociedade eventualmente constituída pelos próprios empregados, é, também, uma forma de angariar dinheiro indispensável à recuperação econômico-financeira da empresa.

h) Redução salarial, compensação de horários e redução de jornada, mediante acordo ou convenção coletiva

A solução apontada no inciso VIII do art. 50 merece crítica. Pródiga em proteger o crédito bancário, não hesita a legislação falimentar em impor ao trabalhador os riscos da atividade econômica, acenando com a possibilidade de a recuperação da empresa alicerçar-se em sacrifício do obreiro e a sua família, ignorando, outrossim, a natureza alimentar do salário.

Observe-se que a redução de salário é admitida no inciso VI do art. 7º da Constituição Federal, necessariamente com a presença do respectivo sindicato – "irredutibilidade do salário, salvo o disposto em convenção ou acordo coletivo".

Em se tratando de empresa em recuperação, a medida a ser adotada é o acordo coletivo entre o sindicato da categoria e o titular da empresa.

A observância do salário mínimo é obrigatória (art. 7º, IV, da CF).

A redução da jornada de trabalho e a compensação de horário são, igualmente, admitidas no art. 7º, XIII, da Constituição Federal – "duração do trabalho normal não superior a oito horas diárias e quarenta e quatro semanais, facultada a compensação de horários e a redução da jornada, mediante acordo ou convenção coletiva de trabalho".

i) Dação em pagamento, novação de dívidas do passivo

Dação em pagamento, no magistério de Maria Helena Diniz, "é o acordo liberatório, feito entre o credor e devedor, em que o credor consente em receber uma coisa ou prestação de dar, fazer ou não fazer diversa da avençada".

A dação pode envolver prestação de dar, fazer e não fazer; envolver bens móveis e imóveis, direitos pessoais e reais – exceto dinheiro.

A novação é a substituição de uma obrigação por outra.

Há três espécies de novação, nos termos do art. 360 do Código Civil de 2002:

> "Dá-se a novação:
>
> I – quando o devedor central contrai com o credor nova dívida para extinguir e substituir a anterior;
>
> II – quando novo devedor sucede ao antigo, ficando este quite com o credor;
>
> III – quando, em virtude de obrigação nova, outro credor é substituído ao antigo, ficando o devedor quite com este".

j) Constituição de sociedade de credores

Os credores podem, em assembleia geral e, obviamente, com a concordância do devedor, constituírem, entre si, sociedade empresária, dando por satisfeitos os seus créditos, injetando novos recursos que permitam a sobrevivência da empresa como força produtora de riqueza.

k) Venda parcial de bens

A venda parcial de bens móveis ou imóveis, obviamente com o consentimento dos credores, é forma usual para angariar recursos de molde a assegurar a recuperação da empresa.

l) Equalização de encargos financeiros

Equalização significa igualdade, uniformidade (Caldas Aulete, *Dicionário contemporâneo da língua portuguesa*, v. II, p. 1808).

A equalização de encargos financeiros significa a definição igualitária ou uniforme dos encargos financeiros, adequando-os às necessidades do devedor, como, por exemplo, a redução de juros e outros expedientes bancários.

m) Usufruto da empresa

Usufruto, como se sabe, é o direito real conferido a alguém, facultando-lhe extrair da coisa alheia os frutos e utilidades que ela produz.

Em conformidade com o art. 1.390 do Código Civil, "o usufruto pode recair em um ou mais bens, móveis ou imóveis, em um patrimônio inteiro, ou parte deste, abrangendo-lhe, no todo ou em parte, os frutos e utilidades".

n) Administração compartilhada

A administração compartilhada pressupõe a participação de credores ou de terceiros, na administração da atividade empresarial.

o) Emissão de valores mobiliários

Solução destinada à sociedade anônima, especialmente de companhia aberta, que pode lançar no mercado os chamados valores mobiliários: ações, partes beneficiárias, debêntures, bônus de subscrição, instrumentos destinados a angariar recursos indispensáveis para a recuperação da empresa.

p) Constituição de sociedade de propósito específico para adjudicar, em pagamento dos créditos o ativo do devedor

Propósito específico significa objetivo individualizado, indicado, especificar, indicar a espécie, explicar miudamente.

Sociedade de propósito específico é a sociedade constituída para um fim determinado. No caso, destinada a adjudicar o ativo do devedor.

Adjudicação é o ato judicial pelo qual os bens do devedor são transmitidos ao credores. É o ato judicial pelo qual se dá ao credor a posse de certos bens.

Os meios de recuperação judicial acima descritos não são exaustivos, antes, ao revés, são exemplificativos, como se depreende da leitura do art. 50: "Constituem meios de recuperação judicial, observada a legislação pertinente a cada caso, *dentre outros*". Assim outros meios podem ser estabelecidos sem o perigo de enriquecimento da norma jurídica.

É de se ressaltar que o plano é submetido à aprovação dos credores, reunidos em assembleia geral, na ocorrência de objeção de qualquer credor (art. 56). A assembleia geral de credores pode, por outro lado, alterar o plano de recuperação, "desde que haja expressa concordância do devedor e em termos que não impliquem diminuição dos direitos exclusivamente dos credores ausentes" (§ 3º).

Obtido o *quorum* fixado no § 1º do art. 58, o plano de recuperação judicial pode ser aprovado pelo juiz desde que tenha obtido, de forma cumulativa:

I – o voto favorável de credores que representem mais da metade do valor de todos os créditos presentes à assembleia geral de credores, independentemente de classes;

II – aprovação de duas classes de credores, observada a classificação fixada no art. 41, a saber:

a) titulares de créditos trabalhistas ou decorrentes de acidentes do trabalho;

b) titulares de créditos quirografários, com privilégio especial, geral ou subordinados;

c) titulares de créditos com garantia real.

Na eventualidade de haver, na assembleia geral, somente duas classes de credores votantes, a aprovação de apenas uma delas ensejará a acolhida do plano e consequente deferimento do pedido de recuperação:

> "Art. 58. Cumpridas as exigências desta Lei, o juiz concederá a recuperação judicial do devedor cujo plano não tenha sofrido objeção de credor nos termos do art. 55 desta Lei ou tenha sido aprovado pela assembleia geral de credores na forma do art. 45 desta Lei.
>
> § 1º O juiz poderá conceder a recuperação judicial com base em plano que não obteve aprovação na forma do art. 45 desta Lei, desde que, na mesma assembleia, tenha obtido, de forma cumulativa:
>
> I – o voto favorável de credores que representem mais da metade do valor de todos os créditos presentes à assembleia, independentemente de classes;
>
> II – a aprovação de duas classes de credores nos termos do art. 45 desta Lei ou, caso haja somente duas classes com credores votantes, a aprovação de pelo menos uma delas;
>
> III – na classe que o houver rejeitado, o voto favorável de mais de um terço dos credores, computados na forma dos §§ 1º e 2º do art. 45 desta Lei".

Rejeitado o plano de recuperação e inexistindo proposta alternativa – o juiz decretará a falência (art. 56, § 4º).

10. EFEITOS DA RECUPERAÇÃO JUDICIAL

A Administração

A recuperação judicial, tal aliás como ocorria com a concordata, em princípio não priva o titular da empresa da administração dos seus bens.

Deferido o pedido de recuperação judicial, o devedor ou os seus administradores são mantidos na condução da atividade empresarial, sob fiscalização do Comitê de Credores, se houver, e do administrador judicial, salvo se:

I – houver sido condenado em sentença penal transitada em julgado por crime cometido em recuperação judicial ou falência anteriores ou por crime contra o patrimônio, a economia popular ou a ordem econômica previstos na legislação vigente;

II – houver indícios veementes de ter cometido crime previsto na Lei;

III – houver agido com dolo, simulação ou fraude contra os interesses de seus credores;

IV – houver praticado qualquer das seguintes condutas:

a) efetuar gastos pessoais manifestamente excessivos em relação à sua situação patrimonial;

b) efetuar despesas injustificáveis por sua natureza ou vulto, em relação ao capital ou gênero do negócio, ao movimento das operações e a outras circunstâncias análogas;

c) descapitalizar injustificadamente a empresa ou realizar operações prejudiciais ao seu funcionamento regular;

d) simular ou omitir créditos ao apresentar a relação de que trata o art. 51, III, sem relevante razão de direito ou amparo de decisão judicial;

V – negar-se a prestar informações solicitadas pelo administrador judicial ou pelos demais membros do Comitê;

VI – tiver seu afastamento previsto no plano de recuperação judicial.

Na eventualidade de afastamento do devedor ou de seus administradores, o juiz convocará a assembleia geral de credores para deliberar sobre o nome do *Gestor Judicial* que assumirá a administração. No período de escolha do *Gestor* o administrador o substituirá (art. 65).

GESTOR JUDICIAL

Na ocorrência dos fatos descritos no art. 64 da Lei n. 11.101/2005, o administrador judicial poderá ser destituído pelo juiz, quando então convocará os credores para que, em assembleia geral, deliberem sobre o *Gestor Judicial*, que assumirá a administração das atividades do devedor.

Créditos

Nos termos do art. 49, "*estão sujeitos à recuperação judicial todos os créditos existentes na data do pedido, ainda que não vencidos*".

Há, contudo, exceções, a saber:

a) credor por alienação fiduciária, de bens móveis e imóveis, de arrendador mercantil, de proprietário ou promitente vendedor de imóvel com cláusula de irrevogabilidade ou irretratabilidade, inclusive em incorporações imobiliárias, credor por reserva de domínio;

b) contrato de câmbio;

c) créditos constituídos após o pedido de recuperação.

Tais créditos não se sujeitam aos efeitos da recuperação judicial. Na hipótese da letra *a*, prevalecerão os direitos de propriedade sobre a coisa e as condições contratuais. Contudo, no espaço de cento e oitenta dias, não se admitirá a venda ou retirada dos bens gravados.

Na hipótese da letra *b*, contrato de câmbio, proceder-se-á à restituição em dinheiro (art. 86, II).

Créditos garantidos com penhor sobre títulos de crédito, direitos creditórios, aplicações financeiras ou valores mobiliários podem ser substituídos ou renovadas as garantias liquidadas ou vencidas durante a recuperação e, enquanto não renovadas ou substituídas, o valor recebido em pagamento das garantias permanecerá em conta vinculada durante cento e oitenta dias.

De todo conveniente pôr em relevo que o crédito trabalhista e por acidente do trabalho deve ser pago no prazo máximo de um ano. Até o limite de cinco salários mínimos, por trabalhador, vencido nos três meses anteriores ao pedido de recuperação, deve ser pago em trinta dias.

Os créditos constituídos após o pedido de recuperação judicial não se sujeitam à recuperação – e nem poderia ser de outra forma. Estes devem ser pagos nas datas fixadas para o seu vencimento. São exatamente os créditos de fornecedores que, após a distribuição do pedido de recuperação, continuaram dando sua contribuição para o soerguimento da empresa.

A recuperação de qualquer empresa está diretamente ligada aos financiamentos bancários e ao fornecimento de mercadorias, sem o que se tornará inviável a manutenção das atividades empresariais.

Excluídos da recuperação judicial:

a) credor fiduciário, arrendador mercantil, proprietário ou promitente vendedor de imóvel com cláusula de irrevogabilidade, credor com reserva de domínio;

b) os contratos de câmbio (adiantamento de dinheiro destinado a exportação);

c) os créditos constituídos após a distribuição do pedido de recuperação.

Novação de créditos

Novação é uma substituição de uma obrigação por outra. Na lição de Pedro Orlando: "é a transmutação ou conversão de uma obrigação em outra. Dá-se: 1º) quando o devedor contrai com o credor nova dívida para extinguir e substituir a anterior; 2º) quando o novo sucede ao antigo, ficando este quite com o credor; 3º) quando, em virtude da obrigação nova, outro credor é substituído ao antigo, ficando o devedor quite com este. No primeiro caso, a novação se diz objetiva, e, nos outros dois, subjetiva".

O art. 59 da Lei Falimentar contempla a novação objetiva: "O plano de recuperação judicial implica novação dos créditos anteriores ao pedido, e obriga o devedor e todos os credores a ele sujeitos, sem prejuízo das garantias..."

O plano de recuperação envolve novação de dívidas e, uma vez deferido o pedido da recuperação judicial, devem os credores a ela submeter-se.

A expressão *todos os credores* pode induzir-nos a engano, pois há credores que não se sujeitam à recuperação judicial, como já afirmamos, a saber: credores por alienação fiduciária (bens imóveis ou móveis), arrendamento mercantil, proprietário ou promitente vendedor de imóvel com cláusula de irrevogabilidade ou irretratabilidade (inclusive em incorporações imobiliárias), reserva de domínio, por isso mesmo, excluídos da assembleia geral de credores, como expressamente dispõe o § 3º do art. 45 – "o credor não terá direito a voto e não será considerado para fins de verificação de *quorum* de deliberação se o plano de recuperação judicial não alterar o valor ou as condições originais de pagamento de seu crédito".

Os créditos sujeitos aos efeitos da recuperação judicial têm asseguradas as garantias (art. 59) atribuídas a seus créditos. Em tais condições, subsistem as garantias decorrentes da fiança e avais de terceiros, facultado ao credor executá-las.

Execuções fiscais

O deferimento do pedido de recuperação judicial suspende todas as ações e execuções em face do devedor, suspensão essa que não pode ultrapassar cento e oitenta dias (art. 6º, § 4º).

Não se suspendem, porém, as execuções fiscais:

> "Art. 6º, § 7º As execuções de natureza fiscal não são suspensas pelo deferimento da recuperação judicial, ressalvada a concessão de parcelamento nos termos do Código Tributário Nacional e da legislação ordinária específica".

Observe-se que, nos termos do art. 187 do Código Tributário Nacional, "a cobrança judicial do crédito tributário não é sujeita a concurso de credores ou habilitação em falência, recuperação judicial, concordata, inventário ou arrolamento" (redação dada pela Lei Complementar n. 118, de 9-2-2005).

Contudo, faculta a legislação fiscal o parcelamento dos créditos tributários, *ex vi* do disposto nos §§ 3º e 4º do art. 155-A do Código Tributário Nacional.

> "§ 3º Lei específica disporá sobre as condições de parcelamento dos créditos tributários do devedor em recuperação judicial.
>
> § 4º A inexistência da lei específica a que se refere o § 3º deste artigo importa na aplicação das leis gerais de parcelamento do ente da Federação ao devedor em recuperação judicial, não podendo, neste caso, ser o prazo de parcelamento inferior ao concedido pela lei federal específica" (redação dada pela Lei Complementar n. 118/2005).

Suspensão das ações

O deferimento do processamento de recuperação judicial, tal como ocorre com a falência, suspende o curso de todas as ações e execuções em face do devedor (art. 6º), exceto, como já se observou, as execuções fiscais.

Tal suspensão, todavia, como acentua o art. 6º, § 4º, não excederá o prazo de *cento e oitenta dias*, contados do deferimento do pedido de recuperação – "restabelecendo-se, após o decurso do prazo, o direito dos credores de iniciar ou continuar suas ações e execuções, independentemente de pronunciamento judicial".

De todo conveniente pôr em relevo o disposto no § 1º, do art. 6º – "*Terá prosseguimento no juízo no qual estiver se processando a ação que demandar quantia ilíquida*".

As ações trabalhistas prosseguem normalmente perante a Justiça do Trabalho, por força do disposto no art. 114, I, da Constituição Federal, até a fase executória. Esta, ocorrendo o deferimento do pedido de recuperação, ficará suspensa pelo espaço de *cento e oitenta dias*, após o que "poderão ser normalmente concluídas, ainda que o crédito já esteja inscrito no quadro-geral de credores" (art. 6º, § 5º).

Ressalta-se a faculdade concedida ao juiz do trabalho de requerer, ao juiz da recuperação, *reserva de importância* (art. 6º, § 3º).

11. A SUCESSÃO TRABALHISTA E TRIBUTÁRIA NA RECUPERAÇÃO JUDICIAL

A Lei n. 11.101/2005, excetuadas as disposições comuns (Capítulo II), cuida separadamente da recuperação judicial (Capítulo III, arts. 47 a 74) e da Falência (Capítulo V, arts. 75 a 160).

Em capítulo próprio, o art. 50, ao estabelecer os meios de *recuperação judicial*, prevê situações que, inequivocamente, alteram de maneira substancial a estrutura jurídica da empresa, merecendo destaque, entre outros, o trespasse do estabelecimento empresarial, alienação judicial de filiais ou de unidades produtivas isoladas (art. 60).

Objetivando facilitar os meios de recuperação judicial, buscou o legislador afastar o bem de ônus ou sucessão, dispondo o parágrafo único do art. 60 que:

> "O objeto da alienação estará livre de qualquer ônus e não haverá sucessão do arrematante nas obrigações do devedor, inclusive as de natureza tributária, observado o disposto no § 1º do art. 141 desta Lei".

Ao revés do que ocorre com a falência, o dispositivo legal transcrito não fala em *crédito trabalhista*. Veja-se, a respeito, o art. 141, que cuida especificamente da falência.

> "Na alienação conjunta ou separada de ativos, inclusive da empresa ou de suas filiais, promovida sob qualquer das modalidades de que trata este artigo:
>
> ... II – o objeto da alienação estará livre de qualquer ônus e não haverá sucessão do arrematante nas obrigações do devedor, inclusive as de natureza tributária, as derivadas da legislação do trabalho e as decorrentes de acidentes de trabalho".

O exame dos dois dispositivos deixa evidente uma distinção: o art. 60 (que se refere à recuperação judicial) fala expressamente em *obrigações de natureza tributária*, não havendo referência expressa às obrigações de natureza trabalhista; o art. 141, II (que trata da falência), ao contrário, faz expressa menção às obrigações tributárias e trabalhistas.

Não havendo referência expressa às obrigações empregatícias, estaria afastada a sucessão trabalhista, na eventualidade de alienação de filiais ou unidades produtivas isoladas, na recuperação judicial?

A recuperação judicial, como põe em relevo o art. 47 da Lei n. 11.101, de 9 de fevereiro de 2005, objetiva viabilizar a suspensão de crise econômico-financeira do devedor, possibilitando, outrossim, a manutenção da fonte produtora, do emprego e do interesse dos credores, visando, antes de tudo, a preservação da empresa como instituição social.

No que concerne à sucessão trabalhista, o propósito do legislador foi o de viabilizar a recuperação judicial da empresa, ou ensejar, na falência, meios efetivos de realização do ativo. A rigor (e esse era um dos inconvenientes da legislação anterior), ninguém se dispõe a adquirir estabelecimentos ou unidades produtivas isoladas, com o risco de responder por débitos, inclusive encargos trabalhistas, que tornem economicamente inviável a aquisição.

Como assinala Amauri Mascaro Nascimento, com ponderação (*LTr*, 69-08/903):

> "a medida destina-se a um fim econômico: permitir que haja interessados na aquisição do patrimônio do falido e desse modo promover o levantamento de recursos em dinheiro para pagamento dos credores, inclusive os trabalhistas".

Mas não é só na falência. Também na recuperação judicial inexistirá sucessão de obrigações gerais, inclusive trabalhistas.

Em que pesem respeitosas opiniões diversas, entendemos estender-se à recuperação judicial a isenção de responsabilidade do adquirente por sucessão trabalhista.

Irrelevante a circunstância de o art. 60, parágrafo único, não se referir expressamente aos créditos de natureza trabalhista. Veja-se a clareza do dispositivo: "o objeto da alienação estará livre de qualquer ônus e não haverá sucessão do arrematante nas obrigações do devedor...".

Ora, se não há sucessão do arrematante nas obrigações do devedor, o conteúdo da norma é de clareza cristalina – não haverá responsabilidade do adquirente por débitos de quaisquer espécies, inclusive os de natureza trabalhista.

Observe-se que a isenção de responsabilidade por sucessão tem o objetivo claro de tornar viável a recuperação judicial.

No magistério de Jorge Lobo:

> "Para viabilizar a execução do plano de recuperação, que contemple alienação judicial de estabelecimento, a Lei de Recuperação Judicial prevê, taxativamente, que o arrematante não será responsável, como sucessor, das dívidas trabalhistas, de acidentes do trabalho, fiscais, previdenciárias, comerciais, civis, etc."

À mesma conclusão chegou José da Silva Pacheco:

> "Na hipótese de figurar no plano aprovado, como um dos meios de recuperação da empresa, a venda de alguma filial ou unidade produtiva, essa alienação há de ser feita mediante: a) leilão por lances orais; b) propostas fechadas; c) pregão.
>
> De acordo com o expressamente determinado pelo parágrafo único do art. 60, a filial ou unidade produtiva isolada que for alienada a terceiro em hasta pública, será por este recebida livre de qualquer ônus.
>
> O arrematante deve receber o bem que lhe foi alienado sem qualquer ônus, não respondendo pelas obrigações do devedor referentes à filial ou unidade adquirida.
>
> Não sucede o arrematante nas obrigações do devedor, ainda que se trate de obrigação tributária, de acidente do trabalho ou decorrente da legislação trabalhista".

Interpretação diversa é, repetimos, ignorar o sentido da disposição – "o objeto da alienação estará livre de qualquer ônus e não haverá sucessão do arrematante nas obrigações do devedor". Obrigações no sentido geral, inclusive, obviamente, trabalhista. É, outrossim, não considerar a própria essência da Lei n. 11.101/2005, pondo em risco o seu objetivo fundamental, que é a preservação da empresa.

Por outro lado, não vemos risco para os créditos trabalhistas na recuperação judicial por "inexistir vinculação ou destinação específica" dos valores apurados com alienação do estabelecimento ou unidades produtivas.

A recuperação judicial é um processo em que o devedor tem os seus atos fiscalizados com rigor, pelo administrador que tem, entre outras funções, a de "fiscalizar as atividades do devedor e o cumprimento do plano de recuperação", apresentando, outrossim, ao juiz, "relatório mensal das atividades do devedor", podendo requerer a sua falência em caso de descumprimento das obrigações assumidas (art. 22, II, *a*, *b* e *c*).

Não se olvide do Comitê de Credores, ainda que de constituição facultativa (art. 28), o que afasta qualquer possibilidade de ausência de proteção ao pagamento dos salários dos empregados.

Ressalte-se, finalmente, que, na eventualidade de a recuperação judicial ser convolada em falência, os credores, inclusive os trabalhadores, terão reconstituídos seus "direitos e garantias nas condições originalmente contratadas" (art. 61, § 2º).

Em tais condições, quer-nos parecer que, tanto na recuperação judicial quanto na falência, não haverá sucessão nas obrigações do devedor, sejam elas comerciais, civis, trabalhistas ou tributárias.

12. DO PEDIDO

Além dos pressupostos fundamentais, enumerados no art. 48 e incisos, a ***petição inicial***, necessariamente subscrita por advogado, devidamente inscrito na OAB (Ordem dos Advogados do Brasil), munido da respectiva *procuração para o foro em geral*, deve conter os requisitos previstos no art. 51, a saber:

I – Exposição das causas do pedido

A exposição mencionada pode ser feita na própria petição, o que, sem dúvida, a tornaria exaustiva à leitura e convencimento do magistrado, o que recomenda a sua juntada, com a petição, mas em peça separada.

Normalmente, por se tratar de verdadeiro levantamento das causas determinantes do pedido de recuperação, tal relatório, forçosamente, é elaborado com o auxílio de profissional habilitado, como o contador, por exemplo.

A peça exige detalhada demonstração das causas ensejadoras das dificuldades econômico-financeiras da empresa, dentre as quais de todo conveniente ressaltar a retração dos negócios, os altos juros que concorrem, e muito, para a sobrecarga das empresas, os enormes encargos tributários (o Brasil tem, seguramente, uma das mais elevadas cargas fiscais do mundo), os encargos trabalhistas etc.

Convém observar que havendo responsabilidade dos administradores, como, por exemplo, a má gestão, podem eles ser substituídos (art. 64).

II – Demonstrações contábeis

As demonstrações contábeis objetivam exprimir, com clareza, a situação econômico-financeira da empresa e, como o próprio nome deixa entrever, devem ser subscritas por contador, de preferência. As demonstrações em apreço devem ser relativas aos três últimos exercícios sociais.

Exercício social é o período em que se apuram os resultados das atividades de uma empresa, verificando-se as despesas e os lucros obtidos.

Compõem-se as demonstrações financeiras das seguintes peças:

a) balanço patrimonial;

b) demonstração de resultados acumulados;

c) demonstração do resultado desde o último exercício social;

d) relatório gerencial de fluxo de caixa e de sua projeção.

Balanço patrimonial

Balanço é a demonstração contábil que objetiva verificar a exata situação econômico-financeira de um empresário singular ou coletivo, com a necessária apuração do ativo ou passivo.

Estruturado, com relação à sociedade anônima, na forma do que dispõe o art. 178, classifica as contas da seguinte maneira:

Ativo:

a) ativo circulante;

b) ativo realizável a longo prazo;

c) ativo permanente (investimentos, imobilizado e diferido).

Passivo:

a) passivo circulante;

b) passivo exigível a longo prazo;

c) resultados de exercícios futuros;

d) patrimônio líquido (capital social, reservas e lucros ou prejuízos acumulados).

Ativo é o conjunto de bens e créditos que compõem o acervo do devedor.

Ativo circulante abrange não só riquezas, valores, bens e créditos realizáveis no curso do exercício social subsequente, como as aplicações de recursos em despesas do exercício seguinte, isto é, pagas por antecipação.

Ativo realizável a longo prazo é aquele cuja conversão em dinheiro só se fará no decurso de determinado espaço de tempo.

Consideram-se integrantes do ativo realizável a longo prazo os direitos conversíveis após o término do exercício seguinte, as vendas, adiantamentos ou empréstimos feitos a sociedades coligadas ou controladas, a diretores, acionistas ou participantes nos lucros da empresa desde que tais operações não constituam negócios usuais na exposição do objeto da atividade empresarial.

Ativo em investimento é aquele decorrente de participação permanente da sociedade em outra ou outras sociedades (art. 243, § 1º), ou ainda os direitos de qualquer natureza, não classificáveis no ativo circulante, que não se destinem à manutenção da atividade da empresa.

Ativo imobilizado, também denominado estável ou fixo, é aquele que compreende os bens destinados à manutenção das atividades da empresa e que, por isso mesmo, não são conversíveis em dinheiro na vigência da sociedade. Tais bens ou são materiais (corpóreos) ou imateriais (incorpóreos). Incluem-se nos primeiros móveis e utensílios, imóveis e maquinários. São incorpóreos marcas de indústria ou comércio, patentes de invenção, aviamento, insígnias etc.

O ativo diferido compreende as aplicações de recursos em despesas que contribuirão para a formação do resultado de mais um exercício social, inclusive os juros pagos ou creditados aos sócios ou acionistas durante o período que antecede o início das operações sociais. Compreende, como ensina Eunápio Borges,

> "o grupo de contas, ordinariamente de resultados, que passam para o exercício seguinte, em virtude de dependerem, para sua integração nos resultados, de um fato dependente de cláusula ou condição que se verificará apenas no exercício futuro, ou que se refira a despesas antecipadas, mas pertinentes ao exercício seguinte: gastos com prêmios de seguros, a parte do pagamento referente ao exercício seguinte, constituindo um ônus que deve sobrecarregar o exercício futuro, para que o balanço obedeça ao sistema de competência de exercício".

Passivo é o conjunto de dívidas ou encargos.

Passivo circulante é aquele exigível no exercício seguinte. Passivo exigível a longo prazo, aquele a ser solucionado em tempo superior ao acima mencionado. Os resultados de exercícios futuros se incluem no passivo porque, embora representando acréscimo ao ativo, implicam obrigação para o empresário.

Em determinadas circunstâncias, o comprador ou aceita a duplicata (caso típico de aceite em branco) ou antecipa o pagamento, antes mesmo do recebimento da mercadoria. O pagamento antecipado, embora enriquecendo o patrimônio do vendedor, cria-lhe a obrigação de efetiva entrega dos bens transacionados, representando, pois, encargo.

O patrimônio é, como se sabe, o acervo de bens do empresário e, nessas condições, só poderia ser incluído no ativo.

- BALANÇO PATRIMONIAL
  - *ativo*
    - a) ativo circulante;
    - b) ativo realizável a longo prazo;
    - c) ativo permanente, dividido em investimentos, ativo imobilizado e ativo deferido;
  - *passivo*
    - d) passivo circulante;
    - e) passivo exigível a longo prazo;
    - f) resultados de exercícios futuros;
    - g) patrimônio líquido, dividido em capital social, reservas de capital, reservas de reavaliação, reservas de lucros e lucros ou prejuízos acumulados.

- ATIVO
  - *ativo circulante*: as disponibilidades, os direitos realizáveis no curso do exercício social subsequente e as aplicações de recursos em despesas do exercício seguinte;
  - *ativo realizável*: os direitos realizáveis após o término do exercício seguinte, assim como os derivados de vendas, adiantamentos ou empréstimos a sociedades coligadas ou controladas, diretores, acionistas ou participantes no lucro, que não constituírem negócios usuais na exploração do objeto da empresa;
  - *ativo em investimentos*: as participações permanentes em outras sociedades e os direitos de qualquer natureza, não classificáveis no ativo circulante, e que não se destinem à manutenção da atividade da empresa;
  - *ativo imobilizado*: os direitos que tenham por objeto bens destinados à manutenção das atividades empresariais, ou exercícios com essa finalidade, inclusive os de propriedade industrial ou comercial;
  - *ativo diferido*: as aplicações de recursos em despesas que contribuirão para a formação do resultado de mais de um exercício social, inclusive os juros pagos ou creditados ao empresário ou à sociedade durante o período que anteceder o início das operações sociais.

PASSIVO	*passivo circulante e a longo prazo*	as obrigações da empresa, inclusive financiamentos para aquisição de direitos do ativo permanente, serão classificadas no passivo circulante, quando se vencerem no exercício seguinte, e no passivo exigível a longo prazo, se tiverem vencimento em prazo maior;
	resultados de exercícios futuros	as receitas de exercícios futuros, diminuídos dos custos e despesas a elas correspondentes;
	patrimônio líquido	parcela não realizada da conta do capital, isto é, do capital social subscrito.

Demonstrações de resultados acumulados

A demonstração em apreço deve discriminar o saldo de início do período, ajustes de exercícios anteriores, assim considerados os decorrentes de efeitos de mudança de critério contábil, retificação de erro imputável a determinado exercício anterior, e que não possam ser atribuídos a fatos subsequentes, e a correção monetária do saldo inicial.

A demonstração do saldo existente no início do período, dos ajustes de exercícios anteriores, decorrentes de alteração do critério contábil ou de erro, da correção monetária do saldo inicial, deve discriminar também as reversões, de reservas (art. 195, § 2º), o lucro líquido do exercício, as transferências para reservas, os dividendos, a parcela dos lucros incorporada ao capital e o saldo ao fim do período.

DEMONSTRAÇÃO DOS LUCROS OU PREJUÍZOS ACUMULADOS	saldo no início do período, ajuste de exercícios anteriores, correção monetária do saldo inicial;	
	reversões de reservas, lucro líquido do exercício;	Exercícios 2,0 – 2,0
	dividendos, parcela dos lucros incorporada ao capital, saldo ao fim do exercício.	

Demonstração do resultado do exercício

A demonstração do resultado do exercício, como se pode constatar do próprio nome, objetiva indicar aos acionistas o lucro ou prejuízo líquido que lhes cabe por ação do capital social.

Prevê a discriminação dos seguintes valores:

1) a receita bruta das vendas e serviços, as deduções das vendas, os abatimentos e os impostos;

2) a receita líquida das vendas e serviços, o custo das mercadorias e serviços vendidos e o lucro bruto;

3) as despesas com as vendas financeiras, deduzidas das receitas, as despesas gerais e administrativas, e outras despesas operacionais;

4) o lucro ou prejuízo operacional, as receitas e despesas não operacionais;

5) o resultado do exercício antes do imposto de renda e a provisão para o imposto;

6) as participações de debêntures, empregados, administradores e partes beneficiárias, e as contribuições para as instituições ou fundos de assistência ou previdência de empregados;

7) o lucro ou prejuízo líquido do exercício e o seu montante por ação do capital social.

DEMONSTRAÇÃO DO RESULTADO DO EXERCÍCIO	receita bruta das vendas e serviços, deduções das vendas, abatimentos e impostos; receita líquida das vendas e serviços, custo das mercadorias, serviços vendidos, lucro bruto; despesas com as vendas, despesas financeiras deduzidas das receitas, despesas gerais e administrativas, outras despesas não operacionais; lucro ou prejuízo operacional, receitas não operacionais, despesas não operacionais; resultado do exercício antes do imposto de renda e provisão para o imposto; participação de debêntures, empregados, administradores, partes beneficiárias, contribuições para instituições ou fundos de assistência ou previdência de empregados; lucro ou prejuízo líquido do exercício, por ação do capital social.	Exercícios 2,0 – 2,0

Relatório Gerencial de fluxo de caixa

Fluxo de caixa

"É previsão de entradas e saídas de recursos monetários, por um determinado período. Essa previsão deve ser feita com base nos dados levantados nas projeções econômico-financeiras atuais de empresa, levando, porém, em consideração a memória de dados que respaldará essa mesma previsão. O principal objetivo dessa previsão é fornecer informações para a tomada de decisões, tais como: prognosticar as necessidades de captação de recursos, bem como prever os períodos em que haverá sobras ou necessidades de recursos, aplicar os excedentes de caixa nas alternativas mais rentáveis para a empresa sem comprometer a liquidez.

Resumidamente, podemos afirmar que FLUXO DE CAIXA é a demonstração visual das receitas e despesas distribuídas pela linha do tempo futuro.

Para a montagem da projeção do fluxo de caixa devemos considerar os seguintes dados:

Entradas:

a. contas a receber
b. empréstimos
c. dinheiro dos sócios

Saídas:

a. contas a pagar
b. despesas gerais de administração (custos fixos)
c. pagamento de empréstimos
d. compras à vista

O fluxo de caixa é considerado um dos principais instrumentos de análise e avaliação de uma empresa, proporcionando uma visão futura dos recursos financeiros da empresa, integrando o caixa central, as contas correntes em bancos, contas de aplicações, receitas, despesas e previsões. As decisões relacionadas a compra, venda, investimentos, aportes de capital, captação ou pagamento de empréstimos e desinvestimentos constituem um fluxo contínuo entre as fontes geradoras e as utilizadoras de recursos. Deve e pode ser utilizado por empresas de qualquer porte dada a sua importância e simplificação.

A projeção do fluxo de caixa permite a avaliação da capacidade de uma empresa gerar recursos para suprir o aumento das necessidades de capital de giro geradas pelo nível de atividades, efetuar pagamento de impostos e reembolsar fundos oriundos de terceiros.

Na projeção do fluxo de caixa, indicamos não apenas o valor dos financiamentos que a empresa necessitará para desenvolver as suas atividades, mas também quando ele será utilizado. Percebemos até agora que o fluxo de caixa olha para o futuro retratando a situação real do caixa na empresa, não podendo ser confundido com os registros contábeis que se ocupam do passado e incorporam categorias relacionadas ao patrimônio físico da empresa, como, por exemplo, o ativo imobilizado.

A projeção pode ser realizada mês a mês, trimestre a trimestre, ano a ano ou até mesmo em bases diárias.

Além de permitir analisar a forma como uma empresa desenvolve sua política de captação e aplicação de recursos, o acompanhamento entre o fluxo projetado e o efetivamente realizado permite identificar as variações ocorridas e as causas dessas variações.

Projeção do fluxo de caixa

O fluxo de caixa é construído a partir das informações relativas a todos os dispêndios e entradas de caixa já conhecidos e projetados.

Para a elaboração do fluxo de caixa, a empresa precisa dispor internamente de informações organizadas que permitam a visualização das contas a receber, contas a pagar e todos os desembolsos geradores dos custos fixos, a forma de obtenção e gestão, cuja forma dependerá do tipo de empresa, do seu porte e disponibilidade financeira. O fluxo de caixa é um grande sistema de informações para o qual convergem os dados financeiros gerados em diversas áreas da empresa. A maior dificuldade para se ter um fluxo de caixa realmente eficaz é gerenciar adequadamente este sistema de informações. Na grande maioria das micro e pequenas empresas tudo pode ser resolvido com a utilização de simples planilhas.

Do exposto, infere-se que o fluxo de caixa é uma simples, mas extremamente útil e poderosa ferramenta de planejamento financeiro. Com a observação de alguns princípios, de poder trazer benefícios significativos para a empresa. Também dispensa grandes investimentos em informática para poder operar satisfatoriamente. De fato, a principal condição para o sucesso do fluxo de caixa é a existência de uma cultura de planejamento" (Portal dos Micro e Pequenos Empresários – http://www.ivansantos.com.br/fluxo.htm).

FLUXO DE CAIXA

EMPRESA

DIA / MÊS

SALDOS INICIAIS			
Caixa			
Bancos C/Corrente			
Aplicações			
Poupança			
Total Saldos Iniciais =			
ENTRADAS:			
Contas a receber			
Saque em conta corrente			
Saque em aplicações			
Saque em poupança			
Total Entradas =			
SAÍDAS:			
Contas a pagar			
Folha de pagamento			
Prestadores de serviços			
Rescisões			
Férias			
INSS			
FGTS			
IRRF			
Contribuição sindical			
Vale-Transporte			
Vale-Refeição			
Estacionamento			
Oasan			

Celesc			
Comunicações			
Copa e cozinha			
Material de limpeza			
Manutenção e conservação			
Aluguel			
Combustíveis e lubrificantes			
Empréstimo *factoring*			
Total Despesas =			

III – Relação nominal dos credores

A relação, como põe em relevo o inciso III do art. 51, deve ser completa, inclusive aqueles credores por obrigação de fazer ou de dar, indicando:

a) nome e endereço de cada um;

b) natureza do crédito;

c) classificação do crédito;

d) valor atualizado;

e) origem do crédito;

f) vencimento;

g) registro contábil da operação.

Obs.: a relação nominal dos credores com os dados acima pode ser apresentada em peça separada, anexa à petição inicial.

IV – Relação integral dos empregados

Discriminando os nomes, funções, salários e indenizações, informando, outrossim, saldos salariais, férias integrais e/ou proporcionais, décimos terceiros salários e todas as demais obrigações trabalhistas eventualmente devidas.

Os salários na recuperação judicial

Salvo a hipótese de acordo coletivo para redução salarial, compensação de horários e redução de jornada (art. 50, VIII, da Lei de Falência e Recuperação de Empresas), expressamente admitidas pelo art. 7º, XIII, da CF, o plano de recuperação judicial não pode prever prazo superior a UM ANO para pagamento dos créditos trabalhistas vencidos até a data do pedido de recuperação.

As verbas estritamente salariais, até o limite de cinco salários mínimos, por trabalhador, vencidas nos TRÊS MESES anteriores ao pedido de recuperação, devem ser pagas no prazo máximo de *três meses*, a partir da juntada do plano de recuperação.

V – Certidão de inscrição no Registro Público de Empresas

Como já observamos, um dos requisitos essenciais para requerer a recuperação judicial é o exercício regular das atividades empresariais há mais de dois anos (art. 48). O exercício regular das atividades empresariais se demonstra com certidão no Registro Público de Empresas Mercantis, a cargo da Junta Comercial (art. 1.150 do CC – Direito de Empresa).

Em se tratando de sociedade limitada ou sociedade anônima, de todo conveniente ata de deliberações dos sócios, da nomeação de administradores etc.

VI – Relação dos bens particulares dos sócios controladores e administradores

A relação em apreço se aplica não só às sociedades limitadas, mas, igualmente, à sociedade anônima, estendendo-se, obviamente, a todas as sociedades empresárias enumeradas nos arts. 1.039 a 1.092 do Código Civil (Direito de Empresa).

Observe-se que, em relação aos sócios de responsabilidade ilimitada, há sempre a possibilidade de o pedido de recuperação judicial ser convolado em falência, hipótese em que esta alcançará os sócios mencionados – “a decisão que decreta a falência da sociedade com sócios ilimitadamente responsáveis também acarreta a falência destes, que ficam sujeitos aos mesmos efeitos jurídicos produzidos em relação à sociedade falida” (art. 81).

Destarte, não se esqueça de que a responsabilidade pessoal, dos sócios de responsabilidade limitada, dos controladores e dos administradores, na ocorrência de falência da empresa, deve ser objeto de apuração no próprio juízo falimentar.

O empresário individual, que exerce a atividade em seu próprio nome, conquanto inexistente autonomia patrimonial da sua empresa, deve, igualmente, indicar bens particulares existentes em seu nome.

Trata-se de pressuposto fundamental ao processamento do pedido de recuperação, sem o que este será, inevitavelmente, indeferido.

VII – Extratos bancários e aplicações financeiras

O dispositivo legal não fixa data ou espaço de tempo de tais extratos, pelo que se há de concluir que devam referir-se ao tempo da distribuição do pedido. Daí a expressão *extratos atualizados.*

Os extratos devem referir-se ao saldo, depósitos em conta corrente, aplicações financeiras em geral, e fundos de investimentos, fundamentais para a verificação da exata situação econômico-financeira da empresa.

VIII – Certidões dos Cartórios de Protesto

Ao contrário do que ocorria sob a égide da antiga legislação, que vedava a concordata preventiva a quem tivesse título protestado, a atual legislação não impede a recuperação judicial ao empresário ou à sociedade empresária nessas condições.

Todavia, ainda assim, deve o interessado apresentar, com a petição inicial, certidões dos cartórios de protesto da localidade em que se situa a sede dos negócios, e filiais, se houver.

Tais certidões têm por fim dar uma visão da real possibilidade de recuperação econômico-financeira do devedor.

IX – Relação das ações judiciais (cíveis, fiscais, trabalhistas), em que o devedor figure como parte

O interessado em obter a recuperação judicial deve instruir o pedido com certidões dos foros cível, trabalhista e federal, dando conta das ações judiciais em andamento nas quais figure como réu ou autor, declinando os valores demandados.

Os livros de escrituração contábil e os documentos pertinentes permanecem à disposição do juízo durante o tempo de recuperação, mas não necessariamente no cartório da vara respectiva – "... permanecerão à disposição do juízo, do administrador judicial e, mediante autorização judicial, de qualquer interessado" (art. 51, § 1º).

As microempresas e empresas de pequeno porte podem apresentar livros e escrituração simplificados.

A Lei Complementar n. 118/2005, adaptando o Código Tributário Nacional à Lei n. 11.101/2005 (Lei de Falência e Recuperação de Empresas), prevê, expressamente, o parcelamento de débitos tributários, para fins de recuperação judicial.

13. DO PROCEDIMENTO NA RECUPERAÇÃO JUDICIAL

Formulada a petição, estando esta em termos, isto é, subscrita por advogado devidamente inscrito na OAB, munido da respectiva procuração, acompanhada dos documentos exigidos no art. 52 – *o juiz deferirá o processamento da recuperação judicial.*

Não estando a inicial acompanhada da documentação exigida no art. 51, pode e deve o advogado solicitar prazo para a complementação, ou o juiz, de ofício, conceder-lhe-á o prazo de dez dias para fazê-lo, nos termos do **art. 321 do CPC/2015.**

> "Ofende o art. 284 do CPC (1973) o acórdão que declara extinto o processo, por deficiência da petição inicial, sem dar ao autor oportunidade para suprir a falha" (STJ, REsp 114.092-SP, Rel. Min. Humberto Gomes de Barros).

A decisão deferindo o processamento do pedido da recuperação judicial tem, inequivocamente, conteúdo que a distingue fundamentalmente dos meros despachos de expediente, em face, sobretudo, das suas consequências, declinadas no art. 52, a saber:

I – nomeará o administrador judicial;

II – determinará a dispensa da apresentação de certidões negativas para que o devedor exerça suas atividades, exceto para contratação com o Poder Público ou para o recebimento de benefícios ou incentivos fiscais ou creditícios;

III – ordenará a suspensão de todas as ações ou execuções contra o devedor, salvo as exceções previstas pela lei;

IV – determinará ao devedor a apresentação das contas demonstrativas mensais enquanto perdurar a recuperação judicial, sob pena de destituição de seus administradores;

V – ordenará a intimação do Ministério Público e a comunicação por carta às Fazendas Públicas Federal e de todos os Estados e Municípios em que o devedor tiver estabelecimento.

Determina ainda o § 1º que o juiz ordenará a expedição de edital, para publicação no órgão oficial, que conterá:

I – o resumo do pedido do devedor e da decisão que defere o processamento da recuperação judicial;

II – a relação nominal de credores, em que se discrimine o valor atualizado e a classificação de cada crédito;

III – a advertência acerca dos prazos para habilitação dos créditos, para que os credores apresentem objeção ao plano de recuperação judicial apresentado pelo devedor.

Deferido o processamento da recuperação judicial, os credores poderão, a qualquer tempo, requerer a convocação da assembleia geral para a constituição do Comitê de Credores, na forma prevista no art. 36 da lei sob comento. Após o deferimento do processamento do pedido, o devedor, salvo aprovação da assembleia geral de credores, não poderá dele desistir[16].

Objeção ao Plano de Recuperação

Em conformidade com o art. 55, "qualquer credor poderá manifestar ao juiz sua objeção ao plano de recuperação judicial no prazo de *trinta dias* contado da publicação da relação de credores..."

Na ocorrência de objeção, o juiz convocará a assembleia geral de credores para que essa delibere sobre o plano de recuperação, devendo fazê-lo em prazo que não exceda de *cento e cinquenta dias*, contados do deferimento da recuperação.

A assembleia em apreço indicará os membros do Comitê de Credores, se já não constituído, deliberando, outrossim, sobre o plano do devedor:

a) **aprovando-o**;

b) **rejeitando-o**;

c) **apresentando plano alternativo**.

---

[16] Sobre a composição e funcionamento do Comitê de Credores e assembleia geral e atribuições, *vide* Capítulo XIX – Órgãos da falência, n. 8 e 9.

Na primeira hipótese, aprovado o plano – o devedor apresentará, em cinco dias, certidões negativas de débitos tributários, ou certidões de parcelamento desses débitos (art. 155-A, § 3º, do CTN, com a redação dada pela Lei Complementar n. 118/2005).

Sentença que defere o pedido de recuperação judicial

Aprovado o plano, ou porque não houve objeção, ou porque a assembleia geral de credores o tenha aprovado, *o juiz concederá a recuperação judicial.*

Observe-se que, como já afirmamos, o juiz poderá deferir a recuperação judicial, ainda que o plano não tenha obtido aprovação com os percentuais previstos no art. 45, bastando sua aprovação com os índices indicados nos incisos I, II e III do § 1º do art. 58.

Rejeitado o plano pela assembleia geral de credores e não tendo havido aprovação simples (art. 58, § 1º, I, II e III), *o juiz decretará a falência.*

Fácil é verificar, pois, *cinco* situações distintas:

a) não havendo qualquer objeção dos credores, o pedido de recuperação será, obviamente, deferido;

b) havendo aprovação expressa pelo *quorum* qualificado (art. 45), o pedido será, igualmente, deferido;

c) ainda que não se obtenha o *quorum* qualificado, mas obtidos os percentuais declinados no art. 58, § 1º, I, II e III, o pedido será deferido, desde que não implique tratamento diferenciado para os credores que hajam rejeitado o plano;

d) havendo alteração de plano pelos credores, de comum acordo com o devedor, o pedido de recuperação, da mesma forma, será deferido;

e) rejeitado o plano pela assembleia geral dos credores – *o juiz decretará a falência.*

A recuperação judicial, como se vê, não é um favor legal, como ocorria com a concordata na legislação falimentar revogada. Sua concessão está na dependência dos credores.

Só o tempo dirá da convivência ou não da nova sistemática, convindo lembrar que tal princípio já foi adotado no Brasil e, não tendo dado certo, foi substituído pelo Decreto-lei n. 7.661/45, assumindo a concordata a feição de favor judicial concedido pelo juiz, independentemente da vontade dos credores.

Já observava Miranda Valverde:

> "Se a concordata é um favor, que a lei concede ao devedor honesto e de boa-fé, injustificável é, a nosso ver, o sistema geralmente adotado de deixar ao arbítrio exclusivo da outra parte – a maioria dos credores – a concessão ou não desse favor".

Ora, se a recuperação judicial é o instrumento legal indispensável à recuperação das empresas em dificuldade econômico-financeira, se a empresa é verdadeira instituição social para a qual se conjugam os mais diversos interesses (o lucro para o empresário, o salário para o trabalhador, os tributos para o Poder Público), por que condicionar o pedido de recuperação judicial ao arbítrio exclusivo de seus credores?

Vale lembrar que, em se tratando de microempresas e empresas de pequeno porte, a recuperação judicial é concedida pelo juiz sem oitiva de assembleia geral de credores (art. 72).

Da sentença concessiva de recuperação judicial cabe ***agravo***, que poderá ser interposto por qualquer credor ou pelo Ministério Público.

Deferida a recuperação, que, diga-se de passagem, não se confunde com o despacho que defere o processamento do pedido, cumpre ao devedor observar todas as obrigações previstas no plano, que se vencerem até dois anos depois da concessão deste.

A sentença concessiva da recuperação é título executivo judicial, ensejando ao credor, no inadimplemento da obrigação prevista no respectivo plano, executar o devedor.

14. DO ENCERRAMENTO DA RECUPERAÇÃO JUDICIAL

Cumpridas as obrigações, vencidas no prazo de dois anos depois da concessão, o juiz decretará, por sentença, o encerramento da recuperação, determinando, outrossim:

I – o pagamento do saldo de honorários ao administrador judicial, somente podendo efetuar a quitação dessas obrigações mediante prestação de contas no prazo de trinta dias e aprovação do relatório previsto no inciso III;

II – a apuração do saldo das custas judiciais a serem recolhidas;

III – a apresentação de relatório circunstanciado do administrador judicial, no prazo máximo de quinze dias, versando sobre a execução do plano de recuperação pelo devedor;

IV – a dissolução do Comitê de Credores e a exoneração do administrador judicial;

V – a comunicação ao Registro Público de Empresas para as providências cabíveis.

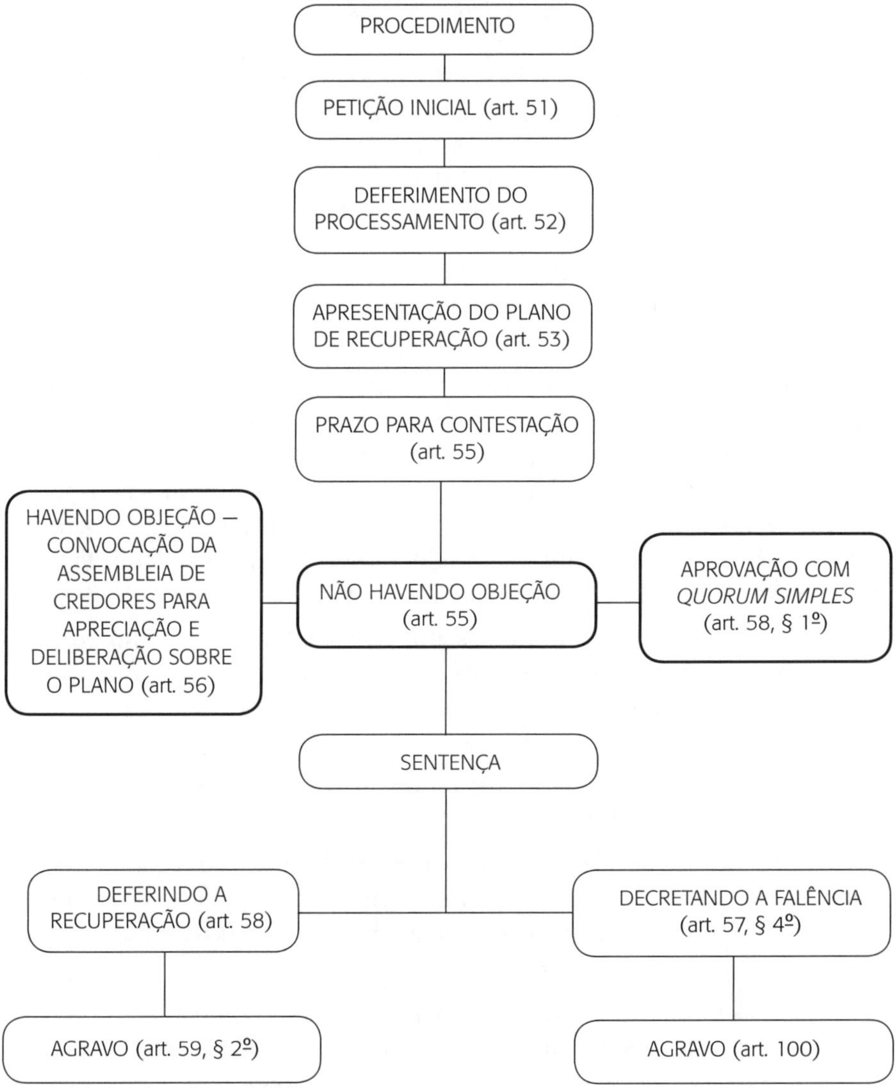

15. RECUPERAÇÃO JUDICIAL DAS MICROEMPRESAS E EMPRESAS DE PEQUENO PORTE

Nos termos do art. 3º da Lei Complementar n. 123, de 14 de dezembro de 2006, consideram-se *microempresas* ou *empresas de pequeno porte* a sociedade empresária, a sociedade simples e o empresário sujeito a registro (art. 966 do Código Civil).

"I – no caso das microempresas, o empresário, a pessoa jurídica, ou a ela equiparada, aufira, em cada ano-calendário, receita bruta igual ou inferior a R$ 240.000,00 (duzentos e quarenta mil reais);

II – no caso das empresas de pequeno porte, o empresário, a pessoa jurídica, ou a ela equiparada, aufira, em cada ano-calendário, receita bruta superior a R$ 240.000,00 (duzentos e quarenta mil reais) e igual ou inferior a R$ 2.400.000,00 (dois milhões e quatrocentos mil reais)".

Considera-se receita bruta o produto de venda de bens ou serviços nas operações de conta própria, o preço dos serviços prestados e o resultado nas operações em conta alheia.

A microempresa e a empresa de pequeno porte, que, a rigor, constituem a grande maioria de empresários individuais ou sociedades empresárias (estas últimas normalmente sob a forma de sociedade limitada), sujeitam-se, por força do Estatuto próprio, ao sistema simplificado para o cumprimento da legislação previdenciária e trabalhista, assegurando-lhes a legislação, outrossim, linhas de créditos específicas, considerando a sua capacidade de geração e manutenção de ocupação e emprego.

Ao revés do que sucede com as empresas de grande e médio porte, as microempresas e empresas de pequeno porte sujeitam-se a um sistema bem mais simples para valerem-se da recuperação judicial, observadas as seguintes regras:

I – independe de concordância dos credores, dispensando convocação de assembleia geral destes;

II – o juiz pode, de plano, conceder a recuperação, se atendidas as exigências legais, ou, julgando improcedente o pedido, na eventualidade de haver objeção de credores titulares de mais da metade dos créditos quirografários (art. 72), decretar a falência;

III – só atinge os créditos quirografários, excetuados os decorrentes de repasse de recursos oficiais, e aqueles descritos nos §§ 3º e 4º do art. 49;

IV – faculta o pagamento do débito em até trinta e seis parcelas mensais iguais e sucessivas, corrigidas monetariamente com juros de 12% ao ano;

V – a contratação de empregados e aumento das despesas dependem de autorização do juiz, ouvido, previamente, o administrador judicial.

Deferido o pedido de recuperação judicial ou decretada a falência da microempresa ou da empresa de pequeno porte, segue-se o procedimento estabelecido para as respectivas hipóteses, obviamente, com a observância das regras que lhe são próprias – arts. 70 a 72.

O pedido de recuperação judicial da microempresa e empresa de pequeno porte, também denominado *plano especial*, não acarreta a suspensão de curso de prescrição e, tampouco, das ações e execuções por créditos não abrangidos pelo plano.

RECUPERAÇÃO JUDICIAL DE MICROEMPRESA E EMPRESA DE PEQUENO PORTE
A recuperação judicial da microempresa e da empresa de pequeno porte só alcança os créditos quirografários, independe da concordância dos credores, podendo o juiz de plano conceder a recuperação facultando-se ao empresário o pagamento de seu débito em até 36 parcelas mensais e sucessivas.

16. CONVOLAÇÃO DA RECUPERAÇÃO JUDICIAL EM FALÊNCIA

A recuperação judicial, tal, aliás, como ocorria sob a égide da concordata, impõe ao devedor uma série de obrigações que, se não cumpridas, podem dar lugar à falência.

Várias são as hipóteses em que o juiz decretará a falência do devedor.

Estão elas relacionadas no art. 73, a saber:

a) Na fase postulatória

I – Por deliberação da assembleia geral de credores.

Em conformidade com o art. 42, "considerar-se-á aprovada a proposta que obtiver votos favoráveis de credores que representem mais da metade do valor dos créditos presentes à assembleia geral".

A assembleia geral, por manifesta inviabilidade de recuperação econômico-financeira da empresa, pode rejeitar o plano, hipótese em que o juiz decretará a falência.

II – Não apresentação do plano de recuperação em tempo hábil.

Deferido o *processamento* do pedido de recuperação (que não se confunde com o deferimento da recuperação), o devedor tem o prazo, improrrogável, de *sessenta dias*, a contar da publicação da decisão mencionada, para apresentar o plano de recuperação – se não o faz, o juiz decretará a falência.

Em se tratando de micro e empresa de pequeno porte, o juiz decretará a falência, havendo objeção de mais da metade dos credores quirografários.

III – Rejeição do plano de recuperação.

Havendo objeção de qualquer credor, o juiz convocará a assembleia geral de credores para deliberar sobre o plano de recuperação.

Na eventualidade de o plano ser rejeitado pela assembleia geral (inexistindo plano alternativo), o juiz decretará a falência (art. 56, § 4º).

b) Na fase executória (após o deferimento da recuperação)

Por descumprimento de qualquer obrigação assumida no plano de recuperação.

Deferida a recuperação, o devedor deve cumprir as obrigações previstas no plano respectivo.

Durante o período de ***dois anos*** após a concessão da recuperação, o descumprimento de qualquer das obrigações mencionadas acarretará a convolação da recuperação em falência (art. 61, § 1º).

Decretada a falência por qualquer das causas acima declinadas, os créditos decorrentes de obrigações contraídas no período da recuperação judicial, incluídas as despesas com fornecedores de bens ou serviços, serão considerados *extraconcursais* (art. 67) e, consequentemente, situados no ápice da classificação estabelecida no art. 83.

Resumo

Conceito de recuperação judicial. Nos termos do art. 47 da Lei Falimentar, "a recuperação judicial tem por objetivo viabilizar a superação da situação de crise econômico-financeira do devedor, a fim de permitir a manutenção da fonte produtora, do emprego dos trabalhadores e dos interesses dos credores, promovendo, assim, a preservação da empresa, sua função social e o estímulo à atividade econômica".

Natureza jurídica. A recuperação judicial pressupondo manifestação prévia de credores, inclusive a aprovação, por devedor e credor, de plano alternativo, tem, a nosso ver, nítida natureza contratual – um contrato entre o devedor e a coletividade dos credores. A sentença que concede a recuperação é de natureza constitutiva.

Legitimidade ativa. Nos termos do art. 1º da Lei n. 11.101/2005, a recuperação judicial e, da mesma forma, a falência, aplica-se ao *empresário* e à *sociedade empresária.*

O *empresário* é aquele definido no art. 966 do Código Civil – aquele que exerce atividade econômica organizada para a produção e circulação de bens ou de serviços, obrigatoriamente inscrito no Registro Público de Empresas Mercantis, a cargo da Junta Comercial.

Sociedade empresária é aquela estruturada de forma empresarial voltada para o exercício da atividade econômica organizada para a produção e circulação de bens ou serviços.

Podem, igualmente, requerer em juízo a recuperação judicial: *o cônjuge sobrevivente*, obviamente do empresário individual; *os herdeiros do devedor; inventariante ou sócio remanescente.*

Pressupostos.

1. Não ser falido e, se o foi, que estejam declaradas extintas suas responsabilidades, por sentença transitada em julgado.
2. Não ter, há menos de cinco anos, obtido concessão de recuperação judicial, ou há menos de oito anos de recuperação para microempresa e empresa de pequeno porte.
3. Não ter sido condenado, como administrador ou sócio controlador, por crimes falimentares.
4. O exercício regular da atividade empresarial há mais de dois anos.

Plano de recuperação. O plano de recuperação pode prever:

a) prazo e condições para pagamento das obrigações vencidas e vincendas;
b) formas de recuperação: cisão, incorporação, fusão, transformação; constituição de subsidiária integral, cessão de quotas ou ações;
c) alteração do controle societário;
d) substituição total ou judicial de administradores;
e) concessão aos devedores de eleição em separado de administradores e o poder de veto em relação às matérias que o plano especificar;
f) aumento de capital;
g) trespasse ou arrendamento de estabelecimento;
h) redução salarial, compensação de horário ou redução de jornada dos empregados, mediante acordo com o respectivo sindicato;
i) dação em pagamento ou novação de dívidas;
j) constituição de sociedade de credores;
k) usufruto da empresa;
l) administração compartilhada;
m) emissão de valores mobiliários: ações, debêntures;

n) constituição de sociedade de propósito específico para adjudicar, em pagamento dos créditos, o ativo do devedor.

Outras formas de recuperação podem ser propostas, já que a enumeração é meramente exemplificativa.

Créditos sujeitos à recuperação judicial. Na recuperação judicial de microempresa e empresa de pequeno porte – créditos quirografários; nas demais empresas, todos os créditos contraídos até a data de distribuição do pedido, excetuados o fiduciário, arrendador mercantil, proprietário ou promitente vendedor de imóvel, com cláusula de irrevogabilidade, credor por reserva de domínio, credores por adiantamento de dinheiro para exportação e, obviamente, os credores cujos créditos foram contraídos após a distribuição de recuperação (art. 49).

Suspensão das ações.

a) na recuperação da microempresa e da empresa de pequeno porte, não há suspensão das ações e execuções para os créditos não abrangidos por ela. A recuperação de tais empresas só atinge os créditos quirografários;

b) nas empresas de grande e médio porte, ficam suspensas as ações e execuções, e igualmente a prescrição, pelo espaço de cento e oitenta dias, exceto as execuções fiscais.

Sucessão trabalhista e tributária na recuperação judicial. A Lei n. 11.101/2005 objetiva viabilizar a recuperação econômico-financeira da empresa, com a manutenção da fonte produtora do emprego, prevendo a legislação a alienação de unidades produtivas com o propósito manifesto de angariar recursos, sem o que a recuperação se torna inviável.

É dentro desse objetivo que o art. 60, parágrafo único, declara que o "*objeto da alienação estará livre de quaisquer ônus e não haverá sucessão do arrematante nas obrigações do devedor*". A expressão "obrigações" tem sentido genérico, incluindo, obviamente, as de natureza trabalhista, conquanto a elas não faça referência direta, como o faz com as obrigações tributárias.

Processamento. A recuperação judicial pressupõe:

I – petição inicial (art. 51);

II – deferimento do processamento (art. 52);

III – apresentação do plano de recuperação (art. 53);

IV – prazo para objeção dos credores e eventual convocação de assembleia geral de credores para apreciação e deliberação sobre o plano (art. 56);

V – sentença concessiva da recuperação, ou decretação da falência (arts. 58 e 57, § 4º);

VI – recurso: agravo de instrumento.

Convolação da recuperação judicial em falência.

a) na fase postulatória: por deliberação da assembleia geral de credores, rejeitando o plano de recuperação; não apresentação do plano de recuperação no prazo fixado no art. 53; rejeição do plano de recuperação;

b) após o deferimento da recuperação pelo descumprimento das obrigações estabelecidas no plano respectivo.

Recapitulação

1. A recuperação judicial depende da concordância dos credores?

R. Nos termos do art. 56 da Lei Falimentar, na ocorrência de objeção de qualquer credor, o juiz convocará a assembleia geral de credores para deliberar sobre o plano de recuperação. A assembleia em questão pode aprovar o plano, hipótese em que o juiz concederá a recuperação. O art. 45 estabelece o *quorum* qualificado para a aprovação do plano. Conquanto não alcance o *quorum* qualificado, o plano é considerado aprovado, uma vez alcançado o *quorum* previsto no art. 58, § 1º e incisos.

2. Rejeitado o plano pela assembleia geral, pode o juiz conceder a recuperação judicial?

R. A resposta é negativa. O § 4º do art. 56 é de absoluta clareza – "Rejeitado o plano de recuperação pela assembleia geral de credores, o juiz decretará a falência do devedor".

3. No período de recuperação judicial o devedor permanece na direção da atividade empresarial?

R. Em conformidade com o disposto no art. 64, "durante o procedimento de recuperação judicial, o devedor ou seus administradores serão mantidos na condução da atividade empresarial, sob fiscalização do Comitê, se houver, e do administrador judicial" – salvo se praticar qualquer dos atos declinados no dispositivo legal transcrito.

4. A recuperação das microempresas e empresas de pequeno porte envolve todos os créditos?

R. Não. A recuperação judicial de microempresas e empresas de pequeno porte abrange exclusivamente os créditos quirografários (art. 71, I).

5. Os credores cujos créditos tenham sido constituídos após a distribuição do pedido de recuperação também ficam sujeitos aos seus efeitos?

R. Não. O pedido de recuperação judicial só atinge os credores anteriores ao pedido.

A concessão da recuperação judicial vincula os trabalhadores que aderiram ao plano fazendo prevalecer o Juízo Coletivo sobre as execuções individuais em andamento nas Varas do Trabalho.

De todo conveniente lembrar que se os credores trabalhistas, por seus órgãos de representação (os sindicatos), aderirem ao plano de recuperação, extintas estarão as execuções individuais perante a Justiça do Trabalho, ficando os trabalhadores sujeitos às regras estabelecidas no Juízo da Recuperação, como bem demonstra o juiz de direito da 1ª Vara de Falências e Recuperações Judiciais de São Paulo, Alexandre Lazzarini, nas informações prestadas ao STJ no Conflito de Competência n. 73.380/SP, da Vara nominada com a 16ª Vara do Trabalho de São Paulo:

> "Como constou da fundamentação da decisão que concedeu a recuperação judicial:
>
> 'Na classe I (trabalhadores, art. 41, I, da Lei n. 11.101/05), a aprovação foi por unanimidade, destacando-se a incisiva participação dos Sindicatos dos Aeroviários de Guarulhos, Pernambuco, Porto Alegre e do Estado de São Paulo, bem como dos Sindicatos Nacionais dos Aeronautas e dos Aeroviários'.
>
> Ou seja, com amplo apoio dos Sindicatos, o plano foi aprovado, o que implica, portanto, em vinculação de todos os integrantes da categoria e não só dos associados, por força do disposto no art. 8º, III, da Constituição Federal, em que pese o disposto no art. 37, § 6º, da Lei n. 11.101/05.
>
> Por consequência, aí está o primeiro fundamento para fixar-se a competência desta 1ª Vara de Falências e Recuperações Judiciais para solucionar qualquer questão a respeito dos pagamentos determinados pela 16ª Vara do Trabalho de São Paulo, mas, também, por qualquer outro órgão da Justiça do Trabalho, eis que, com a concessão da recuperação judicial, os trabalhadores ficam sujeitos ao nela acordado.

Em sua decisão, Vossa Excelência lembra decisão da Segunda desse C. Superior Tribunal de Justiça no caso da VARIG, que serve de precedente e não pode ser esquecida dada a sua relevância.

Daí a razão de insistir que o princípio exposto no *art. 8º*, '*caput*', *parte final, da Consolidação das Leis do Trabalho*, onde consta que as normas devem ser aplicadas 'de maneira que nenhum interesse de classe ou particular prevaleça sobre o interesse público'.

No caso, o *interesse público é manifestado pela Lei n. 11.101/05 (art. 47)*: a preservação da empresa e, por consequência, do emprego dos trabalhadores.

Assim, atinge-se a função social da empresa, que deixa de ter uma natureza meramente privada, para ter uma forte tendência institucional, dadas as imposições públicas que lhe são feitas.

A importância desse entendimento é de extrema relevância, pois *impede* o '*salve-se quem puder*' ou o '*leva quem chegar primeiro*', que surge com a manutenção das execuções individuais.

Isso pelo fato de que, por exemplo, o processo em curso na 16ª Vara do Trabalho resolve o problema individual do trabalhador reclamante *em prejuízo da categoria*, ou seja, dos outros milhares de trabalhadores, sejam também reclamantes ou sejam aqueles que lutam para a manutenção de seu emprego.

Ou seja, manterem-se as execuções individuais, em detrimento da recuperação da empresa, implica em autorizar que alguns trabalhadores prejudiquem milhares de outros reclamantes e aqueles outros que ainda trabalham na empresa e dela retiram o seu sustento, ferindo o direito individual de cada um destes integrantes da categoria, sem se considerar uma coletividade maior, composta por pessoas que prestadoras de serviços e fornecedoras de produtos para VASP.

A Lei n. 11.101/05 não tem por escopo proteger o empresário, bom ou mau, mas sim busca a proteção da empresa e, de maneira específica, da unidade produtiva, fonte de empregos e faturamento, que viabilizará o pagamento não só 'daquele que chegar primeiro', mas de todas as pessoas: ex-empregados, empregados e fornecedores.

A deliberação feita em assembleia geral de credores é uma decisão da coletividade, onde diversos interesses, de diversas classes, convergem para um fim, no caso a recuperação da empresa, razão pela qual perfeitamente razoável a pretensão da suscitante, VASP, em obter uma decisão de alcance geral para outras ações semelhantes, inclusive por força do afirmado no item 2 destas informações.

A Lei n. 11.101/05 introduziu no nosso sistema jurídico atual novas formas de relações jurídicas que precisam de novas aplicações dos instrumentais jurídicos processuais existentes, que se encontram não só no direito processual individual, mas também no direito processual coletivo.

Alexandre Alves Lazzarini

Juiz de Direito Titular

(1ª Vara de Falências e Recuperações Judiciais de São Paulo – Processo n. 583.00.2005.070715-0, n. de ordem 57/2005)".

Em decisão monocrática o relator, Min. Hélio Quaglia Barbosa, sustou a execução trabalhista com a seguinte fundamentação:

"Segundo aflora dos autos, a decisão oriunda da Justiça do Trabalho acaba por atingir e, por conseguinte, alterar o plano de recuperação da suscitante. Essa circunstância, aliada aos preceitos da Lei n. 11.101/2005, evidenciam que a relevância de fundamento se encontra devidamente corporificada.

Conquanto não mereça maiores digressões, jungido a esse pressuposto, o perigo da demora na fixação da competência do MM. Juízo da 1ª Vara de Falências e Recuperações Judiciais do Foro Central da Comarca de São Paulo é evidente, uma vez que, repita-se em benefício da clareza, a decisão da Justiça Obreira irá refletir e alterar o plano de recuperação aprovado e homologado.

(...)

Pelo que precede, concedo parcialmente a liminar, para suspender o processo de execução trabalhista em andamento perante o MM. Juízo da 16ª Vara do Trabalho da Comarca de São Paulo".

"*Conflito de Competência. Execução trabalhista e superveniente declaração de falência da empresa executada.* (...) Quanto ao mérito, tenho por competente o Juízo suscitante, uma vez que a natureza privilegiada do crédito trabalhista, conferida por força de lei, somente pode ser concebida no próprio âmbito do concurso dos credores habilitados na falência. O processo falimentar é uma execução coletiva, abarcando, inclusive, credores de mesma hierarquia, que não podem ser preteridos, uns pelos outros, pelo exaurimento do patrimônio da massa falida nas execuções individuais, impedindo-se, assim, o justo rateio entre seus pares, na execução falimentar. Conflito conhecido para declarar a competência do suscitante, o Juízo de Direito da 3ª Vara Cível da Comarca de Americana-SP" (Supremo Tribunal Federal, Conflito de Competência n. 7.116/SP, *DOU*, 23 ago. 2002, Rel. Min. Ellen Gracie).

Do que se conclui, com inegável acerto, a nosso ver, pela presidência do Juízo Coletivo sobre as execuções individuais, sejam trabalhistas ou não, as quais podem refletir-se negativamente, ameaçando a preservação da empresa em recuperação judicial.

A EXECUÇÃO DE BENS PARTICULARES DOS SÓCIOS NA JUSTIÇA DO TRABALHO (APLICAÇÃO DA DESCONSIDERAÇÃO DA PERSONALIDADE JURÍDICA DA EMPRESA)

Em sucessivas decisões o Superior Tribunal de Justiça (STJ) tem declarado não haver conflito de competência na ocorrência de apreensão de bens dos sócios de sociedade em recuperação judicial:

"A desconsideração da personalidade jurídica na empresa pode ser decidida pela justiça do trabalho não obstante o pedido de recuperação judicial. Precedentes. Conflito de competência não conhecido" (2ª seção, CC 108.721/DF, Rel. Min. Nancy Andrighi, *DJ* 6 set. 2010).

"Se o ativo da empresa pertencente ao mesmo grupo econômico não está abrangido pelo plano de recuperação judicial, não há como concluir pela competência do juízo da recuperação para decidir a cerca de sua destinação. Conflito de competência não conhecido" (2ª seção, CC 90.477/SP, Rel. Min. Fernando Gonçalves, *DJ* 1º jul. 2008).

Livro III

RECUPERAÇÃO EXTRAJUDICIAL DE EMPRESA

Capítulo XXX

RECUPERAÇÃO EXTRAJUDICIAL DE EMPRESA

Sumário: 1. A recuperação extrajudicial: requisitos. 2. Créditos que envolve. 3. A homologação judicial do plano de recuperação extrajudicial e sua importância. 4. Procedimento. 5. Efeitos da homologação judicial. Resumo. Recapitulação. Testes de aproveitamento da matéria examinada.

1. A RECUPERAÇÃO EXTRAJUDICIAL: REQUISITOS

Sob égide da legislação falimentar revogada (Decreto-lei n. 7.661/1945), a convocação de credores para propor-lhes moratória, isto é, dilação nos prazos fixados para o cumprimento de obrigações, por constituir-se em manifesta demonstração de insolvência, ensejava ao credor, munido de tal prova, requerer a falência do devedor (art. 2º, III, do Decreto-lei n. 7.661/45).

A atual legislação (Lei n. 11.101/2005), ao revés, a admite expressamente:

> "Art. 161. O devedor que preencher os requisitos do art. 48 desta Lei poderá propor e negociar com credores plano de recuperação extrajudicial".

O art. 48 nominado estabelece os pressupostos fundamentais para o requerimento de recuperação judicial:

> "Art. 48. Poderá requerer recuperação judicial o devedor que, no momento do pedido, exerça regularmente suas atividades há mais de dois anos e que atenda aos seguintes requisitos, cumulativamente:
>
> I – não ser falido e, se o foi, estejam declaradas extintas, por sentença transitada em julgado, as responsabilidades daí decorrentes;
>
> II – não ter, há menos de 5 (cinco) anos, obtido concessão de recuperação judicial;
>
> III – não ter, há menos de 5 (cinco) anos, obtido concessão de recuperação judicial com base no plano especial de que trata a Seção V deste Capítulo (Redação dada pela Lei Complementar n. 147, de 2014);

> IV – não ter sido condenado ou não ter, como administrador ou sócio controlador, pessoa condenada por qualquer dos crimes previstos nesta Lei.
>
> § 1º A recuperação judicial também poderá ser requerida pelo cônjuge sobrevivente, herdeiros do devedor, inventariante ou sócio remanescente (Renumerado pela Lei n. 12.873, de 2013).
>
> § 2º Tratando-se de exercício de atividade rural por pessoa jurídica, admite-se a comprovação do prazo estabelecido no *caput* deste artigo por meio da Declaração de Informações Econômico-fiscais da Pessoa Jurídica – DIPJ que tenha sido entregue tempestivamente" (Incluído pela Lei n. 12.873, de 2013).

O prazo do inciso III já foi de oito anos.

O preenchimento de tais pressupostos é fundamental para a obtenção de homologação da recuperação extrajudicial em juízo. Não o será se o devedor, extrajudicialmente, conciliar-se com todos os seus credores, hipótese em que a homologação judicial se tornará dispensável.

Objetivando a homologação judicial, tal como ocorre com a recuperação judicial, o devedor deve atender aos pressupostos transcritos.

Outros requisitos são, igualmente, previstos:

a) o plano de recuperação não pode contemplar pagamento antecipado de dívidas nem tratamento desfavorável aos credores que a ele não estejam sujeitos;

b) o devedor não poderá requerer a homologação judicial do plano extrajudicial, estando pendente pedido de recuperação judicial;

c) se houver obtido recuperação judicial ou homologação de outro plano de recuperação extrajudicial há menos de dois anos.

2. CRÉDITOS QUE ENVOLVE

A recuperação extrajudicial envolve todos os créditos, à exceção:

I – dos créditos tributários;

II – dos créditos trabalhistas e decorrentes de acidente de trabalho;

III – dos créditos garantidos com alienação fiduciária, arrendamento mercantil, vendedor ou promitente vendedor de imóvel com contratos com cláusula de irrevogabilidade ou irretratabilidade, inclusive incorporações imobiliárias, com reserva de domínio e contrato de câmbio (arts. 49, § 3º, 86, II, 161, § 1º).

Observe-se, porém, que, conquanto não abranja a recuperação extrajudicial os créditos nominados, nada impede composição em torno deles.

O crédito tributário pode ser parcelado na forma das leis fiscais, lembrando que a Lei Complementar n. 118, de 9 de fevereiro de 2005, expressamente prevê o parcelamento na hipótese de recuperação judicial, nada impedindo que a Fazenda Pública o admita, igualmente, para a recuperação extrajudicial.

O crédito trabalhista pode ser objeto de negociação com a assistência sindical (art. 7º, VI, XIII, XIV, da CF).

Os demais credores gozam de ampla autonomia para, livremente, pactuarem com o devedor redução de parcelamento dos débitos deste.

Vale lembrar que o art. 167 deixa claro a possibilidade de outras modalidades de acordo privado entre o devedor e seus credores.

3. A HOMOLOGAÇÃO JUDICIAL DO PLANO DE RECUPERAÇÃO EXTRAJUDICIAL E SUA IMPORTÂNCIA

Na eventualidade de o devedor lograr compor-se com todos os seus credores, não há necessidade de homologação judicial. A composição, obviamente, deve vir acompanhada de documentos que atestam o parcelamento das obrigações, condições de pagamento etc.

Todavia, conquanto não haja necessidade, pode o devedor solicitar sua homologação judicial – é a chamada *homologação facultativa*.

O mesmo não ocorre caso o devedor não consiga a adesão plena de todos os credores. Desde que alcance, porém, a adesão de mais de *três quintos* de todos os créditos abrangidos pelo plano de recuperação, a homologação assume especial importância – é denominada *homologação necessária*.

Necessária porque, uma vez deferida, obriga *todos os credores das espécies por ele abrangidas* (art. 163).

As espécies de créditos são aquelas declinadas no art. 83 (excetuados, obviamente, os créditos expressamente excluídos da recuperação extrajudicial – art. 161, I). São portanto os créditos com privilégio especial, privilégio geral, quirografários e subordinados, os abrangidos pela recuperação extrajudicial.

É conveniente lembrar que o devedor pode concluir, no plano de recuperação extrajudicial, uma ou mais espécies de créditos, e não a totalidade dos créditos sujeitos à recuperação mencionada.

Assim, quando o art. 163 declara ser homologável o plano de recuperação que obtenha aprovação de três quintos, de cada espécie de créditos, por ele abrangidos, refere-se, obviamente, às espécies de créditos incluídas no plano.

À guisa de explicação: se o plano só inclui créditos quirografários, faz-se necessária a obtenção de *três quintos* dos respectivos titulares.

Homologado judicialmente o plano, ficam a ele obrigados todos os credores quirografários, e assim sucessivamente.

> RECUPERAÇÃO EXTRAJUDICIAL
>
> A recuperação extrajudicial que envolva a unanimidade dos credores, excluídos apenas aqueles expressamente nominados no art. 161, § 1º, independe de homologação judicial. Esta só se torna necessária quando haja adesão de três quintos dos credores.

4. PROCEDIMENTO

O procedimento para a homologação do plano de recuperação extrajudicial é extremamente simples, quando haja adesão total dos credores, bastando petição, acompanhada do respectivo plano e dos documentos dos termos e condições, com as assinaturas dos respectivos credores. Observe-se que, nessa hipótese, a homologação judicial é meramente facultativa.

Em se tratando, porém, de homologação necessária, obtidos *três quintos* dos credores, há todo um rito processual, previsto no art. 163, a saber:

I – Juízo competente

É competente para a homologação (facultativa ou obrigatória) de recuperação extrajudicial o juízo do local do principal estabelecimento do devedor ou da filial da empresa que tenha sede fora do Brasil – art. 3º.

Por estabelecimento principal entender-se-á o local da administração da atividade empresarial, a matriz, não tendo relação alguma com o porte do estabelecimento.

II – Petição inicial

Necessariamente firmada por advogado (art. 133 da CF/88) regularmente inscrito na OAB, acompanhada de procuração para o foro em geral, devendo juntar ainda:

a) documento que contenha os termos e condições de cumprimento do plano, com as assinaturas dos credores que a ele aderiram (art. 162);

b) exposição da situação patrimonial do devedor;

c) demonstrações contábeis relativas ao último exercício social, levantadas especialmente para instruir o pedido (*v.* modelos, recapitulação n. 9, II, Livro II – Recuperação judicial de empresa);

d) documentos que comprovem os poderes dos subscritores para novar ou transigir sobre os créditos, com indicação do endereço de cada um;

e) natureza, classificação e valor de cada crédito, discriminando sua origem, vencimentos, com indicação dos registros contábeis de cada transação pendente.

III – Convocação por edital dos credores do devedor, para eventual objeção

Recebida a petição, o juiz determinará a publicação do edital, no diário oficial e em jornal de grande circulação na localidade da sede (e das filiais, se houver), convocando os credores para que, *no prazo de trinta dias*, a contar da publicação, apresentem objeção, com a prova de seu crédito.

IV – Conteúdo da objeção

A impugnação ao plano de recuperação extrajudicial é restrita às seguintes matérias:

a) não preenchimento da adesão do percentual de *três quintos* de todos os créditos abrangidos pelo plano;

b) prática de qualquer dos atos capitulados no inciso III do art. 94 (liquidação precipitada, fraude etc.);

c) descumprimento dos requisitos fundamentais para o deferimento do pedido de homologação judicial;

d) descumprimento de qualquer outra exigência legal;

V – Vista ao devedor

O devedor terá vista dos autos para manifestar-se, em *cinco dias*, sobre a impugnação.

VI – Sentença

Dada vista ao devedor para manifestar-se sobre a impugnação, os autos serão conclusos ao juiz que decidirá, em *cinco dias*, sobre a impugnação, deferindo, ou não, a homologação.

VII – Recurso

Da sentença, homologando o plano de recuperação extrajudicial, ou não, cabe *apelação* sem efeito suspensivo.

O indeferimento do pedido de homologação não prejudica a apresentação de novo pedido, uma vez cumpridas as formalidades legais.

5. EFEITOS DA HOMOLOGAÇÃO JUDICIAL

São os seguintes os efeitos da homologação judicial da recuperação extrajudicial:

I – alcançado o *quorum* de três quintos dos créditos abrangidos pelo plano, a homologação obriga todos os credores das espécies respectivas;

II – após a distribuição do pedido de homologação, os credores que tenham aderido ao plano não podem dele desistir;

III – o plano de recuperação extrajudicial só produz efeito após sua homologação judicial, salvo se tal efeito tenha sido previsto, desde que exclusivamente com relação à modificação do valor e da forma de pagamento dos credores signatários;

IV – caso prevista alienação judicial de filiais ou unidades produtivas isoladamente, o juiz ordenará a sua realização, a ser feita por leilão, propostas fechadas ou pregão (art. 142).

Resumo

Recuperação extrajudicial. Vedada na legislação anterior (art. 2º, III, do Decreto-lei n. 7.661/45), a recuperação extrajudicial é expressamente admitida na Lei n. 11.101/2005:

"Art. 161. O devedor que preencher os requisitos do art. 48 desta Lei, poderá propor e negociar com credores plano de recuperação extrajudicial".

Créditos que envolve. Créditos com garantia real, privilégio especial, privilégio geral, quirografários e subordinados.

Créditos excluídos. Créditos tributários, trabalhistas e por acidente de trabalho, alienação fiduciária, arrendamento mercantil, renda ou promessa de venda de imóvel com contratos com cláusula de irrevogabilidade ou irretratabilidade, inclusive incorporações imobiliárias, reserva de domínio e contrato de câmbio.

Homologação judicial. A homologação judicial do plano de recuperação extrajudicial pode ser:

a) facultativa;

b) necessária.

A primeira (facultativa), a rigor, tem efeito meramente formal, por isso que facultativa. Ocorre na hipótese de o devedor lograr convencionar-se com todos os credores, ou com determinada espécie de credores abrangidos pelo plano.

A segunda é necessária quando o devedor não alcança a maioria de seus credores, obtendo, porém, a adesão de credores que representem mais de *três quintos* de todos os créditos abrangidos pelo plano.

Nessa última hipótese, a homologação judicial tem o condão de obrigar todos os credores das espécies abrangidas pelo plano, alcançando, por via de consequência, mesmo aqueles que não tenham dado sua adesão.

Requisitos para a obtenção da homologação judicial.

1º) O exercício regular de suas atividades empresariais há mais de dois anos.

2º) Não ser falido e, se o foi, que estejam declaradas extintas suas obrigações, por sentença transitada em julgado.

3º) Não ter, há menos de cinco anos, obtido concessão de recuperação judicial.

4º) Não ter, há menos de oito anos, obtido recuperação judicial para microempresas e empresas de pequeno porte.

5º) Não ter sido condenado por crime falimentar.

Recapitulação

1. Em que consiste a recuperação extrajudicial de empresa?

R. Como o próprio nome deixa entrever, a recuperação extrajudicial é verdadeira moratória, ou seja, acordo celebrado pessoalmente (sem intervenção judicial) do devedor com os seus credores, estabelecendo novação e outras formas de pagamento, tal como dilação de prazos etc.

2. Há requisitos prévios para a conclusão de tal acordo?

R. A resposta é negativa. Por se tratar de composição amigável, constituindo-se em renegociação de débitos, as partes podem, livremente, pactuá-la, mediante a assinatura de documentos que cristalizem o acordo, visando a recuperação econômico-financeira do devedor, com a consequente preservação da empresa.

3. O art. 161 da Lei Falimentar faz menção aos requisitos do art. 48 da mesma lei. Tal exigência não se aplica à recuperação aceita pela unanimidade dos credores?

R. Não, absolutamente. O acordo celebrado entre devedor e credores constitui-se em verdadeiro contrato, pelo qual celebram reformulação no cumprimento das obrigações do devedor. O requisito único é a legitimidade das partes e documento hábil para a concretização da composição.

O preenchimento dos requisitos do art. 48 só são exigíveis caso o devedor busque, em juízo, a homologação judicial.

4. O pedido de homologação do plano de recuperação extrajudicial acarreta suspensão de ações ou suspensões?

R. Não. Em conformidade com o art. 161, § 4º, da Lei n. 11.101/2005, o pedido de homologação do plano de recuperação extrajudicial não acarreta suspensão de direitos, ações, execuções – pelos credores não sujeitos ao plano de recuperação.

5. Os créditos trabalhista e tributário estão sujeitos aos efeitos da recuperação extrajudicial?

R. Não. Ao revés, expressamente excluídos, segundo o disposto no § 1º do art. 161 da Lei Falimentar.

TESTES DE APROVEITAMENTO DA MATÉRIA EXAMINADA

A – ASSINALE A ALTERNATIVA CORRETA NAS SEGUINTES QUESTÕES:

1. A recuperação judicial objetiva:
   - ☐ a) a liquidação da empresa;
   - ☐ b) a recuperação econômica da empresa.
2. A concessão da recuperação judicial:
   - ☐ a) depende da vontade dos credores;
   - ☐ b) não depende da vontade dos credores.
3. A recuperação judicial é:
   - ☐ a) uma medida extrajudicial;
   - ☐ b) uma medida judicial.
4. A recuperação judicial é:
   - ☐ a) um acordo especial entre o devedor e seus credores;
   - ☐ b) um favor legal.

5. A natureza jurídica da recuperação judicial confere-lhe a condição de:
   ☐ a) um contrato;
   ☐ b) um processo jurisdicional.
6. O empresário irregular ou de fato:
   ☐ a) pode requerer a recuperação judicial;
   ☐ b) não pode requerer a recuperação judicial.
7. Para requerer recuperação judicial o devedor:
   ☐ a) pode ter títulos protestados;
   ☐ b) não pode ter títulos protestados.
8. A recuperação judicial:
   ☐ a) priva o devedor da livre administração dos seus bens;
   ☐ b) não priva o devedor da livre administração dos seus bens.
9. A recuperação judicial envolve:
   ☐ a) só os créditos existentes até a implementação do pedido;
   ☐ b) todos os créditos, inclusive aqueles constituídos durante o processamento do pedido.
10. O plano de recuperação judicial pode estabelecer:
   ☐ a) somente os meios previstos no art. 50 da Lei n. 11.101/2005;
   ☐ b) também outros meios de recuperação judicial, considerando-se meramente exemplificativa a lista do art. 50.
11. O devedor, após o despacho que determina o processamento da recuperação judicial:
   ☐ a) pode desistir do pedido;
   ☐ b) não pode desistir do pedido.

B – PREENCHA OS CLAROS DAS SEGUINTES QUESTÕES:

1. Há .... espécies de recuperação judicial, a saber: *a*) ....; *b*) ....
2. Para requerer recuperação judicial, o devedor deve ter .... anos de exercício regular da atividade empresarial.
3. A recuperação extrajudicial que envolve a unanimidade dos credores .. .. de homologação judicial.
4. O plano de recuperação extrajudicial assinado por mais de três quintos dos credores, uma vez homologado .... todos os credores por este abrangidos.

Livro IV

DISPOSIÇÕES PENAIS (CRIMES FALIMENTARES)

Capítulo XXXI

DISPOSIÇÕES PENAIS (DOS CRIMES FALIMENTARES)

Sumário: 1. Considerações gerais. 2. Conceito. 3. A falência, a recuperação judicial e a recuperação extrajudicial como condição de punibilidade. 4. As sanções penais: reclusão; detenção; penas alternativas. 5. Interdição para o exercício da atividade empresarial. 6. Da prescrição. 7. Da reabilitação do falido. 8. Do procedimento penal. Resumo. Recapitulação.

1. CONSIDERAÇÕES GERAIS

Como já tivemos oportunidade de observar, a falência, nos primórdios, era considerada um delito – *falliti sunt fraudatores* (os falidos são fraudadores).

Daí a expressão falência, do verbo latino *fallere*, que significa falsear, enganar.

Nos dias atuais, em que pesem certos estigmas que ainda cercam o falido, que, inegavelmente, é ainda visto com restrições, a falência tem inequívoca natureza econômico-social, como, aliás, já proclamava Umberto Navarrini, constituindo-se, do ponto de vista jurídico, um processo de execução coletiva contra o devedor, empresário ou sociedade empresária.

Neste estágio, pois, a falência deixa, só por si, de ser um delito, para só se revestir dessa condição na ocorrência de certos fatos capitulados como crimes falimentares.

2. CONCEITO

Há na doutrina grande divergência quanto à natureza do crime falimentar, sustentando uns tratar-se de *crime contra o patrimônio*, como sucede entre nós com Carvalho de Mendonça. Outros, como Galdino Siqueira, consideram-no *crime contra a fé pública*, não faltando aqueles que, como Oscar Stevenson, o julgam um *crime contra a atividade empresarial*.

Estas divergências doutrinárias, como não podia deixar de ser, refletem-se nas diversas definições, que retratam, antes de tudo, a corrente a que se vinculam.

De manifesta natureza econômica, o crime falimentar prescinde:

a) da existência de um devedor (empresário ou sociedade empresária);

b) de uma sentença declaratória da falência, ou concessiva de recuperação judicial ou extrajudicial;

c) da ocorrência de atos e fatos culposos, expressamente enumerados na Lei Falimentar.

A Lei n. 11.101/2005, rompendo com tradição arraigada nos costumes, na linguagem jurídica e doutrinária, alterou a denominação de crimes falimentares para "Disposições Penais", obviamente porque, na nova sistemática, a falência não é a única condição de punibilidade, mas, igualmente, a recuperação judicial e extrajudicial, como deixa claro o art. 180:

> "A sentença que decreta a falência, concede a recuperação judicial ou concede a recuperação extrajudicial de que trata o art. 163 desta Lei é condição objetiva de punibilidade das infrações penais descritas nesta Lei".

3. A FALÊNCIA, A RECUPERAÇÃO JUDICIAL E A RECUPERAÇÃO EXTRAJUDICIAL COMO CONDIÇÃO DE PUNIBILIDADE

O crime falimentar, como deixa patente o subtítulo do Capítulo VII – "*Dos crimes em espécie – fraude a credores*", é de nítida natureza econômica, pressupondo, necessariamente, um devedor empresário ou sociedade empresária, uma sentença declaratória de falência ou concessiva de recuperação judicial ou extrajudicial (homologação), e da ocorrência de atos e fatos enumerados nos arts. 168 a 178 da Lei n. 11.101/2005.

Imprescindível, pois, que haja sentença declaratória da falência, concessiva da recuperação judicial ou homologatória da recuperação extrajudicial, sem o que não haverá crime de fraude a credores – os crimes falimentares.

Assim, somente depois de decretada a falência, concessão da recuperação judicial ou homologação do plano em recuperação extrajudicial se pode indagar ou não de ilícito penal.

4. AS SANÇÕES PENAIS: RECLUSÃO; DETENÇÃO; PENAS ALTERNATIVAS

A Lei n. 11.101/2005 (Lei de Falências e Recuperação de Empresas), no Capítulo VII – "Disposições Penais", prevê três espécies de penas:

a) pena de reclusão;

b) pena de detenção;

c) pena alternativa (perda de bens, prestação de serviços à comunidade).

A pena de reclusão, obviamente, é a mais grave, pois, além de impor ao indivíduo um período de isolamento, só excepcionalmente admite o *sursis*, ou seja, o livramento condicional.

A pena de detenção é, inegavelmente, mais branda, por isso que, em sendo primário, ao condenado não é imposto período de isolamento.

A pena alternativa é, inquestionavelmente, a menos rigorosa de todas, consistindo, ou na perda de bens e valores, ou na prestação de serviços à comunidade.

A Lei Falimentar atual admite a *pena de reclusão*, nas seguintes hipóteses:

a) prática de atos fraudulentos antes ou depois da sentença que decretar a falência conceder a recuperação judicial ou homologar a recuperação extrajudicial, de que possam resultar prejuízo a credores;

b) elaboração de escrituração contábil com dados inexatos;

c) omissão, na escrituração contábil, de lançamentos, ou alteração na escrituração ou nos balanços;

d) rasura, corrompendo dados contábeis, computados ou informatizados;

e) simulação da composição do capital social;

f) destruição, ocultação ou inutilização de documentos de escrituração contábil obrigatórios;

g) violação, exploração ou divulgação, sem justa causa, do sigilo empresarial ou de dados confidenciais, que contribuam para a viabilidade econômico-financeira da empresa;

h) divulgação de informações falsas sobre o devedor em recuperação judicial, contribuindo para a decretação da sua falência;

i) sonegação, omissão ou divulgação de informações falsas no processo de falência, recuperação judicial ou extrajudicial, de forma a induzir a erro o juiz, o Ministério Público, o administrador judicial e os credores;

j) favorecimento de um ou mais credores em prejuízo dos demais;

k) desvio, ocultação ou apropriação de bens;

l) aquisição, recebimento ou uso ilegal de bens;

m) habilitação de crédito falso;

n) exercício ilegal de atividade;

o) violação de impedimento, ou seja, aquisição pelo juiz, administrador judicial, gestor judicial, perito, avaliador, escrivão, oficial de justiça, ou leiloeiro, de bens da massa falida, por si ou por interposta pessoa.

A *pena de detenção* é prevista na hipótese de omissão dos documentos contábeis obrigatórios.

A *pena alternativa*, ou seja, perda de bens e valores ou prestação de serviços à comunidade é reservada à falência de microempresa e empresa de pequeno porte, desde que não se constate prática habitual de condutas fraudulentas.

O exame das hipóteses descritas deixa evidente a existência de quatro espécies de delitos falimentares:

a) próprios;

b) impróprios;

c) pré-falimentares, inclusive na recuperação judicial ou extrajudicial homologada judicialmente;

d) pós-falimentares.

Os primeiros são aqueles cometidos pelo próprio falido. Os segundos, aqueles praticados por outras pessoas que não o falido, tais como o juiz, o membro do Ministério Público, o administrador, o escrivão, o oficial de justiça ou o leiloeiro, e até mesmo o credor, seja ocultando bens da massa falida, adquirindo-os ilegalmente etc.

Crimes pré-falimentares são aqueles praticados anteriormente à quebra, ou na fase de recuperação judicial ou extrajudicial.

Na eventualidade de o falido ser sociedade empresária, a responsabilidade por atos que impliquem crimes previstos na Lei Falimentar há de ser atribuída às pessoas físicas dos respectivos administradores ou diretores, como enfatiza o art. 179:

> "Na falência, na recuperação judicial e na recuperação extrajudicial de sociedades, os seus sócios, diretores, gerentes, administradores e conselheiros, de fato ou de direito, bem como o administrador judicial, equiparam-se ao devedor ou falido para todos os efeitos penais decorrentes desta Lei, na medida de sua culpabilidade".

5. INTERDIÇÃO PARA O EXERCÍCIO DA ATIVIDADE EMPRESARIAL

A condenação imposta ao devedor, pelos crimes capitulados nas Disposições Penais da Lei n. 11.101/2005, entre outros efeitos (art. 181), pode acarretar a interdição para o exercício da atividade empresarial:

> "I – a inabilitação para o exercício de atividade empresarial".

Este e outros efeitos declinados no dispositivo legal sob comento, como declara o § 1º, *não são automáticos* ou consequentes da sentença criminal – devendo ser motivadamente declarados, perdurando até cinco anos, cessando pela extinção da punibilidade ou pela reabilitação penal.

Da sentença penal condenatória, uma vez transitada em julgado, será notificado o Registro Público de Empresas, a cargo da Junta Comercial.

6. DA PRESCRIÇÃO

A prescrição extintiva da punibilidade, nos crimes falimentares, opera-se pelas disposições do Código Penal de 1940, em vigor, tendo início no dia da decretação da falência, da concessão da recuperação judicial ou homologação do plano de recuperação extrajudicial.

Observe-se que a decretação da falência interrompe a prescrição cuja contagem tenha sido iniciada com a concessão da recuperação judicial ou com a homologação do plano de recuperação extrajudicial.

7. DA REABILITAÇÃO DO FALIDO

A reabilitação visa, como o próprio nome deixa entrever, normalizar a situação da pessoa, restaurando a capacidade empresarial do falido.

Como observa Ferreira Borges, além do efeito moral em proveito do falido, a reabilitação apaga e extingue todas as incapacidades de caráter legal, reintegrando o empresário, visado pela falência, no estado em que se encontrava antes da quebra.

Há duas hipóteses de reabilitação:

a) reabilitação civil;

b) reabilitação penal.

A primeira ocorre quando, por inexistir crime falimentar, o juiz da falência profere sentença declarando extintas as obrigações do falido.

A segunda, ou seja, a reabilitação penal, há de ser proclamada pelo juízo criminal, na forma prevista nos arts. 93 a 95 do Código Penal.

8. DO PROCEDIMENTO PENAL

Em conformidade com o disposto no art. 183 da Lei Falimentar, a competência para processar e julgar os crimes falimentares é do *juiz criminal*:

> "Compete ao juiz criminal da jurisdição onde tenha sido decretada a falência, concedida a recuperação judicial ou homologado o plano de recuperação extrajudicial, conhecer da ação penal pelos crimes previstos nesta Lei".

Na atual sistemática, intimado da sentença que decreta a falência, ou concede a recuperação judicial, o Ministério Público, constatando a existência de crime falimentar, *promoverá imediatamente a ação penal*, oferecendo a respectiva denúncia (art. 46 do CPP).

Poderá, todavia, requisitar à autoridade policial a abertura de inquérito policial, aguardando, se assim entender, a apresentação do relatório do administrador, com exposição circunstanciada das causas da falência, o procedimento do devedor, apontando, outrossim, atos que possam constituir crime tipificado na legislação falimentar.

O processamento do devedor, portanto, desloca-se do juízo universal da falência e da recuperação judicial e extrajudicial (homologação) para o juiz criminal.

Resumo

Disposições Penais. A Lei n. 11.101/2005 dá aos crimes anteriormente chamados de crimes falimentares a denominação de "crimes em espécie – fraude a credores", e isso porque, na nova sistemática, a falência deixa de ser a única condição de punibilidade, passando a ser, igualmente, a recuperação judicial e a extrajudicial com plano homologado em juízo – art. 180.

Sanções Penais. A legislação falimentar atual contempla três espécies de pena, a saber:

a) reclusão;

b) detenção;

c) pena alternativa consistente em perda de bens ou prestação de serviços à comunidade.

Interdição para o exercício da atividade empresarial. A condenação imposta ao devedor pode, desde que motivadamente declarada na sentença criminal, acarretar a interdição para o exercício da atividade empresarial.

Prescrição. A prescrição extintiva opera-se na forma prevista no Código Penal, tendo início no dia da decretação da falência, concessão da recuperação judicial ou homologação do plano na recuperação extrajudicial.

Reabilitação do falido. A reabilitação visa, como o próprio nome deixa entrever, normalizar a situação do devedor, restaurando-lhe a capacidade para o exercício da atividade empresarial.

Recapitulação

1. A falência é, por si só, um crime?

R. Nos primórdios, sim, era a falência considerada um delito, sujeitando o falido às penas mais severas. Modernamente, porém, a falência, em si, não é considerada um delito, mas um fenômeno econômico-social, constituindo-se, do ponto de vista jurídico, um processo de execução judicial contra o devedor insolvente.

2. Quando é que a falência se constitui em crime?

R. Quando para a sua ocorrência concorram certos atos ou fatos que a Lei Falimentar considera ilícito penal, após a decretação da falência, a concessão de recuperação judicial ou homologação do plano em recuperação extrajudicial.

3. Qual a natureza jurídica do crime falimentar?

R. Conquanto haja na doutrina séria controvérsia a respeito, entendemos ser o crime falimentar de manifesta natureza econômica, pressupondo, necessariamente, uma sentença declaratória da falência concessiva de recuperação judicial ou homologatória de plano de recuperação extrajudicial, e a existência de atos e fatos capitulados como crime pela Lei n. 11.101/2005.

4. O processamento penal, nas hipóteses transcritas, se dá no juízo da falência?

R. Não. Constatada a existência de crime capitulado nas Disposições Penais da Lei Falimentar, o Ministério Público promoverá a competente ação penal, oferecendo denúncia, competindo ao juiz criminal, da jurisdição onde tenha sido decretada a falência (ou concedido a recuperação judicial, ou ainda, homologado o plano em recuperação extrajudicial), conhecer da ação penal.

5. Qual o rito previsto para o processamento penal do devedor?

R. Aquele previsto nos arts. 531 a 538 do Código de Processo Penal – Processo Sumário.

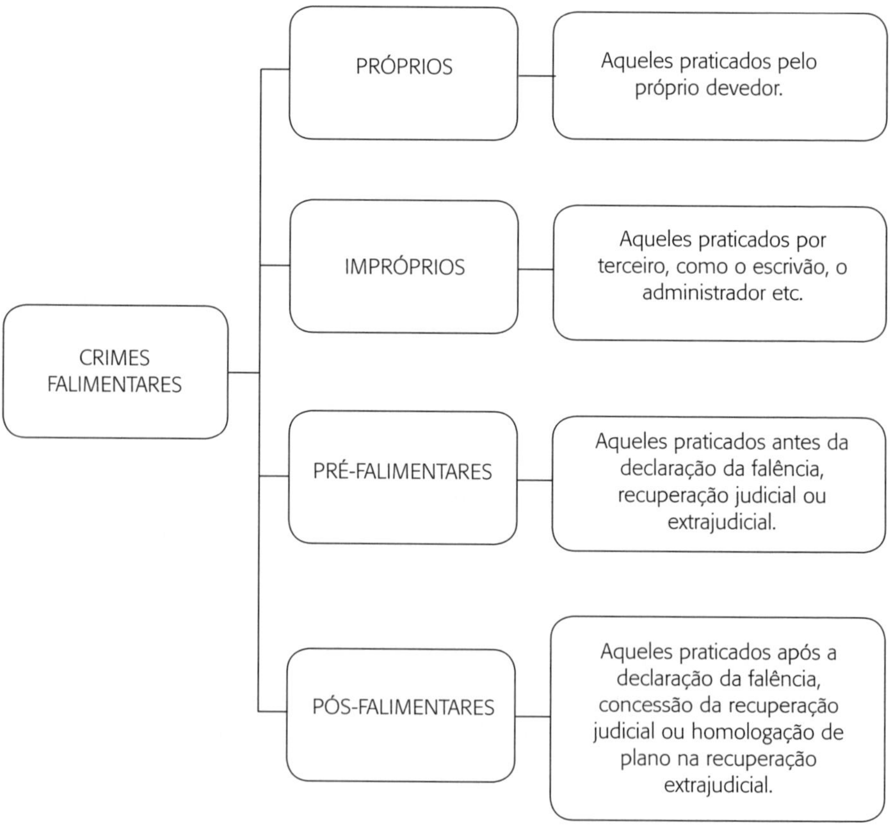

PARTE PRÁTICA

NOTA EXPLICATIVA

Os modelos reproduzidos visam, tão somente, traçar um roteiro das petições mais usuais no processo falimentar e nos pedidos de recuperação judicial, objetivando orientar o advogado nos intrincados caminhos da falência. Obviamente, cada caso concreto exigirá do advogado novos elementos, no sentido de que cada pretensão seja devidamente robustecida. Além disso, de todo conveniente que se dê às petições em apreço uma redação pessoal, evitando-se, pura e simplesmente, os inconvenientes da mera reprodução.

As observações transcritas ao pé de cada petição têm finalidade didática, possibilitando uma visão jurídica das pretensões.

Capítulo XXXII

MODELOS DE PETIÇÕES

Sumário: 1. Procuração para o foro em geral. 2. Petição inicial com base na impontualidade. 3. Petição de falência com base nos atos e fatos enumerados no art. 94, II, da Lei Falimentar. 4. Medida cautelar: sequestro dos bens, dos livros e documentos do falido. 5. Resposta do devedor: arguição de relevante razão de direito. 6. Auto de arrecadação, inventário e guarda dos bens do falido. 7. Avisos do administrador judicial. 8. Pedido de restituição. 9. Embargos de terceiro. 10. Ação revocatória. 11. Habilitação de crédito: por cambial; por hipoteca; de empregado, por créditos trabalhistas. 12. Impugnação de crédito. 13. Prestação de contas do administrador judicial. 14. Pedido de extinção das obrigações: por pagamento; por ocorrência de prescrição. 15. Pedido de reabilitação do falido. 16. Petição inicial de recuperação judicial. 17. Pedido de homologação de recuperação extrajudicial. 18. Recurso contra sentença declaratória de falência.

1. PROCURAÇÃO PARA O FORO EM GERAL

O abaixo-assinado .... (nome) ....,...... (nacionalidade) .... (estado civil) .... (profissão) ...... , ... (residência e domicílio) .... por este instrumento particular de procuração, nomeia e constitui seu bastante procurador e advogado o Dr. .... (nome do advogado) ...., ... (nacionalidade) ...., ... (estado civil) ...., advogado inscrito na Ordem dos Advogados do Brasil, seção de .... (cidade) ...., sob n. .... (n. de inscrição na OAB) ...., com escritório nesta cidade, na Rua ...., n. ...., a quem confere todos os poderes para o foro, em geral, podendo propor contra quem de direito as ações competentes, defendendo-o nas contrárias, perante qualquer Juízo, Instância ou Tribunal, podendo, ainda, confessar, transigir, desistir, levantar alvará, firmar acordos ou compromissos, dar recibo e quitação, substabelecer com ou sem reservas de

iguais poderes, e especialmente para requerer a falência de ....
.... (nome do devedor comerciante) ....
..........................., ultimando, outrossim, a minha inclusão como credor, impugnando e defendendo créditos, bem como participando de qualquer ato ou deliberação da massa falida.

........., ... de .... de ....

....

(nome do mandante)

Obs.: *Procuração*, como se sabe, é um instrumento de mandato, pelo qual alguém confere poderes a outrem, para que em seu nome pratique algum ato jurídico ou realize um negócio (**arts. 103 a 107 do CPC/2015**).

A procuração pode ser por *instrumento público* (lavrada pelo tabelião), ou por *instrumento particular* (que normalmente é encontrada nas papelarias, bastando preencher os claros) elaborada pelo próprio advogado.

O Código Civil contempla outras espécies de procuração, como, por exemplo, a *apud acta*, ou ainda a *caução de rato*, também chamada de *procuração de rato*, e ainda a procuração por *telegrama*; o mandato consta do Código Civil, arts. 653 e 654.

A procuração *apud acta* é aquela lavrada pelo escrivão da causa, na presença do juiz do feito, ou de duas testemunhas. A *procuração de rato* é o meio de que se vale alguém para intervir no feito até que lhe chegue às mãos o instrumento de mandato (forma admitida pelo Estatuto da OAB).

Para se requerer uma falência, é imprescindível a outorga de mandato (público ou particular) a advogado, devidamente inscrito na OAB (advogados há impedidos para o patrocínio de determinadas causas, como decorrência de funções paralelas, como procuradoria, funcionalismo etc.).

2. PETIÇÃO INICIAL COM BASE NA IMPONTUALIDADE

A – PELO CREDOR

Exmo. Sr. Dr. Juiz de Direito da .... Vara Cível da Comarca de ....

.... (nome e qualificação do autor) ....
.... vem, mui respeitosamente, por seu advogado e bastante procurador, infra-assinado, mandato junto (doc. 1), requerer, nos termos do art.

94, I, da Lei n. 11.101/2005, a *Falência* de .... (nome, qualificação se pessoa física, e endereço do devedor) ...., pelo que expõe e requer a V. Exa. o seguinte:

1º) O Requerente é credor do Requerido da importância de R$ .... (valor por extenso) ...., representada pela *Duplicata* inclusa (doc. 2), vencida, não paga e devidamente protestada, como prova o instrumento de protesto junto (doc. 3);

2º) Em se tratando de dívida líquida, certa e exigível, requer o peticionário a citação do Requerido, nos termos do **art. 246, II, do CPC/2015**, para que, querendo, apresente contestação que tiver, no prazo de **15 dias**, devendo ser a final decretada a sua falência, não obstante podendo o devedor utilizar-se da faculdade prevista no art. 105, parágrafo único, da Lei de Falências, efetuando o depósito elisivo acrescido de juros e correção monetária, custas processuais e honorários advocatícios.

Protestando por todos os meios de provas admitidas em Juízo, depoimento pessoal do Requerido, sob pena de confesso, testemunhas, perícias, arbitramento, juntada ulterior de documentos, dá-se à presente o valor de R$ ...., para fins de alçada.

Nesses termos, aguarda deferimento.

........, ... de .... de ....

....

(Assinatura do advogado)

OAB n. ....

Obs.: A **petição inicial** está condicionada a determinados pressupostos, previstos no **art. 319 do CPC/2015**, a saber:

I – o juiz a que é dirigida;

II – os nomes, os prenomes, o estado civil, a existência de união estável, a profissão, o número de inscrição no CPF ou CNPJ, o endereço eletrônico, o domicílio e a residência do autor e do réu;

III – o fato e os fundamentos jurídicos do pedido;

IV – o pedido com as suas especificações;

V – o valor da causa;

VI – as provas com que o autor pretende demonstrar a verdade dos fatos alegados;

VII – a opção do autor pela realização ou não de audiência de conciliação ou de mediação.

A petição deve vir acompanhada dos documentos indispensáveis à propositura da ação falimentar, a saber:

a) procuração *para o foro em geral*, outorgada a advogado inscrito na OAB;

b) o *título de crédito* em que se funda o pedido, seja letra de câmbio, nota promissória, duplicata, cheque etc., cujo valor ultrapasse quarenta salários mínimos;

c) o *instrumento de protesto* do título mencionado, já que o protesto é indispensável para a propositura da ação falimentar.

d) *prova* de que o requerente é empresário (se o for), juntando para isso certidão da Junta Comercial, ou qualquer outro documento.

Forma Reduzida de Requerimento de Falência:

Exmo. Sr. Dr. Juiz de Direito da .... Vara Cível da Comarca de ....

.... (qualificação do requerente) ...., por seu advogado abaixo assinado (doc. 1), sendo credor de .... (qualificação do requerido) ...., na importância de R$ .... (valor por extenso), representada pelo título .... (descrever o título) .... (doc. 2), devidamente protestado, vem requerer a V. Exa. seja o devedor citado para que, no prazo de dez dias, apresente a defesa que tiver, sob pena de lhe ser decretada a falência, podendo ainda valer-se da faculdade prevista no art. 98, parágrafo único, da Lei Falimentar, ultimando o depósito elisivo, com juros, correção monetária e honorários advocatícios. Valor da causa R$ ....

Nesses termos, aguarda deferimento.

........., ... de .... de ....

....

(Assinatura do advogado)

OAB n. ....

B – PELO PRÓPRIO DEVEDOR (AUTOFALÊNCIA)

Exmo. Sr. Dr. Juiz de Direito da .... Vara Cível da Comarca de ....

.... (nome e qualificação do requerente) ...., na condição de empresário (doc. 1), estabelecido com o ramo de ...., nesta Cidade, na Rua ...., n. ...., vem, mui respeitosamente, por seu advogado e bastante procurador abaixo assinado, mandato junto (doc. 2), requerer a decretação da sua *Falência*, pelos motivos que passa a expor:

1º) Envolveu-se o requerente em estado de insolvência, não lhe sendo possível pagar nos devidos vencimentos obrigações líquidas e certas, posto que manifesto o seu intento de o fazer e exaustivas suas diligências no sentido de solver suas obrigações.

2º) E, assim, não puderam ser solvidas as obrigações .... (especificar os respectivos valores e as datas dos vencimentos) ...., como se vê da inclusa relação nominal de credores (doc. 3).

3º) Tal insolvência é fruto da atual conjuntura econômica, como consequência das medidas restritivas ao crédito e à demanda, a que se há de acrescentar a necessidade de constante renovação de estoques e maquinários.

4º) O estado de negócios do requerente assume tal gravidade que não antevê possibilidades concretas de recuperação econômico-financeira, considerando a continuação de suas atividades empresariais agravante da sua já atual e manifesta insolvência, que embasa de fato o estado de falência, cuja declaração ora requer.

Em face do que determina o art. 105 da Lei n. 11.101/2005, faz juntada o requerente dos documentos previstos nos seus incisos I, II, III, IV, V, VI (docs. .... a ....), fazendo, ainda, com a presente, a entrega dos seus livros obrigatórios, para os fins de direito.

Dá-se à presente o valor de R$ ...., para fins de alçada.

Nesses termos, aguarda deferimento.

........., ... de .... de ....

....

(Assinatura do advogado)

OAB n. ....

Obs.: Requerida pelo próprio devedor (a chamada *autofalência*), além dos requisitos do **art. 319 do CPC/2015**, a petição inicial deverá conter:

a) balanço do ativo e passivo, com a discriminação e respectiva avaliação de todos os bens, exceto as dívidas prescritas;

b) relação nominal de todos os credores (civis e comerciais), com a indicação do domicílio de cada um, valores e natureza dos respectivos créditos;

c) contrato social, ou, não havendo, a indicação de todos os sócios, suas qualificações e domicílios, ou os estatutos, se se tratar de sociedade por ações, quando então a inicial deve ser assinada por seus representantes legais, vindo acompanhada, também, de certidão da ata da assembleia geral que deliberou a respeito.

Ao requerer a própria falência, o devedor apresenta em cartório os seus livros obrigatórios, os quais ali permanecerão à disposição do administrador a ser nomeado pelo juiz (art. 105, I a VI).

C – PELO CÔNJUGE SOBREVIVENTE, HERDEIROS OU INVENTARIANTE (FALÊNCIA DO ESPÓLIO)

Exmo. Sr. Dr. Juiz de Direito da .... Vara Cível da Comarca de ....

.... (nome e qualificação do requerente) .... vem, por seu advogado que esta subscreve, mandato incluso (doc. 1), requerer, em conformidade com o que dispõe o art. 97, II, da Lei n. 11.101, de 9 de fevereiro de 2005, a *Falência* de seu finado marido, pelos fatos que a seguir expõe:

1º) Em .... de .... de ...., faleceu, nesta Cidade, o seu marido ...., que era empresário (doc. 2) ....

2º) Ao assumir a direção dos negócios, na condição de inventariante (doc. 2), constatou a Requerente, através do balanço incluso (doc. 3), encontrar-se a empresa em total estado de insolvência, sem reunir, por via de consequência, condições materiais de saldar seus débitos.

3º) A situação econômico-financeira da empresa é de tal gravidade que se afigura à Requerente uma temeridade a continuação das suas atividades, pelo que requer se digne V. Exa. de decretar a *Falência do Espólio*, pelo que junta à presente os livros obrigatórios e relação nominal dos credores, com os respectivos créditos.

Dando-se à causa o valor de R$ ....

Nesses termos, aguarda deferimento.

.........., ... de .... de ....

....

(Assinatura do advogado)

OAB n. ....

Obs.: Na ocorrência de morte de uma pessoa, seus herdeiros sucedem-na nos direitos e obrigações, respondendo o espólio (os bens do *de cujus*), pelas dívidas que este porventura tenha deixado, como, aliás, dispõe o Código Civil no seu art. 1.792.

Na hipótese de o *de cujus* ter sido empresário, verificando-se o estado de insolvência, não só o credor pode requerer a falência do espólio, mas também o cônjuge sobrevivente, os herdeiros e o inventariante.

Na falência do espólio, os requerentes, em se tratando de cônjuge sobrevivente, herdeiros ou inventariante, devem juntar, além dos documentos que positivem o estado de falência (título de crédito vencido e não pago, ou balanço que ateste a insolvência), certidão que demonstre legitimidade ativa, a saber: certidão de casamento para o cônjuge sobrevivente; certidão de nascimento para os herdeiros; certidão do Juízo da Família e Sucessões, patenteando a condição de inventariante.

3. PETIÇÃO DE FALÊNCIA COM BASE NOS ATOS E FATOS ENUMERADOS NO ART. 94, II, DA LEI FALIMENTAR

Exmo. Sr. Dr. Juiz de Direito da .... Vara Cível da Comarca de ....

.... (qualificação do requerente) ...., empresário (doc. 1), por seu advogado e bastante procurador, abaixo assinado (doc. 2), com fundamento no art. 94, II, da Lei n. 11.101/2005, vem requerer se digne V. Exa. decretar a falência de .... (qualificação do requerido) .... (doc. 3), pelos fatos e motivos que passa a expor:

I – O Requerente propôs contra o Requerido ação ordinária de cobrança, feito que se processou perante o DD. Juízo da .... Vara Cível.

II – Julgada procedente a ação, foi o Requerido citado para pagar seu débito, acrescido de custas processuais e juros de mora, sem que, entretanto, em tempo hábil, efetuasse o pagamento, depositasse a importância ou nomeasse bens à penhora, como atesta o documento junto (doc. 2).

III – Assim, é a presente para requerer que citado o Requerido se digne V. Exa. de decretar a falência do devedor, na forma da lei.

Protestando por todos os meios de provas admitidas em Juízo, depoimento pessoal do Requerido, sob pena de confesso, testemunhas, perícias, arbitramentos, juntada ulterior de documentos, dá-se à presente o valor de R$ .... (valor equivalente ao débito).

Nesses termos, aguarda deferimento.

.........., ... de .... de ....

....

(Assinatura do advogado)

OAB n. ....

Obs.: Como já observamos ao longo desta obra, o que efetivamente caracteriza a falência do devedor é a *insolvência*, que se exterioriza, antes de tudo, pela *impontualidade*. Esta última não é senão a manifestação primeira da insolvência.

Além da impontualidade, porém, outros atos e fatos indicativos da insolvabilidade podem ensejar a falência, pouco importando que o devedor não tenha deixado de pagar determinada obrigação. Como já advertia Carvalho de Mendonça, a falta de pagamento, a impontualidade, é, a rigor, a manifestação mais eloquente da insolvência, mas não é a única:

> "... outros atos ou fatos resultantes da conduta pessoal do devedor no exercício da sua indústria ou comércio também a demonstram".

4. MEDIDA CAUTELAR: SEQUESTRO DOS BENS, DOS LIVROS E DOCUMENTOS DO FALIDO

Exmo. Sr. Dr. Juiz de Direito da .... Vara Cível da Comarca de ....

.... (nome e qualificação do requerente) .... vem, mui respeitosamente, por seu advogado e procurador, infra-assinado, mandato junto (doc. 1), nos autos do pedido de falência que move contra .... (nome e qualificação do requerido) ...., que se processa perante esse DD. Juízo e respectivo Cartório, requerer *Sequestro* dos bens, dos livros e documentos do Requerido, pelos motivos que passa a expor:

1º) Por encontrar-se em local incerto e não sabido, foi o Requerido citado por edital, não apresentando, na oportunidade, qualquer contestação ou efetuado, em tempo hábil, o depósito do seu débito.

2º) Sua atitude, de manifesto desinteresse, demonstra, de forma irretorquível, menosprezo pela Justiça, tudo indicando que se oculta com o visível propósito de lesar seus credores.

3º) Tendo o Requerente constatado a existência de bens no interior do armazém de propriedade do Requerido, requer o *Sequestro* dos bens, dos livros e documentos do Requerido, como forma de assegurar aos seus credores a certeza do recebimento de seus respectivos créditos, com a concessão da *liminar*, como de direito.

Isto posto, protesta por todos os meios de provas admitidas em Juízo, depoimento pessoal do Requerido, sob pena de confesso, testemunhas, perícias, arbitramentos, juntada ulterior de documentos, dando à causa o valor da ação principal, no importe de R$ ....

Nesses termos, aguarda deferimento.

........, ... de .... de ....

....

(Assinatura do advogado)

OAB n. ....

Obs.: A Lei Falimentar abriga no seu seio a chamada *medida cautelar*, admitindo que durante o processo o juiz, de ofício, ou a requerimento do credor, possa ordenar o *sequestro* dos livros, correspondência e bens do devedor, proibindo, outrossim, qualquer alienação destes. Nessa hipótese, os bens e livros ficarão sob a guarda de depositário nomeado pelo juiz, podendo a nomeação recair sobre o próprio credor requerente.

A petição requerendo o sequestro, como facilmente se percebe, há de estar robustecida de farta documentação e indícios veementes dos fatos em que se estriba, sob pena de a medida não lograr êxito.

O pedido de sequestro no processo falimentar pode ser formulado na própria inicial, dispensando-se, assim, petição em separado, nos moldes do **art. 305 do CPC/2015**.

Concedido o sequestro, na eventualidade de a ação principal (falência) ser julgada improcedente, os efeitos deste cessarão imediatamente.

Entendemos que isso também há de ocorrer quando, em tempo hábil, o devedor providenciar o *depósito elisivo*.

Na hipótese de a falência ser declarada, o sequestro cede lugar à arrecadação, de antemão levada a efeito.

5. RESPOSTA DO DEVEDOR: ARGUIÇÃO DE RELEVANTE RAZÃO DE DIREITO

Exmo. Sr. Dr. Juiz de Direito da .... Vara Cível da Comarca de ....

.... (nome e qualificação do devedor) .... vem, mui respeitosamente, por seu advogado que esta subscreve, mandato junto (doc. 1), nos autos do pedido de *Falência* que lhe move .... (nome do autor) ...., em curso nesse DD. Juízo e respectivo Cartório, apresentar, em tempo hábil, sua contestação, pelo que expõe e requer a V. Exa. o seguinte:

1º) *Preliminarmente*: pede vênia o Requerente para acentuar a existência de *depósito elisivo* (doc. 2), pelo que não há falar em decretação da falência, *ex vi* do disposto no art. 98, parágrafo único, da Lei Falimentar.

2º) *No mérito*: manifestamente ilegítimo o crédito pretendido pelo Autor .... (especificar as razões que tornariam o crédito do autor ilegítimo e, por isso mesmo, inexigível) ....

3º) Pelos motivos expostos, deve a ação ser julgada improcedente, determinando-se que se proceda ao levantamento do depósito em favor do Requerente, condenado o autor no pagamento das custas processuais, honorários advocatícios e demais cominações legais.

Isto posto, protesta por todos os meios de provas admitidos em Juízo, depoimento pessoal do Autor, sob pena de confesso, testemunhas, perícias, arbitramentos, juntada ulterior de documentos.

Nesses termos, aguarda deferimento.

.........., ... de .... de ....

....

(Assinatura do advogado)

OAB n. ....

Obs.: A falência, como já se observou, pode ser requerida com base na *impontualidade ou em outros fatos que denunciem a insolvência do devedor*.

Em ambas as hipóteses terá o devedor *dez dias* para defender-se (art. 98 da Lei Falimentar).

Regularmente citado, pode o devedor, no prazo de dez dias, depositar o valor do seu débito – é o chamado *depósito elisivo*.

Efetuado o depósito, fica inteiramente afastada a possibilidade de decretação da falência, devendo o juiz, nessa hipótese, limitar-se a julgar a relação creditícia.

O depósito elisivo pode vir acompanhado de contestação, quando então a falência não será declarada, deslocando-se a ação para a discussão da legitimidade do crédito.

Outrossim, o depósito sem contestação consubstancia reconhecimento da legitimidade do crédito reclamado, não restando ao juiz senão julgar extinta a ação, determinando o levantamento do depósito em favor do autor, condenado o réu no pagamento das custas processuais e honorários advocatícios.

Por outro lado, pode o devedor contestar sem depositar, o que no processo falimentar se nos afigura verdadeira temeridade, pois, na hipótese de a defesa não ser acolhida, a falência será fatalmente decretada.

Na defesa, pode o devedor arguir, *em preliminar*, matéria de conteúdo exclusivamente processual, a saber:

1º) inexistência ou nulidade da citação;

2º) incompetência absoluta.

Na defesa de mérito poderá arguir:

1º) falsidade do título;

2º) prescrição;

3º) nulidade da obrigação ou do título;

4º) pagamento da dívida;

5º) qualquer outro fato que extinga ou suspenda a obrigação ou não legitime a cobrança do título;

6º) vício do protesto ou em seu instrumento;

7º) apresentação do pedido de recuperação judicial no prazo de contestação;

8º) cessação da atividade empresarial mais de dois anos antes do pedido de falência, devidamente comprovada com certidão do Registro Público de Empresas, a cargo da Junta Comercial.

6. AUTO DE ARRECADAÇÃO, INVENTÁRIO E GUARDA DOS BENS DO FALIDO

Aos .... dias do mês de .... do ano de .... nesta cidade, no estabelecimento do falido ...., à Rua ...., n. ...., eu, administrador judicial da massa falida, fiz a arrecadação e o inventário de todos os bens do falido, a saber:

Dinheiro

....

Livros Comerciais

Obrigatórios ....

Facultativos ....

Títulos de Crédito

....

Mercadorias

....

Móveis e Utensílios

....

Bens do Falido em Poder de Terceiros

....

Bens de Propriedade de Terceiros, Encontrados em Poder do Falido

....

Obs.: Tão logo nomeado, o administrador dirigir-se-á ao Cartório do Juízo da Falência, ali firmando compromisso.

Seu primeiro ato efetivo, no interesse da massa, será o de arrecadar os bens do falido. Tão rigoroso é o processo de arrecadação que, inclusive, bens de terceiro que se encontrem em poder do falido são arrecadados, assegurando-se, a seus legítimos proprietários, reavê-los por meio do *pedido de restituição* ou por via dos *embargos de terceiro*.

Procedida a arrecadação dos bens do falido, deve o administrador individuá-los, fixando-lhes valor, levantando, para isso, um *inventário*, também denominado *auto de arrecadação*.

No inventário se discriminarão: o dinheiro, os livros, os títulos de crédito, as mercadorias, os móveis e utensílios, os bens do falido que se encontrem em poder de terceiros e os bens de terceiro que sejam encontrados em poder do falido.

7. AVISOS DO ADMINISTRADOR JUDICIAL

Aviso aos Credores

Falência de ....

.... (nome do administrador) ...., administrador da massa falida de ...., cujo feito se processa perante o Juízo da .... Vara Cível desta Comarca, avisa, aos credores em geral e demais interessados, que se acha à sua disposição nos dias ...., das .... às .... horas, à Rua .... n. ....

a) ....

Obs.: Deve o administrador dar ampla publicidade à sentença declaratória da falência, providenciando a sua publicação em jornal de grande circulação (se a massa comportar tal encargo), avisando pelo órgão oficial o lugar e a hora em que, diariamente, os credores terão à sua disposição os livros e papéis do falido e em que os interessados serão atendidos (art. 22, III, da Lei de Falências).

8. PEDIDO DE RESTITUIÇÃO

Exmo. Sr. Dr. Juiz de Direito da .... Vara Cível da Comarca de ....

........................(nome do requerente)................ vem, mui respeitosamente, por seu advogado e procurador, infra-assinado, mandato junto (doc. 1), nos autos da *Falência* de .... (nome do falido) ...., que se processa perante esse DD. Juízo e respectivo Cartório, expor e requerer a V. Exa. o seguinte:

1º) Ao proceder à arrecadação dos bens do falido, o administrador judicial, no cumprimento das suas funções, arrecadou o seguinte bem, que se encontrava em poder do falido: ....

....

2º) Ocorre, porém, que o bem referido se encontrava em poder do falido em decorrência de um contrato (documento incluso, n. 2), celebrado entre o Requerente e o Falido, sendo certo, porém, que o mesmo é de propriedade do Requerente, como demonstra o documento anexo (doc. 3).

Nessas condições, espera que, nos termos do art. 87 da Lei Falimentar, se digne V. Exa. de determinar que o bem lhe seja restituído, como de direito.

Protestando por todos os meios de provas admitidos em Juízo, depoimento pessoal do falido, testemunhas, perícias, arbitramento.

Dá-se à presente o valor de R$ ...., para fins de alçada.

Nesses termos, aguarda deferimento.

.........., ... de .... de ....

....

(Assinatura do advogado)

OAB n. ....

Obs.: O rigorismo do processo de arrecadação impõe que nela sejam incluídos os bens de terceiro que sejam encontrados em mãos do falido, facultado a seus donos reavê-los por meio do *pedido de restituição.*

Tal restituição, todavia, sujeita os interessados a um verdadeiro processo dentro do processo falimentar, disciplinado nos arts. 85 e s. da Lei de Falências.

9. EMBARGOS DE TERCEIRO

Exmo. Sr. Dr. Juiz de Direito da .... Vara Cível da Comarca de ....

.... (nome e qualificação do Embargante) .... vem, mui respeitosamente, por seu advogado e procurador, abaixo assinado, mandato junto (doc. 1), interpor, nos termos do art. 93 da Lei de Falências, observado o disposto no **art. 674 do CPC/2015**, *Embargos de Terceiro* na falência de ...., que se processa perante esse DD. Juízo e respectivo Cartório, pelo que expõe e requer a V. Exa. o seguinte:

1º) Quando da arrecadação dos bens do falido, houve por bem o administrador judicial incluir no inventário uma máquina de torrefação de café, marca ...., n. ...., ano de fabricação ....

2º) Ocorre, porém, que o bem em questão é de propriedade do Embargante, como prova o documento incluso, estando em mãos do falido por simples empréstimo, como deixa clara a declaração anexa (docs. 2 e 3).

3º) Em razão do exposto, é de se devolver liminarmente o bem arrecadado indevidamente, a seu legítimo proprietário, com a regular citação do administrador, como de direito.

Isto posto, protestando por todos os meios de provas admitidas em Juízo, depoimento pessoal do falido, testemunhas, perícias, arbitramentos, juntada ulterior de documentos, dá-se à presente o valor de R$ ...., para fins de alçada.

Nesses termos, aguarda deferimento.

.........., ... de .... de ....

....

(Assinatura do advogado)

OAB n. ....

Obs.: Conquanto a leitura do art. 93 da Lei de Falências dê a impressão de que o pedido de restituição se confunda com os embargos de terceiro, constituindo-se mera opção, na verdade, há nítida distinção entre ambos.

Preliminarmente, o pedido de restituição só é possível se o bem reivindicado foi apreendido por força da arrecadação, como consequência da falência. Já os embargos de terceiro, cuja incidência é manifestamente mais ampla, podendo abranger toda espécie de bens, têm, inquestionavelmente, campo de aplicação mais abrangente.

10. AÇÃO REVOCATÓRIA

Exmo. Sr. Dr. Juiz de Direito da .... Vara Cível da Comarca de ....

.... (nome e qualificação do autor) .... vem, mui respeitosamente, por seu advogado e procurador, infra-assinado, mandato junto (doc. 1), na condição de administrador judicial da massa falida de ...., que se processa perante esse DD. Juízo e respectivo Cartório, propor contra .... (nome e qualificação do réu) .... a presente *Ação Revocatória*, fazendo-o nos termos do art. 129 da Lei de Falências, pelo que expõe e requer a V. Exa. o seguinte:

1º) Por sentença proferida por esse DD. Juízo, em .... de .... de ...., foi declarada a falência de ...., tendo o Requerente sido nomeado administrador.

2º) Firmado o compromisso, no exercício das suas funções, verificou o Requerente que o falido, dentro do *Termo Legal* da falência, efetuou o pagamento a .... (nome do réu) ...., da importância, em dinheiro, de R$ ...., relativa a uma duplicata de igual valor, de n. ...., de aceite do falido.

3º) Ocorre, porém, que a duplicata em apreço não estava vencida, o que só veio a ocorrer em .... de .... de ...., ou seja, após a decretação da quebra.

4º) Ora, em conformidade com o que dispõe o art. 129, I, da Lei n. 11.101/2005, o pagamento efetuado pelo falido não produz qualquer efeito quanto à massa, razão por que requer a citação do Requerido para que, em tempo hábil, conteste a presente ação, que deverá, a final, ser julgada procedente, condenado o réu a devolver à massa a importância recebida, segundo o disposto no art. 136 da Lei Falimentar, acrescida de juros, custas processuais e honorários advocatícios, como de direito.

Protestando por todos os meios de provas admitidos em Juízo, depoimento pessoal do Requerido, sob pena de confesso, testemunhas, perícias, arbitramentos, juntada ulterior de documentos. Dá-se à presente o valor de R$ ....

Nesses termos, aguarda deferimento.

.........., ... de .... de ....

....

(Assinatura do advogado)

OAB n. ....

Obs.: A ação revocatória é o meio judicial de que se vale o administrador judicial (e na sua omissão qualquer credor), para que, com a declaração da ineficácia ou revogação do ato, o bem seja restituído à massa.

Há, como se verificou, duas espécies de ação revocatória:

a) revocatória por ineficácia;

b) revocatória por fraude.

A primeira, prevista no art. 129 da Lei de Falências, não pressupõe intenção de fraudar credores. Objetiva a declaração de ineficácia do ato, com relação à massa falida. A segunda, ao revés, apoia-se no art. 130 da Lei Falimentar, exigindo do seu autor a prova de fraude por parte do devedor ou a existência de *concilium fraudis*.

RITO DA AÇÃO REVOCATÓRIA

1º) *Competência "ratione materiae"* – a ação mencionada deve ser proposta perante o próprio Juízo da falência, devendo ser distribuída por dependência.

2º) *Procedimento* – a ação revocatória submete-se ao procedimento comum previsto nos **arts. 319 e s. do CPC/2015**.

11. HABILITAÇÃO DE CRÉDITO: POR CAMBIAL; POR HIPOTECA; DE EMPREGADO, POR CRÉDITOS TRABALHISTAS

POR CAMBIAL

Exmo. Sr. Dr. Juiz de Direito da .... Vara Cível da Comarca de ....

.... (nome e qualificação do credor) .... vem, mui respeitosamente, por seu advogado e procurador, infra-assinado, mandato junto (doc. 1), fazer a sua declaração de crédito, pelo que expõe e requer a V. Exa. o seguinte:

1º) *Valor do Crédito*: R$ .... (valor por extenso), representado pela cambial inclusa (doc. 2), ... (nota promissória, letra de câmbio, cheque ou duplicata, ou ainda qualquer título de crédito) ....

2º) *Origem do Crédito*: o crédito em apreço se origina da venda efetuada ao falido de duzentos pares de sapatos, de fabricação do Requerente, conforme nota fiscal inclusa (doc. 3).

3º) *Classificação*: o Requerente é credor *Quirografário*.

Isto posto, requer a habilitação do seu crédito, dadas as informações pelo falido, com sua final acolhida, como de direito, indicando o endereço para onde devam ser expedidos avisos e notificações.

Nesses termos, aguarda deferimento.

........., ... de .... de ....

....

(Assinatura do advogado)

OAB n. ....

Obs.: O credor por títulos de crédito, como a nota promissória, a letra de câmbio, o cheque ou a duplicata e demais títulos de crédito, é um *credor quirografário*, do latim *chirographarius*. Tal credor não goza de qualquer privilégio, disputando as sobras, uma vez satisfeitos os demais credores privilegiados.

POR HIPOTECA

Exmo. Sr. Dr. Juiz de Direito da .... Vara Cível da Comarca de ....

.... (nome e qualificação do credor) .... vem, mui respeitosamente, por seu advogado e procurador, infra-assinado, mandato junto (doc. 1), em tempo hábil, habilitar seu crédito nos autos da falência de ...., que se processa perante esse DD. Juízo e respectivo Cartório, pelo que expõe e requer a V. Exa. o seguinte:

1º) O Requerente efetuou ao falido um empréstimo em dinheiro, no valor de R$ .... (valor por extenso), a juros de lei, ...

. . . ., com vencimento para o dia . . . . de . . . . de . . . .

2º) O empréstimo em questão foi garantido pelo falido com a *Hipoteca* do imóvel de sua propriedade, sito à Rua . . . ., nº . . . . , como faz prova a escritura inclusa (doc. 2), devidamente levada a registro na Circunscrição Imobiliária competente (doc. 3).

3º) O crédito do Requerente, com os juros de lei e a multa correspondente, equivale a R$ . . . . (valor por extenso).

Isto posto, observadas as formalidades legais, acolhido o crédito, requer seja o imóvel gravado com a hipoteca, alienado, na conformidade da lei processual civil.

Nesses termos, aguarda deferimento.

. . . ., ... de . . . . de . . . .

. . . .

(Assinatura do advogado)

OAB n. . . . .

Obs.: Contrariando a preferência que o Código Civil outorga aos créditos com garantia real, a Lei de Falências relega-o a plano inferior aos créditos trabalhistas, por acidentes do trabalho e por créditos extraconcursais.

DE EMPREGADO, POR CRÉDITOS TRABALHISTAS

Exmo. Sr. Dr. Juiz de Direito da . . . . Vara Cível da Comarca de . . . .

. . . . (nome e qualificação do credor) . . . . vem, mui respeitosamente, por seu advogado e procurador, infra-assinado, mandato junto (doc. 1), nos autos da *Falência* de . . . . (nome do falido). . . . . , que se processa perante esse DD. Juízo e respectivo Cartório, apresentar, em tempo hábil, sua declaração de crédito, pelo que expõe e requer a V. Exa. o seguinte:

1º) O Requerente, perante o DD. Juízo da 42ª Vara do Trabalho do TRT da 2ª Região, moveu ação trabalhista contra o falido, obtendo, a final, ganho de causa, conforme certidão inclusa, com sentença que transitou em julgado.

2º) Nos termos da decisão trabalhista em apreço, o crédito do Requerente monta a R$ .... (valor por extenso).

3º) Em conformidade com o art. 83, I, da Lei de Falências, o crédito do Requerente goza de absoluta primazia, constituindo-se, por via de consequência, em crédito privilegiado.

4º) Lembra o Requerente, com a devida vênia, que a decisão do Juízo Trabalhista, tornando líquida, certa e exigível a dívida do falido, é insuscetível de impugnação e de apreciação no Juízo Falimentar, segundo o disposto no art. 114 da Constituição Federal, razão por que requer seja o seu crédito acolhido, como de direito.

Nesses termos, aguarda deferimento.

........., ... de .... de ....

....

(Assinatura do advogado)

OAB n. ....

Obs.: O crédito trabalhista, no limite de *cento e cinquenta salários mínimos*, tem preferência absoluta sobre todos os demais créditos, juntamente com os decorrentes de acidentes do trabalho (a rigor indenizações por danos causados por culpa ou dolo do empregador). O restante do crédito trabalhista, ou seja, o que exceder de cento e cinquenta salários mínimos, é considerado quirografário.

Na atual sistemática, a verificação dos créditos é feita pelo administrador judicial, com base nos livros contábeis, comerciais e fiscais do devedor (art. 7º). Colhidos os dados necessários, fará publicar edital com a relação dos credores (art. 7º, § 2º), assegurado o prazo de dez dias, contados da publicação, para que os interessados (qualquer credor, o devedor e seus sócios, ou o Ministério Publico) apresentem impugnação.

Observe-se que a habilitação de crédito independe de advogado, podendo ser postulada pelo próprio devedor. Contudo, pode haver impugnação, hipótese em que o patrocínio profissional se faz necessário.

12. IMPUGNAÇÃO DE CRÉDITO

Exmo. Sr. Dr. Juiz de Direito da .... Vara Cível da Comarca de ....

.... (nome do impugnador) .... vem, mui respeitosamente, por seu advogado e bastante procurador, infra-assinado, mandato junto (doc. 1), nos autos da *Falência* de ...., que se processa perante esse DD. Juízo e respectivo Cartório, impugnar a declaração de crédito de .... (nome do credor impugnado) ...., pelos motivos que passa a expor:

(Nota: em conformidade com o art. 13 da Lei de Falências, o crédito habilitado pode ser impugnado quanto à legitimidade, importância *ou* classificação, *e assim, teríamos três hipóteses:*

a) O crédito impugnado é ilegítimo, constituindo-se em manifesto concilium fraudis *entre o credor e o falido.*

b) O credor já recebeu parte de seu crédito e, por via de consequência, a importância habilitada não corresponde ao que lhe é devido.

c) O crédito habilitado, por sua natureza, é manifestamente quirografário, *não podendo,* data venia, *ser acolhido como crédito privilegiado.)*

Isto posto, autuada a presente impugnação, com os documentos que a robustecem, requer a citação do credor impugnado para apresentar sua defesa, protestando, desde já, por todos os meios de provas admitidos em juízo, depoimento pessoal do impugnado, testemunhas, perícias, arbitramentos.

Nesses termos, aguarda deferimento.

........., ... de .... de ....

....

(Assinatura do advogado)

OAB n. ....

Obs.: A impugnação de crédito é de manifesta natureza contenciosa, envolvendo, inclusive, feitura de provas e audiência (se de plano não julgada). O procedimento é o comum (**arts. 319 e s. do CPC/2015**). Da decisão que decreta a falência cabe *agravo*, e da sentença que julga a improcedência do pedido cabe *apelação* (art. 100 da Lei n. 11.101/2005).

13. PRESTAÇÃO DE CONTAS DO ADMINISTRADOR JUDICIAL

.... (Fulano de Tal) ...., administrador judicial da massa falida de ...., vem, mui respeitosamente, apresentar, em conformidade com o que dispõem os arts. 154 e 155 da Lei de Falências, o seu *Relatório Final*, pelo que expõe o seguinte:

1º) Tão logo firmou compromisso, este cuidou de arrecadar os bens do falido, mandando publicar, em seguida, avisos aos credores, notificando-os, outrossim, para declarar os seus respectivos créditos.

2º) Em tempo hábil, designou perito para proceder ao exame da escrituração do falido, juntando o laudo correspondente ao seu relatório, como de direito (doc. 1).

3º) Não se beneficiando o falido da recuperação judicial, ultimou-se a realização do ativo, levando-se a efeito a venda dos bens da massa (art. 117), apurando-se a soma, em dinheiro, de R$....................... (valor por extenso), depositada no Banco do Brasil (doc. 2).

4º) Somando o passivo a importância de R$ .... (valor por extenso), solucionadas as dívidas extraconcursais, procedeu-se ao pagamento dos credores, na seguinte ordem: ....
....

5º) Pagos os credores, verificou-se um saldo devedor, de responsabilidade do falido, na ordem de R$ .... (valor por extenso).

Isto posto, requerendo a juntada deste relatório final aos autos principais da falência.

Nesses termos, aguarda deferimento.

........., ... de .... de ....

....

Administrador Judicial

Obs.: O administrador dos bens da massa falida, como auxiliar da justiça, é obrigado a prestar contas das suas atividades, e, entre seus deveres e atribuições, ressalta-se, pela sua importância, a da prestação final de suas contas, por meio do *relatório final*, cujo modelo, simplesmente orientador, estampamos acima.

14. PEDIDO DE EXTINÇÃO DAS OBRIGAÇÕES: POR PAGAMENTO; POR OCORRÊNCIA DE PRESCRIÇÃO

POR PAGAMENTO

Exmo. Sr. Dr. Juiz de Direito da .... Vara Cível da Comarca de ....

.... (nome do requerente)...................... .., já qualificado nos autos da falência que se processou perante esse DD. Juízo e respectivo Cartório, tendo efetuado o pagamento dos seus débitos (doc. incluso), vem, mui respeitosamente, por seu advogado, abaixo assinado, mandato nos autos, requerer se digne V. Exa. declarar, por sentença, extintas as suas obrigações, pedindo vênia para lembrar que no decorrer do processamento do feito nenhum crime falimentar foi atribuído ao Requerente.

Nesses termos, aguarda deferimento.

........., ... de .... de ....

....

(Assinatura do advogado)

OAB n. ....

POR OCORRÊNCIA DE PRESCRIÇÃO

Exmo. Sr. Dr. Juiz de Direito da .... Vara Cível da Comarca de ....

.... (nome do requerente).................... ... vem, por seu advogado que esta subscreve, nos autos da sua *Falência*, que se processou perante esse DD. Juízo e respectivo Cartório, requerer se digne V. Exa. declarar, por sentença, extintas as suas obrigações, tendo em vista o decurso de 5 (cinco) anos, entre o encerramento da sua quebra e o presente pedido, lembrando que nenhum crime falimentar lhe foi atribuído.

Nota: juntar à petição os documentos que positivam as alegações.

Nesses termos, aguarda deferimento.

........., ... de .... de ....

....

(Assinatura do advogado)

OAB n. ....

Obs.: Em conformidade com o art. 158 da Lei Falimentar, extinguem-se as obrigações do falido, pelo *pagamento*, pelo *rateio de cinquenta por cento*, depois de realizado o ativo, e pela *prescrição* (cinco anos, inexistindo condenação por crime falimentar, ou dez anos, na ocorrência de condenação à pena de detenção, por crime falimentar).

Para que sejam extintas as obrigações, é imprescindível a existência de sentença, não bastando a simples ocorrência de qualquer das hipóteses acima enumeradas.

Possuem legitimidade ativa para formular o pedido de extinção das obrigações o falido (se pessoa física, empresário individual) ou diretor ou gerente, se se tratar de sociedade empresária.

O pedido de extinção das obrigações, a ser feito ao próprio juízo da falência, é autuado em separado, em autos apartados, seguido de publicação de edital para conhecimento dos credores e interessados.

15. PEDIDO DE REABILITAÇÃO DO FALIDO

Exmo. Sr. Dr. Juiz de Direito da .... Vara Cível da Comarca de ....

.... (nome do requerente)........................, nos autos da falência que lhe moveu .... (nome do autor)......................., e que se processou perante esse DD. Juízo e respectivo Cartório, tendo em vista haver pago a todos os seus credores (doc. incluso), e inexistindo condenação por crime falimentar, requer se digne V. Exa. declarar, por sentença, extintas as suas obrigações, e, por via de consequência, considerar o Requerente *Reabilitado para o Exercício da Atividade Empresarial.*

Nesses termos, aguarda deferimento.

........., ... de .... de ....

....

(Assinatura do advogado)

OAB n. ....

Obs.: A reabilitação do falido, no processo falimentar, ocorre por força da extinção das suas obrigações, podendo, ambas as pretensões, ser formuladas num só pedido.

16. PETIÇÃO INICIAL DE RECUPERAÇÃO JUDICIAL

Exmo. Sr. Dr. Juiz de Direito da .... Vara Cível da Comarca de ....

.... (nome do requerente)................., vem, mui respeitosamente, por seu advogado e bastante procurador, infra-assinado, mandato junto (doc. 1), requerer a sua *recuperação judicial*, fazendo-o em conformidade com o disposto no art. 51 da Lei n. 11.101, de 9 fevereiro de 2005, pelo que expõe e requer a V. Exa. o seguinte:

1º) O Requerente é *empresário*, devidamente inscrito no Registro Público de Empresas Mercantis de ...., conforme certidão inclusa (doc. 2).

2º) É estabelecido nesta cidade, na Rua .... n........., com o ramo de armarinhos, sob a firma individual de .... (doc. 3).

3º) Ocorre que a política econômica do Governo Federal, com a alta de juros e dificuldades impostas ao crédito, com grave retração nas vendas, como não poderia deixar de ser, refletiu-se na situação econômico-financeira de sua empresa.

4º) Em decorrência de tais fatos, notoriamente de todos conhecidos, mesmo porque postos em destaque pela imprensa e outros meios de comunicação, o Requerente vê-se em situação econômico-financeira de extrema dificuldade, não lhe restando alternativa, senão a de solicitar, em juízo, o favor legal da reabilitação por meio da *recuperação judicial*, que, em conformidade com o disposto no art. 47 da Lei n. 11.101, de 9 de fevereiro de 2005, "tem por objetivo viabilizar a superação da situação de crise econômico-financeira do devedor, a fim de permitir a manutenção da fonte produtora, do emprego dos trabalhadores e dos interesses dos credores, promovendo, assim, a preservação da empresa, sua função social e o estímulo à atividade econômica".

5º) Esclarece, outrossim, que sua empresa foi criada em .... de .... de ...., razão por que tem o Requerente mais de *dois anos* no exercício da atividade empresarial, como demonstra o documento anexo (doc. 4), preenchendo, assim, a exigência contida no art. 48 da Lei n. 11.101/2005.

6º) Para a obtenção do pedido informa que não teve, em tempo algum, decretada a sua falência e tampouco requereu anteriormente a concessão de recuperação judicial.

7º) Outrossim, é possuidor de abonadora vida pregressa, como atestam as certidões de antecedentes criminais (docs.).

8º) Destarte, apresenta: a) as demonstrações contábeis dos três últimos exercícios sociais; b) demonstração contábil levantada especialmente para instruir este pedido; c) balanço patrimonial; d) demonstração de resultados acumulados; e) demonstração do resultado desde o último exercício social; f) resultado gerencial de fluxo de caixa e de sua projeção.

9º) Em anexo, junta à presente a relação de seus credores, informando, outrossim: nomes; endereços; valor atualizado dos créditos e suas respectivas naturezas; origem das respectivas operações; vencimentos, na mais estrita observação do disposto no art. 51, III, da Lei n. 11.101/2005.

10º) Ainda em anexo, apresenta relação integral de seus empregados, funções exercidas, com indicação dos salários e indenizações que lhes são devidas.

11º) Destarte, em anexo, a relação dos bens particulares do Requerente, assim considerados aqueles não destinados à atividade empresarial, bem como os extratos de suas contas bancárias.

12º) Anexa, de outro lado, as certidões dos Cartórios de Protestos da Comarca, pedindo vênia para lembrar que a existência de título protestado já não constitui impedimento à concessão do favor legal ora postulado.

Isto posto, requer se digne V. Exa. deferir o processamento do pedido ora formulado, determinando, em consequência, a suspensão de todas as ações e execuções ora movidas contra o Requerente, nomeando, outrossim, o administrador judicial, como de direito.

Protesta por juntada do *plano de recuperação* no prazo do art. 53, bem como certidões negativas de débitos tributários.

Dá-se à presente o valor de R$ ....

Nesses termos, aguarda deferimento.

.........., ... de .... de ....

....

(Assinatura do advogado)

OAB n. ....

Obs.: O pedido de recuperação judicial exige a apresentação dos seguintes documentos:

I – procuração para o foro em geral, outorgada a advogado devidamente inscrito na OAB, que firmará a petição inicial;

II – demonstrações contábeis correspondentes aos três últimos exercícios sociais, e as levantadas especialmente para instruir o pedido;

III – balanço patrimonial;

IV – demonstração de resultados acumulados;

V – demonstração do resultado desde o último exercício social;

VI – relatório gerencial de fluxo de caixa e sua projeção.

Essas peças, por sua complexidade, devem ser especialmente elaboradas por contador, de preferência, já que se constituem em elementos fundamentais para a verificação da viabilidade da recuperação econômico-financeira da empresa;

VII – relação nominal completa dos credores, esclarecendo: os nomes e endereços dos mesmos; o valor atualizado dos créditos; a natureza e a classificação (atendendo às disposições previstas no art. 83 e incisos); o vencimento; a origem de tais créditos; indicação dos registros contábeis de cada transação pendente.

Tal relação, da mesma forma, deve ser elaborada por profissional habilitado, de preferência contador;

VIII – relação dos empregados, especificando data de admissão, funções exercidas, salários, informando, outrossim, parcelas indenizatórias e salariais devidas, com o correspondente mês;

IX – certidão de inscrição como empresário (ou sociedade empresária) no Registro Público de Empresas; ato constitutivo da sociedade (se for o caso), e ata dos respectivos administradores;

X – relação dos bens particulares do empresário (assim considerados aqueles não relacionados com a atividade empresarial), do acionista controlador e dos administradores, se se tratar de sociedade empresária;

XI – extratos bancários do devedor e eventuais aplicações financeiras;

XII – certidões dos cartórios de protesto da comarca.

De todo conveniente lembrar que, ao contrário do que sucedia sob a égide da legislação falimentar revogada, a existência de título protestado não é óbice à concessão da recuperação judicial.

O *plano de recuperação* pode ser juntado aos autos, no prazo de sessenta dias da publicação da decisão que deferir o processamento do pedido. Tal plano é substancial para a obtenção de aceitação dos credores, evitando, assim, objeção ou apresentação de plano alternativo por parte da assembleia geral de credores. Por isso mesmo, deve ser elaborado por profissional habilitado.

17. PEDIDO DE HOMOLOGAÇÃO DE RECUPERAÇÃO EXTRAJUDICIAL

Exmo. Sr. Dr. Juiz de Direito da .... Vara Cível da Comarca de ....

.... (nome e qualificação do requerente) ...., vem, por seu advogado, infra-assinado, mandato junto (doc. 1), requerer a V. Exa. a homologação do seu plano de recuperação extrajudicial, nos termos do que dispõe o art. 163 da Lei n. 11.101, de 9 de fevereiro de 2005, pelo que expõe o seguinte:

1º) Em decorrência da alta de juros e, em consequência, de forte retração nas vendas, o Requerente, estabelecido nesta Comarca, com o ramo de ...., vem encontrando sérias dificuldades para cumprir o pagamento pontual de suas obrigações, não lhe restando alternativa senão propor a seus credores uma composição que lhe possibilitasse o reerguimento econômico-financeiro de sua empresa.

2º) Para isso, foi elaborado o plano anexo (doc.), que, apresentado aos seus credores, conseguiu a adesão dos signatários do documento ora juntado (doc. 3), perfazendo, assim, mais de três quintos de todos os créditos, o que preenche a exigência contida no art. 163 da Lei n. 11.101/2005.

3º) Informa preencher os requisitos previstos no art. 48 da Lei nominada, exercendo regularmente a atividade empresarial há mais de *dois anos*, como atesta a certidão inclusa (doc. 4), fornecida pelo Registro de Empresas Mercantis.

4º) Outrossim declara não ser falido, não tendo obtido, até esta oportunidade, recuperação judicial, não tendo sido condenado por qualquer dos crimes capitulados na Lei Falimentar.

5º) Esclarece, finalmente, que os créditos por salários estão rigorosamente sendo pagos, o mesmo ocorrendo com o crédito tributário, como demonstra a certidão inclusa (doc. 5).

6º) Em atenção às exigências previstas no § 6º, II, do art. 163 da Lei Falimentar, junta a esta:

a) demonstrações contábeis relativas aos três últimos exercícios sociais;

b) demonstração contábil levantada especialmente para instrução da presente;

c) balanço patrimonial;

d) demonstração de resultados acumulados;

e) relação nominal de credores;

f) relação integral de seus empregados (conquanto o plano de recuperação extrajudicial não envolva credores trabalhistas);

g) extratos bancários atualizados;

h) certidões dos cartórios de protesto da comarca (a existência de títulos protestados não impede o pedido de homologação de recuperação judicial ou extrajudicial).

Isto posto, requer se digne V. Exa. determinar a publicação de edital de convocação de credores, para posterior homologação, como de direito.

Nesses termos, aguarda deferimento.

........, ... de .... de ....

....

(Assinatura do advogado)

OAB n. ....

Obs.: o acordo extrajudicial, a rigor, dispensa homologação judicial – se a adesão ao plano for unânime, por isso que recuperação extrajudicial. Observe-se a redação dada ao art. 162 – "o devedor *poderá* requerer a homologação em juízo do plano de recuperação **extrajudicial**...".

A homologação judicial, entretanto, é *fundamental*, quando não haja adesão de todos os credores abrangidos pelo plano, como se conclui da leitura do art. 163 – "o devedor poderá, também, requerer a homologação de plano de recuperação extrajudicial *que obriga a todos os credores por ele abrangidos*, desde que assinado por credores que representem mais de três quintos de todos os créditos de cada espécie por ele abrangidos".

Vê-se, pois, que a grande vantagem da homologação judicial é a inclusão obrigatória de credores que não aderiram ao plano.

18. RECURSO CONTRA SENTENÇA DECLARATÓRIA DE FALÊNCIA

Exmo. Sr. Dr. Presidente do Egrégio Tribunal de Justiça do Estado de ....

.... (nome do agravante – no exemplo o falido), *data maxima venia*, inconformado com a sentença do MM. Juiz de Direito da .... Vara Cível da Comarca de ...., que lhe decretou a falência, em pedido formulado por ....

.... (o nome do requerente da falência), vem, por seu advogado e procurador, infra-assinado, em tempo hábil, interpor *Agravo de Instrumento* para esta Egrégia Corte de Justiça, fazendo-o nos termos do art. 100 da Lei n. 11.101/2005, combinado com os **arts. 1.016 e s. do CPC/2015**, juntando à presente as suas razões, como de direito.

Outrossim, instrui o presente agravo com as seguintes peças:

1ª) a decisão agravada (doc. 1);

2ª) certidão da intimação da decisão (doc. 2);

3ª) cópia das procurações outorgadas aos advogados do agravante e do agravado (docs. 3 e 4);

4ª) comprovante do pagamento das custas e do porte de retorno (doc. 5).

Requer, finalmente, designado o competente relator, seja atribuído ao presente agravo efeito suspensivo, nos precisos termos do **art. 1.019 do CPC/2015**, por ser de inteira justiça.

Nesses termos, aguarda deferimento.

........., ... de .... de ....

....

(Assinatura do advogado)

OAB n. ....

Obs.: O processamento do agravo mencionado é aquele previsto nos **arts. 1.015 e s. do CPC/2015**, imprimindo-lhes o seguinte rito:

1º) o prazo para sua interposição é de **15 dias**;

2º) a petição é endereçada ao tribunal competente, que, no caso de falência, é o Tribunal de Justiça do respectivo Estado;

3º) esta mesma petição deve ser instruída com as seguintes peças:

a) cópias da petição inicial, de preferência autenticadas, da decisão agravada, no caso, a sentença declaratória da falência;

b) certidão de intimação da decisão contra a qual se recorre;

c) cópia ou certidão das procurações outorgadas aos advogados do agravante e do agravado;

d) facultativamente, outras peças que o agravante entenda devam ser juntadas;

e) comprovante do pagamento das custas e do porte de retorno, quando devidos, nos valores declinados em tabelas publicadas pelos tribunais.

No prazo de três dias o agravante deverá apresentar ao juízo agravado cópia da petição do agravo e comprovante da sua interposição, bem como relação dos documentos que o instruíram.

Recebido o agravo pelo tribunal, o relator, salvo indeferimento liminar, poderá requisitar informações ao juízo agravado, que as prestará em dez dias, podendo o relator atribuir *efeito suspensivo* ao recurso nominado.

Outrossim, intimará o agravado, por ofício dirigido a seu advogado, para que este, em **15 dias**, apresente resposta (contraminuta), facultada a juntada das cópias que entenda necessárias.

RAZÕES DO AGRAVO DE INSTRUMENTO

Eméritos julgadores

Data maxima venia, deve a sentença agravada ser reformada, uma vez que se afasta inteiramente da prova dos autos.

Senão vejamos.

.... (nome do requerente da falência) ingressou, perante o DD. Juízo da .... Vara Cível da Comarca de ...., com um pedido de falência, que veio a ser julgado procedente, com a consequente quebra do agravante.

Todavia, como se positivou na instrução, o título que fundamentou o pedido há muito estava prescrito.

Com efeito, a letra de câmbio aceita pelo agravante venceu-se há mais de três anos, e a prescrição a ser aplicada é aquela prevista na *Convenção de Genebra* (Lei Uniforme, art. 70), ou seja, *três anos*, e não aquela prevista no Decreto n. 2.044, de 31 de dezembro de 1908, já que em vigor, entre nós, a Lei Uniforme, como já ressaltou o *Supremo Tribunal Federal*, em caso de todo análogo.

Assim, quando da propositura da ação falimentar, há muito estava a cambial em apreço prescrita, não ensejando, por isso mesmo, a pretensão contida na peça vestibular.

Nessas condições, por ser de inteira justiça, espera seja acolhido o presente *agravo* e, por via de consequência, reformada a decisão de primeiro grau que lhe decretou a falência.

Nesses termos, aguarda deferimento.

........., ... de .... de ....

....

(Assinatura do advogado)

OAB n. ....

Capítulo XXXIII
SÚMULAS DE DIREITO FALIMENTAR

Sumário: 1. Supremo Tribunal Federal. 2. Superior Tribunal de Justiça.

1. SUPREMO TRIBUNAL FEDERAL

147. A prescrição de crime falimentar começa a correr da data em que deveria estar encerrada a falência, ou do trânsito em julgado da sentença que a encerrar ou que julgar cumprida a concordata.

190. O não pagamento de título vencido há mais de trinta dias, sem protesto, não impede a concordata preventiva.

192. Não se inclui no crédito habilitado em falência a multa fiscal com efeito de pena administrativa.

193. Para a restituição prevista no art. 76, § 2º, da Lei de Falências, conta-se o prazo de quinze dias da entrega da coisa e não da sua remessa.

227. A concordata do empregador não impede a execução de crédito nem a reclamação de empregado na Justiça do Trabalho.

390. A exibição judicial de livros comerciais pode ser requerida como medida preventiva.

417. Pode ser objeto de restituição, na falência, dinheiro em poder do falido, recebido em nome de outrem, ou do qual, por lei ou contrato, não tivesse ele a disponibilidade.

495. A restituição em dinheiro da coisa vendida a crédito, entregue nos quinze dias anteriores ao pedido de falência ou de concordata, cabe, quando, ainda que consumida ou transformada, não faça o devedor prova de haver sido alienada a terceiro.

564. A ausência de fundamentação do despacho de recebimento de denúncia por crime falimentar enseja nulidade processual, salvo se já houver sentença condenatória.

565. A multa fiscal moratória constitui pena administrativa, não se incluindo no crédito habilitado em falência.

592. Nos crimes falimentares, aplicam-se as causas interruptivas da prescrição previstas no Código Penal.

2. SUPERIOR TRIBUNAL DE JUSTIÇA

8. Aplica-se a correção monetária aos créditos habilitados em concordata preventiva, salvo durante o período compreendido entre as datas de vigência da Lei n. 7.274, de 10-12-1984, e do Decreto-lei n. 2.283, de 27-2-1986.

25. Nas ações da Lei de Falências o prazo para a interposição de recurso conta-se da intimação da parte.

29. No pagamento em juízo para elidir falência, são devidos correção monetária, juros e honorários de advogado.

36. A correção monetária integra o valor da restituição, em caso de adiantamento de câmbio, requerida em concordata ou falência.

88. São admissíveis embargos infringentes em processo falimentar.

99. O Ministério Público tem legitimidade para recorrer no processo em que oficiou como fiscal da lei, ainda que não haja recurso da parte.

133. A restituição da importância adiantada, à conta de contrato de câmbio, independe de ter sido a antecipação efetuada nos quinze dias anteriores ao requerimento da concordata.

219. Os créditos decorrentes de serviços prestados à massa falida, inclusive a remuneração do síndico, gozam dos privilégios próprios dos trabalhistas.

264. É irrecorrível o ato judicial que apenas manda processar a concordata preventiva.

OBS.: algumas das Súmulas acima transcritas não se coadunam com a Lei n. 11.101, de 9 de fevereiro de 2005. Outras, ao revés, foram por ela recepcionadas.

Bibliografia

ABRÃO, Nelson. *Curso de direito falimentar.* Saraiva, 1978.

——. *Os credores na falência.* Saraiva, 1979.

ÁLVARES, Walter T. *Direito falimentar.* 5. ed. Sugestões Literárias.

ALVES, Jeremias Pereira Filho, correspondência do autor.

ARAÚJO, José Francelino. *Falências e concordatas.* Sagra, 1996.

——. *O síndico na administração da falência.* Revista dos Tribunais, 1985.

AUTUORI, Luiz. *Fundo de comércio.* Forense, 1957.

BARBI, Celso Agrícola. *Comentários ao Código de Processo Civil.* Saraiva, 1975. v. 1.

BEDRAN, Elias. *Falências e concordatas no direito brasileiro.* Alba, 1962.

BESSONE, Darcy. *Instituições de direito falimentar.* Saraiva, 1995.

BEVILÁQUA, Clóvis. *Código Civil dos Estados Unidos do Brasil comentado.* 1975.

BEZERRA FILHO, Manoel Justino. *Lei de Falências comentada.* Revista dos Tribunais, 2001.

BONELLI, Gustavo. *Del fallimento.* Milano, 1938.

BORGES DA ROSA. *Processo civil e comercial brasileiro.* 1941.

BURGARELLI, Aclibes, correspondência do autor.

——. *Direito comercial:* Falência. Rideel, 2006.

BUSSADA, Wilson. *Falências e concordatas interpretadas pelos Tribunais.* 1973.

BUZAID, Alfredo. *RDM*, 1/800.

CALDAS AULETE. *Dicionário contemporâneo da língua portuguesa.* Delta, 1958.

CALMON DE PASSOS, J. J. *Comentários ao Código de Processo Civil.* Forense, 1975.

CAMPOS, Antônio Macedo de. *Medidas cautelares.* Sugestões Literárias, 1983.

CARVALHO DE MENDONÇA, J. X. *Tratado de direito comercial brasileiro.* Freitas Bastos, 1962.

CARVALHO SANTOS, J. M. *Código Civil brasileiro interpretado.* 1958.

COELHO, Fábio Ulhoa. *Manual de direito comercial.* Saraiva, 1993.

——. *Código Comercial e legislação complementar anotados.* Saraiva, 1993.

——. *Curso de direito comercial.* Saraiva, 2000.

——. *Comentários à Nova Lei de Falências e Recuperação de Empresas.* Saraiva, 2005.

CRETELLA JÚNIOR, José; Cintra, Geraldo de Ulhôa. *Dicionário latino--português.*

DINIZ, Maria Helena. *Código Civil anotado.* Saraiva, 2003.

DÓRIA, Dylson. *Curso de direito comercial.* Saraiva, 1983.

FARIA, Bento de. *Código Comercial brasileiro.* 1920.

——. *Direito comercial.* 1941.

FERRARA, Francesco. *Il fallimento.* Milano, 1966.

FERREIRA, Waldemar. *Tratado de direito comercial.* Saraiva, 1965.

FUHRER, Maximilianus Claudio A. *Roteiro das falências e concordatas.* Revista dos Tribunais, 1972.

FURTADO, Wilson. *Curso de direito comercial.* Juruá, 2000.

GELLA, Augustín Vicente y. *Curso de derecho mercantil.*

GOMES, Orlando. *Alienação fiduciária em garantia.* Revista dos Tribunais.

LACERDA, J. C. Sampaio de. *Manual de direito falimentar.* 5. ed. Freitas Bastos.

LIEBMAN, Enrico. *Manuale di diritto processuale civile.* Milano, 1957.

MAGALHÃES, J. Hamilton de. *Direito falimentar brasileiro.* Saraiva, 1981.

MAGALHÃES, Roberto Barcellos de. *A Lei de Falências interpretada pelos Tribunais.* Freitas Bastos, 1955.

MAGALHÃES, Rubens Aguiar. *Iniciação ao direito falimentar.* Max Limonad, 1978.

MARANHÃO, Délio. *Instituições de direito do trabalho.* Freitas Bastos, 1961.

MARQUES, José Frederico. *Curso de direito penal.* 1954.

MARTINS, Fran. *Curso de direito comercial.* Forense, 1981.

MELLO, Moacyr de Barros. Curiosidades Forenses. *Diário Comércio e Indústria.*

MENDONÇA LIMA, Alcides de. *Comentários ao Código de Processo Civil.* Forense, 1975.

MONTEIRO, João. *Teoria do processo civil e comercial.*

MONTEIRO, Washington de Barros. *Curso de direito civil.* Saraiva, 1965.

MORAES SARMENTO. *Curso de direito comercial.* Sagra, 2000.

MUSSO, Enrico Spagna. *Justitia.* v. 55.

NAVARRINI, Umberto. *Trattato elementare di diritto commerciale.* Milano, 1911.

NEGRÃO, Ricardo. *Aspectos objetivos da Lei de Recuperação de Empresas e Falência.* Saraiva, 2005.

NUNES, Hélio Silva. *Depósito em concordata preventiva.*

OLIVEIRA, Juarez de. (org.) *Código Comercial brasileiro.* Saraiva, 1993.

——. (org.) *Lei de Falências.* Saraiva, 1986 (Série Legislação Brasileira).

ORLANDO, Pedro. *Novíssimo dicionário jurídico brasileiro.* 1959.

PACHECO, José da Silva. *Processo de falência e concordata.* 1970.

——. *Processo de recuperação judicial, extrajudicial e falência.* Forense, 2006.

PÁDUA, Abelardo de Barros. *Manual de prática falimentar.* Forense, 1990.

PAULA, Modesto de. *Lei de Falências anotada.* Lumen Juris, 2001.

PEREIRA, Ademar (juiz de direito e professor universitário). Correspondência do autor.

PERIN JUNIOR, Ecio. *Curso de direito falimentar.* Método, 2002.

PONTES DE MIRANDA, Francisco. *Tratado de direito privado.* Borsoi, 1960.

——. *Comentários ao Código de Processo Civil,* v. II.

RAMALHO, Ruben. *Curso teórico e prático de falência e concordata.* Saraiva, 1984.

REQUIÃO, Rubens. *Curso de direito falimentar.* Saraiva, 1984.

——. *Curso de direito comercial.* Saraiva, 1984.

RESTIFFE NETO, Paulo. *Garantia fiduciária.* Revista dos Tribunais, 1975.

REZENDE FILHO, Gabriel de. *Curso de direito processual civil.* Saraiva, 1962.

RICO, Osvaldo da Silva. *Da compensação e da reconvenção no direito brasileiro.* Saraiva, 1979.

ROCCO, Alfredo. *Princípios de direito comercial.* Trad. Cabral de Moncada. Saraiva, 1931.

——. *Il fallimento.* Milano, 1962.

——. Studi sulla teoria generale del fallimento. *Rivista del Diritto Commerciale.* 1912.

ROQUE, Sebastião José. *Direito falimentar.* Ícone, 1995.

ROSA, Eliézer. *Dicionário de processo civil.* 1957.

SALLES DE TOLEDO, Paulo F. C.; Abrão, Carlos Henrique. *Comentários à Lei de Recuperação de Empresas e Falência.* Saraiva, 2005.

SANTANA, Rubens. *Direito falimentar brasileiro.* Bels, 1974.

SANTOS, Moacyr Amaral. *Primeiras linhas de direito processual civil.* Saraiva, 1977.

SATTA, Salvatore. *Istituzioni di diritto fallimentare.* Roma, 1948.

SOARES HENTS, Luiz Antonio. *Direito comercial atual.* Saraiva, 2000.

VALLE, Christino Almeida do. *Teoria e prática da ação revocatória.* Aide, 1987.

VALVERDE, Trajano de Miranda. *Comentários à Lei de Falências.* 1955.

VIDARI, Ercole. *Corso di diritto commerciale.* Milano, 1900.

——. *Il fallimento.* Milano, 1886.

VIVANTE, Cesare. *Trattato di diritto commerciale.* Milano, 1922.

(Além das obras e autores acima citados, fazemos menção a inúmeras outras, incluindo monografias, publicações em revistas especializadas, com expressa referência à origem.)